Dossiê Herzog: prisão, tortura e morte no Brasil

FERNANDO PACHECO JORDÃO

Dossiê Herzog: prisão, tortura e morte no Brasil

Com a recapitulação
Um marco duplo: da resistência ao terror da ditadura e da impunidade dos crimes do regime

Mauro Malin, coordenador da 7ª edição

7ª edição, expandida por iniciativa da sempre companheira de Fernando Pacheco Jordão, Fátima Pacheco Jordão

autêntica

11 **Lista de doadores**

13 **Fátima, inteligência a serviço de boas causas**
Ivo Herzog

17 **Manifesto "Em nome da verdade"**
17 Lista de signatários e manifestações de presos e perseguidos que não puderam assinar o manifesto em 1976
27 Texto do manifesto "Em nome da verdade" na íntegra

53 **Agradecimentos especiais**

55 **Prefácio à 7ª edição**
Juca Kfouri

57 **Clarice, um exemplo para não ser esquecido**
Raul Cruz Lima

59 **Texto introdutório à 6ª edição**
Fernando Pacheco Jordão

61 **Nosso interlocutor, ainda**
Luiz Weis

63 **Apresentação à 6ª edição**
Audálio Dantas

67 **Prefácio à 1ª edição:
As cores vivas da solidariedade**
Rodolfo Konder

73 **Carta de D. Paulo Evaristo Arns a Fernando Pacheco Jordão em 1979**

DOSSIÊ HERZOG: PRISÃO, TORTURA E MORTE NO BRASIL

81   A cronologia de um suicídio sem provas

85   "Eles mataram o Vlado!"

100 "Sair pelas ruas, gritar, protestar contra isto tudo, mas eu não sei..."

107 Quatro jornalistas como reféns. A pressa para enterrar Vlado. "Vamos para o sindicato!"

113 Meu amigo, pendurado na grade de uma cela, pernas dobradas. Os laudos de Shibata e outros

120 Uma semana de crise, luto, mobilização, unidade. E muitas ameaças

134 Quem manda em São Paulo? O protesto de 8 mil pessoas. "Estamos conversando em silêncio"

140 "Ninguém toca impunemente no homem." "Não matarás." Em nome dos filhos de Vlado

146 A verdade perante o juiz. A tortura de Vlado. O silêncio da morte no DOI-Codi

158 Vlado, de agente da KGB a militante menor

163 Um IPM repleto de contradições. Os jornalistas voltam a falar. Um manifesto com 1.004 assinaturas

174 Dr. Durval, um prestador de serviços. Resposta do general "aos nazistas vermelhos"

185 Shibata, quase no banco dos réus

195   Um laudo, três médicos e muitas contradições

199   Macacão com cinto? Ninguém usava.
"O senhor entregaria até sua mãe."
Creolina, choques, pancadas

225   A "cadeira do dragão". Os copos de leite
do torturador

229   Quem faz o serviço sujo. Quem dá as ordens.
Quem financia

240   37 perguntas

247   O comandante e a tortura

251   O exército nega-se a apresentar as
testemunhas. Capitão Ubirajara? Não existe.
Alguém punirá os responsáveis?

256   "Chefe, o omelete está feito." Outra morte no
DOI-Codi. De novo a versão do suicídio.
O comandante perde o posto

260   Recomeça o processo. O juiz quer a verdade.
Vlado estava tranquilo

266   A repressão contra os jornalistas.
O sindicato reage. Vlado investigado no Canal 2

275   Jornalismo – diálogo. Vlado escreve aos amigos

278   A delação

282   Tortura, confissão, ódio, morte

288   Um terremoto artificial

296   O terror total. "É gritaria, é pancada, eles
desmontam a gente." A sobrinha do general

300   Os efeitos dos choques. "Os frouxos"

303 Medo, omissão, cumplicidade

315 Um libelo contra a tortura: o memorial dos advogados. "Vladimir Herzog foi torturado e morto"

321 O golpe contra a justiça, a frustração do velho juiz. A sentença, afinal, denunciando a farsa do suicídio

327 Três anos depois, manteve-se a luta contra a impunidade. O sacrifício de Vlado não fora em vão

330 Um depoimento imaginário, porém espontâneo e sincero

334 Adendo: "Vocês mataram o cara"

339 Uma carreira, muita experiência e a trombada de uma demissão pelo caminho

341 **Um marco duplo: da resistência ao terror da ditadura e da impunidade dos crimes do regime**
Mauro Malin

397 **Vladimir Herzog, trajetória de talento e empenho profissional**
Instituto Vladimir Herzog

403 **Ação constante em defesa dos direitos humanos**
Rogerio Sottili

409 **Bibliografia selecionada**

*Aos 1.004[1] companheiros jornalistas de todo o
Brasil que, em janeiro de 1976, assinaram o manifesto
"Em nome da verdade", denunciando a farsa do IPM
sobre a morte de Vladimir Herzog e reclamando
o esclarecimento do crime.*

---

[1] Como se verá adiante, eram na verdade 1.006.

Lista de doadores

Esta edição só se tornou possível graças à contribuição financeira coletiva das seguintes pessoas, e mais algumas que preferiram permanecer anônimas. A todos, o agradecimento dos editores.

A. Luiz Bernardes
Afonso Borges
Alberto Strozenberg
Aldo Schmitz
Ana Luisa Zaniboni Gomes
Ana Maria Barcellos Malin
Ana Maria Xavier de Carvalho
Annette Trzcina
Anthony Jorge de Christo
Antônio de Pádua Prado Júnior
Arinan Barbosa de Vaz
Avelino Schmitt
Benita Beatriz Accioli Cannabrava
Benjamin Seroussi
Betty Malin
Breno Raigorodsky
Bruno Cristiano Souza Figueiredo
Camilo Vannuchi
Carlos Joe de Araujo Pecini
Carlos Nelson Konder
Carmen Abreu
Carolina Vilaverde
Cecilia Comegno
Claudia Marques
Claudio Motta
Cristina Konder
Dácio Nitrini
Daniel Gomes
David Reichhardt
Demian Fiocca
Dorrit Harazim
Elizabeth Bello
Eros Grau
Eugenio Bucci
Fabio Nadalini
Flávia Brandão Bezerra
Flavia Castro
Francisco de Assis Cutrim Esmeraldo
Fred Ghedini
Gabriela Sánchez Vegas Ribeiro Chaves

Geraldo Prado
Gregório Bacic
Gunnar Carioba
Hélio Arthur Bacha
Ignez Martins
Iris Kantor
Israel Beloch
Jairo Okret
João Medeiros Silva Neto
Jorge Eduardo Nascimento
José Aníbal
Jose Augusto Carneiro
José Carlos Marão
José Carlos Marão
José Gabriel de la Rocque Romeiro
Juca Kfouri
Julia Jordão
Laércio José Pereira
Leonardo Heydmann Barata
Lucas Herzog
Luis Ludmer
Luiz Cláudio Cunha
Luiz Weis
Luiza Konder de Almeida Braga
Marcella Maria Monteiro Vieira
Marcelo Schmitt
Marcio Melo
Marco Antônio Rodrigues Barbosa
Maria Alice Bianchi

Maria Comegno
Maria de Fátima Benicio Brito Lavalette
Maria Inês Galvão Pereira
Maria Thereza Martins
Maria Victoria de Mesquita Benevides
Mário Sérgio Moraes
Mauro Malin
Miriam Leitão
Nelson Rothstein Barreto Parente
Octavio Barros
Octávio Costa
Paula Fabiani
Paulo Cesar Tassinari
Paulo Vladimir Brichta
Raul Cruz Lima Neto
Raya Zonana
Renato Faleiros
Ricardo Carvalho
Ricardo Przemyslaw
Ricardo Ribenboim
Rita de Cassia Rodrigues Reis
Rodolpho Gamberini Junior
Rogério Jordão
Rute Imanishi Rodrigues
Sebastião Squirra
Ucha Aratangy
Vitor Hallack
Zoia Prestes

Fátima, inteligência a serviço de boas causas

Fátima Pacheco Jordão, eu tendo a concordar com pessoas que dizem isto, é uma das pessoas mais inteligentes que eu conheço. Essa inteligência se revelou mais uma vez na sua sensibilidade política ao se empenhar na publicação desta sétima edição do *Dossiê Herzog*.

Entendeu com a perspicácia de sempre, há cerca de dois anos, o rumo que as coisas haviam tomado no país e se lançou à tarefa de promover uma nova divulgação dos fatos expostos por seu falecido marido, Fernando Pacheco Jordão, sobre o assassinato de meu pai, Vlado.

Foi dentro da visão de mundo e de Brasil da Fátima que esse relançamento nasceu.

Outro tema que marca a trajetória da Fátima é a luta pelas mulheres. Ela é uma feminista histórica. Às vezes até exagera... Mas a provocação da Fátima pela causa da mulher é muito importante. Ela foi uma das fundadoras do Instituto Patrícia Galvão. Influenciou muito o Instituto Vladimir Herzog. Fizemos em 2015 o I Seminário Internacional sobre Cultura de Violência contra a Mulher. Um evento belíssimo. Trouxemos dez pessoas de fora do país. Durante dois dias, mil pessoas participaram na plateia.

A cultura e a argúcia política da Fátima vêm embaladas por uma qualidade incomum: ela não é arrogante. Dialoga de igual para igual com qualquer pessoa. Ouve, sem afetar desprezo ou irritação, ideias com que pode não concordar, mas que faz questão de ponderar. Entra numa argumentação com o objetivo não de vencer, mas de simplesmente dizer o que pensa.

Fátima e Fernando formavam um casal muito peculiar. Era quase como se o Fernando fosse a mãe, e a Fátima, o chefe da família. O Fernando era pura emoção, e a Fátima, racionalidade. Quando eu era pequeno e morávamos em Londres, não era a Fátima que ficava tomando conta de mim e de meu irmão, André, quando minha mãe e meu pai saíam. Era o Fernando.

O grande diferencial da Fátima, para mim, é a amizade dela com minha mãe. Clarice e Fátima são amigas de infância e continuam muito amigas. Elas tiveram trajetórias praticamente idênticas até que a Fátima, enquanto minha mãe permanecia nas pesquisas de opinião dentro do mercado publicitário, enveredou pela pesquisa política.

Ela trabalhou muito nessa temática. Tem paixão por pesquisa e por política. Só não sei quando nasceu essa vocação. Minha mãe participou de campanhas de cunho político, como a do Desarmamento, em 2005, apoiou candidatos, mas nunca fez pesquisa com finalidade político-partidária. A Fátima teve essa atividade durante décadas, assim como o Fernando, a partir de certo momento.

Uma das circunstâncias em que a Fátima foge ao hábito da racionalidade é quando ela fala das duas famílias. "Eu sou sua tia, nós somos uma família", ela diz.

Minha família é muito pequena, tanto pela parte de pai como pela de mãe. E a relação que nós temos com os Jordão só não é família em sentido estrito porque não está no DNA. Mas é de uma cumplicidade que muitas famílias de sangue não têm. Nós nos tratamos como família. Temos uma solidariedade, eu, meu irmão, com os filhos da Fátima, o Rogério, a Beatriz, a Julia, como se fôssemos irmãos. Uma preocupação, um respeito, um carinho.

Sou um tanto suspeito, portanto, para falar da imensa pessoa que é a Fátima. Mas sou também alguém com conhecimento de causa. E não há meio mais objetivo de resolver essa pequena contradição do que dizer: Obrigado, Fátima.

Ivo Herzog

Fernando e Fátima Pacheco Jordão com netos.

Manifesto "Em nome da verdade"

Lista de signatários e manifestações de presos e perseguidos que não puderam assinar o manifesto em 1976

Lista dos signatários do manifesto "Em nome da verdade", publicado como matéria paga na edição de 3 de fevereiro de 1976 do jornal *O Estado de S. Paulo*. Estão destacados em **negrito** os nomes de uso profissional, quando identificados pelos editores do livro, dessas pessoas. O mesmo foi feito quando nome e sobrenome têm apenas duas palavras; há prenomes duplos, como Ana Maria e José Carlos, e há pseudônimos de uma só palavra, como Jaguar e Mollica. A lista completa e uma centena de depoimentos e fotos de signatários estão disponíveis em https://bit.ly/3Ee2G5u.

A. P. Quartim de Moraes, **Adail Borges Fortes da Silva**, **Adalberto Diniz**, **Adalberto Pena, Adão Macieira**, **Adélia** Lúcia **Borges** de Gusmão, Adélia Salamene Montebeller, **Adélia** Y. **Porto da Silva, Adelto** Rodrigues **Gonçalves**, **Ademar Assaoka, Ademar Jackel, Ademar Monteiro, Ademar Shiraishi, Ademar Vargas** de Freitas, **Ademir Fernandes, Ademir Ribeiro de Macedo, Adenilton Araújo** (publicado no jornal *Unidade*), Adilson José Maria, **Adonis de Oliveira, Affonso Ritter, Aglaé Lavoratti** Guedes, **Aguinaldo Silva**, Airton Luiz Batista, **Airton** Mauro **Ribeiro, Airton Muller Rodrigues, Alberto Carvalho, Alberto Dines, Alberto Etchart, Alberto** Hermann **Blum, Alberto Luchetti** Neto, **Albimar Furtado, Albino Castro** F. Filho, **Alcides Lemos, Alcides Melo e Silva, Alcione T. Silva, Alcir** Cândido **de Souza, Alcy Linares** Deamo, **Alda Suzete Souza Valls, Aldo Schmitz**,

Aldson Pinheiro, Alexandra José de Souza **Bertola, Alexandre Gambirasio, Alexis** Fernandes **Gurgel, Alfeo Ruggi, Alfio Beccari,** Alfredo da Rocha Carvalho, Alfredo Miguel Mathias, **Alfredo Osório, Alice Kiyoko Taquiguthi, Alipio** Raimundo Viana **Freire, Almyr Gajardoni, Aloar Odin Ribeiro, Altamiro Souza, Aluizio Maranhão, Amancio Chiodi** Sobrinho, **Américo Ietto Filho, Amilton Vieira, Ana Maria Baccaro, Ana Maria** Bretas **Tahan,** Ana Maria de Mattos, **Ancelmo** Rezende **Gois, Anchieta Fernandes, Anderson Campos, André Gustavo Stumpf** Alves de Souza, **André Pereira, Andrei Meireles** de Almeida, Aníbal Gomes da Silva, **Aníbal Philot, Anilde** Lima **Werneck, Anilson** Gantes da **Costa, Antônio Aragão, Antônio Arena Filho, Antônio Augusto dos Santos, Antônio Bernardo Mariani Guerreiro,** Antônio Carlos **Carneiro Neto, Antônio Carlos de Moura Ferreira, Antônio Carlos de Carvalho, Antônio Carlos dos Santos, Antônio Carlos Fon, Antônio Carlos Mafalda, Antônio Carlos Marsiarelli, Antônio Carlos Pereira, Antônio Carlos Ribeiro, Antônio Cunha,** Antônio de Oliveira e Silva, **Antônio Estribita de Almeida, Antônio Euclides Teixeira, Antônio Félix do Monte, Antônio Firmo de Oliveira Gonzalez, Antônio Gouveia Jr., Antônio Hohlfeldt, Antônio L. O. Figueiredo,** Antônio **Luiz Bernardes, Antônio Luiz de Freitas, Antônio Machado, Antônio Macluf, Antônio Manoel de Oliveira, Antônio Nery,** Antônio Ramos Cordeiro, Antônio Romano Nogueira, **Antônio S. Goulart,** Antônio **Tadeu Afonso, Antônio Teixeira Júnior, Antônio Ubaldino Pereira Filho, Antônio Ventura, Aparecida** F. C. **Leite,** Aparecida **Izilda Alves, Aparício Pires, Ari** Toledo **Schneider, Ariovaldo Bonas, Ariverson Feltrin,** Arlete Rejane de Oliveira, **Arlindo** de Melo **Freire, Arlindo** P. **Piva, Armando Burd, Armando Gonçalves, Armando Sampaio Lacerda, Armando Sobral Rollemberg,** Armando Vasconcelos Sales, **Armindo Antônio Ranzolin, Arnaldo Alves da Cruz, Arnoldo Anater, Assis Hoffmann, Atenéia Feijó, Augusto Nunes** da Silva, **Aureliano Biancarelli, Áureo Abílio,** Barbara Regina Oliveira, **Beatriz (Bia) Bansen, Beatriz Horta, Belisa Ribeiro** (assinava-se **Contino),** Benedito **(Benê) Cavechini, Benedito Roberto Camargo, Benito Giusti, Bernardo Kucinski, Bernardo Lerer, Branca Ferrari, Bruno Liberati,** Caio Mário C. Guedes Britto,

Camel Rufaiel, Carlos Roberto dos Santos **Dorneles, Carlos** Ernani **Brickmann, Carlos** Roberto **Maranhão, Carlos** A. **Manente, Carlos Alberto da Silva, Carlos Alberto de Oliveira (Caó),Carlos Alberto Ghiuro Gouvêa, Carlos Alberto Maranhão, Carlos Alberto Noronha, Carlos Alberto Pimentel, Carlos Alberto Sardenberg, Carlos Augusto Monteiro,** Carlos Bastos de Castro, **Carlos C. Lacerda, Carlos Castello Branco, Carlos Chagas, Carlos da Silva Rodrigues, Carlos Danilo Cortes, Carlos (Carlinhos) de Oliveira, Carlos Fehlberg, Carlos Fernando Karnas, Carlos Heitor Cony, Carlos Henrique Bastos, Carlos Jurandyr Monteiro Lopes,** Carlos (**Carlão**) Octavio Bittencourt **Batistelli, Carlos Pinto, Carly Batista** de Aguiar, **Carmem Coaracy, Carmen** Rita **Cagno, Carmen Zilda Ribeiro, Carmo** Ribeiro **Chagas, Cecília Thompson** Guarnieri, **Cecilio Pereira, Célia Maria Marinho Reis, Célia Valente, Celso Antônio Hartmann, Celso** Antônio Souza da **Rosa, Celso** de Campos **Pinto, Celso Itiberê** F. dos Santos, Celso Marinho Ramalho, **Cerilo Camilo Simon, César Francisco Alves, César Silva,** Cezar Augusto Freire da Silva, **Christian** M. W. **Dhoyé, Christina Brentano, Cicero** A. **Vieira, Cícero Cattani, Cicero Sandroni, Cintia Nahra** Leal, **Cintia Sasse, Claudia Lindner, Cláudio Bojunga,** Cláudio Manuel de Amorim Santos, **Claudio** Roberto Gomes da **Conceição, Cleide Landolfi, Clovis** de Oliveira **Malta,** Clovis Levi da Silva, Clovis Melo Meira, **Clóvis Rossi, Colbert Malheiros, Cremilda** de A. Medina, Creso Luiz de Morais, **Creston Portilho, Cristina Tavares** Correia, **Dácio Nitrini,** Dalva Maria Capinski, Daniel D'A. dos Santos, **Danilo da Silva Ucha, Danilo Miralles, Dante Mattiussi, Darci Higobassi, Decio Bar, Décio Pedroso, Delfim Martins, Delmar Marques** Correa, (Paulo) **Denis Simas** Pereira, **Denise Alves,** Denize Felipe dos Santos, Dermeval **Júlio de Grammont, Desiderio Perón, Dilico Covizzi,** Dilze Maria Machado Teixeira, **Dirceu Martins, Divino** Renato **Fonseca,** Djair Dantas P. de Macedo, Djalma Nery Ferreira Filho, **Dorrit Harazim, Eda** Maria Carbone **Romio, Edenilton Araújo (Edenilton Lampião), Edgar** L. Simch **Vasques** da Silva, **Edgar Lisboa, Edegar** P. **Schmidt,** Edgard Elias Alves Rodrigues, **Edilson Braga, Edison Fernandes Moiano,** Edison Pais de Melo Filho, **Edith de Carvalho Negraes,** Edna Ruth Bolonhez, Edson

Higo do Prado, **Edson Jansen**, **Edson Pinto**, **Eduardo A. de Oliveira**, Eduardo Aguiar de Almeida, **Eduardo Alexandre Garcia**, **Eduardo Brito**, **Eduardo Martins**, Eduardo Ney Meireles, Eduardo Nigel Alves Ferreira, **Elenílson** José **Limberti**, **Eliana Haberli**, **Eliane Machado**, **Eliane** Cristina de A. **Cantanhêde**, **Elio** Egídio **Fagundes**, **Elisabete Portugal**, **Elisabeth** Maria **Bottini**, **Elizabeth** de S. **Lorenzotti**, **Elmar Bones**, **Elói** Lacerda **Gertel**, Eloy Olindo Setti, **Elvira** Ap. Masiero **Alegre**, **Elza Domakoski**, **Emanoel Fairbanks**, Emanoel Francisco Pinto Barreto, **Emir** M. **Nogueira**, **Emmanuel Martins**, Enézio Veloso Teixeira, **Ênio** J. A. **Squeff**, **Ennio Pesce**, **Eraldo Bueno**, **Ercy Pereira Torma**, **Eric Nepomuceno**, **Erica Knapp**, **Erico Valduga**, Ernani Diniz Lucas (**Nani**), **Esnider Pizzo**, **Eugenio Bortolon**, **Eunice Jacques**, **Eureni Pereira**, Eva Maria de Castro Caparelli, **Evandro** Fonseca **Paranaguá**, **Evilazio** B. de **Oliveira**, **Fátima Ali**, **Fátima Murad**, Ferdinando Teixeira Mendes, **Fernando** A. P. **Sandoval**, **Fernando Alexandre**, **Fernando Antônio Lemos Goulart**, **Fernando Camargo**, **Fernando César Mesquita**, **Fernando Del Corso**, **Fernando Fanuchi**, **Fernando Guimarães**, **Fernando Martins**, **Fernando Mitre**, **Fernando Morgado**, **Fernando Peixoto**, **Fernando Pereira Guimarães**, **Fernando Pessoa Ferreira**, **Fernando Semedo**, **Fernando Westphalen**, **Filippo Garozzo**, **Firmino Dias Lopes**, **Flávio Aguiar**, **Flavio** C. **Nascimento**, Flávio Carvalho, Flávio de Aquino, Flávio Dutra, Flávio França, Flávio Moreira Martins, Flávio Rogério Troyano, Flávio Schubert, Floriano Bortoluzzi, Floriano Soares, Francisco Augusto, **Francisco Barreira**, Francisco Daniel Lourenço da Silva, **Francisco de Assis** Teixeira **Barbosa**, **Francisco** de Assis **Costa Pinto** Jr., Francisco Dias Camargo, Francisco José Pinto dos Santos, Francisco (**Chico**) José **Santa Rita** Behr, **Francisco Macedo**, **Francisco Nelson**, Francisco P. H. Caruso (**Chico Caruso**), **Francisco Paulo Santana (Sant'Ana)**, **Francisco Pinheiro**, Francisco Pinto Neto, Francisco Ronald Goulart Lopes de Almeida, **Fraterno Viera**, **Frederico Vasconcelos**, **G. Pedrosa Filho**, **Gabriel Arcanjo Nogueira**, **Garibaldi Alves Filho**, **Gellulfo Gonçalves**, **Gelsio Siqueira**, **Genilson Cezar de Souza**, Geraldo Augusto Pires e Albuquerque, **Geraldo Galvão Ferraz**, **Geraldo Hasse**, **Geraldo Mayrink**, **Geraldo Seabra Filho**, **Gerson** Lopes **Schirmer**,

Getúlio Dutra **Bittencourt**, Getúlio de Souza Velho, Gilberto Antônio de Medeiros, **Gilberto dos Santos, Gilberto Grassi**, Gilberto Penha de Araújo, **Gilnei Rampazzo, Gilson Menezes, Giulia Di Vizia, Glória Nogueira, Guilherme Cunha Pinto** Filho, **Guilherme da Cunha**, Gustavo Praça de Carvalho, **Hairton Calixto, Hamilton Almeida Filho**, Haroldo Lima, Hedyl Valle Jr., Heitor Casaro, **Hélio Ferraz de Araújo**, Hélio Teixeira de Oliveira, **Helival Rios, Helô Machado, Heloneida Studart, Helvio** Eduardo **Schneider**, Henrique Goulart Gonzaga Júnior (**Gougon**), Henrique Souza Filho (**Henfil**), **Hermano** Antônio **Henning**, Hermelino Paes de Macedo, **Herval** da Silva **Faria, Hipólito Vieira Pereira, Hiron Goidanich, Homero Paiva, Horácio** N. **Marana**, Iara Rodrigues Martins, **Ibsen** V. **Pinheiro, Idalino** ASP **Vieira, Ignácio de Loyola, Ijalmar** M. **Nogueira**, Irandy Ferreira de Souza, **Irede** A. **Cardoso, Iremar Araújo, Irene Solano Vianna, Isabel** C. **Dias de Aguiar** Boggio, **Isabel Cristina Franchon**, Isabel Monteiro, Isaías de Castro Gama, **Isnar Camargo Ruas, Ivan Alves, Ivan Angelo, Ivan Barros, Ivan Lessa, Ivan Nakamae, Ivani Migliaccio, Ivo** Egon **Stigger, Ivo Zanini, Iza Feigerman, Izalco Sardenberg** Neto, J. E. [**José Eduardo**] de Faro **Freire, Jaguar, Jaílton da Fonseca, Jaime** R. **Ruivo**, Jair Cunha Filho, **Jair de Oliveira, Jairo Arco e Flexa, Jalusa Barcellos, Janir de Holanda** Ferreira, **Jandira César, Jayme Copstein, Jayme Tadeu Lechinsky, Jazilda Correia Campos, Jean Claude Bernadet, Jefferson Del Rios, João Batista Machado, João Borges de Souza, João Carlos Belmonte**, João Carlos **Castilho de Andrade, João Carlos Ferreira da Silva, João** Edivaldo **Teixeira, João Gualberto Aguiar, João Huber Júnior, João Marcos Pereira, João Rath, João Russo, João Victor Strauss, Joaquim Jodelle**, Joaquim Marcondes A. Neto, **Joel Petroski,** Jomar José Costa, **Jorge** Alberto **Polydoro, Jorge Baptista, Jorge** Dias **Escosteguy**, Jorge Carlos Prado Magalhães, **Jorge Freitas, Jorge** G. **Amaral, Jorge Gallina**, Jorge Hedyl Boamorte, **Jorge Luiz de Souza, Jorge Olavo** de **Carvalho Leite**, Jorge Oliveira da Silva, **Jorge Rosa, Jorge Sá de Miranda Neto, Jorge Villas, Josail Gabriel de Sales, José** A. **Fiori, José** A. (**Antônio**) **Severo, José Alberto Dietrich** Filho, José Álvaro do Santo Primo, José Antônio Fernandez Ribeiro, **José Antônio Rodrigues (Zelão), José Augusto Duarte Bezerra**, José

Carlos Bardawil, José Carlos Marão, José Carlos Monteiro Santos, José Carlos Moreira Torres, José Carlos Santana, José Castello, José da Conceição Andrade, José Durval Braga do Amaral, **José E. Gonçalves**, José **Eduardo Savóia**, José **Eugênio de Souza**, José **Gabriel** de la Rocque **Romeiro**, José Gonçalves **Elias** Neto, **José Guaraci Fraga**, José **Gustavo** Magalhães **Vasconcelos**, José **Jaime Matos** de Sá, **José Márcio** Almeida de **Mendonça**, **José Márcio Penido**, **José Maria de Lima**, **José Maria Soares**, **José Martinez**, **José Miguel** Soares **Wisnik**, **José Mitchell**, **José Neme**, **José Onofre** K. **Jardim**, **José Pessoa de Carvalho**, **José Roberto de Alencar**, **José Roberto** Dias **Guzzo**, **José Roberto Garcez**, **José Roberto** Medici **de Aquino**, **José Roberto Nassar**, **José Rubens A. Souza**, **José Santana Filho**, José **Vidal da Trindade**, **Jovaci Lea Galazi**, **Joyce La Ronda**, **Juan Carlos Gomez**, **Juarez Fonseca**, José Carlos **Juca Kfouri**, **Juca Martins**, **Judith Martins Costa**, **Judith Patarra**, **Julieta Nunes**, **Julio** Antônio de Oliveira **Moreno**, **Júlio César Magalhães**, **Júlio** L. **Bortolo**, **Júlio** Tadeu Carneiro **Sortica**, **Jurandir Soares** dos Santos, Jussara dos Santos Correa, **Jussara Oliveira da Silva**, **Justino Martins**, **Katsuko Matsumoto**, **Klaus Kleber**, **Kleber de Almeida**, **Laercio Marmo**, **Laercio Silva**, **Laerte** Coutinho, **Lais de Castro**, **Laís** Fagundes **Oreb**, **Lanning Elwis**, **Lauro Dieckmann**, **Lauro Machado Coelho**, **Lazaro de Oliveira**, **Leia Penteado**, **Leo Schlafman**, **Leonardo** Berleze de Matos **Dourado**, **Leonor Amarante**, **Leonora** Maria **Vargas**, **Lia** Gonçalves **Ribeiro Dias**, **Liberato Vieira da Cunha**, **Licurgo** Chaves de **Carvalho**, **Lilian Ben David**, **Lilian Newlands**, **Ligia Monteiro**, **Lorena Paim Saraiva**, **Lourenço** Carlos **Diaféria**, **Lourenço Dantas Mota**, **Lúcia** Maria Ferreira **Rito**, **Lúcia Miranda Leão**, **Lúcia** Villar **Guanaes**, **Luciano de Paiva**, **Luciano Ornelas**, **Lucídio Castelo Branco**, **Lucila** dos Santos **Camargo**, **Lucy Dias**, **Ludembergue T. de Goes**, **Luiz L. Fontes**, **Luiz R. Teixeira**, **Luiz Roberto Serrano**, Luiz **Valério Meinel**, **Luiz Alberto Arteche**, **Luiz Alberto Bettencourt**, **Luiz Alberto** do Amaral **Manfredini**, **Luiz Antônio Pereira Franco**, **Luiz Antônio Ramos**, **Luiz Augusto Cabral**, **Luiz Augusto** Varela **Chabassus**, **Luiz Carlos Bataglin**, **Luiz Carlos Cabral**, **Luiz Carlos dos Santos**, **Luiz Carlos Gertel**, **Luiz Carlos Merten**, **Luiz Carlos Ramos**, **Luiz Carlos Ribeiro**, **Luiz Cláudio**

Cunha, **Luiz Cláudio Pinheiro**, **Luiz Fernando** Câmara **Vitral**, Luiz Fernando Lima da Silva, **Luiz Fernando Mercadante**, **Luiz Freitas**, **Luiz Garcia**, Luiz Gonçalves da Fonseca, Luiz Gonzaga de Almeida, Luiz Gonzaga Gonçalves, **Luiz Heitor** H. B. **Pinto da Luz**, **Luiz Henrique** M. **Fruet**, **Luiz Marcos Barrero**, **Luiz Martins**, **Luiz Oscar Matzembacher**, **Luiz Paulo de Pilla Vares**, **Luiz Rache Vitelo** Filho, **Luiz Roberto Clauset**, **Luiz Roberto de Souza Queiroz**, **Luiz Roberto Porto**, **Luiz Salgado** Ribeiro, Luiz **Valério Meinel**, **Lygia Nunes**, **Maadir Moreira**, **Magda Sparano**, **Manoel Carlos Karam**, Manuel Francisco de Andrade Cavalcanti, **Marcelo** de Almeida **Bairão**, **Marcelo Lopes Monteiro**, **Marcelo Oscar Lopes**, Marcelo Soares Monteiro (publicado no jornal *Unidade*), **Márcia Maykot**, **Márcio** M. **Geenen**, **Marco** A. F. **Schuster**, **Marco Antônio** Correa **de Moraes**, **Marco Antônio de Lacerda**, **Marco Antônio Escobar**, **Marco Antônio** S. (**Souto**) **Maior**, **Marco Aurélio** C. **Carvalho**, **Marco Aurélio** C. **Machado**, **Marco Aurélio Camargo**, Marco Aurélio Geiss de Queiróz, **Marcos D. Loureiro**, **Marcos Domingos Agathão**, **Marcos Faerman**, **Marcos Gomes**, **Marcos** Roberto Augusto da **Fonseca**, **Marcos Sá Corrêa**, **Marcos Santilli**, **Marcos Ubiratan Abrão**, **Maria Alice Fleury Dias**, **Maria Alice Gurgel do Amaral**, **Maria Amélia Rocha Lopes**, Maria **Angela Kuhlmann** Paiva **Castro**, Maria Auxiliadora R. G. Serapião, **Maria Bernadete Mori**, **Maria Cecília Magalhães Gomes**, **Maria Cecília Pires de Sá**, **Maria Christina** R. de **Carvalho**, **Maria da Graça** Soares **Mascarenhas**, **Maria da Graça Dantas Guindani**, **Maria das Graças Ferreira**, **Maria de Lourdes Sá Britto**, Maria Eloá da Silveira, **Maria Emília** G. **de Almeida**, **Maria Helena** da Silva **Passos**, **Maria Helena Castilho**, **Maria Helena Dutra**, **Maria Iara Rech**, **Maria Ignez França**, Maria Inês B. Marquez, **Maria Isabel Camargo Regis**, **Maria Luiza Nascimento**, **Maria Margarida Negro**, Maria Monserrat Albareda P. Padilha, **Maria Monteiro**, **Maria Odaires Dantas**, **Maria Regina Paz**, **Maria Tereza Fernandes**, Maria **Theresa Martins**, **Mariângela Medeiros**, **Mariko Sonoda**, **Marilda Varejão**, **Marilda Wanke Weigert**, **Marilena Braga**, Marília de Fontoura Bachmann, **Marina D´Andrea**, **Marina Wodtke**, **Marino Maradei Jr.**, **Mário** H. **Watanabe**, **Mário** Joaquim Escobar **de Andrade**, **Mário**

Lúcio **Marinho, Mário Alberto de Almeida, Mário Augusto Jakobskind, Mário Blander** de Camargo Castro, **Mário da Cunha,** Mário de Almeida Luna, **Mário Iorio Lopes, Mário José Sniecikoski, Mário Marcos** de Souza, **Mário Pereira, Mário Quintana, Mário** Renato **Marona, Marion Frank, Marisa de Freitas Brito, Marisa** de Melo **Vieira da Costa, Marisa Seabra Ferreira, Mariza Gibson, Marques Leonam Borges da Cunha,** Marta Maria Alves da Silva, **Marise** de Martini **Fetter, Mary Mezzari, Maurício M. Rosas, Mauricio Azêdo, Mauro Carvalho da Silva, Melchiades Cunha Jr., Merval** Soares **Pereira** Filho, **Miguel** João **Jorge** Filho, Milton Alberto Barreto Randal, Milton Fernandes Weis, **Milton Galdino da Silva, Milton Ivan Heller, Milton** José **Blay, Mino Carta, Miriam Gusmão, Mirian Paglia Costa, Moacir** A. **Amâncio, Moacir Oliveira, Moacyr Bueno** de Morais Jr., **Moacyr J. Machado, Moises Rabinovici, Mollica, Moura Reis, Muryllo Della Mea, Mylton Severiano da Silva (Myltainho), Nair Keiko Suzuki, Narceu de Almeida** Filho, Narciso James Brás, **Narciso Kalili, Nelcira** Neves do **Nascimento, Nelio Barbosa Horta, Nelio Cechin, Nelio** (Cornélio) **Lima, Nelma Quadros, Nelson** Antônio Pires **Merlin, Nelson Blecher, Nelson Cunha,** Nelson de Almeida Duarte, **Nelson Gonçalves, Nelson Maenaka, Nelson Silva, Nereu Costa Lima, Nery Fogliatto, Nestor** C. de **Magalhães,** Neusa Galei Fiori, **Neusa Rocha, Neusa S. Pinheiro Coelho, Neuza Lemela, Neuza Santana, Neuza Tasca, Névio Gomes, Newton Flora, Ney Fonseca, Nícia Maria Antunes Menezes, Nicky Baendereck, Nilcea Nogueira, Nilcéia** Cleide da Silva **Baroncelli, Nilda Gonçalves Antunes, Nilo de Souza Martins, Nilson Damasceno, Nilson Figueiredo Filho, Nilton Tuna** Mateus, **Nirlando** Antônio Lacerda **Beirão, Norberto Pastore, Norberto Stavisky, Nubia Silveira, Octávio** Floro Barata **Costa, Odair Estevam Redondo, Odejaime Hollanda,** Odon Pereira da Silva, **Odon Rodrigues, Olavo Avalone Filho,** Olavo de Carvalho, **Olga** Maria **Sérvulo da Cunha, Olga Vasoni,** Olímpio de Carvalho, **Olinda Marlei Lopes Teixeira (Lelei), Olívio** S. **Lamas, Olívio Tavares de Araújo, Olyr Zavaschi, Omar Luiz de Barros Filho (Matico), Orlando L. Fassoni, Orlando Barreto, Orlando de Almeida, Orlando Maretti Sobrinho,** Oscar Luiz de

Paula, **Oscar Milton Volpini**, **Osvaldo Martins**, Oswaldo A. Ribeiro Filho, **Oswaldo de Camargo**, **Oswaldo Guimarães Amorim**, Oswaldo Nadalin Duarte, **Otacilio** R. **do Carmo**, Otávio de Fonseca, **Paulo F. Gastal**, **Paulo Antônio Rocha**, **Paulo Burd**, **Paulo Cézar Pereira**, **Paulo de Almeida Lima**, **Paulo de Tarso Riccordi**, **Paulo Jorge Haranaka**, Paulo Junqueira Braga, **Paulo Leite**, Paulo Mário Garcia de Macedo, **Paulo Mattiussi**, **Paulo Moreira**, **Paulo Moura**, **Paulo Penna**, **Paulo Pompeu**, **Paulo** Queiróz **Andreoli**, **Paulo** R. A. **Dias**, Paulo Roberto Cardoso Gomes, **Paulo Roberto Maciel**, **Paulo Roberto Marins de Souza**, **Paulo Sampaio (Sampaulo)**, Paulo Sérgio de Souza Barros, **Paulo Totti**, **Pedro Autran Ribeiro**, **Pedro Cafardo**, **Pedro de Oliveira**, **Pedro de Salles Redig de Campos**, **Pedro Del Picchia**, **Pedro Franco Cruz**, **Pedro Luiz Flores**, **Pedro Maciel**, **Pedro Miquelarena**, Pedro Rogério C. Moreira, **Percival de Souza**, **Perseu Abramo**, **Pindaro Camarinha** Sobrinho, **Pio Pinheiro**, **Pola Civelli**, **Pompeu de Souza**, **Prentice Monclara**, **Prudente de Moraes Neto (Pedro Dantas)**, **R. Heller**, **Racine Santos**, Rafael Caroni Filho, Raimundo de Oliveira Costa, **Raimundo Rodrigues Pereira**, **Randolpho** S. **de Souza**, **Raul Clovis Rubenich**, **Raul Urban**, **Regina** Lúcia **Pimenta** de Castro, **Regina Echeverria** de O. Coutinho, **Regina Lemos**, **Regina Machado Curi**, **Regina** Maria Diogo **Rito**, **Regina Penteado**, Reginaldo **Fortuna**, **Reinaldo Lobo**, **Reinaldo Rocha**, **Rejane Baeta**, **Renan Sedano Ruiz**, **Renate Bauer**, **Renato de Moraes**, **Renato Faleiros**, **Renato Gianuca**, **Renato Kern (Rekern)**, **Renato Lombardi**, **Renato Russo Martins**, **Renato Sant'Ana**, **Renato Schaitza**, **Renato Torres**, **René** Marinho **Sierra**, **Renée Castelo Branco**, **Reynaldo Ostrovsky**, **Ricardo** Augusto **(A.) Setti**, **Ricardo** Castro **Bueno**, Ricardo **(Kadão)** de Leone **Chaves**, **Ricardo Kotscho**, **Ricardo** M. L. **Álvares**, **Riomar Trindade**, **Rivaldo Chinem**, **Robert Appy**, **Roberto** Barros **Manera**, **Roberto** Francisco **Avallone**, **Roberto** A. **Carlesi**, **Roberto Ferreira**, **Roberto Hillas** Moura, **Roberto Jungmann**, **Roberto Marinho de Azevedo** Neto **(Apicius)**, **Roberto Massignan Filho**, **Roberto Mazzucco Muniz**, **Roberto Muggiati**, **Roberto Müller Filho**, **Roberto Pereira de Andrade**, Roberto Pereira Ferreira, **Roberto Pompeu de Toledo**, **Robinson Flores**, **Robson Murilo Silva Costa**, **Rocco Buonfiglio**,

Rodolpho Gamberini Junior, **Rolf Kuntz, Rogério Vaz Mendeski, Romolo Cioffo, Ronaldo Buarque de Hollanda, Ronaldo** G. **Reis, Ronaldo Westermann, Roque Luiz Godoy, Rosilto Portella, Rosvita Saueressig, Rubem Grilo, Rubens Glassberg, Rubens Marujo, Rubens Mattos, Rui** Cardoso **Xavier, Rui** Goette da Costa **Falcão, Rui Fernando Barbosa, Ruy Lopes, Ruy Mesquita Filho, S. David,** Sandoval Souza Oliveira, Sandra Maria de Carvalho Alves, **Sandra** Vasconcelos **Chaves,** Sandra Wenberg Salgado, **Sandro** Angelo **Vaia, Santa Irene Lopes, Saul Galvão** França Junior, **Sebastião Carvalho,** Sebastião Luiz da Costa Aguiar, Sebastião (**Tão**) Rubens **Gomes Pinto, Selma** Rita **Severo Lins,** Sérgio Antônio Correia Vaz da Silva, **Sérgio Arnaud, Sérgio Buarque de Gusmão, Sérgio Caparelli, Sérgio Chacon, Sérgio de Souza,** Sérgio dos Santos de Oliveira, **Sérgio Fujiwara,** Sérgio José Beck, **Sérgio Luiz Pereira, Sérgio Luz, Sérgio Maluf Torres,** Sérgio Mota e Silva, Sérgio Noronha, Sérgio Quintana, **Sérgio** Ribeiro **Pompeu,** Sérgio Roberto Ribeiro, Sérgio Rondino, Sérgio Sade, Sérgio Sinoti, Sérgio Sister, Sérgio Toniello, Shigueru Nagasawa, Sidnei Basile, Silmar César Muller, Silvia Campolim, Sílvia de Souza Costa, Silvia L. Bartolo, Silvia Sayão, Sílvio Lancelotti, Sílvio Leite, Silvio Raimundo, Silvio Sena, Sílvio Rocha Monteiro,** Sinesio F. de Almeida, **Sinval Medina,** Sisemar Sebastião Silva, **Sonia Beatriz de Barros, Sueli Campopiano, Suzana Regazzini, Tairo Arrial, Takao Miyagui, Tales** Tarcísio **Alvarenga, Tamar de Castro, Tânia Borges Nogueira,** Tânia Maria Mendes, **Taras Schner, Tarso de Castro, Telmo Curcio da Silva, Telmo** Luiz Meira **Wambier, Teodolino de Souza Lima, Teodomiro Braga, Teresa Monteiro, Teresinha Schoen Teixeira, Thaís B. Oliveira** (depois **Thais Costa**), Thais de Aquino Pereira, **Thereza** Cristina **Jorge** Tavares de Araújo, **Tibério Vargas Ramos, Ticiano Duarte,** Timoteo Santos Lopes (**Tim Lopes**), **Tito** Ubiratan **Tajes,** Tomas Irineo Pereira, **Tullio Macacchero, Ubirajara Forte, Uirapuru Mendes** de Oliveira, **Ulisses** José **de Souza, Urandir** E. **Bispo, Valdimir Diniz, Valdir de Oliveira, Valdir Zwetsch, Valfrido Lira, Valtair Rodrigues dos Santos, Valter Gonçalves dos Santos, Vanda Frias Pinto, Vanessa Giacometti, Vera Artaxo, Vera** L. M. **Coeli, Vera Lúcia Rolim Salles, Vicente** A. **Serejo** Gomes,

Vicente Alessi, filho, Vicente Dianezi Filho, Vicente Ulandowski, Vilma Amaro, Vilma Gryzinski Maciel, **Vilmo Medeiros, Vinicius Seixas, Virson Holderbaum, Vitorina** Mercês **Gonçalves, Vitu do Carmo, Vlada Sanalios, Wagner Baggio, Wagner Carelli, Waldo Nogueira, Waldoar** T. **Teixeira, Walmor** Silva **Elias,** Walni Costa Soares, Walter Antônio Santoro, **Walter Diogo, Walter Galvani, Wanderlan Cortes Gama, William Salasar, Wilson Cunha, Wilson Kinjo, Wilson Moherdaui, Wilson Palhares, Wilson** Ricardo **Baroncelli, Wilson Tomé Martins de Castro, Wladimir** Netto **Ungaretti, Wladimir Soares, Wladyr Nader, Woden Madruga, Woile Guimarães,** Yves Léon **Winandi, Zuenir** Carlos **Ventura.**

Pelo menos três outros jornalistas assinaram o manifesto, mas seus nomes não entraram na lista publicada: Carlos Marchi, Oswaldo Luiz Colibri Vitta e Ricardo Paoletti, os dois últimos da Agência Folhas, onde o diretor, Luiz Carlos Rocha Pinto, delegado de Polícia, teria recolhido e rasgado folhas com mais de vinte assinaturas.

Texto do manifesto "Em nome da verdade" na íntegra[1]

Temos a honra de passar às mãos de Vossa Excelência documento encaminhado a este Sindicato para ser entregue à Justiça, com as assinaturas de 467 jornalistas, referente ao inquérito policial-militar sobre a morte do jornalista Vladimir Herzog.

Os jornalistas, ao levantarem as indagações contidas no documento anexo, e seu sindicato, ao trazê-las à consideração de Vossa Excelência, reiteraram desta forma sua preocupação com a necessidade de completo esclarecimento do caso, expressa desde nossa primeira manifestação após o trágico acontecimento.

O Sindicato dos Jornalistas Profissionais no Estado de São Paulo e os signatários do documento anexo esperam com isso estar cooperando com Vossa Excelência na aplicação da Justiça.

---

[1] Publicado como matéria paga na edição de 3 de fevereiro de 1976 do jornal *O Estado de S. Paulo.*

Certos da boa acolhida e da atenção que Vossa Excelência dará a este trabalho, subscrevemo-nos respeitosamente,

> Audálio Ferreira Dantas, José Aparecido,
> Gastão Thomaz de Almeida, Wilson Lourenço Gomes,
> Fernando Pacheco Jordão, Moisés Oscar Ziskind e
> Hamilton Otávio de Souza.

Sobre o presidente do Sindicato

Audálio Dantas, conforme lê-se em seu livro *As duas guerras de Vlado Herzog: da perseguição nazista na Europa à morte sob tortura no Brasil* (2012), começou em 1954 como repórter da *Folha da Manhã*. Na revista *O Cruzeiro*, a partir de 1959, foi redator e chefe de reportagem. Nessa época, reuniu o material escrito por Carolina Maria de Jesus que resultaria no livro *Quarto de despejo: diário de uma favelada* (1960). Em 1966, passou a trabalhar na revista *Quatro Rodas*, onde se tornou redator-chefe. Também exerceu cargo de chefia na revista *Realidade*. Depois de exercer a presidência do Sindicato dos Jornalistas, foi eleito deputado federal pelo MDB-SP[2]. Em 1981, recebeu na ONU um prêmio em reconhecimento por sua luta em defesa dos Direitos Humanos. Foi vice-presidente da Associação Brasileira de Imprensa (ABI) e conselheiro da União Brasileira de Escritores (UBE).

Sobre os diretores do Sindicato

Com informações reunidas por Vicente Alessi Filho (signatário do manifesto "Em nome da verdade") completa-se o quadro da diretoria:

José Aparecido, vice-presidente, foi um dos fundadores do Movimento de Fortalecimento do Sindicato (MFS). Trabalhava na *Folha de S.Paulo* como Editor Regional e tinha muito contato com jornalistas do interior.

---

[2] Movimento Democrático Brasileiro, partido de oposição consentida ao regime militar. Por força de lei ditatorial que obrigava todas as agremiações a terem a palavra "partido" no nome, transformou-se, em 1979, em PMDB. Já completamente descaracterizado, voltaria a se chamar MDB em 2017.

Gastão Thomaz de Almeida, primeiro secretário, foi um dos fundadores do MFS. Trabalhava na *Folha de S.Paulo* como redator da Editoria Regional e como editor do Suplemento Agrícola publicado junto à Editoria de Economia. Também trabalhou na assessoria de imprensa da Secretaria da Agricultura do Estado de São Paulo.

Wilson Lourenço Gomes, primeiro tesoureiro, foi chefe de reportagem e editor do *Diário de S. Paulo.*

Fernando Pacheco Jordão, diretor cultural, trabalhou no jornal *O Estado de S. Paulo*, na TV Excelsior, na BBC de Londres, na TV Cultura de São Paulo, na TV Globo, nas revistas *IstoÉ* e *Veja*. Foi assessor de imprensa nas campanhas dos governadores Mário Covas e Geraldo Alckmin (informações da sexta edição deste livro).

Moisés Oscar Ziskind, segundo secretário, era revisor nos jornais *O Estado de S. Paulo* e *Jornal da Tarde*. Indicado pelos revisores, grande contingente da categoria na época.

Hamilton Octavio de Souza, diretor social, era repórter de Política de *O Estado de S. Paulo* e foi indicado à chapa pelo conjunto dos jornalistas do Estadão e do *Jornal da Tarde*. Também colaborou em publicações do Sindicato, na realização dos congressos Estadual e Nacional dos Jornalistas, na articulação intersindical e em contatos com estudantes de jornalismo. Trabalhou, também, na *Folha de S.Paulo*, na sucursal paulista do *Correio Braziliense*, no *Diário do Povo*, de Campinas, na *Gazeta de Pinheiros*, na revista *Nova Escola*, no jornal *Retrato do Brasil*, na assessoria de imprensa do Sindicato dos Metalúrgicos de São Bernardo do Campo, na revista *Caros Amigos*. Foi professor de jornalismo na Pontifícia Universidade Católica de São Paulo (PUC-SP).

Nós, abaixo assinados, jornalistas, que acompanhamos todo o caso da morte de nosso companheiro de trabalho, Vladimir Herzog – uma tragédia que traumatizou não só a nossa categoria, mas a consciência de toda a Nação –, interessados na descoberta da verdade e na total elucidação dos fatos, por força mesmo da natureza da nossa profissão, vimos de público levantar algumas indagações, sugeridas pela leitura do Relatório do Inquérito Policial-Militar divulgado no último dia 20 de dezembro.

O Relatório contém duas contradições que já foram levantadas publicamente:

- A primeira é a estranheza de que o IPM tenha partido de uma Portaria do Comando do II Exército[3] que praticamente já indicava a sua conclusão, ao determinar sua instauração "para apurar as circunstâncias em que ocorreu o suicídio", e não as circunstâncias da morte, como seria de esperar;
- Na segunda, apontada no mesmo dia de sua publicação, *O Estado de S. Paulo* desmentiu o depoimento do jornalista Randolfo Lobato,[4] segundo o qual Vladimir Herzog fora demitido do jornal num expurgo, que teria ocorrido em 1963, contra esquerdistas da redação. Além do desmentido, o *Estado* citou a contradição com o depoimento do chefe da 2ª Seção do II Exército, que afirma que Herzog foi demitido em 1958. O jornal esclareceu que, na verdade, Herzog pediu demissão espontaneamente em 1965.

Além desses pontos, pretendemos chamar a atenção para outros que para nós, jornalistas, não ficaram devidamente esclarecidos e que poderão ser objeto de novas diligências, agora no âmbito da Justiça Militar, para onde o IPM foi remetido, como determina o Código de Processo Penal Militar.

Este é o nosso interesse, em nome da salvaguarda dos direitos humanos, da justiça e da busca da verdade, na qual o jornalista, por dever de ofício, tem a obrigação de esgotar todos os recursos possíveis.

Os pontos que ainda consideramos obscuros são estes:

---

[3] Posteriormente Comando Militar do Sudeste.

[4] Randolfo Marques Lobato, ex-jornalista de *O Estado de S. Paulo*, deu informação falsa sobre Herzog, desmentida pelo Estadão e pelo *Jornal da Tarde* (ver "Vlado, de agente da KGB a militante menor", adiante).

1. O IPM diz que Vladimir Herzog se enforcou na grade da cela em que fora colocado "usando para tanto a cinta do macacão que usava". Não há, porém, em todo o inquérito nenhuma explicação para o preso estar usando macacão com cinto. Esta omissão parece contradizer toda a ênfase que várias testemunhas dão à questão da segurança dos detidos: o chefe da 2ª Seção, o comandante do DOI, um investigador e um carcereiro mencionam, em seus depoimentos, além do fornecimento de roupas especiais, rondas e fiscalização permanente, como medidas de cautela. Essas medidas são tomadas, como se sabe, em qualquer repartição policial, e uma delas é a retirada de qualquer objeto que possa servir de instrumento para um suicídio, inclusive cintos e cordões de sapatos. E pelo que se conhece do relato de pessoas que já estiveram naquela dependência militar, os macacões fornecidos aos presos não possuem cinto.

2. Apoiando-se nos laudos periciais do Instituto Médico Legal, o Relatório acentua a "inexistência de qualquer vício que possa desacreditá-los". No entanto, existe uma incoerência ainda inexplicada: o laudo do Exame de Corpo de Delito, dos legistas Harry Shibata e Arildo T. Viana, descreve a roupa com que o corpo chegou vestido para a necrópsia e essa roupa não é o macacão descrito no Laudo de Encontro de Cadáver (com fotos), dos peritos Motoho Shiota e Sílvio Shibata. A roupa com que chegou ao IML, segundo o laudo, é a mesma com que Vladimir Herzog saíra de casa pela manhã, para se apresentar. Diante disso, perguntamos:

- Não se exige que o cadáver seja levado para Exame de Corpo de Delito exatamente como foi encontrado?
- Como se explica que o corpo tenha sido encontrado de macacão e depois tenha chegado ao IML com outra roupa?
- Outra questão: por que não foi ouvido no IPM o capitão Ubirajara, oficial do DOI-Codi,[5] cujo nome aparece nos laudos como requisitante da perícia?

---

[5] Sigla para Departamento de Operações de Informações – Comando de Operações de Defesa Interna, isto é, contra o "inimigo interno".

3 Todas as testemunhas ligadas ao DOI afirmam no IPM que havia ordens expressas para que Vladimir Herzog não pernoitasse na prisão e fosse libertado logo após escrever seu depoimento. O carcereiro diz mesmo, em seu depoimento, que o encontrou enforcado quando foi à cela "com a finalidade de retirar Vladimir Herzog a fim de ser liberado".

Perguntamos:

- Como poderiam as autoridades saber de antemão, como ficou registrado no IPM, "ser de pouca relevância o depoimento daquele jornalista nos fatos investigados"?
- Se o depoimento era de pouca relevância, por que a tentativa de prendê-lo na véspera, à noite, primeiro em sua casa, e depois em seu local de trabalho, só consentindo a autoridade com sua apresentação no dia seguinte após interferência da direção da empresa?
- Como era possível saber o teor do depoimento de Vladimir Herzog para se ter certeza de que seria liberado no dia seguinte?

4 O Relatório do IPM destaca, também, que "o corpo de Vladimir Herzog encontra-se sepultado na Quadra 28, túmulo 64, área em que são enterrados os suicidas". Essa informação é baseada no depoimento de um membro da Congregação Israelita Paulista [CIP].

No entanto, informação diferente foi dada na ocasião da morte de Vladimir Herzog pelo rabino Henry Sobel,[6] que participou do culto ecumênico em memória do jornalista. Numa entrevista publicada no mesmo dia do culto, o rabino

---

[6] Foi rabino da CIP entre 1970 e 2007. Lê-se na Wikipedia que "junto ao arcebispo de São Paulo, Dom Paulo Evaristo Arns, e ao pastor presbiteriano Jaime Wright, participou de maneira destacada no projeto secreto de reunir toda a documentação da ditadura militar brasileira, que resultou na publicação, em 1985, do livro *Brasil: nunca mais* – um marco na história dos direitos humanos no país. O livro expõe a tortura e os torturadores com base em farta documentação".

disse que os ritos do sepultamento tinham sido normais, "pois a Chevrah Kadisha[7] não encontrou indícios que comprovassem o suicídio do jornalista, o que implicaria a alteração dos procedimentos, inclusive o sepultamento em local diferente". (*O Estado de S.Paulo*, 31/10/1975.)

São duas versões conflitantes, de dois membros da mesma religião. Qual a verdadeira?

5 O Relatório do IPM informa que foram ouvidas 21 testemunhas "cujos depoimentos foram tomados sem qualquer constrangimento físico ou moral". Pelo que sabemos, algumas testemunhas foram ouvidas enquanto ainda estavam no DOI, sob a custódia, em última instância, das autoridades cuja atuação no caso da morte de Vladimir Herzog estava sendo investigada. Indagamos: isto não consistiria, para a testemunha, uma forma de constrangimento?

Ao pé das assinaturas, o Sindicato informava:

Esta publicação, com 1.004 assinaturas, foi custeada pelas contribuições de jornalistas de São Paulo, Rio, Brasília, Natal, Porto Alegre, Curitiba. Após a elaboração do documento, sucederam-se outros fatos (entre os quais a adesão de mais signatários, e, principalmente, a divulgação de novo depoimento de um dos jornalistas presos no DOI-Codi quando da morte de Vladimir Herzog) que reiteram, mais ainda, a necessidade de esclarecimentos para as questões suscitadas.

Outras pessoas teriam assinado o manifesto caso não estivessem impedidas por prisão ou perseguição. Elas fazem parte da relação, a seguir, de jornalistas que concordaram em responder a quatro perguntas sobre a oportunidade de se reeditar este livro. João Guilherme Vargas

---

[7] Sociedade das comunidades judaicas encarregada dos sepultamentos.

Neto não é jornalista, mas está na origem de todo o processo que levou à prisão, à tortura e à morte de jornalistas, como se lerá no texto de Fernando Pacheco Jordão.

A essas pessoas foram feitas quatro perguntas:

1. *Que importância você atribuiu à publicação da primeira edição do livro* Dossiê Herzog: prisão, tortura e morte no Brasil, *de Fernando Pacheco Jordão, em 1979?*
2. *Você acha importante que o livro seja reeditado? Por quê?*
3. *O que você julga que deva ser dito hoje sobre aquele período e os terríveis episódios que o marcaram, assim como sobre a reação dos jornalistas e de diferentes setores da sociedade brasileira ao assassinato de Herzog e à farsa de seu suicídio que os órgãos de repressão da época tentaram encenar?*
4. *Como você avalia, no plano político, o período decorrido entre 1975 e a época atual, quando o país é governado por Jair Bolsonaro?*

Às quais os entrevistados responderam:

Anthony de Christo

1) O livro de Fernando Jordão, de 1979, detalha a história recheada de fraudes montada pela ditadura militar e apresentada à sociedade para o assassinato de Herzog, em 1975, e evidencia o movimento político de solidariedade e resistência originado com a sua morte.

Jordão retoma, detalha, revigora e amplia *A sangue-quente: a morte do jornalista Vladimir Herzog* (São Paulo: Alfa-Ômega, 1978), do jornalista Hamilton Almeida Filho, reportagem publicada originalmente no jornal alternativo *Ex-* – em novembro de 1975, ano do assassinato de Herzog – que desmontava a versão de suicídio e relatava o ambiente de medo e terror da época.

No fim da década de 1970, as denúncias de tortura começaram a transbordar de diversos livros. Com a campanha da anistia e as discussões sobre os partidos políticos, mesmo ainda sob a ditadura militar, muitos assuntos negados às discussões da sociedade começaram a frequentar os debates públicos.

2) A reedição de *Dossiê Herzog* resgata uma parte essencial da memória brasileira, especialmente para uma geração que foi mantida, de modo subliminar, alheia às lutas para a construção da democracia no país. Além disso, vai se contrapor à cínica, atrevida, descarada defesa atual da tortura e dos torturadores civis e militares da ditadura, cujos crimes não foram punidos por força e pressão do aparato político e militar disseminado até hoje nas entranhas das ainda frágeis instituições democráticas brasileiras.

3) O estigma da tortura, desvio civilizatório da barbárie e do autoritarismo, habita os sótãos e os porões da pátria e se revela, por exemplo, no racismo estrutural, na forte desigualdade social, na ausência de educação para a cidadania, na estrutura político-partidária e nas polícias militares, concebidas e desenvolvidas pela ditadura sob a ótica de enfrentamento de inimigos, e não sob a da segurança pública.

4) A eleição de Jair Bolsonaro é consequência explícita da lógica ideológica dos sótãos e dos porões que continuou operando depois do assassinato de Herzog. E uma frase do Vlado desnuda a anomia da sociedade brasileira atual: "Quando perdemos a capacidade de nos indignarmos com as atrocidades praticadas contra outros, perdemos também o direito de nos considerarmos seres humanos civilizados".

"Integrei a primeira equipe da *Veja*, onde ingressei antes do lançamento, selecionado do Curso Abril de Jornalismo, em 1968. Fui repórter e editor de Ciência. Prêmio Esso de Informação Científica, 1971; editor de *Hora da Notícia*, na TV Cultura, com Fernando Jordão como diretor; repórter das revistas *Expansão* e *Visão*, editor de Jornalismo da TV Manchete em São Paulo; assessor de Imprensa da Cetesb por duas vezes, assessor de Comunicação da Secretaria do Meio Ambiente do Governo do Estado de São Paulo, consultor do Ministério do Meio Ambiente e do Banco Mundial na área de meio ambiente. Editor das revistas *Administração & Marketing*, *IstoÉ* e do jornal *Gazeta Mercantil*. Membro eleito do Conselho Fiscal do Sindicato dos Jornalistas Profissionais do Estado de São Paulo na gestão de Emir Nogueira."

Dilea Frate

1) O livro faz parte do processo de redemocratização do Brasil, veio se juntar aos esforços da população brasileira para pôr fim à ditadura militar corrupta que, além de prender inocentes, torturar, matar e ferir os opositores, acabou com a economia do país. Apontar o dedo para essa ferida é um ato de coragem, e a publicação foi um ato de coragem diante de uma ditadura covarde.

2) Esse ato de coragem é necessário hoje, talvez até tanto ou mais que em 1979. É fundamental que as novas gerações saibam o que aconteceu nesse passado recente, e a reedição desse livro, *no momento em que o fantasma do fascismo assombra outra vez a democracia no país*, tem um caráter educativo, tanto no ensino regular de história como em caráter social, na formação de uma consciência política embasada na verdade.

3) Hoje em dia eu não julgo mais nada, nem culpo mais ninguém. O que percebo, depois de passado tanto tempo, é que muita coisa que deveria ter sido dita ficou por baixo do pano, por inúmeras razões de muitas pessoas, inclusive minhas, que, mais tarde, saí de São Paulo para o Rio, fiz nova vida e segui em frente. Também não assinei na época o manifesto que é objeto do livro, pois tinha acabado de sair da prisão e estava traumatizada. E esse trauma foi colocado num lugar escondido, então esse episódio foi algo de que falei pouco ao longo dos anos, me fazia mal. Só me dei conta de que havia feito isso quando minha neta de 9 anos fez uma pergunta simples: "Vó, o que é ditadura?". A morte do Vlado tinha acontecido 27 anos antes dela nascer, afetou a nossa família, marcou a sociedade brasileira, no entanto, nem ela nem nenhuma outra pessoa da geração dela sabia de nada. Essa omissão da nossa geração traumatizada precisa ser corrigida, e a história verdadeira precisa ser contada de todas as formas possíveis – livros, filmes, séries, gibis – para que as futuras gerações saibam o que é uma ditadura e que ela sempre ronda a nossa porta. Quanto à farsa do suicídio, essa é uma prática dos militares brasileiros, que são peritos em farsas. Só sabemos o resultado das mal-encenadas. Foi o Vlado, o Gasoduto, mais tarde o Riocentro... São eles mesmos que procuram passar há séculos para a

sociedade brasileira a imagem de salvadores da pátria, sem que tenham salvado absolutamente nada. Talvez por isso, nem as farsas descobertas, porque mal executadas por eles, fossem devidamente punidas. E chegamos ao ponto em que estamos.

4) Quem sou eu para avaliar um período num país tão surpreendente e louco? Mas se fosse subir numa árvore para ver esse tempo de longe e do alto e contar uma fábula singela para uma criança, pensaria o seguinte:

"Era uma vez um lugar belíssimo e cheio de possibilidades, governado alternadamente por reis oportunistas, corruptos, mentirosos e loucos. Nesse lugar, de vez em quando, aparecia algum príncipe ou uma princesa com boas intenções para governar e ajudar a população, mas logo era cooptado para o lado dos oportunistas e corruptos. Se não entrassem no esquema... o esquema acabaria com eles. Esse lugar permaneceu assim por anos e anos, até que apareceu em seu cavalo um soldado, que durante muito tempo tinha vivido ao lado do poder e aprendido muito com os reis oportunistas, corruptos, mentirosos e loucos e, por isso, reunia todas essas qualidades dentro de si. Ele não se dizia príncipe, mais que isso, se dizia Messias, um enviado de algum deus, havia muitos deuses em igrejas espalhadas pelo belo lugar desgovernado. Igrejas que exploravam o desgoverno para crescer e tirar dinheiro do povo desassistido e desinformado. Esse soldado, contudo, não tinha a capacidade de governar, e, acovardado com a imensa responsabilidade que estava à sua frente, chamou os soldados mais graduados e preparados para lhe ajudarem na tarefa. Mas esses soldados, por mais preparados que fossem, também não sabiam governar, só sabiam mandar como faziam nos quartéis, e a confusão aconteceu. O país entrou numa recessão sem precedentes, a desigualdade social se aprofundou, as pessoas começaram a passar fome e a roubar para poder comer. E os soldados rasos voltaram às ruas para desempenhar aquilo que melhor sabiam fazer: atirar e matar os pobres para defender os ricos, enquanto os graduados, que não sabiam fazer nada, mas eram espertos, tinham o apoio dos ricos e sabiam se aproveitar dos privilégios, ocuparam os palácios e se fizeram reis à força. Até hoje o povo paga pensão até para as filhas e netas deles. Apesar de tudo, grande parte dessa população explorada, desassistida e desinformada, pelo

pouco que aprendeu nos livros da escola, acha que esses caras são bonzinhos e que um dia, quem sabe, vão tentar salvar a pobre pátria expropriada."

Acho que este livro contribui para que a população brasileira seja informada da verdade. E saiba que verdade é coragem. E que a coragem incomoda, porque só ela faz as coisas mudarem. Só a coragem nos tira da humilhação. Como dizia Nelson Rodrigues, às avessas: "Nada nos humilha mais do que a coragem alheia". E nada nos prejudica mais do que ver uma falsa coragem sendo usada para enganar toda uma nação. Essa falsa coragem é traduzida pelo apoio às armas, à cobertura do exército, à manipulação do Judiciário para salvar crimes pessoais, enfim, ela está também nas mentiras e despropósitos a que assistimos estupefatos e paralisados, todos os dias. Paralisados, porque talvez saibamos o tamanho da encrenca. E é aí que está o paradoxo, porque precisamos nos mexer para mudar essa situação. É uma questão de consciência, de atitude, que vai além da política e dos políticos. A política está comprometida com um esquema absurdo de privilégios, incompatível com os dias difíceis que estamos vivendo, não só no Brasil, como no mundo. Cabe a nós, cidadãos comuns, fazer isso.

> Jornalista e escritora, entre outras funções, exerceu as de redatora e diretora dos programas *Jô Soares Onze e Meia* (SBT) e *Programa do Jô* (Rede Globo). Dirigiu programas para a GNT e a TV Futura. É autora de livros infantis, e suas histórias estão em livros didáticos adotados em escolas de ensino fundamental. Dirigiu o curta-metragem *O mar de Teresa*, baseado em seu livro *A menina que carregou o mar nas costas*.

João Batista de Andrade

1) O Fernando era um jornalista de grande prestígio e, de todos nós, o amigo mais ligado ao Vlado. Além de tudo, estava hierarquicamente acima de todos nós, como diretor do *Hora da Notícia*. Sua palavra tinha uma importância destacada. E o Fernando sentiu tanto essa tragédia, um sofrimento sem fim. Assumiu uma posição de defesa

absoluta do Vlado, de preservar a imagem do amigo querido. Então o livro ocupou o espaço como referência, a visão que adotamos. Um documento histórico.

2) Acho muito importante, sim, como um marco histórico com informações de alto nível de credibilidade e que serviu como guia para a luta pela verdade, do assassinato e não do forjado suicídio. Ao mesmo tempo, o livro permitiu que o leitor se inteirasse de quem foi o Vlado e do peso daquele assassinato e, puxando a linha, de tantos assassinatos travestidos de acidentes, suicídios, enfrentamentos etc. Importante também porque colocava definitivamente o Sindicato dos Jornalistas, com Audálio Dantas na presidência, na cabeça da resistência e das denúncias contra a tortura e os assassinatos, principalmente no DOI-Codi.

3) É importante lembrar, entender como funciona uma ditadura. Entender como somos perseguidos e como o Estado se torna uma máquina não de governar, mas de eliminar divergentes, de manipular a opinião pública enquanto a tortura corria solta nos porões militares.

4) Um voo longo, uma travessia com muitas ilhas, avanços e retrocessos. A ditadura quebrou a trajetória do país rumo a uma sociedade mais avançada, democrática, com muitos valores históricos e uma busca incessante de identidade. A luta democrática foi vitoriosa, mas o Brasil não se modificava, as oligarquias escravagistas, o ranço de uma elite impondo um limite na democracia e na formação cultural. Saímos da ditadura num acordo de pacificação sem tocar no passado e isso, se foi bom – e foi –, criou um limite estreito. O ninho antigo continuou funcionando com toda as limitações culturais da população, a política como exercício de poder. E nós custamos demasiado a perceber que um abismo se abria entre uma vanguarda política e o restante da sociedade. Bolsonaro é filho desse abismo.

Cineasta, autor do documentário *Vlado – 30 anos depois*, além de dezenas de filmes, entre os quais *O país dos tenentes, A próxima vítima, O homem que virou suco,*

Wilsinho Galileia e *Doramundo*, em cujo roteiro colaborou Vladimir Herzog. Foi ministro da Cultura, secretário de Cultura do Estado de São Paulo e presidente do Memorial da América Latina.

João Guilherme Vargas Neto

1) Foi um ato de coragem, uma afirmação da luta democrática e um gesto fraterno de solidariedade à família do Vlado e à sua memória, desmascarando a farsa criminosa.

2) No atual momento trágico dos brasileiros, a reedição é muito importante como marco de uma trajetória coerente de luta e de esperança encarnadas na coragem. Espero que esta nova edição reproduza a lista dos 1.004 jornalistas que assinaram em 1976 o manifesto "Em nome da verdade", uma das mais importantes manifestações de coragem coletiva na História do Brasil.

3) Não queremos voltar àquele passado em que, infelizmente, o Brasil precisava de heróis. Para que não aconteça uma volta catastrófica, é preciso manter viva a memória e extrair as lições, reverenciando os que corajosamente fizeram história e a registraram.

4) De 1975 a hoje, derrotamos a ditadura, elegemos governantes e fizemos a Constituição de 1988. Mas não eliminamos os elementos de autoritarismo e de desigualdade social que se alimentam mutuamente e que continuam vivos e nos assombram. Os torturadores são elogiados, os rentistas se esbaldam, e é preciso resistir a eles iluminando o passado dos que pagaram com a vida e dos que testemunharam, no calor dos acontecimentos, com generosidade e coragem.

Resumo da trajetória de João Guilherme Vargas Neto posterior aos fatos narrados neste livro: "Em 1975 asilei-me na França, onde fiz vários cursos e militei no PCF (Partido Comunista Francês). Anistiado, voltei para o Brasil em 1980, militei no PCB em São Paulo e trabalhei ininterruptamente com o movimento sindical dos trabalhadores, primeiro na Oboré[8] e depois como assessor e consultor".

---

[8] A Oboré se define como "empresa de comunicação a serviço de políticas públicas e sociais", e começou sua atividade renovando a imprensa sindical da época.

Luiz Weis

1) Foi um marco na luta pela redemocratização, embora esta tenha sido, afinal, produto de um arranjo de conveniência: a chamada transição pelo alto.

2) A importância da reedição é clara como a luz. Deste país já se disse que a cada 15 anos se esquecem os 15 anos anteriores.

3 e 4) A reação de setores da sociedade ao assassínio do Vlado parece ter acontecido num planeta muito distante deste que empoderou no Planalto um entusiasta da tortura e do extermínio de democratas. E ele, se for removido da presidência ou perder a reeleição, não haverá de ser pelo fascismo indissociável de sua trajetória e do que tem de mais autêntico.

> Comecei em 1958 como repórter do *Estadão*. Saí de lá em 1963, quando o ar que ali se respirava estava putrefato de golpismo, para trabalhar na Abril. Primeiro na *Cláudia*, depois na *Realidade*, enquanto me formava na USP, onde viria a lecionar, com Gabriel Cohn, no curso de Sociologia da Comunicação. Trabalhei também na Abril Cultural. No começo dos anos 1970, fui para a revista *Visão*. Eu era editor de Política, o de Cultura era o Vlado. Quando se tornou diretor de Jornalismo da TV Cultura, me levou para chefiar os telejornais. Depois de ele ser morto no DOI-Codi, fui para a *Veja*. Colaborei no *Observatório da Imprensa*. Fui articulista e editorialista do *Estado*. Escrevi também para o *Jornal da Tarde*. Fui autor do "Perfil Político de Vlado Herzog", *in Retrato da morte de um homem e de uma época*, livro organizado por Paulo Markun. Fui ainda redator-chefe das revistas *Superinteressante* e *IstoÉ*. Fui comentarista político na TV Cultura, criador e apresentador do programa *Perspectiva* (precursor do *Roda-Viva*).

Marco Antonio Rocha

1 e 2) Acho importante e, mais que isso, oportuna, a reedição do livro do Jordão. É um testemunho ocular, em primeiro lugar, de quem testemunhou a prisão do Vlado, por quem ele foi preso e para onde foi conduzido. A negativa da existência de tortura e morte do Vlado por quem era militar na época e hoje é presidente tem aí um contraditório fundamental.

3) O assassinato do Vlado e a prisão na mesma época de vários outros jornalistas foi parte da tentativa de um grupo de oficiais

para deter o processo de abertura conduzido pelo Geisel.[9] Esse grupo queria, na minha opinião, que a ditadura se eternizasse na forma de uma "democracia forte", uma espécie de "Estado Novo" getulista. O assassinato do Vlado e a repercussão que teve na sociedade brasileira e no exterior desarmaram esses planos, mas não intimidaram os seus autores. Eles mostrariam seus dentes no episódio do Riocentro, com que pretendiam acuar o presidente Figueiredo. Deveriam, então, ter sido presos e expulsos do Exército, pois eram um grupo de amotinados. Mas Figueiredo ficou apenas na célebre frase: "Quem for contra a democracia eu prendo e arrebento". Não prendeu, nem arrebentou, de modo que eles continuaram o trabalho em silêncio.

4) Ao meu ver, o grupo de oficiais que cerca e aplaude o capitão é herdeiro ideológico dele e viu renascer suas esperanças de revanche com a eleição do Lula e o fortalecimento das esquerdas.

Os herdeiros norte-americanos de J. Edgard Hoover e do senador McCarthy são assessores do Trump.[10] Lutam pela retomada da política da Guerra Fria. Bolsonaro e tropa embarcaram na mesma política.

Acho que uma boa pesquisa sobre tudo isso poderia reforçar a reedição do livro do Jordão e justificá-la como sua continuidade.

> "Em 1975 eu estava no *Jornal da Tarde* e na TV Cultura. Em 1978, fui para a TV Globo e continuei no *JT*. Em 1986, saí da Globo e do *JT* para aventurar-me numa empresa de comunicação, a XYZ, com mais dois colegas. Mas, logo depois, acho que em 1987, fui convidado para a TV Manchete. Continuei com a XYZ. Em 1989, fui para a TV Record. Quando o [Edir] Macedo comprou [a emissora], saí e logo depois fui para a *Gazeta Mercantil*. Continuei com a XYZ. Em 1995, 1996 deixei a XYZ e a *Gazeta* e fui para o Estadão, onde fiquei até agosto de 2017. Desde então, vivo às custas do INSS e de uma pensão que minha mulher Olinda me deixou. Ela era diretora de escola estadual…"

---

[9] Ernesto Geisel foi o quarto general-presidente (1974-1979) do ciclo iniciado em 1964. Exerceu sua primeira função política (secretário de Fazenda da Paraíba) no primeiro governo de Getúlio Vargas (início da década de 1930). Foi chefe do Gabinete Militar do general-presidente Castello Branco (1964-1967), ministro do Superior Tribunal Militar (1967-1969), presidente da Petrobrás (1969-1973). Após deixar o governo, foi presidente da empresa Norquisa.

[10] Trecho escrito antes da vitória de Joe Biden.

Paulo Markun

1) O livro do companheiro Fernando Pacheco Jordão foi o primeiro grande dossiê do caso Herzog. Lançado ainda durante a ditadura, uniu coragem, firmeza e competência para demolir a mentirosa versão do suicídio de Vlado e demonstrar o papel desempenhado pela sociedade civil – jornalistas, sindicato, estudantes, igrejas – na primeira reação de peso à violência da tortura e dos desrespeitos aos direitos humanos. O episódio anterior, a missa em memória do estudante Alexandre Vannucchi Leme, ficou restrito ao movimento universitário, por causa da censura.

2) Reeditar a obra de Jordão é permitir que as novas gerações conheçam esse episódio de nossa história recente, mas que para a geração com 20, 30 anos é tão remoto quanto a Inconfidência Mineira.

3) Importante esclarecer, para quem não viveu, o que foi a ditadura, além de desmentir as versões fantasiosas que tentam pintar aqueles anos terríveis como um passado que merece ser resgatado e que foi deturpado pelos comunistas e agitadores. Não, a história da ditadura foi já contada. Mas nunca acertamos contas com os que jogaram a democracia no lixo.

4) Entre 1975 e 2020, avançamos no plano político. Mas nossa geração fracassou ao deixar que a democracia coexista com a desigualdade e que a ignorância e o rancor ganhem força.

> Repórter, editor, comentarista, chefe de reportagem e diretor de redação em emissoras de televisão, jornais e revistas, é autor de documentários e livros, entre estes *Vlado: retrato de um homem e de uma época* (1985) e *Meu querido Vlado* (2005 e 2015, edição ampliada).

Ricardo Moraes

1) Considerei muito importante a primeira edição do livro *Dossiê Herzog: prisão, tortura e morte no Brasil*, de Fernando Pacheco Jordão, em 1979. Pelo registro, ainda relativamente "a quente", assim como pelo papel de esclarecimento do assassinato, com base em pesquisa jornalística de excelente qualidade.

2) Da mesma forma, considero muito relevante a reedição do livro pela memória histórica e pelas circunstâncias atuais, em que as novas gerações enfrentam batalhas semelhantes e precisam de referências.

3) Muito já foi dito e escrito sobre o período e os episódios em torno do assassinato de Herzog. Como estive diretamente envolvido nos acontecimentos, prefiro agregar algumas experiências pessoais e um depoimento sobre o período. Fui sequestrado e preso no DOI-Codi, na rua Tutóia, em São Paulo, no dia 18 de outubro de 1975 – portanto, antes da prisão de Vladimir Herzog, dia 24 de outubro de 1975 [ele se apresentou no dia seguinte, quando foi morto]. Eu não convivia com Herzog, já um jornalista conhecido na TV Cultura.

Pela forma de organização do PCB (Partido Comunista Brasileiro), então na clandestinidade, as células eram estanques e não mantinham relacionamento entre si. Na maior parte das vezes, só conhecíamos o "nome de guerra" dos militantes com quem tínhamos contato. Meu "nome de guerra" era "Batista". Herzog militava na base dos jornalistas. Eu ainda cursava o último período na Escola de Comunicações e Artes na USP e era dirigente do Comitê Universitário do PCB. Desde cedo comecei a fazer política estudantil, a lutar contra a ditadura, por democracia.

Em 1964, meu pai foi preso. Ingressei no PCB em 1970, aos 17 anos. Aqui quero ressaltar que, como eu e Herzog, milhares de militantes comunistas de então, mesmo tendo como horizonte futuro e até longínquo a construção do socialismo, éramos motivados pela luta pela democracia. E o PCB era, na época, o maior e mais estruturado partido de esquerda que restava, depois das experiências fracassadas de luta armada pelo país. Isto com uma peculiaridade: a direção nacional do PCB estava, em sua maioria, no exílio, o que nos dava, de um lado, relativa autonomia, e, de outro, exigia muita organização.

A maioria dos militantes do PCB, pelo menos em São Paulo, optou por um paciente trabalho de fazer política através dos canais possíveis, como os sindicatos e centros acadêmicos existentes, tendo como norte especialmente a experiência dos comunistas italianos e espanhóis. Nossa atividade era pública, éramos figuras conhecidas e que dialogavam inclusive com as autoridades da época e com instituições como a Igreja Católica. Por ocasião de nossa prisão, os universitários presos, quase todos eles, eram filiados à Juventude do MDB.

Em 1972, eu era presidente do Centro Acadêmico Lupe Cotrim na ECA/USP e dialogava inclusive com o diretor da faculdade nomeado pela ditadura, Manuel Nunes Dias. Nesse ano, em Goiânia, realizamos o Encontro dos Estudantes de Comunicação, o Encontrão. Depois dele, fomos a Brasília para entregar os resultados do encontro ao então ministro da Educação, Jarbas Passarinho. Evidentemente, éramos monitorados, e ao final o ministro me disse: "Seja comunista, mas não tenha ódio". Ao que respondi: "Não tenho ódio, senhor ministro".

Nossa atuação era considerada reformista por outras correntes da esquerda. Especificamente na ECA, tínhamos como adversários militantes trotskistas da corrente Liberdade e Luta, que mais tarde viriam a se incorporar ao PT. Eram um pequeno grupo até nossa prisão. Em 1975, havia uma luta dentro do governo Geisel, que ensaiava uma abertura política "lenta e gradual", e as correntes da chamada linha dura, representada pelo então ministro do Exército, Sílvio Frota, tido como provável sucessor de Geisel na Presidência.

O conjunto das prisões de militantes do PCB na época se insere nesse quadro. Nossos torturadores no DOI-Codi explicitaram que queriam nos tirar da cena pelo menos pelos próximos 20 anos. De um lado, éramos vistos como o último obstáculo para a tal abertura "lenta e gradual", e, de outro, nossa prisão satisfazia a chamada linha dura. Fiquei preso no DOI-Codi por 10 dias. Fui transferido para o Dops [Departamento de Ordem Política e Social] dia 28 de outubro, portanto, às pressas e apenas três dias após o assassinato de Herzog. Os torturadores ficaram enfurecidos quando, seguindo a linha política do PCB, defendemos nos depoimentos a abertura de Geisel. Nos chamavam de "Geisel boys".

Quero relatar aqui dois episódios. O primeiro, ocorrido alguns dias antes de minha prisão. Em função da prisão de vários militantes e dirigentes do PCB nos dias anteriores, fui chamado para um encontro com um dos principais dirigentes do PCB de então, Hércules Corrêa, histórico dirigente do Comitê Central, ex-secretário-geral da CGT (Central Geral dos Trabalhadores) durante o governo João Goulart. O encontro se deu num restaurante simples, às margens de uma rodovia, próximo à Granja Vianna, em São Paulo. Diante do quadro geral de acirramento de perseguições e prisões, ele me propôs sair do país e me estendeu passagens aéreas com destino final em Moscou, para onde, eu soube depois, ele mesmo fugiu, só retornando em 1979.

Aos 23 anos de idade, e mergulhado no idealismo da luta pela democracia, eu recusei a oferta, argumentando que, como os vietnamitas, eu deveria ficar em meu país e lutar mesmo que na mais dura clandestinidade. Para mim, aquele fora um encontro totalmente secreto. Durante uma das sessões de tortura no DOI-Codi, na chamada "cadeira do dragão", os torturadores insistiam em saber do paradeiro de Corrêa e eu negava veementemente sequer conhecê-lo. Para minha surpresa, colocaram à minha frente fotografias nossas, tiradas à distância, no restaurante em que tivemos a reunião. Portanto, há um bom tempo estávamos sendo seguidos e monitorados.

Outro episódio que quero relatar se deu dia 25 de outubro de 1975, portanto, uma semana depois do meu sequestro e na data do assassinato de Herzog. Segue o relato que fiz posteriormente a meu advogado Mário Simas:

"Cerca de uma semana depois que fui sequestrado, fui chamado durante a noite para um 'interrogatório'. O carcereiro, que atendia por 'Peixe', era um tipo forte e alto, que ia apertando meu capuz no pescoço, como a me enforcar, durante o caminho. Me deixou uns quinze minutos de pé num canto de parede. Os torturadores passavam e me davam chutes, tapas e empurrões. Depois, o carcereiro, dizendo que eu não tinha sido torturado o suficiente, que aquilo tudo se tratava de uma 'guerra', me levou por uma escada, que dava num corredor e diversos quartos. Fui introduzido num deles e depois de alguns minutos em silêncio meu capuz foi tirado e um sujeito de cerca de 50 anos, cabelos grisalhos, baixo, que atendia por 'capitão Bruno', começou a fazer uma 'palestra', me alertando para o perigo de ser envolvido numa suposta 'guerra revolucionária'.

Perguntou nervoso, suas mãos tremendo, mas me tratando estranhamente de forma polida, se eu sabia da ocorrência de alguma morte. Eu disse que não (só fiquei sabendo da morte de Herzog uns dois dias depois), e logo o 'capitão Bruno' começou a falar, como se estivesse se justificando, que ali não ocorriam mortes, que, como todos sabíamos, havia sevícias e torturas (falava isto com a maior naturalidade), mas que ali o objetivo não era matar ninguém, que ele era um pai de família, que estava cumprindo ordens, afinal estávamos numa 'guerra' e outras coisas mais."

No dia 12 de novembro de 1975, fui transferido do Dops-SP para o 6º Distrito de Polícia, o Presídio do Cambuci. Lá, fiquei preso com outros companheiros, como Sérgio Gomes da Silva[11] e David Capistrano Filho,[12] durante 10 dias. No dia 13 de dezembro de 1975, dia do aniversário do AI-5, escrevi uma poesia, "Aos amigos do Cordão Encarnado", que foi enviada no dia 31 de dezembro de 1975 pelos meus companheiros de cela ao jornal alternativo *Mais Um*, segundo suas palavras, "como contribuição à luta contra a 'consciência infeliz'" e que se transformou para aqueles companheiros "no canto comum de todos que aqui estavam". Ao final deste relato, eu anexo a poesia, que circulou entre amigos e familiares, foi editada em forma de cartaz pelo Sindicato dos Metalúrgicos de Santos, com ilustração de Jayme Leão,[13] e reproduzida no livro de Hamilton Almeida Filho, *A sangue quente: a morte do jornalista Vladimir Herzog* [publicado em 1978].

Ressalto a poesia e a luta contra a "consciência infeliz", pois aquele conjunto de militantes comunistas, apesar do assassinato de Herzog, das prisões e torturas, saiu dali comprometido com a retomada da luta pela democracia. Apesar dos diversos caminhos trilhados, vários de nós seguimos na reconstrução do PCB, na luta pela anistia política e

---

[11] Militante de toda uma vida, jornalista, trabalhou na *Folha de S.Paulo* e na Agência Folhas. Em 1978, foi a figura central da criação da Oboré. É um dos personagens principais da história que se conta neste livro.

[12] Líder estudantil, articulador político, médico, jornalista, autor e editor de livros, sanitarista que colaborou na criação do Sistema Único de Saúde (SUS), consagrado na Constituição de 1988. Fez parte do PCB, do MDB e do PT. Foi secretário de Saúde em Bauru e em Santos, cidade da qual foi prefeito entre 1993 e 1996.

[13] Ilustrador e artista plástico, trabalhou em *O Pasquim* e *Opinião*. Foi cofundador do *Movimento*. Preso várias vezes, exilou-se no Chile. Trabalhou posteriormente na *Folha de S.Paulo*, no *O Estado de S. Paulo*, na *Veja* e na *IstoÉ*. Notabilizou-se por seu trabalho na Editora Ática, onde foi ilustrador e editor de arte.

em ações muito mais duradouras, como a que empreendeu o médico sanitarista David Capistrano Filho – que esteve preso no mesmo episódio – na construção do SUS, o Sistema Único de Saúde público e universal, que até hoje resiste. Ou como a atuação de José Ferreira da Silva, o "Frei Chico", preso e torturado na mesma época, nas lutas sindicais do ABC ao lado de seu irmão mais jovem Luiz Inácio da Silva, o Lula, que viria a se tornar fundador do PT (Partido dos Trabalhadores) e o primeiro presidente operário do Brasil.

Como eu escrevi, em texto para o jornal *Unidade* do Sindicato dos Jornalistas de São Paulo, e li no auditório do Tuca, em São Paulo, em 2005, "muitos lembram aquele período pelas lentes dos que optaram pela luta armada. Há até certo glamour na lembrança das tentativas de luta armada no Brasil daquele tempo. Mas pouco se fala dos milhares que deram sua contribuição, decisiva, a meu ver, à democratização do país através da constante organização popular, às vezes restrita aos locais de trabalho, de estudo, moradia, numa luta em grande parte silenciosa e anônima, sem glamour". Este era o caso da maior parte, senão de todos os militantes comunistas que estiveram naquele episódio, inclusive Vladimir Herzog.

Vários fatores podem explicar a forte reação da sociedade civil ao assassinato de Herzog, mas certamente um deles foi o fato de que todas as prisões envolviam pessoas inseridas na vida cotidiana do país e em atuação de liderança. A notícia e a explicitação do assassinato foram a gota d'água. O Sindicato dos Jornalistas, onde todos nós atuávamos, funcionou como um ímã que atraiu as famílias, colegas de trabalho ou de estudo, diversas organizações sociais, a Igreja, políticos, parlamentares, advogados, entre tantos. A USP entrou em greve geral, assim como houve protestos em várias cidades do país. A rapidez do Sindicato dos Jornalistas de São Paulo, dirigido por Audálio Dantas, também foi decisiva. Dois dias depois da morte de Herzog, um mural na sede do Sindicato estampava, em letras garrafais: "Assassinado jornalista Vladimir Herzog". A tese do suicídio nunca foi engolida pela sociedade brasileira.

4) O período decorrido entre 1975 e a época atual daria muito mais que um livro. Em termos gerais, no plano político, as forças democráticas acumularam forças que culminaram na edição da Constituição de 1988. Quase todas as organizações de esquerda existentes em 1975 se extinguiram

ou foram esvaziadas. O PCB fez um profundo giro para a direita, trocou de nome e perdeu força. O atual PCB é um pequeno grupo que resiste.

Em 1980, foi criado o Partido dos Trabalhadores (PT), que logo se transformou em um partido de massas, com forte base sindical, ao lado de associações de base ligadas à Igreja Católica e ex-militantes da luta armada e grupos trotskistas. O divórcio entre a forte base operária e sindical que criou o PT e o tradicional partido marxista-leninista PCB resultou na tendência social-democrata dominante no PT. É uma longa história, que aqui não cabe. O quadro internacional mudou, houve a queda do muro de Berlim, o fim da União Soviética e da chamada Guerra Fria. Houve um período de greves, lutas sindicais, o movimento Diretas Já até a primeira eleição direta, em 1989.

Desde então, as elites brasileiras vêm empreendendo esforços para destruir as conquistas trabalhistas, sociais e econômicas contidas na Constituição de 1988. Os diversos governos, seja do período social-democrata de direita, com Fernando Henrique Cardoso, seja do período social-democrata de esquerda do PT, não romperam com o ideário econômico neoliberal, que vinha sendo construído desde a década de 1970, a partir de Margaret Thatcher e Ronald Reagan. Houve avanços inegáveis nesses governos, como o combate à inflação no governo FHC e seu Plano Real, assim como o combate à fome e as conquistas sociais nos governos Lula e Dilma.

O golpe parlamentar de 2016, que levou ao impeachment de Dilma, sob o pretexto de pedaladas fiscais e com o pano de fundo das denúncias de corrupção suscitadas pela operação Lava Jato, conduziu ao ambiente da antipolítica, que culminou com a eleição do protofascista Jair Bolsonaro. O mundo mudou de 1975 para cá, as formas de organização do trabalho, também. Novos partidos e demandas surgiram, como o PSOL, em grande parte herdeiro das teses eurocomunistas de Leandro Konder e Carlos Nelson Coutinho, ex-militantes do PCB, o movimento feminista renovado, assim como os movimentos antirracistas mais recentes.

A ascensão de Bolsonaro e suas ideias de extrema direita, de um lado, é herdeira da parcela linha dura de Sílvio Frota. É explícita a exaltação de torturadores, como Brilhante Ustra, assim como do crime organizado em torno das milícias, a apologia às armas e à "guerra interna" – o que remete ao diálogo que relatei no DOI-Codi – uma guerra que se estende hoje ao plano cultural. Bolsonaro, a meu ver, conquistou a eleição com o apoio das elites econômicas, interessadas em reverter as poucas conquistas trabalhistas e sociais dos governos do PT, num quadro externo de avanço da extrema-direita, especialmente com Donald Trump na presidência dos Estados Unidos.

O golpe parlamentar também teve como pano de fundo a questão do pré-sal, que as grandes petrolíferas norte-americanas e inglesas têm interesse em explorar. Outro dado foi a ascensão lenta e gradual das igrejas neopentecostais, que ocuparam o espaço da Igreja Católica, com seu ideário quase medieval e valorizador do empreendedorismo e de conquistas individuais. O governo Bolsonaro e as forças sociais e políticas que o apoiam têm, no entanto, contra si, o mundo contemporâneo, a ciência, a juventude e suas demandas. É um gigante com pés de barro, um tigre de papel.

Nada mais atual do que os ensinamentos que emanam dos militantes que foram presos e torturados em 1975, como o paciente e cotidiano trabalho de luta a partir da análise concreta da realidade concreta, a luta contra a "consciência infeliz", a partir da esperança dos "Amigos do Cordão Encarnado".

Aos amigos do "Cordão Encarnado"

Neste carnaval de tristes dias
Vai sair um carnaval diferente
Organizado há muito tempo
Seu enredo é a vida

No momento da farsa humana,
Quando a mentira domina
O cordão ilude e some
Faz de conta que não existe

O cordão é imenso.
Tem gente em todos os cantos
No bairro da Experiência, no Subúrbio
da Saudade, nos Confins da Esperança,

na Turma da Verdade, no Pessoal da Certeza,
no Meio da Mocidade.

Neste carnaval de tristes dias,
Vai sair um cordão diferente
Virado em pequenos gestos, em "aquele abraço"
Suaves caminhos e palavras de alento e firmeza

Na verdade uma confusão
Uma tremenda explosão dentro da gente
Desfilando por toda parte a única alegria
O "Cordão Encarnado
Dos Amigos do Peito".

*(Ricardo de Moraes Monteiro, Presídio do Cambuci,
São Paulo, 13 dez. 1975)*

Atuou como *freelancer* para jornais e revistas. Foi repórter, editor e diretor em importantes jornais, como *Gazeta Mercantil*, *Folha de S.Paulo* e *O Globo*, em São Paulo, Rio de Janeiro e Brasília. Participou nos Conselhos de Administração da Telebrás e Radiobrás (2003 a 2004), representando o Ministério do Planejamento, e nos Conselhos de Administração da Contax, BB Saúde e BB Veículos (2006 a 2011), representando o Ministério da Fazenda. Fez viagens a diferentes países acompanhando o ministro do Planejamento, o presidente do BNDES e o ministro da Fazenda entre 2003 e 2011.

Agradecimentos especiais

Da 6ª edição, feitos por Fernando Pacheco Jordão em 2005:

À dra. Sandra Czerwinski de Lima, cujo empenho profissional me ajudou a emergir da prostração após um Acidente Vascular Cerebral que quase me impediu de trabalhar nesta Edição Especial.

A Elio Gaspari, leitor entusiasta e sempre estimulante.

A Tatiana Petit, incansável colaboradora nas semanas finais de aprimoramento de texto e fechamento.

A todo o pessoal da minha casa, que, na 1ª edição especialmente, aguentava o barulho de máquina de escrever às 5 horas da manhã e, nesta edição, me dava colo, carinho e estímulo nos meus queixumes do AVC.

A Zuenir Ventura, que primeiro teve a ideia deste livro, ainda em 1978.

Da 7ª edição

Cristina Konder
Fátima Pacheco Jordão
Hamilton Octavio de Souza
Ivo Herzog
José Aníbal
Juca Kfouri
Luiz Cláudio Cunha
Márcio José de Moraes
Mário Sérgio de Moraes
Miriam Leitão
Paulo Markun
Rejane Santos
Rui Xavier
Sérgio Gomes da Silva
Vicente Alessi Filho

Prefácio à 7ª edição

Se este *Dossiê Herzog: Prisão, tortura e morte no Brasil* fosse escrito em francês, seria aclamado como o *J'Accuse* do século 20 – com as diferenças de que o autor, Fernando Pacheco Jordão (1937-2017), trata de torturadores e assassinos, os do jornalista Vladimir Herzog (1937-1975), morto nos porões da ditadura brasileira, e o capitão do exército francês, Alfred Dreyfus, também de origem judaica como Herzog, injustamente acusado de traição e em cuja defesa Émile Zola escreveu *J'Accuse*, em 1898, teve a graça de ser absolvido ainda em vida.

A 7ª edição do libelo de Jordão não poderia ser mais oportuna neste momento em que o Brasil foi tomado de assalto por adoradores dos tempos mais sombrios de nossa história e que resultaram no martírio de Herzog. Conhecer a história para não repeti-la é outra das missões cumpridas exemplarmente por Jordão, amigo íntimo, quase irmão do Vlado. Embora tivesse um milhão de motivos para ter ódio dos matadores, Jordão conseguiu distanciamento para fazer esta obra inigualável, não só para denunciar um a um dos culpados pelo assassinato como, também, para enaltecer os que a todo risco não se intimidaram diante da tragédia.

Clarice Herzog, a viúva, a mãe de Ivo e André – então duas crianças com menos de dez anos –, é a heroína que emerge como exemplo de altivez e busca de Justiça, assim como os jovens advogados Marco Antônio Barbosa e Samuel Mac Dowell, que conseguiram condenar o Estado, graças, também, à coragem de outro jovem, o juiz Márcio José de Moraes. O cardeal de São Paulo, dom Paulo Evaristo Arns, o rabino Henry Sobel, o reverendo Jaime Wright, o presidente do Sindicato dos Jornalistas de São Paulo, Audálio Dantas, têm suas participações devidamente registradas nos papéis gigantescos que desempenharam para erguer e indignar a sociedade e começar a derrubar a ditadura. Também dos melhores jornalistas de sua geração, Audálio Dantas emerge como brado de resistência e serenidade ao conduzir a categoria e fazer dela trincheira indignada contra a barbárie instalada pelo arbítrio.

Não se trata de leitura suave. Muito ao contrário. A travessia é árdua, doída, revoltante e comovente. A dor inimaginável de dona Zora, a mãe de Vlado, a covardia e a mentirada dos algozes, os relatos de torturados... Que bom seria se Jordão tivesse escrito uma peça de ficção – como, às vezes, até parece, pela crueldade animal de muitas passagens desumanas.

Jordão vai muito além, brilhante jornalista, de ter escrito a obra-prima sobre o caso. Jordão foi testemunha e um dos protagonistas do que relatou, fruto de extenuante esforço, porque era diretor do Sindicato dos Jornalistas paulistas e conselheiro de Audálio Dantas. Quem o viu atuar, sensato, equilibrado, sem bravatas, só pôde admirá-lo por tais qualidades e, ao mesmo tempo, pela firmeza, por recuar apenas quando para permitir avançar em seguida, uma aula de perseverança e hombridade.

Esta 7ª edição, iniciativa de Fátima Jordão, viúva do autor, trazida à luz pelo Instituto Vladimir Herzog, é resultado do talento do historiador e jornalista Mauro Malin, e traz pela primeira vez a lista dos 1.006 jornalistas que assinaram o documento "Em nome da verdade", redigido por Jordão e pioneiro como declaração pública de repúdio a atos da ditadura. Malin não só corrigiu nomes cujas grafias saíram incorretas no anúncio, pago pelos signatários e publicado no jornal *O Estado de S. Paulo*, como descobriu dois nomes que acabaram por não constar nele.

Curioso e lamentável constatar que alguns poucos dos assinantes hoje apoiam o representante das trevas que ocupou o Palácio do Planalto a partir de 2018, fã confesso da tortura que vitimou Herzog. *Dossiê Herzog: prisão, tortura e morte no Brasil* é, repita-se, dura leitura, porém absolutamente necessária para reafirmar que o sacrifício de Herzog não foi em vão. Foi um marco da redemocratização e inspiração para a criação do Instituto Vladimir Herzog, legado da obstinação de um punhado de democratas brasileiros cujas histórias estão nesta epopeia para serem lembradas eternamente.

Juca Kfouri
julho de 2021

Clarice, um exemplo para não ser esquecido

Os primeiros fatos da estória que este livro conta aconteceram em 1975. Isso quer dizer que todas as pessoas com menos de 50 anos não viram acontecer. Ou não conhecem, ou leram sobre ela depois. É com essas pessoas que eu gostaria de falar, para que esse exemplo esteja vivo na cabeça delas. Porque tem tudo a ver, os personagens deste livro eram jovens quando as coisas aconteceram.

Vladimir Herzog era um jornalista respeitado, diretor da TV Cultura de SP, 38 anos de idade, quando foi voluntariamente prestar depoimento no DOI-Codi, a polícia política da época. Cena seguinte, foto de Vlado enforcado na cela, numa altura em que suas pernas ficavam dobradas, com um laudo oficial de suicídio. Difícil acreditar.

Próxima cena: uma jovem viúva de 34 anos, dois filhos nas mãos, dizendo alto para todos ouvirem: – Mataram o Vlado.

Em plena ditadura militar, quando não se ousava falar contra, muito menos acusar. Os jornais tinham censores, que proibiam tudo que não queriam divulgado, publicavam-se receitas de bolos no lugar da matéria retirada. Mas Clarice Herzog, mulher do Vlado, acusou. E foi para a briga, apesar das ameaças que recebeu.

Aí começou sua luta interminável em busca da verdade. Até que, quase 40 anos depois dessa cena, passando por vários tribunais nacionais e internacionais, veio a retificação do atestado de óbito de Vlado – foi vítima da violência do Estado. Todos os detalhes dessa trama você vai ler nas páginas seguintes.

Só gostaria de chamar a atenção aqui para o papel decisivo que Clarice Herzog desempenhou nessa estória. Clarice é, antes de tudo, uma mulher muito corajosa.

Está na história do Brasil como a mulher de Vladimir Herzog que não aceitou a versão do suicídio e foi atrás da verdade. Provou para todos que Vlado morreu torturado.

Virou letra na música de João Bosco e Aldir Blanc ("choram Marias e Clarices"), que se tornou o hino da Anistia. Corajosa quando era perigoso ser corajoso.

E Clarice também tem brilho próprio. Formada em Ciências Sociais pela USP, foi Diretora de Pesquisa de uma das principais agências de propaganda do país, muito respeitada como profissional. É uma grande pessoa.

Essa narrativa está cheia de fatos. E de emoções. Fatos a gente busca, pesquisa, vai acrescentando. E depois, com o tempo, pode até esquecer. Emoções acontecem – e quase sempre a gente não tem controle sobre elas. Quando você percebe, as lágrimas já estão rolando. Emoções fortes ficam para sempre.

Sou amigo da Clarice faz tempo, mas sempre que a encontro surge aquela espécie de aura emocional em torno dela. É a mulher que cumpriu seu papel na história. Virou símbolo, virou exemplo. Personagem da história.

Boa leitura para todos vocês.
Raul Cruz Lima*

---

* Com 22 anos fiz parte da primeira equipe da revista *Veja*. Depois fui para o *Jornal da Tarde*, do *Estadão*. Cinco anos como jornalista, virei publicitário. Redator, diretor de criação em várias grandes agências, até virar sócio e presidente da Denison Propaganda. Desde 2006 virei consultor de empresas (planejamento estratégico, branding) e passei a fazer campanhas políticas. Várias campanhas *pro bono* em defesa do meio ambiente. Integrante dos conselhos do Instituto Vladimir Herzog e do IDIS, Instituto para o Desenvolvimento do Investimento Social.

Texto introdutório à 6ª edição[1]

Este livro ganha sua 6ª edição: um marco. Outro marco: no trigésimo aniversário do assassinato de Vladimir Herzog no DOI-Codi, órgão de repressão do II Exército, na rua Tutóia, em São Paulo. O marco mais relevante, porém, continua sendo o próprio suplício do jornalista, na manhã de 25 de outubro de 1975, um sábado. A perspectiva do tempo nos induz, quase sempre, a magnificar os eventos e suas personagens, ainda mais quando a principal delas deixa o vazio de uma grande amizade perdida. Neste episódio, não. Desde o primeiro momento, foi possível apreender com absoluta nitidez a dimensão política do crime cometido, e esta compreensão alimentou a resistência e a luta que procurei descrever nestas páginas. Sentíamos todos que o sacrifício de Vlado representava para a sociedade civil, que se levantou indignada, o ponto limite da submissão a um regime militar marcado pela brutalidade indiscriminada da repressão.

Basta analisar os desdobramentos políticos na direção da democracia e da liberdade para se avaliar o significado daquelas terríveis semanas de outubro de 1975 – um marco que mudou o curso da história brasileira, levando-a por um caminho que já passou pela anistia de 1979, pelas eleições livres de 1982, pela magnífica campanha por eleições diretas em 1984, e hoje nos coloca às portas da restauração da plenitude democrática no Brasil.

---

[1] * Doravante, as notas de Fernando Pacheco Jordão estão assinaladas com um asterisco. Do contrário, elas são de Mauro Malin, coordenador da 7ª edição.

Quero que esta edição, como as anteriores, seja uma homenagem aos filhos de Vlado e aos meus, com a certeza de que a grandeza e a dignidade do amigo assassinado abriram para eles o caminho para um país verdadeiramente livre, que seus pais ainda não conheceram.

Fernando Pacheco Jordão
agosto de 2005

Nosso interlocutor, ainda

Trinta anos se passaram – e não parece que foi ontem. Só entre a morte de Vlado Herzog e a eleição do primeiro presidente civil desde 1960, foram intermináveis 9 anos e 3 meses. Nesse meio-tempo, a ditadura suicidou o jornalista pela segunda vez, já então no corpo do operário Manoel Fiel Filho [assassinado em janeiro de 1976], fechou o Congresso, prendeu 1.700 estudantes numa só noite, reabriu o Congresso, acabou com o Ato 5, reprimiu as greves no ABC, concedeu a anistia, tolerou o terrorismo da ultradireita, viu surgir o PT e as ruas serem tomadas pelas Diretas Já, perdeu o governo no voto indireto – e deixou o poder pela porta dos fundos.[1] O Brasil que veio depois conheceu a tragédia de Tancredo e a euforia do Cruzado, a utopia da Constituinte e o arrastão da República de Alagoas. A geração que cresceu de costas para a memória de Vlado pintou a cara para acabar com a corrupção, desfrutou do real pintado de dólar, seguiu a estrela da esperança e agora se pergunta para onde ir.[2]

---

[1] O Congresso foi fechado pela legislação do "pacote de abril", depois reaberto, os estudantes foram reprimidos na invasão da PUC-SP, tudo em 1977. O PT foi fundado em 1980. A derrota do governo no Colégio Eleitoral (eleição indireta) foi em janeiro de 1985. Em março, o general-presidente João Figueiredo (ver adiante) recusou-se a passar a faixa presidencial para seu sucessor legal, José Sarney (ver nota abaixo), e para tanto evitou sair do Palácio do Planalto pela entrada principal.

[2] Tancredo Neves (1910-1985) foi eleito indiretamente presidente da República, adoeceu e morreu sem chegar a tomar posse. Cruzado foi um plano econômico decretado em 1986 pelo presidente José Sarney (eleito vice de Tancredo), exitoso nos primeiros meses e depois fracassado. A Constituinte se reuniu em 1987, e a nova Carta foi promulgada em 1988. República de Alagoas foi o nome dado na imprensa ao grupo reunido em torno do presidente Fernando Collor de Mello, eleito em 1989, empossado em 1990 e deposto em 1992. À República de Alagoas

Em 30 anos, é muito o que se empilha sobre o nome de um homem: as celebrações e as decepções, a convivência com a barbárie do dia a dia e com a miséria de esquina em esquina. Foi preciso que, de repente – quase coincidindo com o 29º aniversário de sua partida – um jornal desse um par de fotos de quem, nu diante dos seus inimigos, poderia ser o Vlado, mas não era,[3] para o suplício do suicidado voltar a galope, carregando consigo o rosnar de seus algozes: um relance do que foi este país. Como tornou, passou. Os mortos de verdade e os que o são sem saber voltaram aos seus túmulos. Mas, em nós outros, passageiros do mesmo itinerário que o consumiu, o doloroso clarão de seu falso reaparecimento desarrumou sentimentos e lembranças. Afinal, o amigo fraterno, exigente, provocador e generoso, sobre quem Fernando Jordão escreveu em bronze esta história de opróbrio e grandeza, continuou sendo nesses 30 anos nosso interlocutor.

Se este livro não precisasse ter sido concebido, a não ser como ficção e alegoria, quanta vitalidade e coragem moral o nosso Vlado não trataria de nos arrancar, ainda hoje, para fazermos melhor, porque livres, o que escolheu fazer sob a treva – depois de se reinventar como ser político, pela justiça social e a democracia no país do qual podia ficar longe, mas não quis. Aos 68 anos, ele já teria se proibido de virar um velho desencantado e indiferente.

Por sinal, caro Vlado, o que você me diz disso que está aí?

Luiz Weis
agosto de 2005

---

são atribuídos crimes de corrupção. Estudantes que protestavam contra Collor pintavam o rosto, em manifestações de protesto, com as cores verde e amarela. "Real pintado de dólar" é alusão ao Plano Real, adotado em 1994: nos primeiros meses, a nova moeda, o real, valeu tanto ou mais que o dólar americano.

[3] A foto era do padre canadense Leopoldo D'Astous, preso no Brasil em 1973. Foi divulgada como sendo de Vladimir Herzog em outubro de 2004, durante o primeiro governo de Luiz Inácio Lula da Silva. O episódio provocaria a demissão do ministro da Defesa, José Viegas, por divergir abertamente de um documento então publicado pelo Exército em louvor da ditadura instaurada pelo golpe de 1964.

Apresentação à 6ª edição

Passados 26 anos da publicação de sua 1ª edição, este livro permanece essencial. É um documento, retrato irretocável de um episódio que marcou profundamente a história recente do país: o assassinato do jornalista Vladimir Herzog, sob tortura, numa dependência do II Exército, em São Paulo, no dia 25 de outubro de 1975.

Dossiê Herzog é o resultado de uma longa, exaustiva pesquisa. Durante três anos, Fernando Jordão buscou as informações que comporiam o seu relato, feito com o rigor do jornalista comprometido com a verdade dos fatos. Na introdução à 1ª edição do seu livro, muito apropriadamente classificada como depoimento, Jordão esclarece que se valeu, para escrevê-lo, exclusivamente de documentos públicos, exceto nos casos em que utilizou depoimentos de pessoas envolvidas nos acontecimentos e nas situações em que ele próprio narra sua participação pessoal.

A busca da verdade, seja nos textos burocráticos dos documentos oficiais – entre os quais o IPM (Inquérito Policial-Militar), uma farsa montada para "apurar as circunstâncias em que ocorreu o suicídio do jornalista Vladimir Herzog" –, seja nos testemunhos do horror de quem sofreu tortura, é a marca do trabalho de Fernando Jordão, escrito para resgatar a memória do colega e amigo fraterno e, ao mesmo tempo, "denunciar a iniquidade da tortura no Brasil". Minucioso, este dossiê se inicia com o que seu autor define como "A cronologia de um suicídio sem provas", passa pelos acontecimentos que vitimaram Herzog e culmina com a sentença histórica proferida pelo juiz Márcio José de Moraes, da 7ª Vara de Justiça Federal de São Paulo, três anos depois (27 de outubro de 1978), que responsabilizou a União pela morte do jornalista.

Este livro conta a história de um momento em que, sob o impacto da violência, a consciência nacional foi despertada para a necessidade de dizer um basta ao regime de arbítrio instaurado no país com o golpe militar de 1964. Seu autor é também personagem dessa história. Diretor cultural do Sindicato dos Jornalistas de São Paulo, então por mim presidido, teve atuação impecável na mobilização que a entidade desenvolveu para denunciar o assassinato de Vladimir.

O Sindicato dos Jornalistas era, desde julho de 1975, um dos alvos da repressão, que em São Paulo estava sob controle de militares da ultradireita que conspiravam contra o projeto de abertura política ensaiado pelo governo do general Geisel. Havia uma guerra nos subterrâneos do regime.

Um comunicado do Sindicato dos Jornalistas, contestando afirmações públicas de um dos seus associados de que as redações estavam dominadas pelos comunistas, foi o suficiente para que a diretoria executiva da entidade fosse convocada a comparecer ao quartel do Comando do II Exército [posteriormente denominado Comando Militar do Sudeste].

Não demoraria muito para que os órgãos de repressão desencadeassem uma onda de prisões que se caracterizavam como verdadeiros sequestros. Dezenas de pessoas acusadas de participação em atividades subversivas eram levadas para o Destacamento de Operações de Informações do Centro de Operações de Defesa Interna, o temível DOI-Codi do II Exército. Sob essa denominação, longa e redundante, funcionava o que, naquele momento, era o principal aparelho de tortura do país.

Nos primeiros dias de outubro, a onda de prisões atingiria os jornalistas, com o sequestro de Sérgio Gomes da Silva, no dia 5. Outras prisões ocorreriam, todas elas denunciadas pelo Sindicato em sucessivas notas distribuídas à Imprensa. No dia 24, onze jornalistas estavam presos no DOI-Codi. O décimo segundo, Vladimir Herzog, foi procurado por agentes da repressão em seu local de trabalho, a TV Cultura, onde exercia o cargo de diretor de Telejornalismo. Um acordo com a direção da TV permitiu que ele se apresentasse na manhã do dia 25, um sábado. Vladimir, a quem os colegas chamavam carinhosamente de Vlado, chegou ao DOI-Codi por volta das 8 horas e, na tarde do mesmo dia, estava morto.

A morte do jornalista foi confirmada em nota oficial do II Exército, no final daquela noite de sábado, quando as edições dos jornais já estavam encerradas. O comunicado afirmava que Herzog se suicidara na prisão, após confessar sua participação em atividades do Partido Comunista. Ao longo da madrugada de domingo, 26, algumas das poucas pessoas que souberam da morte foram levar a sua solidariedade a Clarice Herzog, mulher de Vlado. Fernando Jordão não foi dos primeiros a chegar à casa em que seu amigo vivera até a manhã do dia anterior. Desde que recebera a notícia, no final da noite, passou a telefonar, entre pranto e revolta, para jornalistas e para outros diretores do Sindicato.

Este livro começou a nascer naqueles momentos de perplexidade e dor. No registro que faria depois, Fernando Jordão resumiu o sentimento que dominava as pessoas: "Choramos, nos desesperamos, temos medo, mas, ao mesmo tempo, a indignação e a revolta começam a impedir que o medo se transforme em covardia".

Foi esse sentimento que levou Clarice Herzog a não concordar com amigos e pessoas da família de Vlado que temiam represálias dos chamados órgãos de segurança e aconselhavam-na a providenciar o enterro o mais depressa possível. Ela não só repudiou a ideia, como tentou conseguir que médicos de confiança fizessem uma segunda autópsia do corpo do marido.

Na manhã de domingo, encontrei Fernando Jordão em sua casa, numa pracinha do bairro das Perdizes. Ali seria preparada a minuta de uma nota, mais tarde levada ao Sindicato, para discussão e aprovação da diretoria. O texto teria, também, a aprovação de dezenas de jornalistas que, sem convocação, iam chegando de todas as redações. A nota responsabilizava os militares pela morte de Herzog e condenava as prisões ilegais, concluindo que, "perante a lei, a autoridade é sempre responsável pela integridade física daqueles que coloca sob sua guarda".

A perplexidade cedia lugar à disposição de protestar. Começava a nascer, por salas e corredores do Sindicato dos Jornalistas de São

Paulo, a unidade que resultaria na mais contundente denúncia até então feita de um crime da ditadura militar. Os dias que se seguiram foram marcados por um crescente movimento de solidariedade aos jornalistas, cujo sindicato transformara-se numa trincheira, numa referência da sociedade civil na luta contra a repressão. Como se constatará pela leitura deste livro, o Brasil não seria o mesmo depois do sacrifício de Herzog.

Audálio Dantas
agosto de 2005

Prefácio à 1ª edição:
As cores vivas da solidariedade

A data em que morreu meu amigo Vladimir Herzog – 25 de outubro de 1975 – está definitivamente gravada a fogo na carne lacerada da minha memória. Naquele dia sinistro, alguma coisa se rompeu para sempre na complicada fiação interna que comanda minhas ações. A partir de então, muitas mudanças ocorreram na minha vida. Mas cabe acrescentar que essas mudanças também aconteceram na vida de milhares de outras pessoas. Na verdade, atingiram milhões de brasileiros, porque a vida do próprio país se modificou, a partir da morte do Vlado.

Além da imensurável tragédia pessoal que representou, a morte do jornalista amigo foi um episódio marcante na evolução do quadro político brasileiro. Hoje, mais de três anos depois, examinada na sempre esclarecedora perspectiva do tempo, ela se revela como um marco decisivo de transição. Representou o papel de elemento catalisador, no momento em que o equilíbrio precário entre os grupos da direita e da ultradireita, dentro de um governo de condomínio militar, começava a se desfazer, em favor da direita. Representou a argamassa que uniu as correntes oposicionistas, na hora em que os ventos começavam a soprar em outra direção.

Após 1974, evidenciou-se a falência do chamado "milagre brasileiro". O fim do "milagre", objetivamente, era o esgotamento de um modelo econômico imposto de cima para baixo e de fora para dentro, cujas características essenciais haviam sido sublinhadas a partir de 1968, com o AI-5.[1] Esgotado o modelo, ampliaram-se as manifestações de in-

---

[1] O Ato Institucional número 5, de 13 de dezembro de 1968, representou um "golpe dentro do golpe", com o completo aniquilamento das liberdades civis e a

satisfação, de divórcio entre setores mais e mais expressivos da sociedade civil e o governo militar. Essas manifestações cresciam, aumentava a frente oposicionista, mas o regime continuava forte. Era como se aumentasse a temperatura da água, embora essa temperatura só atingisse os cem graus (para a mudança de qualidade) a partir da morte do Vlado. Aquele foi, inegavelmente, o momento da fusão. Por que dizemos isso?

Bem, em primeiro lugar porque a ultradireita, até então na ofensiva, caiu na defensiva. A iniciativa saiu de suas mãos, ela teve que recuar, explicar, adotar uma atitude menos arrogante. No instante em que Vlado morreu, a ultradireita estava no ataque: montava uma operação destinada a criar "fatos consumados", pretendia encostar na parede o grupo da direita encabeçado por Geisel e Golbery.[2] Depois da morte, porém, viu-se obrigada a prestar conta de seus atos.

No plano da imprensa, não é difícil detectar uma certa descompressão. As críticas se multiplicaram, as denúncias vieram à tona, o clima de medo foi sendo paulatinamente substituído por um clima de revolta. Se a morte do operário Manoel Fiel Filho[3] foi suficiente para permitir que Geisel substituísse o general Ednardo D'Ávila Mello[4] pelo general Dilermando Monteiro[5] no comando do II Exército, é porque

---

concentração de todo o poder nas mãos do Executivo. Ensejou milhares de prisões, o fechamento das casas legislativas, cassações de mandatos. Suspendeu o recurso ao *habeas corpus* para prisões políticas. Foi revogado em 1º de janeiro de 1979.

[2] General, um dos principais conspiradores que articularam o golpe de 1964, foi o criador do Serviço Nacional de Informações (SNI, órgão de espionagem interna que atuou entre 1964 e 1990), chefe da Casa Civil dos governos de Geisel e de João Batista Figueiredo (1979-1985; Golbery se demitiu em 1981).

[3] Ocorrida em 17 de janeiro de 1976, no mesmo DOI-Codi do então II Exército onde Herzog fora morto quase três meses antes. Foi igualmente encenado um suicídio. Fiel Filho era metalúrgico.

[4] Combateu na Itália como integrante da Força Expedicionária Brasileira (FEB). No comando do então II Exército, foi aliado do ministro do Exército, Sílvio Frota (ver adiante), opositor de Geisel.

[5] Dilermando Gomes Monteiro foi chefe do Estado-Maior do Exército antes de assumir o comando do então II Exército. Era aliado de Geisel. Foi ministro do Superior Tribunal Militar (STM).

a morte do Vlado, três meses antes, minara as bases de sustentação da ultradireita em São Paulo. Outras mudanças de comandos, ao longo daqueles meses tumultuados, mostravam a evolução do jogo do poder, no tabuleiro militar.

No plano da sociedade civil, observou-se uma ação mais coordenada entre a Igreja, a Ordem dos Advogados do Brasil [OAB], a Associação Brasileira de Imprensa [ABI] e alguns sindicatos – o dos Jornalistas à frente. Basta pensar em homens como dom Paulo Evaristo Arns,[6] Audálio Dantas, Prudente de Morais Neto[7] e José Carlos Dias,[8] entre outros, para se ter uma ideia dessa ação. Mesmo entre os empresários, aumentava o descontentamento. E a insatisfação generalizada, com o passar do tempo, apareceria de maneira nítida em pronunciamentos oficiais dos empresários paulistas, da Igreja, dos sindicatos, dos jornalistas. A ultradireita foi sendo mais e mais acuada, até tentar um golpe – com o general Sílvio Frota. E o fracasso deste golpe resultaria, então, na consolidação da direita, com o seu projeto político.

As transformações ocorridas na área militar, porém, não explicam plenamente as mudanças no quadro político, embora nos ajudem a compreendê-las. Essas transformações no setor militar devem ser

---

[6] Cardeal arcebispo de São Paulo (1970-1998), um dos mais importantes líderes da luta pelos direitos humanos no Brasil. Criou em 1972 a Comissão de Justiça e Paz. Segundo o Acervo do Instituto Vladimir Herzog, "sua atuação pastoral foi voltada aos habitantes da periferia, aos trabalhadores, à formação de comunidades eclesiais de base (CEBs) nos bairros, principalmente os mais pobres". Entre 1979 e 1985, lê-se na mesma fonte, coordenou com o pastor Jaime Wright, de forma clandestina, o projeto "Brasil: nunca mais", alimentado por mais de um milhão de páginas de processos do STM, transformado em livro de mesmo nome com denúncias da repressão política no Brasil.

[7] Jornalista, dirigiu a redação do *Diário Carioca* e a sucursal do jornal *O Estado de S.Paulo* no Rio de Janeiro. Presidiu a Associação Brasileira de Imprensa entre 1975 e 1977. Apoiou o golpe de 1964, mas foi contra a prisão e a tortura de jornalistas e outros opositores do regime.

[8] Advogado, defendeu presos políticos perante a Justiça Militar durante a ditadura. Foi presidente da Comissão de Justiça e Paz, secretário de Justiça do estado de São Paulo e ministro da Justiça.

encaradas numa teia de inter-relacionamentos com as mudanças no mundo civil – umas contaminando as outras, de diferentes maneiras.

A partir da morte do Vlado, sucederam-se pronunciamentos a favor da chamada "abertura". Inclusive de políticos tradicionalmente ligados ao regime – e até de militares, como o general Rodrigo Otávio.[9] E a crise econômica que já se evidenciava ajudou a desfazer a últimas ilusões de alguns setores, contribuindo de maneira decisiva para ampliar o coro dos descontentes.

No plano internacional, também houve mudanças que favoreciam regimes mais abertos. Essas mudanças refletiam de forma evidente um desequilíbrio na balança internacional do poder. A adoção, pelo governo americano, de uma orientação menos favorável a ditaduras militares significou pelo menos o abrandamento de estímulos antes poderosos. E as necessidades comerciais, num quadro de dificuldades crescentes, ajudaram a empurrar o carro na direção de estruturas mais suaves de controle político.

A substituição de Ednardo, a demissão de Frota [em 1977], a campanha eleitoral e as eleições de novembro [de 1978], o fim do AI-5 são alguns marcos nessa caminhada para a descompressão. Mas essa caminhada – sempre cabe lembrar – realizou-se sob a pressão crescente da sociedade civil. As greves no ABC paulista,[10] para citar outro exemplo, também assinalam uma etapa fundamental no processo de transformação da sociedade brasileira. Elas mostraram que o ciclo ditatorial perdera a virulência anterior – embora mantivesse (e mantenha) certas características básicas.

Se a gente examina o que aconteceu nos últimos três anos, tudo fica mais claro. Basta ver como mudou o tom dos pronunciamentos

---

[9] No comando da Escola Superior de Guerra (ESG), promoveu debates sobre a conjuntura nacional que desagradaram o governo do general Médici. Após se tornar ministro do STM, no final de 1973, fez pronunciamentos contra a tortura e a favor da revogação parcial do AI-5.

[10] As greves do ABC, iniciadas em 1978, repetiram-se em 1979 e 1980. Projetaram a liderança do presidente do Sindicato dos Metalúrgicos de São Bernardo do Campo, Luiz Inácio da Silva, Lula, futuro fundador do Partido dos Trabalhadores (PT) e presidente da República (2003-2010).

políticos. Ou a cara de jornais e revistas. Ou o discurso dos empresários. E esses efeitos logo se transformaram em causa de novas mudanças, contribuindo para acelerar o ritmo da evolução.

Hoje já não predomina o medo que predominava até a morte do Vlado. É verdade que já havia sinais da aplicação de um novo modelo, engendrado pela direita do regime (porque a direita percebia o esgotamento do modelo anterior e procurava uma saída viável), mas a sociedade civil continuava dominada pelo medo. Hoje, predomina a vontade de mudar, a esperança em dias melhores. Homens do próprio partido do governo falam na necessidade de se "redemocratizar" o país. O general João Batista Figueiredo promete "democracia-a-tapa".[11] Se promete, é porque precisa prometer. Precisa prometer porque se sente pressionado, deve fazer concessões. Entre os militares, já não há consenso. Mas entre os civis há um quase consenso: a democracia deve ser restabelecida.

A verdade é que, hoje, a direita usa as ameaças da ultradireita apenas como um fantasma, que a ajuda a negociar com a oposição. Mas ninguém acredita num golpe da ultradireita. Hoje, a direita recorre a manobras palacianas, a esquemas, à corrupção. Já não predomina a violência da ultradireita – que predominava até a morte do Vlado.

Para sentir melhor a mudança, basta pensar na volta de tantos exilados, nos livros e nas reportagens que vêm sendo publicados. A sentença do juiz Márcio José de Moraes é outra confirmação do que digo. Este livro, do jornalista Fernando Jordão, uma prova a mais.

Li o trabalho do Fernando numa noite. Profundamente emocionado, as velhas feridas novamente entreabertas por lembranças que mais pareciam lâminas de sal enfiadas na carne, hipnotizado pelo texto, não pude interromper a batalha, que me exauriu – mas satisfez plenamente. O livro é um documento definitivo, tão objetivo, íntegro e coerente como a peça com que o juiz Márcio destruiu a farsa do "suicídio" do Vlado. Mais: o livro nos redime a todos, homens e

---

[11] Figueiredo tomou posse em março de 1979, declarando-se comprometido com o projeto de abertura política, mas omitiu-se no combate a atos terroristas de extrema direita contrários a tal projeto.

jornalistas, democratas e vítimas da repressão. Mais ainda: lava com carinho o cadáver do amigo que tombou.

O livro é, em si, mais uma vitória das forças que combatem as trevas, no Brasil desse tempo de tristezas vis e apagadas. Trata-se de um painel traçado de maneira impecável, porque tem os tons sinistros da tortura, da violência e da opressão medieval, mas tem também as cores vivas da confiança no trabalho coletivo, da esperança e da solidariedade.

Acima de tudo, da solidariedade.

Rodolfo Konder
1979

Carta de D. Paulo Evaristo Arns a Fernando Pacheco Jordão em 1979

Gabinete do Cardeal Arcebispo de São Paulo

Prezado Fernando Jordão,

Você me pede para recordar um dos momentos mais tensos de nossa vida.

Passamos aquele sábado como se fosse nos corredores de um hospital. Temíamos pela vida de seis companheiros. Não estavam nas mãos de bom médico, e sim nas terríveis masmorras do DOI-Codi, em São Paulo. Eu os conhecia apenas pelo nome, mas eram meus irmãos, jornalistas. Telefonei ao Governador, no momento em Jales, pelos bons serviços de Dona Lila.[1] Prometeu-me ele fazer tudo o que estivesse em suas mãos. Depois, apelo a outras autoridades.

À noitinha, chega a notícia: Vlado Herzog morto, nas mãos dos algozes! Ninguém, absolutamente ninguém, acreditou, nem por um segundo, que pudesse ser suicídio. Nem precisávamos ser jornalistas, para interpretarmos tais noticiários. A gente se envergonhava do Brasil, naquela hora. Digo melhor, daqueles que manipulavam o Brasil.

Uma semana de sofrimentos indizíveis. Mas, também, uma semana de união entre todos os que acreditavam em morte redentora. E já se havia dito, uma vez, sobre um judeu, Jesus, o Filho de Deus: morreu por todos. Agora, morria um outro judeu,

---

[1] Brasília (Lila) Byington Egydio Martins, esposa do governador Paulo Egydio Martins.

e nós pedíamos a Jesus que a morte dele também fosse em favor da liberdade de muitos.

Depois da visita aos despojos, das tramas, do enterro, da interpretação do lugar do enterro, veio a cerimônia pública. Marcada para as 15 horas, na Catedral. Quem tinha sangue nas veias procurava romper o cerco da polícia.

Às 13 horas, chegam em minha residência dois Secretários do Governo. Emissários do Governador. Talvez, do Presidente da República, que se encontrava entre nós:

– O senhor não pode ir. Ele não é católico.

– Ele é meu irmão. E é irmão de todos os católicos. E eles lá estarão.

– Mas pode haver tiroteio, mortes, e o senhor será o responsável.

– Lá estarei, para evitar mortes. O pastor não abandona as ovelhas, quando ameaçadas.

– Haverá mais de quinhentos policiais, na praça, com ordem de atirar, ao primeiro grito.

– É assim que tratam o povo? Quando grita de dor, vocês atiram?

– É um apelo. O senhor, não vá. Mande outro.

– Digam ao Governador que o Arcebispo estará com aqueles que Deus lhe confiou. Custe o que custar, ele cumprirá o dever. Agradeço a visita, mas digam ao Governador que o povo se manterá calmo. Portanto, todo o mais correrá por conta dele.

Às 15 horas, a Catedral ressoou. Era canto, era choro, era oração. Promessa de que isto não aconteceria mais, entre nós: filhos órfãos, mãe viúva, assassínio por torturas de um funcionário pacífico e cumpridor do dever.

As pessoas se retiraram em grupos de cinco a dez. Três jornalistas ficaram a meu lado, na calçada da Catedral. Alguém nos insultando. Era a provocação que já esperávamos.

À tardinha, tudo estava vazio. Era o momento de a esperança nascer. Ela nasce no vazio, e aos poucos se enche de fé. Da promessa de Deus a seu povo: caminhamos para a libertação.

Primeiro, a promessa foi apenas notícia. Uns mil e sessenta jornalistas se comprometeram a divulgá-la.

Aos poucos, talvez, se transforme em realidade.

Que Clarice, a esposa, e os seus filhos se unam a todas as mães e filhos brasileiros, vítimas de igual tragédia, repetindo a promessa da esperança.

Ao Fernando e a todos os seus amigos jornalistas, um abraço do colega e Pastor de São Paulo.

Paulo Evaristo, CARDEAL ARNS
Arcebispo Metropolitano de São Paulo

S. Paulo, 22.2.1979

A subversão tem sido praticada no Brasil pelos que prendem arbitrariamente, contra a Constituição e contra as leis, pelos que, violando todas as regras de Direito e de moral, torturam desapiedadamente, pelos que matam ou induzem à morte, pelos que, a todo instante, invadem lares, arremetem contra a liberdade de manifestação do pensamento e violentam de todos os modos e formas os direitos do homem, que não advêm da generosidade do Estado, mas são atributos da própria condição humana, da própria dignidade humana.

Heleno Fragoso, Sergio Bermudes, Marco Antônio Rodrigues Barbosa e Samuel MacDowell de Figueiredo, na réplica da ação cível em que a União foi declarada responsável pela prisão ilegal, tortura e morte de Vladimir Herzog.

Dossiê Herzog:
prisão, tortura e morte no Brasil

A cronologia de um suicídio sem provas

■ 25 de outubro de 1975, sábado. O comando do DOI anuncia: "suicídio".

O comandante do DOI-Codi comunica ao chefe da 2ª Seção do Estado-Maior do II Exército: "Participo-vos que, cerca das 16:30 horas de hoje (25 de outubro de 1975), foi encontrado o corpo de Vladimir Herzog, *enforcado na grade do xadrez especial n.º 1, usando para tanto a cinta do macacão que usava*. [...] Tudo leva a crer que foi levado ao *tresloucado gesto* por ter se conscientizado da sua situação e estar arrependido da sua militância".

■ 25 de outubro de 1975. Três peritos logo constatam: foi "suicídio".

Os peritos Motoho Chiota, Silvio Shibata e Roberto Damas Salgado, da Divisão de Criminalística do Instituto de Polícia Técnica (Secretaria da Segurança Pública), fazem a perícia do local e assinam Laudo de Encontro de Cadáver de cuja capa consta: "Natureza da Perícia: Encontro de cadáver (Suicídio)". No relatório, os peritos fazem a descrição do local, da posição do corpo, da laçada no pescoço e concluem: "Do que ficou exposto, depreende-se que o fato possuía um *quadro típico de suicídio por enforcamento*".

■ 25 de outubro de 1975. Dois médicos legistas confirmam: "suicídio".

Os médicos Harry Shibata e Arildo de Toledo Viana, do Instituto Médico Legal (Secretaria de Segurança Pública), fazem a autópsia e assinam Laudo do Exame de Corpo de Delito – Exame Necroscópico, do qual consta: "Referência: Encaminhado do DOPS (II Exército) com história de que teria praticado suicídio, burlando a vigilância dos policiais". A conclusão do exame é de "quadro médico-legal clássico de *asfixia mecânica por enforcamento*".

- 26 de outubro de 1975. O comando do II Exército anuncia: "suicídio".

O comando do II Exército distribui nota oficial em que comunica: "Cerca das 16 horas, ao ser procurado na sala onde fora deixado desacompanhado (Vladimir) foi encontrado morto, *enforcado, tendo para tanto utilizado uma tira de pano*. [...] As atitudes do senhor Vladimir Herzog, desde sua chegada ao órgão do II Exército, não faziam *supor o gesto extremo por ele tomado*".

- 30 de outubro de 1975. O comando manda apurar o "suicídio".

O comandante do II Exército, general Ednardo d'Ávila Mello, determina instauração de Inquérito Policial-Militar para apurar "as circunstâncias em que ocorreu o suicídio do jornalista Vladimir Herzog, nas dependências do Destacamento de Operações de Informações do Centro de Operações de Defesa Interna do II Exército".

- 31 de outubro de 1975.

O general Fernando Guimarães de Cerqueira Lima,[1] nomeado presidente do IPM, pede ao procurador-geral de Justiça Militar a designação de um representante do Ministério Público para acompanhar o IPM, "sendo que este encarregado indica o nome do dr. Durval Ayrton Moura de Araujo, Assessor Jurídico do Comando do II Exército".

- 31 de outubro de 1975.

O procurador-geral da Justiça Militar, Ruy de Lima Pessoa, indica o procurador Durval Ayrton Moura de Araujo para acompanhar o

---

[1] Na década de 1980, chegou a chefe do Departamento Geral de Pessoal e a chefe do Departamento de Ensino e Pesquisa do Exército.

IPM, que é rigorosamente sigiloso. Não se permite aos advogados da família acompanhá-lo.

- 7 de novembro de 1975. O general no local do "suicídio".

O general Cerqueira Lima, no decorrer do IPM, vai ao DOI-Codi e lavra um Auto de Visita e Exame de Local: "[...] exame do local *onde foi encontrado morto, em virtude de suicídio por enforcamento, o jornalista Vladimir Herzog;* [...] e particularmente à cela especial número um, onde se encontrava Vladimir Herzog quando, detido para averiguações, *suicidou-se por enforcamento*. Constataram o senhor encarregado e os demais acompanhantes, adentrando à referida cela, que é a mesma que é reproduzida fotograficamente no Laudo de Encontro de Cadáver; [...] Nada mais havendo a constatar, retiraram-se os presentes daquela Organização Policial-Militar às dezessete horas".

- 16 de dezembro de 1975. O general conclui: foi "suicídio".

O general Cerqueira Lima conclui o inquérito instaurado "para apurar as circunstâncias do suicídio". "[...] em face das investigações procedidas pode-se afirmar que *a morte de Vladimir Herzog se verificou por voluntário suicídio, por enforcamento*, embora a razão íntima não se possa afirmar qual tenha sido; [...] não havendo, destarte, sido apurado qualquer crime previsto no Código Penal Militar, nem transgressão disciplinar prevista nos Regulamentos Militares. Assim, sejam os presentes autos remetidos ao Excelentíssimo Senhor General Comandante do II Exército".

- 17 de dezembro de 1975. O comandante do II Exército proclama: foi "suicídio".

O comandante do II Exército, general Ednardo d'Ávila Mello, dá a seguinte Solução do IPM: "Em face das averiguações policiais a que mandei proceder, verifica-se, conforme conclusão a que chegou o Excelentíssimo Senhor General-de-Brigada Fernando Guimarães de Cerqueira Lima, em seu longo e minucioso relatório de folhas 270/299, que o sr. Vladimir Herzog morreu por voluntário suicídio, por enforcamento, não sendo apurado qualquer crime previsto no Código Penal Militar, transgressão disciplinar prevista nos Regulamentos Militares ou qualquer ilícito penal".

- Janeiro de 1976. O procurador aceita: foi "suicídio".

O procurador Oscar Queiroz do Prado, do Ministério Público Militar, satisfeito com as provas colhidas, pede o arquivamento do IPM.

- 8 de março de 1976. O juiz aceita: foi "suicídio".

O juiz auditor José Paulo Paiva, da 1ª Auditoria da Justiça Militar, arquiva o IPM.

- 20 de abril de 1976.

Clarice Herzog e seus filhos Ivo e André entram com ação na Justiça Federal para provar que Vladimir Herzog não se suicidou e, sim, foi torturado e morto durante sessão de interrogatório no DOI-Codi. Caso inédito na Justiça: a viúva não pleiteia indenização, mas a declaração de responsabilidade da União.

- 27 de outubro de 1978.

O juiz Márcio José de Moraes, da 7ª Vara de Justiça Federal em São Paulo, declara a União responsável pela prisão, tortura e morte de Vladimir Herzog, considerando imprestável o laudo médico-legal que amparava a versão oficial e afirmando que as autoridades não conseguiram provar que a morte ocorreu por suicídio.

"Eles mataram o Vlado!"

Já passava das 5 e meia da tarde do sábado, 25 de outubro, quando Clarice resolveu sair de casa para ir contar à sogra que Vlado estava preso. A decisão tomada antes era de que se procurasse poupá-la, deixando que o próprio filho lhe comunicasse o sucedido, caso saísse no mesmo dia. O impacto da notícia seria certamente muito menos perturbador. Mas o dia terminava e Vlado não voltava, por isso Clarice mudou de ideia. À tarde, eu e minha mulher [Fátima Pacheco Jordão] tínhamos ido à sua casa, para saber como andavam as coisas. Encontramo-la calma, embora já com pouca esperança de que Vlado saísse imediatamente. Deliberadamente, omitimos as informações que, de manhã, eu e Wilson Gomes, também diretor do Sindicato, tínhamos ouvido da jornalista Dilea Markun [Dilea Frate], libertada na noite anterior, depois de uma semana no DOI-Codi – o órgão de repressão do II Exército onde Vlado, onze jornalistas e mais de cem outras pessoas estavam presos. Só daria apreensão à Clarice contar-lhe do ambiente de extrema loucura, violência e terror que descrevera.

Na conversa com a sogra, Clarice procurou mostrar-se despreocupada. Tentou pintar-lhe um quadro o mais otimista possível, lembrando como atenuante que, na véspera, à noite, quando foram prendê-lo na TV Cultura, em pleno trabalho, os responsáveis pelo DOI-Codi tinham permitido que ele dormisse em casa para se apresentar de manhã, uma concessão incomum, particularmente naqueles dias em que tanta gente era levada de noite ou de madrugada, sem aviso à família ou aos amigos.

A descontração que Clarice procurava aparentar não conseguiu amenizar o grande choque que a notícia provocou em dona Zora. E, naquele momento, a mãe, que chegava a competir com a mulher nos cuidados com Vlado, teve uma trágica premonição. Vlado era o filho único de uma mulher, viúva há três anos, que se alarmava ao menor sinal de doença do filho, embora adulto, casado e pai de duas crianças, que se inquietava ao mais leve indício de um malfeito contra ele, que chegava a ser impertinente no zelo extremado que só mesmo uma mãe judia pode ter com seu filho. Além disso, a notícia da prisão detonou-lhe na memória as lembranças do extermínio de sua família pelos nazistas, a fuga desesperada e repleta de perigos, da Iugoslávia para a Itália, ela e o marido protegendo o pequeno Vlado, então com 6 anos. "Nos pegaram", deve ter pensado, como se de repente o que ela mais temia durante os anos de esconderijo e medo na Itália tivesse finalmente acontecido. Uma fatalidade inevitável, como a que liquidara quase toda a família na Europa.

Chorando quase em silêncio, dona Zora já sabia: "Vão matar o Vlado".

Clarice procurou acalmá-la, explicando o que se passava, que, afinal, não era só Vlado, que vários jornalistas estavam presos – alguns deles dona Zora conhecia –, que amanhã, o mais tardar segunda-feira, quem sabe hoje ainda, é improvável, mas não impossível, quem sabe o Vlado já está livre.

A intuição de dona Zora escapava a qualquer argumento lógico, a qualquer raciocínio que tendesse ao otimismo. Ela balançava a cabeça e repetia: "Vão matar o Vlado".

Deviam ser 6 da tarde. Pelo horário da primeira comunicação, feita pelo DOI-Codi, àquela hora Vlado já estava morto.

Clarice ainda ficou algum tempo com a sogra, tentando tranquilizá-la, antes de voltar para sua casa, onde, pouco depois, começaria a receber os telefonemas que lhe despertariam as primeiras suspeitas sobre a situação de Vlado.

Ela guarda cada detalhe daquelas horas:

"Naquela noite, eu desistira de ler e já estava na cama, tentando dormir, quando começaram uns telefonemas perguntando se o Rui Nogueira,[2]

---

[2] Rui Nogueira Martins foi diretor da revista *Problemas Brasileiros*, publicada pela Federação do Comércio do Estado de São Paulo, presidente da Fundação Padre

diretor do Canal 2, estava em casa, outro querendo saber se o Paulo Nunes estava em casa.

(O Paulo Nunes, jornalista ligado ao Canal 2, é uma pessoa em quem eu absolutamente não confiava, porque ele cobria a área militar, acompanhou o Vlado até o DOI-Codi, quando ele se apresentou. Era o único que conhecíamos que tinha acesso lá dentro e, de certa forma, a gente fez com que ele acompanhasse o Vlado porque isso era muito importante, porque ele poderia sumir lá dentro. Aconteceram vários casos assim e, assim, precisávamos de uma testemunha da entrada do Vlado. O Paulo Nunes foi junto e ficou de me telefonar.)

Eu comecei a achar aquilo muito estranho, mas ainda cheguei a responder uma vez que o Paulo Nunes tinha me ligado, dizendo que estava tudo bem e que Vlado seria solto naquele dia. Mas eu concluí que estava havendo algo de grave, porque naquela época várias pessoas estavam sendo presas em função daquelas denúncias do jornalista Claudio Marques, através da coluna dele no Jornal Shopping News. *Aí eu achei que mais gente estava sendo presa e liguei para a casa do Rui Nogueira e disse que deveria estar ocorrendo algum problema no Canal 2, porque estavam ligando para mim. O Rui Nogueira respondeu que não, mas que as coisas haviam se complicado. 'Como se complicaram?' – perguntei. Ele disse que era com o Vlado. Mas o quê? Aí ele me disse que dentro de 40 minutos estaria em minha casa.*

Eu me troquei e fiquei esperando, uma hora, duas horas e nada. Voltei a ligar para a casa de Rui Nogueira, mas ele já tinha saído."

Era uma noite agitada no fim de uma semana de pressão enorme para os jornalistas. Antes de Vlado, onze jornalistas tinham sido presos, provocando uma série de notas de protesto do Sindicato, que já assumira então uma posição ostensiva de denúncia da violência das prisões arbitrárias. Como diretores do Sindicato, vivíamos sob tensão aqueles dias; o problema dos companheiros encarcerados no DOI-Codi era nossa preocupação permanente, familiares nos procuravam

---

Anchieta, mantenedora da TV Cultura, e ministro do Tribunal de Contas do Estado de São Paulo.

pedindo informações, reclamando alguma forma de proteção os que sentiam suas casas ou seus passos vigiados, pedindo um advogado que pudesse interferir. Dominava-nos, diante de tudo isso, o desespero da impotência: informações não havia, ninguém sabia o que se passava dentro da prisão do Exército (só tínhamos a transmitir as informações pouco confiáveis que o general Ednardo nos dera no meio da semana); proteção, que condição tínhamos de oferecer se nós mesmos nos sentíamos permanentemente ameaçados? E advogados podíamos contratar, mas com a terrível certeza da inutilidade de qualquer ação legal contra a repressão militar que não respeitava nem as determinações da Lei de Segurança Nacional, já de si rigorosas e brutais, com respeito ao período de incomunicabilidade dos presos. Naquele sábado, Audálio Dantas, o presidente do Sindicato, estava fora de São Paulo. Tinha ido até Presidente Prudente para um debate com estudantes sobre liberdade de imprensa, marcado com grande antecedência. Fiquei em São Paulo como um dos diretores de plantão, não na sede do Sindicato, mas disponível para alguma eventualidade.

Foi nessa condição que redigi, em casa mesmo, em papel timbrado que levara na véspera do Sindicato, uma nota para os jornais informando que Vlado se apresentara de manhã para prestar depoimento no DOI-Codi e fora mantido preso; e, novamente, protestando contra a forma como se faziam as prisões, verdadeiros sequestros de pessoas com atividade profissional regular, vida familiar normal, endereço conhecido. Nem todos os jornais publicaram a comunicação, que para alguns chegou após o fechamento, que é feito mais cedo aos sábados. Em reunião da diretoria do Sindicato, na véspera, tínhamos resolvido aguardar até o fim do dia para divulgar nossos comunicados, no caso de acontecer algum fato novo.

Quando a nota era distribuída aos jornais que ainda tinham tempo de publicar, o corpo de Vlado já estava, àquela hora, no Instituto Médico Legal.

Deviam ser umas 10 horas quando uma jornalista, companheira de trabalho na TV Globo, me ligou de um telefone público pedindo-me que fosse encontrá-la – ela e outros jornalistas – num bar da Praça da República para um assunto urgente. Respondi que não podia sair e que ela falasse mesmo por telefone. "Não é assunto que eu possa dizer por telefone." Cheguei a me irritar porque já tinha tido, nos últimos dias, experiência de conhecidos que me ligavam e procuravam saber das novidades, tentando driblar uma eventual censura telefônica com meias-palavras ou frase misteriosas, num código improvisado no momento, o que tornava o diálogo ininteligível e – pior – altamente suspeito para o policial que estivesse na escuta. Atribuía essa atitude a uma pueril mentalidade conspiratória, pois eram pessoas que nada tinham a esconder, querendo saber de novidades que quase sempre se tornariam públicas no dia seguinte, através dos comunicados do Sindicato. Não era esse o caso no telefonema daquele sábado à noite. Fui injusto na minha reação. A jornalista me explicou depois que, sabendo-me amigo íntimo de Vlado, temia dar-me a notícia de sua morte por telefone. Por isso insistira no encontro, a que não fui.

Não tinham passado dez minutos quando de novo o telefone toca. Desta vez é Hélio Oliveira, editor-chefe do *Jornal Nacional*, da TV Globo: "Fernando, uma notícia triste para lhe dar. O Vlado morreu. O Lang[3] ligou agora há pouco e disse que o II Exército está preparando uma nota oficial dizendo que o Vlado se suicidou".

Àquela mesma hora, o pessoal do Canal 2 já estava a caminho. Passou pelo Instituto Médico Legal, para recolher os documentos de Vlado – conforme as instruções que recebera – e foi para a casa de Clarice, não muito longe dali. Sozinha na sala, ela tinha retomado a leitura de um livro, procurando aliviar a angústia que a espera lhe causava.

"Pouco depois, toca a campainha e, quando vou atender, vejo cinco ou seis homens de paletó e gravata, um deles o Rui Nogueira, outro o Armando Figueiredo,[4] assessor de imprensa da Secretaria de Cultura, um, meio careca, que era do serviço de segurança, um que, ao que parece, estava

---

[3] * Lang era jornalista credenciado no QG do II Exército.

[4] Entre outras atividades, foi editor-chefe do noticiário televisivo *Repórter Esso*, e nessa condição responsável pela montagem da primeira equipe brasileira de telejornalismo.

assumindo algum cargo jurídico e outros que não conhecia. Eles sentaram, mas não falavam nada, só repetiam que as coisas se complicaram."

Armando Figueiredo me disse, tempos depois, que aquela foi uma das situações mais trágicas a que assistiu. Clarice sozinha na sala, os filhos dormindo lá em cima. A expectativa era de que houvesse mais gente. Afinal, Vlado estava preso desde cedo e os amigos e as articulações políticas... Mas não havia nada disso. Durante todo o dia, Clarice demonstrara a apreensão natural de quem tem o marido preso, mas sem desesperar, suportando bem a tensão. Chegou mesmo a considerar uma sugestão nossa para que fôssemos todos para um sítio no interior, para relaxar um pouco, voltando no domingo à noite. No fim, achou que não devia, que era mais conveniente ficar em casa, porque, embora os indícios mostrassem o contrário, restava alguma esperança de que Vlado voltasse ainda no sábado.

A comitiva que foi levar a notícia da morte esperava outro ambiente quando tocou a campainha na casa da rua Oscar Freire, onde Vlado morava. O portão de madeira, estreito e alto, tinha a figura de um menino pintada com traços de desenho de criança; antes da família viver ali, a casa tinha servido de escolinha de arte, e a pintura do portão Vlado e Clarice resolveram conservar. Entrava-se por um corredor estreito e longo, coberto por uma trepadeira quase roçando a cabeça de quem chegava. Era um desses sobrados, dos quais ainda existem muitos no bairro de Pinheiros, construído na parte do fundo de um terreno grande dividido em dois. O corredor levava até um pequeno jardim onde Vlado, sempre que podia, gostava de gastar o tempo cuidando de suas plantas. Pela esquerda, ia-se para a cozinha. Bem em frente ao jardim ficava a porta de entrada para um pequeno *hall* e para a sala onde Clarice recebeu o grupo.

"Eles sentaram, mas não falavam nada, só repetiam que as coisas se complicaram."

Armando Figueiredo confirma que a situação era de extremo constrangimento de todos. Não era só a dificuldade de se dar a uma mulher a notícia de que seu marido morrera. Não era só a dificuldade maior criada pela própria circunstância violenta da morte. O que mais constrangia – Armando lembra – era o terrível contraste entre a notícia brutal que eles tinham a dar, de uma morte brutal, e a situação de paz e tranquilidade que encontraram naquela sala: as crianças já dormindo, a casa quieta, os óculos de Clarice sobre um livro aberto ao lado do sofá, a leitura interrompida pelo toque da campainha. Ninguém falava nada, mas ela não demorou a perceber:

"De repente, não sei como, me veio à mente uma certeza e eu gritei: 'Mataram o Vlado!'

Nesse instante, tocou novamente a campainha; era Fátima, mulher do jornalista Fernando Pacheco Jordão, eles são nossos amigos muito próximos. Abri e saí porta afora aos gritos: 'Mataram o Vlado!'.

E os homens, dentro de casa, não falaram, não verbalizaram nada. Fiquei sabendo da versão do suicídio só muito depois, de madrugada."

Na memória de Fátima, não eram gritos. Eram urros dilacerantes que ela ouvia brotar do desespero e do ódio da amiga:

"Mataram o Vlado! Eles mataram o Vlado! O Vlado não tinha nada, não fez nada, e eles mataram o Vlado!" – Clarice repetia.

Durante a madrugada de domingo, nas longas e penosas conversas que as duas amigas tiveram, Clarice dizia a Fátima que tanto ela quanto Vlado não imaginavam que um depoimento no DOI-Codi poderia chegar àquelas consequências. A militância dele se limitava praticamente a algumas reuniões realizadas em sua casa, com outros companheiros jornalistas, para discussões políticas. Os dois, principalmente naquela semana, depois da prisão de vários jornalistas do mesmo grupo, discutiram muito a questão, porque sabiam que fatalmente Vlado seria levado também. Sabiam também das torturas, mas admitir o que os torturadores quisessem, para se livrar do suplício, era atitude incompatível com o temperamento e o caráter de Vlado. Sua disposição era de resistir.

Agora, Vlado morto, Clarice se recrimina, porque acha que não discutira o suficiente com ele, que não procurara, como devia, demovê-lo daquela disposição. Verdade que a permissão para que se apresentasse no sábado, em vez de ir preso na véspera, era um indício tranquilizador, mas de qualquer forma... É então que Clarice lamenta também não ter agido, como se a sua ação pudesse ter impedido a tragédia:

"A gente estava tão calmo que o Vlado levantou de manhã cedinho e eu nem saí da cama. Eu não fui nem fazer café pra ele. Eu devia ter levantado, devia ter feito o café, devia ter levado ele de carro até lá. E eu nem levantei pra dizer até logo."

Quando Fátima chegou, o pessoal do Canal 2 tinha acabado de dar a notícia e ainda estava lá. Rui Nogueira Martins chamou-a, aflito, à cozinha, queria livrar-se rapidamente da incumbência que lhe tinham dado. Quis saber se Fátima era da família e, como era amiga íntima, achou que podia confiar-lhe os documentos de Vlado, com a informação de que o corpo poderia ser retirado do IML, naquela mesma noite, e que alguém levasse uma roupa. Desapareceu em seguida, apressado, ficando na casa apenas Fátima, Clarice e o jornalista Armando Figueiredo, que tinha acompanhado bem de perto toda a sequência dos acontecimentos que levaram até a prisão de Vlado. Armando ficou dando o apoio que era possível naquele momento à Clarice. Da TV Cultura ficou apenas um carro, que o presidente da Fundação deixou à disposição.

Não sei dizer a que hora fui para lá. Quase duas da manhã, talvez. Demorei a sair de casa. Não conseguia dominar a emoção e o choro que explodia incontido a todo momento. Telefonava para outros jornalistas, para os amigos, e a única coisa que conseguia era dar a notícia:

"Mataram o Vlado!"

Uma das ligações foi para Audálio, em Presidente Prudente. Acordei-o na madrugada com o mesmo grito de desespero.

"Eu estava praticamente sem dormir desde a noite anterior" – diz Audálio[5] –, *"tinha começado a dormir quando tocou o telefone, na madrugada do dia 26, por volta de uma hora da manhã. Era Fernando Pacheco Jordão, que dizia em prantos: 'Eles mataram o Vlado!'. Posso dizer, com toda a certeza, que foi o momento mais terrível da minha vida. Primeiro, a sensação de aquilo ser um pesadelo, apesar de o pesadelo vir se arrastando durante semanas, desde a primeira prisão. Eu tive medo, muito medo, principalmente nesse momento, porque era a consumação de uma coisa que sabíamos que era uma escalada, mas que não acreditávamos que chegasse a esse ponto. Eu conhecia o Vlado, não privava de sua amizade, mas uns dias antes ele estivera em minha casa, muito apreensivo, dava sinais de fragilidade, dizia da campanha de que estava sendo vítima através das denúncias do Claudio Marques. Então, na hora em que recebi aquela notícia, a imagem do Vlado se gravou na minha lembrança, muito clara e terrível. Momentos depois, outro telefonema, do secretário do Sindicato, Gastão Thomaz de Almeida, já me dava detalhes do ocorrido, que eu ainda tinha uma secreta esperança de que não fosse verdade. Minha preocupação imediata passou a ser a de denunciar o fato. Nós tínhamos que denunciar a morte de Vlado."*

Quando cheguei à casa de Vlado, havia pouco movimento na rua. À porta, encontrei-me com João Batista de Andrade, que também chegava. Choramos os dois, abraçados, a morte do amigo comum. Vlado estava naquela época voltando ao cinema. Começara a trabalhar junto com Batista no roteiro do filme *Doramundo* e foi dele todo o levantamento fotográfico de Paranapiacaba, onde o filme seria rodado dois anos depois. Batista foi até Bragança, no carro da TV Cultura, para buscar a família de Clarice. Estavam, todos no sítio, esperando Vlado, Clarice e as crianças para o fim de semana.

Na casa, os amigos e jornalistas começam a chegar durante a madrugada. Mino Carta[6] é um dos primeiros, depois de ter gastado

---

[5] * Esta narrativa é extraída de um depoimento de Audálio Dantas do qual a revista *Veja* publicou trechos em sua edição de 1/11/1978.

[6] Jornalista, dirigiu as redações de *Quatro Rodas*, *Jornal da Tarde*, *Veja*, *IstoÉ* e *Carta Capital*, revista que fundou e comandou por muitos anos.

muitas horas e uma inútil viagem a Santos tentando um contato com o secretário da Segurança, coronel Erasmo Dias,[7] para cuidar do problema da prisão de Vlado e dos outros jornalistas. Gabriel Romeiro[8] e Perseu Abramo[9] também logo chegam. Estamos todos atordoados. Choramos, nos desesperamos, temos medo, mas, ao mesmo tempo, a indignação e a revolta começam a impedir que o medo se transforme em covardia. Todos sentimos que essa morte não pode ficar impune, que precisa ser denunciada. Amigos da família de Vlado que chegam à casa estão nervosos, temem que protestos tragam represálias, tentam convencer dona Zora e Clarice a fazer o enterro imediatamente, no domingo. Não concordamos, insistimos em que todos precisam ficar sabendo, todos precisam tomar conhecimento do crime que se cometeu, por isso não se pode enterrar Vlado às escondidas. Vencemos, afinal prevaleceu nossa posição e a de Clarice, e o enterro ficou marcado para a segunda-feira de manhã. Em meio às crises de choro que frequentemente me impediam de falar, eu não largava o telefone. Ia avisando os conhecidos e os amigos comuns em suas casas. Nas redações dos jornais, já madrugada de domingo, não havia mais ninguém. Não me lembro por que meios consegui localizar no Guarujá Júlio de Mesquita Neto, diretor do *O Estado de S. Paulo*, que tinha deixado na véspera a presidência da Associação Interamericana de Imprensa. Conto-lhe da morte e insisto para que peça ao novo presidente a reconvocação da reunião da SIP [sigla do nome em espanhol da associação], encerrada na sexta-feira. De nada valeria a SIP, mas, no desespero do momento,

---

[7] Antônio Erasmo Dias, coronel do Exército, ocupou a Secretaria de Segurança Pública de São Paulo durante os governos de Laudo Natel e Paulo Egydio Martins, entre os anos de 1974 e 1978. Comandou violenta invasão da PUC-SP em 1977. Foi deputado federal e estadual por São Paulo, e vereador da capital.

[8] Jornalista, trabalhou na revista *Realidade*, na TV Cultura, na TV Bandeirantes, na Fundação Roberto Marinho, na TV Tupi e na Rede Globo, onde se tornou editor do programa *Globo Rural*.

[9] Sociólogo, professor e jornalista, trabalhou nos jornais *O Estado de S. Paulo*, *Folha de S.Paulo*, *Movimento* e *Jornal dos Trabalhadores*, do PT. Seu nome foi atribuído a uma fundação do Partido dos Trabalhadores dedicada à pesquisa e ao debate de temas políticos e sociais.

tentávamos tudo, procurávamos alguma proteção, sentindo a ameaça da repressão. Alguém foi ao Instituto Médico Legal e voltou com a notícia: está cheio de policiais, inclusive um dos que estiveram na sexta-feira à noite na TV Cultura para prender Vlado.

De Bragança, chegam os pais de Clarice.[10] Dona Inês está desolada e nos diz: "Vão embora daqui. Vocês precisam ir embora do Brasil. Eles acabam matando vocês também". Ela perdera um irmão[11] com 32 anos, fuzilado pela polícia, vítima da repressão na ditadura do Estado Novo.[12]

Avisado em casa, vem também Uzeda Moreira, psiquiatra, amigo de Vlado, com quem ele fazia psicodrama já há algum tempo. Chorando convulsivamente, abraçou Clarice e disse a ela que tinha certeza de que Vlado jamais se suicidaria. Foi Uzeda que nos ajudou, naquele momento, a lembrar os primeiros nomes de médicos que poderiam eventualmente fazer um exame do corpo do Vlado – uma ideia que começava a ser cogitada.

(Menos de um mês depois, intimado a depor no Inquérito Policial-Militar do II Exército, Uzeda não só se recusou a especificar a natureza do trabalho psiquiátrico que fazia com Vlado, pretextando impedimento de ética profissional, como ainda afirmou que suas relações com Vlado eram estritamente profissionais e que soubera de sua morte pelos jornais.

Três anos depois, Clarice ainda se lembra: "Vlado fazia psicoterapia de grupo, algo totalmente diferente, uma forma de autoconhecimento, sem a conotação de doença que procuraram insinuar no IPM. O psiquiatra do Vlado podia ter desfeito o equívoco intencional das autoridades. Ele sabia e me disse que o Vlado não tinha a menor tendência para o suicídio. Esteve na minha casa, chorou ao falar do Vlado, mas depois, por medo, omitiu-se, alegando ética profissional. Foi uma covardia, um triste espetáculo humano".)

---

[10] João Ribeiro Chaves Júnior e Inês Ribeiro.

[11] João Varlotta.

[12] Ditadura instituída mediante golpe de Estado por Getúlio Vargas em 1937, prolongou-se até 1945.

À medida que as horas passavam, Clarice começava a dar mostras da conduta extraordinária que teria daí para a frente em todos os momentos. Ela passaria muitos dias sem conseguir se alimentar, mas não se abatia e não descansava um minuto na abertura árdua do caminho para chegar à verdade na morte de Vlado. Aquela mulher ferida, ainda na madrugada do domingo transformava o desespero em força e determinação e começava a pensar a melhor maneira de contar aos mais chegados o que acontecera. O que dizer aos filhos quando acordassem? Como contar à mãe de Vlado? Num primeiro momento, a versão contada às crianças foi de que Vlado morrera num acidente de automóvel, versão difícil de sustentar, particularmente para o mais velho, Ivo, que percebia as coisas com incrível rapidez e, já no dia seguinte, apesar de seus 9 anos, fazia questão de ler nos jornais todo o noticiário da morte do pai.

Além disso, Clarice logo concordou, conversando conosco e com outros amigos, que, talvez não num primeiro momento, mas o mais breve possível, os filhos precisavam conhecer – até por uma questão de aprendizado do momento histórico que viviam – as circunstâncias em que o pai morrera numa prisão do Exército.

André refugiou-se por vários dias na versão do acidente, mais confortável para seu temperamento e para a fragilidade de seus 7 anos. Na sexta-feira, depois do Culto Ecumênico na Catedral da Sé em memória de Vlado, a família toda no carro para ir descansar no interior, André comenta: "Mãe, se foi acidente, como é que você não viu sangue, nem nada, na cara do pai?". Ivo entreouvira a semana toda as referências a outras prisões, torturas, choques elétricos, a hipótese de que Vlado, fisicamente frágil, poderia ter sucumbido a uma descarga mais violenta. Ele se encarregou de cortar a fantasia do irmão: "André, o pai não morreu de acidente, deixa de ser bobo. Mataram o pai na cadeira elétrica".

Com dona Zora, Clarice foi falar ainda na madrugada de domingo:

"O mais terrível foi avisar à mãe dele que tinham matado o seu filho. Três anos antes ela tinha perdido o marido e passou muito mal,

teve mesmo que se submeter a tratamento, e agora eu deveria dizer para essa mulher que o seu filho, a única coisa que lhe sobrara na vida, estava morto. Eu quase desisti e deixei que uma amiga desse a notícia. Só na última hora ganhei forças e me conscientizei que deveria contar pessoalmente. Mas não foi preciso. Quando ela me viu, percebeu tudo."

Fátima estava com Clarice naquela hora. Foi ela que se ofereceu para ir dar a notícia à dona Zora, que passava uns dias na casa de um irmão,[13] mas Clarice não concordou. Junto estava também Assunção,[14] mulher do Batista. Quando as três chegaram ao prédio do tio de Vlado, no Pacaembu, da portaria Fátima já avisou pelo telefone do que se tratava. Quem atendeu no apartamento foi o irmão de dona Zora. Foi ele quem abriu a porta em seguida, mas dona Zora, acordada pelo irmão, já vinha de seu quarto, agasalhando-se com uma malha de abotoar, aflita: "Que aconteceu?".

Bastou olhar para as três mulheres para perceber. Chorando, angustiada, abraçou-se fortemente à nora:

"Mataram o Vlado! Mataram o meu filho!"

Na casa de Clarice, o movimento é grande. Chega a informação de que o corpo só poderá ser liberado durante o dia, porque não há expediente burocrático à noite no IML. Cada um tenta encontrar um médico conhecido, de confiança, que reúna competência e coragem para examiná-lo, se é que isto vai ser possível. Pelo telefone, acordo em sua casa um juiz aposentado que me informa: nova autópsia por médicos legistas do Estado será muito difícil; além da demora, será necessário apresentar provas fortes que a justifiquem; o que é possível é levar o corpo, depois de liberado, ou para a casa dele, ou para o velório do Araçá, por exemplo; fecha-se a sala e dois ou três médicos examinam, pelo menos para constatar em que estado está. O relatório que eles assinarem terá validade futuramente, como um laudo extrajudicial.

---

[13] Roberto Wollner.

[14] Assunção Hernandes Moraes de Andrade, produtora de cinema.

Dos médicos conhecidos que foi possível encontrar numa madrugada de domingo em São Paulo, só um se colocou à disposição. Um era insuficiente e, enquanto as tentativas continuavam, de forma dispersa, a ida do corpo de Vlado para o velório do Hospital Albert Einstein, no dia seguinte, nos colocou um fato consumado. Para o exame pretendido, além de pelo menos mais um médico, precisávamos praticamente sequestrar o corpo. Ali, ao zelo exacerbado do funcionário da Congregação Israelita Paulista, que ameaçou Clarice caso insistisse em nova autópsia, somava-se a presença ostensiva de policiais nas cercanias. Nenhum de nós tinha condições ou o mínimo de organização para uma ação desse tipo.

Clarice suportava uma carga acima de suas forças:

"Assim se vai assumindo aos poucos o que jogam em cima da gente. Quando vi o corpo do Vlado, pedi que algum médico fosse vê-lo antes da lavagem, porque depois, segundo o ritual judaico, não se abre mais o caixão. Eu estava sozinha no hospital; depois é que os amigos chegaram. Durante o domingo, dia 26, eu fui ao Instituto Médico Legal só com o meu irmão.[15] *Quando liberaram o corpo, havia aquele pessoal da comunidade judaica que cuidaria do velório e do enterro, gente que eu não conheço direito. Eu fui acompanhando no meu carro quando eles seguiram para o hospital para cuidar do enterro. Eu queria três médicos para ver o corpo do Vlado. Foi um negócio terrível, porque eu estava articulando tudo sozinha. Eu esperava que alguém tomasse essa iniciativa, mas os amigos que chegavam estavam completamente sem condições emocionais. Mesmo assim, vários médicos foram chamados, mas ninguém assumiu o caso. A única pessoa que assumiu foi o dr. Magaldi,*[16] *da Universidade de São Paulo, mas ele não podia assinar sozinho o óbito porque assim não teria validade. Se três médicos de minha confiança assinassem, eu poderia estar usando esse depoimento.*

Eu queria levar o corpo para casa, para esperar uma autópsia por médicos de confiança. Eu disse que, se fosse o caso, o Vlado não seria

---

[15] Waldir Ribeiro Chaves.

[16] José Barros Magaldi, fundador da Sociedade Brasileira de Nefrologia.

enterrado pelo ritual judaico, uma vez que não se abre mais o caixão depois da lavagem do corpo. Eu tentei segurar e disse: 'Então não vai ter lavagem nenhuma'. Aí houve uma pressão violentíssima, um sujeito mostrou uma carteirinha de um órgão de segurança. Eu acabei concordando, porque o desgaste era muito grande e tinha já o plano de pedir a exumação do corpo mais tarde; eu faria legalmente uma autópsia. Descobri mais tarde que é complicadíssimo pedir e obter a exumação. É por isso que recomendo a todos que se virem envolvidos em caso semelhante para que não deixem sepultar a pessoa antes de conseguir uma autópsia de confiança. Porque depois, praticamente, não há mais jeito.

Eles não me deixaram ver direito o corpo, a gente não conseguia entrar. Houve inclusive uma versão segundo a qual uma das pessoas que participaram da lavagem do Vlado procurou o rabino, desesperado, porque não conseguia dormir direito. Ele teria dito que o Vlado estava muito arrebentado."

"Sair pelas ruas, gritar, protestar contra isto tudo, mas eu não sei..."

Já amanhecia domingo quando saímos, eu e Fátima, da casa de Clarice. A caminho de casa, procuramos o cardeal, dom Paulo Evaristo Arns, que não conhecíamos pessoalmente. Eram umas 6 horas da manhã quando Irmã Lurdes nos atendeu no sobrado do Sumaré, numa sossegada rua sem saída, onde mora dom Paulo. De novo, o choro incontrolável quase nos impedia de falar. Dom Paulo já sabia. Acompanhava a situação desde a véspera, à tarde, quando sentira a gravidade dos fatos, percebera que a violência crescia e que era necessário agir. Procurado por Mino Carta, fez contato com o governador Paulo Egydio, que estava no interior. Desse contato é que surgiu a sugestão para que se procurasse o secretário da Segurança em Santos. Ele estava informado de tudo.

Dom Paulo fala baixo e duro, quase entredentes. Não esconde sua revolta, mas ao mesmo tempo sua impotência, que é a mesma de todos nós: "Não sei se não é a hora de um protesto mais forte. Quem sabe, sair pela rua... Dá vontade, é um direito que nós temos, de sair pelas ruas, gritar, protestar contra isso tudo. Mas eu não sei...". O que fazer? Faz algumas semanas que dom Paulo convive com a tragédia da repressão. As famílias de pessoas sequestradas procuram seu escritório, na Cúria, para denunciar, para buscar amparo, para tentar alguma coisa com a Comissão de Justiça e Paz.

Ele nos fala desse caso, procura nos confortar. Sabendo que éramos tão amigos de Vlado, nos consola, mas, ao mesmo tempo, nos renova as forças, para vencer o desespero e o desalento.[17]

---

[17] Fátima Pacheco Jordão relembra, em agosto de 2020, a respeito dessa visita: "Eu disse para dom Paulo: 'Nunca fomos tão fracos'. E ele respondeu: 'Nunca fomos tão fortes'".

Nos meses seguintes, quando tentávamos descobrir provas que destruíssem a versão de suicídio ou quando íamos a seu escritório para convidá-lo para atos ligados à memória de Vlado, mais de uma vez a presença de dom Paulo e sua posição firme foram uma fonte de renovação de forças. Especialmente para Clarice, nos momentos em que ela se sentia mais desamparada em sua luta.

Dom Paulo foi ao enterro de Vlado na segunda-feira e, logo depois, seguiria para Itaici, para participar de uma reunião regional dos bispos de São Paulo. E de lá, na terça-feira, o padre Viegas, que era o seu assessor de imprensa, me telefonaria no Sindicato, depois de vários recados aflitos para o cardeal, para dizer que nos tranquilizássemos: dom Paulo fazia questão de vir pessoalmente para a celebração do Culto Ecumênico que programávamos para sexta-feira e nos dava as instruções para preparar o ato na Catedral.

Num de nossos encontros posteriores, o cardeal contou que dois secretários de Estado, do governo Paulo Egydio, o procuraram na véspera do Culto para dizer-lhe que desistisse, que cancelasse o ato, porque – era o argumento que usavam – um chefe católico não poderia rezar por um suicida. "Amanhã eu estarei na Catedral, rezando por Vladimir, porque tenho a plena convicção de que ele não se suicidou" – foi a resposta.

(Um dia, por uma questão de justiça e fidelidade histórica, será necessário que se reconstitua toda a participação de dom Paulo Evaristo Arns na luta pelos direitos humanos no Brasil. Não só na ocasião da morte de Vlado, mas desde a época, ainda no governo Médici, em que ele era uma voz solitária – e frequentemente silenciada pela censura – na denúncia incansável das violações a esses direitos. Toda sexta-feira, dom Paulo ou seu assessor de comunicação social convocavam a imprensa para entrevistas a que nós, os jornalistas, por pressão da censura ou dos patrões, por comodismo, incompetência profissional ou inconsciência política, muitas vezes deixamos de dar cobertura ou divulgação.)

O domingo foi todo consumido em gestões infrutíferas para se conseguir o exame do corpo, em discussões, reuniões e no início da mobilização do Sindicato dos Jornalistas. Minha casa transformou-se desde cedo num ponto de encontro de jornalistas e amigos. Talvez por isso, ou quem sabe porque soubessem que, além de diretor do Sindicato, eu era amigo íntimo de Vlado, também os policiais convergiram para minha casa. A partir de segunda-feira, após a primeira memorável assembleia do Sindicato e até a véspera do Culto Ecumênico, eles mantiveram 24 horas por dia de vigilância ostensiva. Para intimidar, mais que para qualquer outra coisa, pois nem se preocupavam em mudar de carro: o mesmo Corcel grená estava sempre parado quase à porta de minha casa com dois homens dentro. Um dia, de manhã eu os vi revezando a dupla. O carro ficou.

No domingo, como vários outros amigos e companheiros, Audálio também passou por minha casa, assim que chegou de Presidente Prudente. A primeira nota do Sindicato, que marcaria nossa posição daí para a frente, saiu de lá pronta para ser discutida pelos outros companheiros de Diretoria, pelo deputado Freitas Nobre,[18] ex-presidente do Sindicato, e por muitos jornalistas que já esperavam o documento em nossa sede. Expressões como "o Sindicato denuncia...", ditadas por minha indignação legítima em meu empenho pessoal no caso, foram substituídas por "o Sindicato cumpre o doloroso dever de comunicar...", consideradas mais condizentes com a necessidade de um comportamento político que – ponderou-se – não comportava arriscar afirmações ainda impossíveis de provar.

Pouco depois, Valdir Sanches,[19] do *Jornal da Tarde*, me telefona: "Soube que você era muito amigo do Vlado. Será que você podia escrever umas quatro laudas de biografia dele?". Foi o trabalho mais penoso que fiz em toda a minha vida. Cada informação era um pedaço da minha própria vida, era uma lembrança de uma amizade íntima e rica, de tantos anos. Acabou se transformando numa espécie de "biografia oficial", que muitos jornais usaram e que hoje releio e acho desagradavelmente fria e impessoal.

---

[18] José Freitas Nobre foi jornalista, professor, deputado federal por São Paulo entre 1971 e 1987 (quatro mandatos). Teve grande influência nas fileiras do MDB que faziam oposição cerrada à ditadura.

[19] Jornalista, trabalhou no *Jornal da Tarde*, no *Notícias Populares*, na *Folha de S.Paulo*, no *Jornal do Brasil* e na revista *Afinal*.

Foi escrita não como um depoimento, mas como um obituário, distribuído pelo Sindicato dos Jornalistas, que acabou sendo reproduzido e juntado à nossa primeira nota, redigida antes mesmo de conhecermos os termos da comunicação oficial do II Exército.

No Sindicato, àquela altura, tarde de domingo, a movimentação dos jornalistas era intensa. Aqui, recorro ao relato magnífico daquelas horas dramáticas, que dois repórteres, Ricardo Kotscho[20] e Raudau Marques,[21] fizeram para a edição de novembro de *Unidade*,[22] o jornal do Sindicato:

"Estávamos na tarde de domingo e, como se houvesse um acordo tácito, colegas de todas as redações começavam a chegar ao Sindicato. Todos em silêncio, apreensivos, cumprimentando-se com discretas inclinações de cabeça e solidarizando-se com breves apertos de mão, tapinhas nas costas e nenhuma frase. Nem era preciso dizer nada. As pessoas olhavam-se, davam-se as mãos e sentavam-se estateladas nas poucas cadeiras e no chão. Não havia o que dizer, o que fazer, chegava-se a pensar que aquela afluência maciça e instintiva à rua Rego Freitas (local da sede do Sindicato) era um despropósito. Mais tarde, percebi que aquele foi o momento de transição entre a fase de 'espera' passiva e a da 'vigília' ativa.

O clima de expectativa aumenta de minuto a minuto. Faz calor, todos estão tensos, suando muito. A nota oficial do II Exército, trazida dos

---

[20] Jornalista, passou por vários veículos de comunicação, entre os quais *O Estado de S. Paulo*, *Folha de S.Paulo*, *Jornal do Brasil*, *IstoÉ*, *Época*, Rede Globo, CNT, SBT, Rede Bandeirantes e Rede Record. Foi secretário de Imprensa e Divulgação do presidente Luiz Inácio Lula da Silva em 2003 e 2004. Ganhou quatro vezes o Prêmio Esso de Jornalismo. É um dos signatários do manifesto "Em nome da verdade".

[21] Randau de Azevedo Marques é considerado o primeiro jornalista a cobrir sistematicamente o tema do meio ambiente e foi um dos fundadores da organização não governamental SOS Mata Atlântica. Trabalhou no *Jornal da Tarde*, entre outros veículos.

[22] * "Os dias de outubro", de Ricardo Kotscho, e "E as nossas angústias, Senhor, estão todas na vossa presença", de Randau Marques, *Unidade*, ano n. 4, novembro 1975, órgão oficial do Sindicato dos Jornalistas Profissionais no Estado de São Paulo. O autor usa o recurso de reeditar as duas para compor a narrativa dos acontecimentos.

jornais, circulava de mão em mão, sem comentários. Toda a diretoria[23] *estava reunida ao redor de cinzeiros transbordantes e de imensas garrafas de café vazias. Noto que Audálio está pálido, fala com dificuldade e se movimenta com lentidão.*

Os deputados federais e estaduais começam a chegar, trazendo informações novas, temores e uma solidariedade gratificante. À medida que cresce o número de colegas, aumenta o sentimento de união. Os jornalistas todos pareciam um só.

Talvez a primeira nota feita a vinte, trinta, quarenta, infinitas mãos foi, afinal, lida pelo presidente, para que fosse analisada por todos. Aprovada, cuidou-se de que todos os jornais e emissoras de rádio e televisão a recebessem o mais rápido possível. Grupos se formaram para levar a nota. Outros foram para a casa de Vlado, outros, para o velório.

Os colegas que estavam de folga no domingo começaram a aparecer no velório ao final da tarde. A coragem e a firmeza de Clarice impediram que o sepultamento se fizesse ainda no domingo, sem que muitos dos amigos e parentes de Vlado pudessem ser avisados de sua morte. O enterro foi marcado para a segunda-feira, mas, durante toda a noite, ainda temendo uma antecipação no horário, grupos de jornalistas revezaram-se ao lado do corpo, apesar da intimidadora presença de estranhos, que não escondiam suas armas, como registrariam os jornais no dia seguinte.

Na sede do Sindicato, os deputados Freitas Nobre, Alberto Goldman[24] *e Airton Soares*[25] *anunciam sua intenção de se pronunciar publicamente*

---

[23] * O repórter enganou-se neste particular, pois faltavam pelo menos dois diretores: o autor, que participou da redação da primeira nota do Sindicato, mas não da reunião, e Hamilton O. de Souza, que estava ausente de São Paulo, em férias.

[24] Engenheiro, foi deputado estadual em São Paulo, eleito pelo MDB em 1970 e 1974 (segundo mais votado). Denunciou na Assembleia as prisões de jornalistas e outros acusados de pertencer ao PCB. Condenou o assassinato de Vladimir Herzog e sofreu ameaças dos órgãos de repressão. Foi deputado federal por seis vezes, entre 1979 e 2006, com um intervalo entre 1987 e 1991. Foi ministro dos Transportes, secretário estadual de Desenvolvimento de São Paulo e governador do Estado (2010).

[25] Advogado de presos políticos, foi eleito deputado federal em 1974 e 1978 pelo MDB de São Paulo. Transferiu-se para o PT e se reelegeu em 1982. Exerceu diversas funções públicas após o término de seu terceiro mandato.

sobre as circunstâncias em que Vladimir morreu. Um colega exaltado, enquanto isso, fala em voz alta que é contra a presença maciça dos jornalistas no enterro de Vlado, no dia seguinte.[26] *Audálio Dantas, firme, lhe diz que não há nada que impeça a presença de todos no cemitério de Vila Borges*[27]*: 'Nós vamos prestar apenas uma homenagem e que isso fique bem claro: apenas uma homenagem ao colega desaparecido. E não acredito que nossa dor seja desrespeitada por quem quer que seja, mesmo porque não permitiremos que isso aconteça'.*

O clima, que horas antes era de perplexidade, agora – com as posições serenas que essa diretoria toma – ganha contornos corajosos e decididos. Todos os presentes permanecem tensos, ainda há crises de choro, mas a espontaneidade e clareza das medidas tomadas pelo Sindicato (luto oficial por três dias, presença em massa no enterro e expedição de uma nota oficial, que não perde, mas ganha dignidade, em seu comedimento e denúncia) levam uma autoridade a refletir: 'Os jornalistas não estão em crise, e sim de luto, em torno da memória do colega morto. Não assumem uma crise que não criaram, assim como não se intimidam diante de um cadáver'.

Segunda-feira, logo cedo, o pátio do Hospital Albert Einstein, local do velório, está repleto. Anoto Raul Cortez [ator] e Juca de Oliveira [também ator], presidente do Sindicato dos Artistas e Técnicos em Espetáculos, fazendo declarações de solidariedade, em nome dos artistas e empresários teatrais; acompanho Franco Montoro;[28] *surpreendo dom Paulo Evaristo*

---

[26] * A nota distribuída pelo Sindicato no domingo conclamava os companheiros de todas as redações a comparecerem em peso ao enterro de Vlado.

[27] Um dos cemitérios da comunidade israelita de São Paulo, localizado na região do Butantã.

[28] Advogado e professor, foi vereador em São Paulo, eleito em 1947 pelo Partido Democrata Cristão (PDC), deputado estadual eleito pelo mesmo partido em 1950 e 1954, e, sempre pelo PDC, deputado federal eleito em 1958, 1962 (durante esse mandato, no regime parlamentarista, exerceu o cargo de ministro do Trabalho e Previdência Social) e em 1966, quando a ditadura extinguiu os partidos e Montoro se filiou ao MDB, pelo qual foi eleito senador em 1970 e reeleito em 1978. Pelo PMDB, foi eleito em 1982 governador de São Paulo. Foi um dos artífices da Campanha das Diretas Já, em 1983-1984, da eleição de Tancredo Neves para a presidência da República pelo Colégio Eleitoral (eleição indireta) e participou da fundação do PSDB em 1988.

Arns orando em silêncio na frente do caixão, coberto pela bandeira do Sindicato. Às 10 horas, há mais de 600 pessoas presentes.

Várias emissoras de TV filmam o pátio, pergunto a um cinegrafista quantos colegas seus, de câmera na mão, ele não conhece, e ele aponta quatro, todos com potentes e sofisticados aparelhos, tentando aparentar naturalidade. Um protesta, quando passa a ser fotografado, a pedidos, e logo vai embora." [29]

O caixão permaneceu fechado até o sepultamento, às 11 horas. À Clarice permitiram apenas que visse rapidamente o rosto de Vlado, antes de fecharem a tampa:

"*Eu vi o Vlado morto só por alguns segundos, mas o suficiente para observar que, apesar de tudo o que ele sofreu, ele estava bonito, uma expressão serena de quem está fora, liberto. Desde então, eu estava disposta a provar que tudo era mentira.*"

---

[29] *A partir deste ponto, o autor continua se valendo de reportagens de Ricardo Kotscho e Randau Marques, mas agora mescladas com suas próprias lembranças dos acontecimentos, as de Clarice, Audálio e outros companheiros.

Quatro jornalistas como reféns. A pressa para enterrar Vlado. "Vamos para o sindicato!"

Muito cedo, na própria segunda-feira, Rodolfo Konder, Duque Estrada, Paulo Markun e Anthony de Christo, jornalistas presos no DOI-Codi, tinham recebido instruções para requerer ao comandante autorização para irem ao enterro de Vlado.

Não era a primeira vez que presos saíam do DOI-Codi para voltar em seguida. Aparentemente, essa "liberalidade" tinha um duplo objetivo: mostrar o preso em público para desmentir a tortura e, ao mesmo tempo, estender o processo de tortura à família e aos amigos. Ainda na véspera da morte de Vlado, a Agência Estado tinha distribuído nota informando sobre dois presos levados para ver a família. "O engenheiro Fernando Gomes da Silva – segundo o despacho – foi escoltado por agentes de segurança até sua casa, onde fez uma visita rápida à esposa e ao filho de seis meses de idade. Essas informações foram dadas pela Cúria Metropolitana de São Paulo, onde os pais do preso estiveram." O outro foi o professor José Salvador Faro, também levado até sua casa. Na época, sua esposa relatou à Comissão de Justiça e Paz que o marido "estava com um comportamento anormal, eufórico e falando muito. Quando foi beber uma laranjada, perguntou aos agentes que o acompanhavam se não faria mal misturar com o remédio que havia tomado". A esposa de Faro – dizia o telex da Agência Estado – ficou com a impressão de que ele estava sob o efeito de estimulantes.

Nessas ocasiões, pelo menos algumas palavras o preso consegue trocar com a família. É quando pode contar rapidamente do sofrimento das torturas, das ameaças no DOI-Codi, mas, ao mesmo tempo, pede discrição, pelo temor de represálias, pois voltará para a prisão. Sua presença inesperada em casa, logo do conhecimento dos amigos, não é na verdade um fator tranquilizador, como pode parecer à primeira vista. Ao contrário, o que ele informa semeia o pânico e estende a tortura à família, na medida em que ela passa a se sentir forçosamente responsável por sua segurança e, por isso, impossibilitada de fazer qualquer denúncia.

No caso de Vlado, um fato semelhante ocorreu no domingo anterior à sua prisão. Paulo Sérgio Markun, que era o chefe de Reportagem da TV Cultura, foi levado com sua mulher, Dilea, para assistir ao batizado da filha. Pode-se imaginar a intimidação e o medo provocados pela presença de policiais, acompanhando os pais presos, na festa de batizado de uma criança. Pode-se imaginar também que não foi por descuido de sua escolha que Markun teve a chance de conversar com o pai, contar-lhe o que se passava e pedir que avisasse a Vlado que sua prisão era também iminente e não adiantava resistir quando fosse interrogado, pois no DOI-Codi "já sabiam de tudo".

A técnica de extensão da tortura é utilizada, com requinte ainda maior, nos casos de pessoas que foram presas pela repressão, desapareceram e estão presumivelmente mortas. No terceiro aniversário da morte de Vlado, em ato público no Sindicato dos Jornalistas, Bernardo Kucinski[30] narrou a agonia de sua família na tentativa de localizar sua

---

[30] Jornalista, professor, cientista político e escritor. Trabalhou em grande número de veículos de comunicação no Brasil e na Inglaterra, onde esteve exilado. Graduado em Física pela Universidade de São Paulo, foi professor titular de sua Escola de Comunicação e Artes (ECA-USP). Foi assessor especial da Secretaria de Comunicação Social da Presidência da República no primeiro governo Lula, entre 2003 e 2006. Sua irmã, Ana Rosa Kucinski Silva, e seu cunhado, Wilson Silva, haviam sido assassinados e dados como "desaparecidos". Bernardo Kucinski tornou-se também escritor. No livro *K.: relato de uma busca*, de 2011, narra como seu pai "busca sua filha A., logo após sua desaparição. A. era professora universitária e militava num grupo opositor ao regime quando foi raptada por agentes da repressão. K. nunca chega a ter notícias da filha e não sobrevive à perda incerta dela" (Joachim Michael, "Memória do desaparecimento: a ditadura no romance *K.: relato de uma busca*, de Bernardo Kucinski", *Teresa – Revista de Literatura Brasileira*, v. 17, São Paulo, 2016). Bernardo Kucinski ganhou o Prêmio Jabuti

irmã, Ana Rosa, de quem nunca mais se teve notícia desde que foi presa, com o marido, em 1974. Contou da técnica das informações anônimas, usada para alimentar a angústia da tênue esperança do reencontro. Fazia pouco tempo, Bernardo recebera a visita de um ex-preso político, que, possivelmente por chantagem ou ameaça direta, passou a servir à repressão e por ela foi instruído para tal contato. Não há outra explicação para o fato de o homem – que se constatou ter realmente passado pelo DOI-Codi – ter dito a Bernardo que ele próprio fora dado como desaparecido durante três anos, vivera escondido e agora pudera reaparecer, sugerindo, com isso, que a irmã do jornalista e seu marido também poderiam reaparecer a qualquer momento. Bernardo descobriu que o ex-preso mentira, pois nunca estivera desaparecido.

No dia do enterro de Vlado, a presença de Konder, Duque, Markun e Anthony foi desconcertante. O objetivo, aparentemente, era mostrar que os outros jornalistas estavam bem. Mas, ao mesmo tempo, ficou claro que nos tornávamos fiadores da segurança dos quatro que foram ao enterro e dos outros sete que continuavam presos.

Sua permanência no DOI-Codi, sujeitos a todo tipo de ameaça, era quase uma garantia de que a reação à morte de Vlado se manteria dentro de limites toleráveis. Pior que isso: todos já sabiam também que Konder e Duque eram as únicas testemunhas da tortura de Vlado, capazes até de descrever e identificar um dos torturadores, e que ambos, como os demais, tinham ordem de se reapresentar no dia seguinte pela manhã. À dona Zora e vários companheiros, narrando os detalhes que depois tornaria públicos em depoimento extrajudicial, Konder tinha repetido o que me disse chorando, trêmulo, num abraço forte, quando nos encontramos no cemitério: "Eles mataram o Vlado. Eles mataram o Vlado".

Ao mesmo tempo, vista de outro ângulo, a liberação dos quatro jornalistas para o enterro pode ser analisada como um recuo importante da repressão. Os militares, naquele momento, estavam na defensiva, ante a investida representada pela reação vigorosa dos jornalistas e seu Sindicato e da indignação que já começava a se espalhar por outros

---

de Literatura em 1997 e o Prêmio Jornalístico Vladimir Herzog em 2018. É um dos signatários do manifesto "Em nome da verdade".

setores da sociedade. Não era a primeira vez que se duvidava da versão oficial de uma morte no DOI-Codi, mas, pela primeira vez, eles se viam forçados a dar satisfações. A liberação dos jornalistas era uma delas. Konder, principalmente, teve a percepção da importância da ação política naquele momento, apesar da emoção e do medo. Foi dele que Alberto Goldman e Airton Soares, deputados federais do MDB que foram ao cemitério, ouviram o relato da morte de Vlado que, naquela mesma tarde, iriam transmitir ao governador Paulo Egydio. Ao mesmo tempo que avaliavam o perigo de represálias, os jornalistas sabiam que a repressão não tinha condições de arcar com mais um cadáver. Konder lembra-se de que, dias depois, ainda no DOI-Codi – mas a essa altura tanto ele como os demais já livres das torturas, que diminuíram sensivelmente após a morte de Vlado –, foi deixado sozinho numa sala em que devia escrever um depoimento. O interrogador, ao sair, disse-lhe: "Vê lá o que vai fazer, hein? Se aparecer mais um cadáver aqui, os homens fecham a nossa quitanda".

Silenciosamente, em cerca de 300 automóveis, mais de 1.000 amigos de Vlado foram levá-lo ao Cemitério Israelita, no quilômetro 15 da rodovia Raposo Tavares. A saída é lenta, e o representante da Chevrah Kadisha (um homem baixo e gordo, que provocou a indignação de várias senhoras israelitas pela sua conduta durante o enterro) vai à frente do carro funerário, quase saltando, ao lado do cantor Paul Novak. Do Chapadão do Morumbi aos subúrbios do Butantã, os 300 carros do cortejo passam por ruas secundárias, sem despertar atenção. Na Raposo Tavares, os caminhões quebram a sua integridade, dispersando a metade dos acompanhantes. Um guarda rodoviário interrompe o trânsito para todos poderem entrar na estrada de terra que dá acesso ao Cemitério Israelita no Butantã, onde, logo na chegada, vários cinegrafistas desconhecidos filmam a descida apressada do caixão e o seu ainda mais apressado sepultamento. Muitos dos amigos de Vlado ainda estavam estacionando seus carros quando as primeiras pás de terra já eram lançadas sobre o caixão, posto rapidamente na cova. Foi tanta a pressa em terminar logo a cerimônia que, apesar dos gritos de protesto de Clarice e de diversos outros presentes, não se esperou pela chegada de dona Zora. O auxiliar da Chevrah Kadisha insistiu, quase gritando, para que o caixão fosse baixado imediatamente à cova e, com uma pá, começou a sepultá-lo, sem respeitar a tradição de que compete aos familiares diretos do morto atirar os primeiros punhados de terra.

Markun, Konder, Duque Estrada e Christo, sob o sol forte de meio-dia, choram juntos, encostados a um túmulo acima da quadra 64, onde o amigo acaba de ser enterrado.

Empresto de Mylton Severiano da Silva,[31] ex-companheiro meu e de Vlado no Canal 2, o melhor registro daquele momento:

"O medo era medonho e, no cemitério, até os discursos pareciam balbuciados. Um dos rapazes massacrados pelo DOI-Codi, todos sinistramente liberados (à força!) para comparecerem ao funeral, chorava o tempo todo, encostado num túmulo afastado. Ele chorava e dizia baixinho a um amigo: 'Eles matam, eles matam! Não pergunte nada, não podemos dizer nada, eles matam mesmo, matam...', e chorava, chorava. Todos teriam de apresentar-se no dia seguinte ao DOI-Codi novamente. Nós os sentíamos como reféns de nossa conduta aqui fora. Espalhava-se entredentes que tudo estava sendo fotografado e filmado por delatores. Bocas apavoradas especulavam: éramos todos candidatos a ser 'o próximo'.

À beira do túmulo, a tensão quase insuportável do silêncio foi quebrada de repente pela voz forte de Emanuel Martins, companheiro das lutas sindicais. A oratória fácil, com marcado sotaque cearense, despeja citações do profeta Jeremias e consegue, ao menos naquele instante, aliviar o peso da opressão que sentíamos quase sólida sobre todos nós: 'Ai de mim, ai de você, Vlado, o seu sacrifício não será em vão. Ai dos injustos, pois a vida é dos justos'.

A atriz Ruth Escobar,[32] toda de negro e de óculos escuros, lança um grito que é o clamor de todos: 'Até quando vamos continuar suportando

---

[31] * Reportagem "Basta de impunidade para quem matou Vlado Herzog", jornal *Movimento*, edição de 23/10/1978. [Mylton Severiano da Silva (Myltainho) é um dos signatários do manifesto "Em nome da verdade". (N.E.)]

[32] Atriz e produtora cultural, em 1964 inaugurou em São Paulo um teatro que recebeu seu nome. Produziu um sem-número de peças de teatro relevantes no país e no exterior. Participou intensamente de atividades contra a ditadura. Engajou-se nas causas da Anistia Internacional relacionadas ao Brasil.

tanta violência? Até quando vamos continuar enterrando nossos mortos em silêncio?'.

Todos se dão as mãos quando um padre católico puxa a oração do Pai-Nosso e tudo termina com um grito de revolta, mais que um discurso, de Audálio, repetindo Castro Alves:

'Senhor Deus dos desgraçados,
Dizei-me Vós, Senhor Deus,
Se é mentira, se é verdade,
Tanto horror perante os céus.'"

A pequena multidão que foi ao cemitério já ia se desfazendo quando do fundo de sua indignação partiu o grito que dali para a frente empurraria os jornalistas em sua luta: "Vamos para o Sindicato!". Se o medo da repressão que torturava e matava persistia – ampliado ainda mais pelo impacto tenebroso da morte de Vlado –, a presença maciça de jornalistas, políticos, estudantes, artistas e representantes de outros setores dava a todos a consciência de que começava a ser superado naquele momento o medo de reagir à violência e à opressão. A palavra de ordem, anônima, espontânea e irresistível, gritada primeiro em voz alta no meio da multidão e depois transmitida na informação correndo boca a boca, seria daí para frente a convocação permanente para a ação dos jornalistas: "Reunião no Sindicato à noite!".

Meu amigo, pendurado na grade de uma cela, pernas dobradas. Os laudos de Shibata e outros

Logo após o enterro de Vlado, no começo da tarde de 27 de outubro, voltamos para o Sindicato para uma reunião de emergência da diretoria. Audálio recebe imediatamente telefonema de um dos jornalistas credenciados no II Exército (os recados de lá sempre usavam essa via), avisando que o general Ferreira Marques,[33] chefe do Estado-Maior, nos convocava, e que fôssemos ao QG [Quartel General], no Ibirapuera, "antes da assembleia da noite". Tensos, exaustos, apreensivos, fomos para lá todos os membros da Diretoria Executiva. O recado deixava claro que alguma ameaça queriam nos fazer. A própria menção à "assembleia da noite" já era uma forma de pressão. Eles queriam demonstrar com isso que nossa atuação estava sendo vigiada e que as informações chegavam ao QG com eficiência, uma vez que a mobilização que se esperava para a noite no Sindicato era a que fora convocada pouco antes, ainda no cemitério.

– Nós estamos aqui porque recebemos uma convocação dos senhores – diz Audálio, assim que nos apresentam o chefe do Estado-Maior.

O general Ferreira Marques aparenta surpresa, diz que não partiu dele o chamado, quem sabe foi o general Pacca. E manda um oficial chamá-lo.

Por que a encenação? Por que a simulação, se, além do recado telefônico, já tínhamos tido, à porta do QG, indicação de que éramos esperados? "São os jornalistas? Podem passar", disse-nos o sentinela quando o grupo se aproximou. Na Sala de Imprensa, para onde nos

---

[33] Antônio Ferreira Marques foi secretário de Segurança Pública de São Paulo (1968-1969, governo de Roberto de Abreu Sodré). Entre os postos que ocupou, figura o de comandante do então III Exército (depois Comando Militar do Sul), em 1981, e o de chefe do Estado-Maior da Força (1981-1982). No conflito entre Geisel e seu ministro do Exército, Sílvio Frota, em 1977, alinhou-se ao primeiro.

encaminharam, os jornalistas credenciados que ali estavam – Paulo Nunes, Abrão, Lang, Cavalcanti – também sabiam e nos "fizeram sala" enquanto esperávamos ser levados para o gabinete do comando.

Entra o general Ariel Pacca da Fonseca,[34] então comandante da 2ª Região Militar, e finge surpresa também.

Naquela sala ampla, com uma das paredes forrada de fotografias de ex-comandantes do II Exército, ficamos de repente desnorteados. Por que a encenação? Por que a simulação? Para nós ficou evidente que se tratava de um pequeno jogo dos generais – uma tática para deslocar o eixo do oponente, colocando-lhe uma situação inteiramente inesperada. Tivemos prova disso até em ocasião mais amena, quando, meses depois, voltamos àquela sala, a convite do general Dilermando, o novo comandante, que queria conhecer os diretores do Sindicato, estabelecer um diálogo. O convite foi informal e, como de hábito, por intermediação de um dos jornalistas credenciados. Para nossa surpresa, a primeira coisa que nos disse o afável e sorridente general, de quem partira a iniciativa do encontro, depois das apresentações de praxe, foi: "Então, a que devemos esta visita?".

O general Ariel Pacca, naquela segunda-feira, levanta a hipótese de que, quem sabe, o coronel Paes fora o autor da convocação ao Sindicato e manda chamá-lo. José de Barros Paes é o coronel chefe da 2ª Seção, o setor de Informações, responsável, em última instância, pelo DOI-Codi.[35] Enquanto não chega o coronel, Ferreira Marques começa:

---

[34] Assumiu provisoriamente o comando do então II Exército em janeiro de 1976, antes de o general Ednardo, demitido por Geisel, ser substituído pelo general Dilermando Gomes Monteiro. Seu cargo mais importante na hierarquia foi o de chefe do Estado-Maior do Exército (1977-1978).

[35] Segundo o general Gustavo Moraes Rego (em *A volta aos quartéis: a memória militar sobre a abertura*, de Gláucio Ary Dillon Soares, Maria Celina D'Araujo e Celso Castro. Rio de Janeiro: Relume Dumará, 1995), Barros Paes esteve presente em dois episódios de extremismo terrorista do regime militar: o assassinato de Vladimir Herzog (como chefe da 2ª Seção do então II Exército, como mencionado no texto) e o atentado do Riocentro (1980; como chefe da 2ª Seção do então I Exército). Em 2020, foi denunciado (com outros) pela procuradora da República Ana Leticia Absy como incurso em diferentes artigos do Código Penal. Em sua

"Bem, já que estamos aqui, podemos conversar". É um homem baixo, de fala áspera, aos trancos, como se estivesse dando ordens o tempo todo. Irritado, destampa que o Vlado se suicidou, com certeza por medo de represálias dos companheiros que denunciara (na verdade, Vlado não denunciara ninguém). O general, embora sem mencioná-la explicitamente, não esconde sua ira com a nota que o Sindicato divulgara na véspera, duvidando da versão de suicídio e responsabilizando pela morte de qualquer preso a autoridade responsável por sua custódia.

– Imagina se nós somos burros! – o general quase grita. – Duvidar da informação que nós demos é nos chamar de burros! Então vocês acham que iríamos prender um sujeito e matá-lo no mesmo dia? Se ele não tivesse informação a dar, não teria sentido. E se tivesse, teria menos sentido ainda, porque aí é que interessaria mantê-lo preso para obter as informações.

Irritara particularmente os militares o ponto em que nosso comunicado dizia:

"O Sindicato dos Jornalistas, que ainda aguarda esclarecimentos necessários e completos, denuncia e reclama das autoridades um fim a esta situação, em que jornalistas profissionais, no pleno, claro e público exercício de sua profissão, cidadãos com trabalho regular e residência conhecida, permanecem sujeitos ao arbítrio de órgãos de segurança que os levam de suas casas ou de seus locais de trabalho, sempre a pretexto de que irão apenas prestar depoimento, e os mantêm presos, incomunicáveis, sem assistência da família e sem assistência jurídica, por vários dias e até por várias semanas, em flagrante desrespeito à lei. Trata-se de uma situação, pelas suas peculiaridades, capaz de conduzir a desfechos trágicos, como a morte do jornalista Vladimir Herzog, que se apresentara espontaneamente para um depoimento."

Na sala, o clima é carregado. O general Ariel Pacca, um homem alto e grisalho, é mais ameno no trato do que Ferreira Marques. Fala em tom mais baixo, sotaque carioca chiando um pouco nos "esses", mas não é por isso menos ameaçador. Dizia-se apreensivo porque Audálio fizera um

---

peça acusatória, a promotora colocou em destaque a promoção da falsa versão do "suicídio" de Herzog.

discurso muito inflamado no cemitério e convocara uma assembleia para a noite no Sindicato. Faz questão de sublinhar que esta era a informação que lhe passara o coronel Paes, àquela altura já presente na sala.

– Coronel, acho que os seus informantes não fizeram um relato fiel do que aconteceu no cemitério – intervém Audálio. E explica que o discurso inflamado a que o general se referia era um trecho ("Senhor Deus dos Desgraçados") do *Navio Negreiro*, de Castro Alves.

O coronel Paes é o que menos fala nessa reunião, que, afinal, se formaliza. Ele é magro e algo agitado, com um tique nervoso que o faz retesar o pescoço e jogá-lo bruscamente para a frente a todo momento. Esse mesmo coronel, outra vez por intermediação de jornalistas credenciados no QG, pediu-nos, dias depois, que não incluíssemos seu nome nos comunicados do Sindicato: "O coronel tem um filho na faculdade e vocês sabem...".

Finalmente, estavam ali reunidos à nossa frente, após o jogo de enganos que os fez chegar um a um, os homens da hierarquia maior do II Exército, na ausência do comandante, general Ednardo, que tinha ido a Brasília para uma reunião do Alto Comando.

Paes informa que estão quase prontas as cópias dos laudos e as fotos que comprovam o suicídio de Vlado, e sai para buscá-las.

Enquanto esperamos, o general Pacca diz que não há motivo para intranquilidade entre os jornalistas, que ninguém estava sendo preso por sua atividade profissional, e sim por sua atividade política:

– A imprensa está infiltrada de comunistas – diz ele. – Não existe nenhuma intenção em prender quem quer que seja. O Exército, quando prende, é porque existem denúncias e a necessidade de verificação, não entrando no mérito a ligação política ou sindical. Cada um pensa como quer, mas não podemos admitir a perturbação da paz e tranquilidade do país. A Revolução foi feita para preservar a democracia no Brasil e as exceções existem devido às pressões dos que querem evitar essa democracia. Portanto, nossas limitações democráticas estão na medida da ação dos nossos inimigos.[36]

---

[36] * Trecho registrado pelo Jornal *Folha de S.Paulo* ao noticiar o encontro, edição de 28/10/1975.

Era a primeira vez que eu me via diante de um general, ouvindo o que nos habituaram a ler em tantas proclamações, discursos e ordens-do-dia. E o que ele dizia – "perturbação da paz", "pressões para evitar a democracia", "ação dos nossos inimigos" – me parecia uma insanidade quando associado às figuras e à atividade dos amigos presos, todos com emprego regular, endereço conhecido e família organizada e, no entanto, detidos sem explicações e ilegalmente. Mais insano ainda me parecia que a violenta repressão desencadeada naquelas semanas de outubro – quando nada, senão seus agentes, perturbava a tranquilidade e a paz do país – pudesse, intencionalmente ou não, ter selecionado para o massacre o mais franzino, o menos resistente fisicamente de todos eles. Para mim era impossível conciliar o tom de ameaçadora seriedade daquelas palavras com a imagem do Vlado, ainda muito viva na minha memória: sua ironia, seu hábito de roer as unhas ou coçar o alto da cabeça enquanto pensava, sua capacidade de se distrair às vezes dos assuntos mais relevantes. Naquela hora – não sei por que – me veio à lembrança o dia em que Vlado foi votar na eleição para o Sindicato, em março. Encontramo-nos na porta do prédio, ele conversou comigo e com outros colegas que estavam por ali, e depois subiu. Antes que o elevador saísse, abriu a porta e me chamou: "Qual é mesmo a cor da chapa?".

(Na eleição, nós tínhamos a designação de Chapa Verde, em oposição à Chapa Azul, da situação, e à Chapa Amarela.)

Chegam, por fim, as provas que o II Exército tinha a apresentar. O coronel Paes volta com três documentos: o Laudo de Encontro do Cadáver, o Laudo de Exame Necroscópico e o Laudo de Exame de Documento.

Ímpeto de agredir. Vontade de cobrar o crime ali mesmo. Impotência para desmascarar a farsa. O grito desesperado e o choro contidos por um nó na garganta. O grito e o choro só liberei no carro quando voltávamos para o Sindicato, depois daquele longo e penoso encontro. Até aquele momento, a sucessão de emoções e o impacto terrível da tragédia ainda davam uma sensação de pesadelo, de absurdo. Os laudos e as fotos que nos trouxeram para ver tornaram a morte de Vlado irremediavelmente concreta, palpável, pesada. Ali estava meu amigo pendurado na grade de uma cela, pernas dobradas, os joelhos quase tocando o chão. Lembrei-me de que, pouco antes de sairmos do Sindicato para o QG, um advogado[37] familiarizado com processos na área militar tinha me antecipado que eu provavelmente o veria suspenso daquela forma, pois assim também fora fotografado dois meses antes, na mesma posição inviável, outro detido no DOI-Codi, o tenente José Ferreira de Almeida, da Polícia Militar,[38] cuja morte os laudos periciais deram igualmente como suicídio.

Passávamos as fotos de mão em mão, num silêncio carregado de comoção e perplexidade. Com o Laudo de Encontro de Cadáver, preparado pelos peritos Motoho Chiota, Roberto Damas Salgado e Sílvio Shibata, uma foto dos fragmentos recompostos da declaração assinada por Vlado; outra, tirada da porta, do corpo suspenso na grade, apoiado com as pernas no solo, com pedaços de papel no chão (seria a declaração rasgada) junto a uma cadeira, tipo carteira de escola, em primeiro plano (naquele momento, a nenhum de nós ocorreu uma inverossimilhança que saltava à vista e que, de fato, só foi levantada por um repórter três anos depois: para um suicida, não teria sido mais simples e fácil subir na cadeira, pendurar-se na barra mais alta da grade da janela, afastar a cadeira com os pés e ficar inteiramente suspenso e solto? Por que um suicida ataria o laço justamente na barra mais baixa, tendo de dobrar as pernas e fazer força para enforcar-se?); em outras quatro fotos, os detalhes do laço feito com o cinto (preso nenhum no DOI-Codi recebeu alguma vez macacão com cinto) e da marca deixada no pescoço de Vlado.

O coronel Paes e os generais Pacca e Ferreira Marques chamavam nossa atenção para todas as fotos que, segundo eles, eram provas irrefutáveis do suicídio. Outra série – anexada ao Exame Necroscópico,

---

[37] Trata-se de José Roberto Melhem, preso e torturado em 1972 sob a acusação de pertencer ao PCB. Foi presidente do Condephaat (Conselho de Defesa do Patrimônio Histórico, Arqueológico Artístico e Turístico) do Estado de São Paulo, e conselheiro da Fundação Padre Anchieta, mantenedora da TV Cultura. Publicou os livros de contos *Moscas* e *Uma tarde destas*, este em edição póstuma.

[38] Foi militante do PCB, preso com outros 63 policiais militares em junho de 1975. Foi diretor do Clube dos Oficiais Reformados da PM-SP.

assinado pelos legistas Arildo T. Viana e Harry Shibata[39] – era ainda mais chocante: o corpo nu do amigo, costurado após autópsia, deitado de costas e de bruços e, de novo, detalhes das marcas deixadas pelo cinto no pescoço. Só três anos depois um repórter da revista *Veja* (edição de 1/11/1978) tomaria a iniciativa de um exame minucioso de ampliações dessas fotos, para descobrir, com a ajuda de peritos, que havia dois sulcos no pescoço do Vlado, e não apenas um como dizia o laudo. "A existência de dois sulcos no pescoço" – diz a reportagem publicada após cuidadosa consulta a vários legistas – "demonstra, preliminarmente, que aquele seria um exemplo raríssimo, inédito até hoje nos anais da Medicina Legal, de suicídio por enforcamento. Pior: leva à suspeita de que, muito provavelmente, se trata de um caso brutal em que o cadáver foi estrangulado para dar a impressão de suicídio."

A convicção de que Vlado não se suicidara já era compartilhada por todos os companheiros da diretoria e por todos os jornalistas que, naquela noite memorável, foram ao Sindicato. E não se abalou em momento algum. Estranhávamos até que nos tivessem chamado – fato inédito, pois jamais a repressão se sentira obrigada a dar qualquer explicação plausível para as muitas mortes por "atropelamento", "suicídio", "em fuga", "tiroteio" ou "colapso cardíaco" – para nos passar uma versão tão inverossímil, desacreditada desde o primeiro momento. Lembro-me de que, na volta do QG do II Exército para a rua Rego Freitas, comentávamos em particular a presença inexplicada de um cinto e a posição inviável do corpo, detalhes que a todos mais impressionaram.

A opinião geral era de que Vlado fora pendurado daquela forma depois de morto. Mas como teria morrido? De pancada, dificilmente – era a opinião geral, já que as fotos de seu corpo nu não deixavam ver marcas ou hematomas (embora alguém lembrasse a possibilidade de o cadáver ter sido "maquiado" no IML para as fotos). Achávamos provável uma parada cardíaca como causa da morte. O coração de Vlado teria sucumbido a uma descarga mais forte da máquina de choques.

---

[39] Deles, o livro tratará adiante, mas importa aqui registrar que em 2020 foram igualmente alvo da denúncia acima citada feita pela procuradora da República Ana Leticia Absy.

Uma semana de crise, luto, mobilização, unidade. E muitas ameaças

Quando voltamos para o Sindicato, o auditório, a secretaria, o corredor, a sala da diretoria, todas as dependências estavam ocupadas. Enquanto estacionávamos na rua, companheiros que nos esperavam à porta do prédio já nos advertiam de que, rapidamente, precisávamos traçar uma estratégia capaz de absorver a disposição de luta, latente em todos os jornalistas reunidos, sem arriscar a integridade do Sindicato. Além disso, não eram só os jornalistas que superlotavam a sede sindical: havia deputados, advogados, estudantes, artistas, representantes de outros sindicatos. A morte de Vlado e a nossa reação firme – e então inédita nesses casos – de cobrança de responsabilidade e exigência de esclarecimento da verdade tinham transformado o Sindicato, independentemente de nossa vontade, num fórum de alguns dos setores mais combativos de oposição ao regime.

As 120 cadeiras do auditório estavam tomadas, as laterais e o espaço entre a última fileira e a parede dos fundos, também. Gente amontoava-se, sentada no chão, na área entre as primeiras cadeiras e o estrado com a mesa para a direção das assembleias. Quem não coube no auditório formava grupos agitados no corredor. Calculamos que pelo menos 300 pessoas estavam ali à nossa espera, inquietas, comovidas, iradas, querendo ser informadas de nosso encontro com os generais, a emoção à flor da pele, prontas para discutir propostas de ação e palavras de ordem. Percebia-se no ar a carga de revolta e legítima indignação, percebia-se também que facilmente poderíamos perder o controle da situação.

Reunimo-nos imediatamente. Precisávamos ser breves e objetivos, porque a tensão da espera no auditório era quase insuportável. Poucas vezes, que me lembre, nossa diretoria foi tão coesa. Sob a liderança de Audálio Dantas, que a cada momento mais se afirmava, não houve vozes discrepantes nas decisões que tomamos e nas diretrizes que traçamos para conduzir a luta dos jornalistas. Em primeiro lugar, não poderíamos declarar o Sindicato em assembleia. Sabíamos – claro – que a pequena multidão ali reunida era a assembleia mais formidável já realizada talvez em toda a existência do Sindicato. Mas concordamos que sua formalização como tal era um risco que não podíamos assumir, até por razões estatutárias e legais, dada a presença de pessoas estranhas à categoria dos jornalistas. Audálio encarregou-se de transmitir ao plenário as normas que seguiríamos dali para a frente, recebidas com manifestações de desagrado por uma parte dos presentes. "Antidemocrática" foi dos termos mais frequentes que ouvimos para qualificar nossa decisão de conduzir aquela concentração – e as que se realizariam nos dias seguintes – como "reuniões de informação", nas quais as propostas apresentadas não seriam submetidas à votação, mas apenas discutidas e anotadas, ficando sua adoção a critério da diretoria. Para nós, essa tinha sido a melhor saída encontrada no momento para conciliar a agitação de luta da massa dos jornalistas com a nossa responsabilidade de conduzi-la, preservando o Sindicato como a trincheira maior dessa mesma luta. Paradoxalmente, a tribuna que se abria aos jornalistas e às forças democráticas que viam no Sindicato o único canal de protesto e debate existente naquele momento era um órgão, em última instância, dependente e subordinado ao Ministério do Trabalho por uma legislação que, com justificado empenho, os dirigentes sindicais lutam para derrubar.

Coube-nos a leitura, improvisando uma redação a partir das anotações rabiscadas numa folha de papel, do comunicado em que informávamos de nossa ida ao II Exército. Releio-o hoje e o vejo quase burocrático na enumeração dos nomes e cargos de generais e coronéis que nos receberam e dos nomes dos companheiros que continuavam presos; e compreendo a reação que ouvi de uma companheira jornalista, quando saía do auditório para datilografar, na secretaria, a redação final que seria distribuída aos jornais. "É uma vergonha! Parece uma nota oficial do II Exército." Na verdade, a redação daquele comunicado – como dos outros que o Sindicato emitiria daí para a frente – tinha sido discutida com o maior cuidado. Ao mesmo tempo que, explicitamente, responsabilizávamos os oficiais citados e os comprometíamos com a integridade dos companheiros presos, a cautela nos obrigava a fugir de qualquer expressão provocadora, a que eles, em represália, pudessem reagir, não contra nós, mas contra os jornalistas que permaneciam no DOI-Codi, quase como reféns.

Audálio assumia com firmeza o encaminhamento da reunião:

— Todos devem estar certos de que esta diretoria não vem poupando esforços para assistir os colegas detidos que, para todos nós, são e continuarão sendo, conforme afirmamos às autoridades que nos receberam esta tarde, apenas jornalistas, nada mais do que isso. E, para defendê-los, não hesitaremos em ir até as últimas consequências, sempre dentro da legalidade e da ordem.

A primeira sugestão apresentada pelo plenário nem será levada à reunião da diretoria no dia seguinte. É aprovada imediatamente, por aclamação: o auditório em que estamos reunidos passa a ter o nome de Vladimir Herzog.

David de Moraes, que dois anos e meio depois sucederia a Audálio na presidência do Sindicato, é o autor de outra proposta que os presentes aplaudem sem restrições: que na sexta-feira, sétimo dia da morte de Vlado, se realize um ato religioso em sua memória.

Da sala da Secretaria, onde redijo o comunicado que os companheiros esperam para levar a suas redações, ouço a voz do diretor Gastão Thomaz de Almeida no auditório, lendo no microfone as mensagens de solidariedade que já recebemos. A primeira foi da Associação Brasileira de Imprensa, que, ao mesmo tempo que nos apoiava e se somava a nosso protesto, pedia ao comandante do II Exército a investigação rigorosa da morte de Vlado. Sentimos que não estamos sós. No dia seguinte, a reconfortadora sensação de apoio e solidariedade a nossas posições transparece nos telefonemas e cartas que chegam ao Sindicato e — ampliando inesperadamente o espectro da oposição ao regime — nos editoriais de jornais como *O Estado de S. Paulo* e *Jornal da Tarde*, *Jornal do Brasil* e até a *Gazeta Mercantil*.

O *Estado* se indignava: "Interessa-nos saber a responsabilidade por esse clima de terrorismo; pois é de terrorismo que se trata quando se multiplicam as prisões sem mandado judicial, ao arrepio da lei, à margem da ordem e baldadas todas as possibilidades de *habeas corpus*". O mesmo editorial, "Os limites da intolerância", referia-se também aos "porões da administração".

O *Jornal da Tarde* era mais explícito na expressão do temor que se apossava dos setores liberais naqueles dias: "O que dá uma dimensão política muito séria a esses fatos é que o pânico não atinge apenas os acusados. A insegurança acaba por se estender ao conjunto da sociedade, a todos os seus membros, incluindo aquelas pessoas que normalmente se alheiam aos problemas políticos, absorvidas pela vida diária e pelo trabalho. Ora, esse é o efeito exatamente contrário daquilo a que visam os órgãos de segurança e a própria lei, que é o dever a paz e a tranquilidade à sociedade".

A insegurança generalizada refletia-se igualmente no editorial do *Jornal do Brasil*: "A guerra seria mais facilmente vencida se utilizasse métodos mais compatíveis com as normas sociais. Os crimes políticos, tanto quanto os crimes comuns, admitem um estágio de prevenção anteriormente e paralelamente à fase de repressão. Quando esta dispensa aquela, é porque a repressão assumiu proporções tais que justifica então o qualificativo de preventiva. Nesse ponto, tudo se torna possível. Em nome da repressão preventiva podem ser atingidos, indistintamente, inocentes e culpados".

A *Gazeta Mercantil* colocava o assunto no nível da compreensão e dos interesses de seu público. "O trauma gerado pelo doloroso acontecimento constitui um fator de intranquilidade, que em nada contribui para o clima de confiança e disposição positiva necessário ao pleno desenvolvimento dos negócios."

Em Brasília – os mesmos jornais registram –, o governo, pelas vias institucionais, parecia estar na defensiva. Na sessão de segunda-feira do Senado, o líder Petrônio Portella[40] assumira uma posição tímida ante os ataques do MDB, sustentando a versão de suicídio, mas ressalvando ao mesmo tempo:

---

[40] Advogado, foi deputado estadual no Piauí, prefeito de Teresina, governador do Estado, senador pela Arena (Aliança Renovadora Nacional), partido de apoio à ditadura (entre 1966 e 1979; presidiu o Senado em 1971-1973 e 1977-1979), e ministro da Justiça no governo Figueiredo, entre março de 1979 e sua morte, em janeiro de 1980.

– Os aparelhos (policiais) não respondem com a pontualidade e presteza devidas e, não raro, descaminhos há, condenáveis por V. Exa. e por nós – ele respondia a um aparte do senador paranaense Leite Chaves.[41] – Em nenhum momento, endossei a violência, seja daqueles que pretendem destruir o regime, seja daqueles que, com excesso de autoridade, pensam cumprir o seu dever.

Vinte e quatro horas depois, ele faria novo discurso, então na linha das vias não institucionais que já apareciam no noticiário de terça-feira. O *Jornal da Tarde*, na mesma página em que destaca a assembleia dos jornalistas com o título "Decidiu-se por uma mobilização para defender os jornalistas presos", contém em uma coluna as primeiras ameaças: "Todos os meios contra a subversão. À escalada da subversão corresponderá a repressão, dizem fontes oficiais". E a notícia, atribuída a "altas fontes de Brasília", era um recado claro, tudo indica que oriundo de organismos de segurança: "O governo não permitirá o desenvolvimento de atividades subversivas, devendo continuar a impedi-las com a mesma ou até com maior intensidade do que agora. Ainda segundo os mesmos informantes, há integração completa das autoridades, em todos os níveis e setores. Em São Paulo, dizem as fontes, a situação é mais grave, pois a subversão se faz sentir com mais intensidade. Há mais infiltração comunista e, por isso, a repressão deve ser mais intensa. Mas 'quem não deve, não teme' era a frase mais ouvida ontem, enquanto os setores oficiais analisavam suas informações de que a subversão continuará atuante neste e no próximo ano. Nesses setores, não há a menor dúvida de que Vladimir Herzog se matou e não estava em perfeitas condições psíquicas e emocionais".

Os jornais, ao lado das notícias das primeiras assembleias estudantis de apoio aos jornalistas, estampavam também uma carta aberta às autoridades, assinada pelas mulheres de dois companheiros presos, Yara Peres (de Konder) e Maria Del Carmen (de Anthony de Christo), com a assinatura solidária de Clarice Herzog. Diziam elas: "Angustiadas com a sorte de nossos maridos e, agora, após a morte do jornalista Vladimir

---

[41] Francisco Leite Chaves foi presidente do Sindicato dos Bancários do Norte do Paraná, o que o levou à prisão em 1964. Foi senador pelo MDB e pelo PMDB do Paraná em 1975-1983 e 1987-1991.

Herzog, ocorrida dentro do DOI, nossa angústia se transforma em desespero. Após essa morte, ficou-nos provado que nossos companheiros não têm nenhuma garantia. Portanto, através deste documento, queremos tornar público nosso desespero e responsabilizar, por tudo que possa acontecer contra a integridade física e moral de nossos familiares, os órgãos que os mantêm sob sua custódia". Cópias da carta foram endereçadas ao Sindicato, à ABI, à Ordem dos Advogados [OAB], à Comissão de Justiça e Paz e à Conferência Nacional dos Bispos do Brasil [CNBB].

Toda a manhã de terça-feira foi tomada pelos primeiros contatos para a realização do ato da sexta, proposto na assembleia da véspera. Hélio Damante, companheiro de diretoria e especialista em assuntos religiosos, com coluna diária no *Estado*,[42] argumentava que não poderia ser um ato católico, não porque a Igreja pudesse discordar, mas por respeito à memória do próprio Vlado, que era judeu. Judeu sim, mas não religioso, portanto tampouco havia razão – também por respeito à sua memória – em realizar o ato numa sinagoga. Do impasse acaba saindo a ideia do Culto Ecumênico e, naturalmente, o primeiro nome lembrado para celebrá-lo, pelos católicos, é dom Paulo Evaristo Arns. Nos dias seguintes, o reverendo Jaime Wright,[43] cujo irmão, preso pela repressão em Santa Catarina, consta da longa relação de brasileiros desaparecidos,[44] confirmaria sua participação, em nome das Igrejas Evangélicas, e, como representante judaico, o rabino Henry Sobel.

---

[42] Trabalhou no Estadão durante mais de 50 anos. Ensinou história das religiões na Faculdade Cásper Líbero. Entre outros livros, publicou uma *Introdução à história das religiões*.

[43] Formado nos Estados Unidos, foi pastor presbiteriano no interior da Bahia e depois dirigiu a Missão Presbiteriana do Brasil Central, em São Paulo. Foi secretário geral da Igreja Presbiteriana Unida do Brasil. Com dom Paulo Evaristo Arns, teve participação decisiva no projeto "Brasil: nunca mais" (1979-1987), de denúncia da tortura e defesa dos direitos humanos. Publicou 1,8 milhões de exemplares da edição ecumênica da Declaração Universal dos Direitos Humanos. Fundou, com Jan Rocha e Luiz Eduardo Greenhalgh, o Comitê de Defesa dos Direitos Humanos nos Países do Cone Sul.

[44] Paulo Stuart Wright foi deputado estadual eleito em 1963, em Santa Catarina, pelo Partido Social Progressista (PSP, 1945-1965). Militante da Ação Popular (AP), sequestrado, torturado e assassinado, foi dado como desaparecido pelos órgãos de repressão em 1973.

Multiplicavam-se as manifestações de apoio. Os estudantes – Vlado era também professor – estavam em greve na Universidade de São Paulo, com o apoio dos professores. Eram 30 mil estudantes decididos a parar até o dia do Culto Ecumênico. Movimentos semelhantes, de greve não declarada, mas de boicote às aulas, começaram a surgir em outras faculdades, especialmente da área de Comunicações, em São Paulo, no interior e em outros estados. Ocuparíamos aqui muitas linhas – e com o risco da injustiça de omissões involuntárias – enumerando os centros acadêmicos que se somaram aos deputados, sindicatos e várias entidades no apoio aos jornalistas. O fato é que, sem que fosse necessário formalizá-la, comandávamos naquela semana uma autêntica frente ampla e democrática de luta pelos direitos humanos. Exercíamos conscientemente essa liderança, mas ao mesmo tempo nos preocupávamos permanentemente em não caracterizá-la, porque conhecíamos os limites legais da atuação sindical; ao contrário, Audálio chegava a irritar os mais afoitos com sua insistência no tema da legalidade. Na assembleia daquela terça-feira (o Sindicato continuava a receber centenas de pessoas, não só à noite, mas o dia inteiro), ele tornaria a dizer para um plenário novamente repleto:

– Toda a vigília e atuação firme e serena do Sindicato dos Jornalistas se restringem à defesa de uma classe que foi atingida de forma brutal pela morte de um de seus integrantes. Nosso propósito firme é de não permitir que se explore ou que se tire proveito de uma situação dolorosa e angustiante que a imprensa vive.

A um correspondente estrangeiro que o obriga a sair da mesa por instantes, Audálio insiste:

– A situação está sendo enfrentada com serenidade e cabeça fria, o que não implica que a dor e a insegurança tenham perdido a sua brutal intensidade.

À tarde, ele tinha ido novamente ao II Exército, para acompanhar a apresentação do jornalista Luiz Weis. Juntos, foram Mino Carta, diretor da *Veja*, e José Roberto Guzzo,[45] editor-chefe da mesma revista.

---

[45] Foi subsecretário da edição paulista da *Última Hora* antes de ser contratado pela Editora Abril, onde permaneceu durante muitos anos; depois se tornou colunista do *Estadão*. É um dos signatários do manifesto "Em nome da verdade".

Luiz Weis escapara por sorte de ser preso na madrugada do sábado anterior, poucas horas depois da tentativa de prisão de Vlado na TV Cultura. Estava trabalhando no fechamento da *Veja* quando soube que policiais tinham passado por sua casa e, prudentemente, dormiu o fim de semana na casa de um amigo, resolvendo apresentar-se na terça, depois que seu nome apareceu nos jornais na declaração assinada por Vlado no DOI-Codi. A notícia de sua apresentação, bem como a de que outro jornalista citado, Marco Antonio Rocha, iria ao II Exército no dia seguinte, com Audálio e com o diretor do *Jornal da Tarde*, Ruy Mesquita,[46] constou do comunicado que o Sindicato distribuiu na noite de terça-feira, de novo publicamente responsabilizando os militares: "O Sindicato", dizia a nota em seu final, "considera que, em todos estes casos, como em qualquer outro, as autoridades tornam-se responsáveis pela integridade física e respeito aos direitos humanos e jurídicos dos detidos".

Um fator de intranquilidade naquele dia era o estado de saúde de Luiz Paulo Costa, correspondente do *Estado* em São José dos Campos,[47] internado às pressas do DOI-Codi. Luiz Paulo, que sofria de osteomielite, fora espancado ao ponto de só se manter em pé amparado pelos companheiros de cela. Seu estado era grave, e os militares do DOI só o libertaram porque não podiam correr o risco de mais um cadáver naquele momento. Quando estava para ser retirado e entregue à família – depois ficamos sabendo – ele ainda resistiu e se recusou a assinar a "confissão" do que dissera sob tortura.

As primeiras manifestações explícitas de repúdio da Igreja à repressão vinham de Itaici, no interior de São Paulo, onde mais de 20 bispos estavam reunidos em assembleia. "O mundo do trabalho" era o tema geral da

---

[46] Iniciou a carreira de jornalista em 1948. Comandou o Estadão, diário pertencente a sua família, entre 1996 e 2013, data de sua morte. Foi diretor do *Jornal da Tarde*, vespertino da família Mesquita que circulou entre 1966 e 2012.

[47] Foi redator da Rádio Piratininga e da Rádio Clube e do jornal *O Valeparaibano*, integrou a equipe da revista *Realidade* e foi correspondente do Estadão em São José dos Campos, São Paulo. Fez parte de uma equipe que recebeu o Prêmio Esso de Jornalismo. Foi vereador de São José dos Campos entre 1977 e 1996. Publicou vários livros.

reunião, mas o assunto das prisões em São Paulo tornou-se obrigatório na ordem do dia. Dom Angélico Sândalo Bernardino,[48] o combativo bispo da Zona Leste de São Paulo, dava o tom da posição firme da Igreja que iria se refletir no final da semana no documento *Não oprimas teu irmão*: "A Igreja está cansada de gritar, de falar; é preciso que alguém escute e se levante em defesa do respeito à pessoa humana. Sinal evidente do atraso de um povo é querer conhecer a verdade através da tortura. Esse não é um problema da Igreja apenas, mas de todo homem digno".

A quarta-feira veio com a temperatura política subindo notavelmente. Era dia de reunião do Alto Comando em Brasília, e, como de hábito, o noticiário oficial falava de "assuntos administrativos e de rotina do Exército", embora fosse evidente que os chefes militares discutiriam a situação. As páginas políticas dos jornais, que registravam a maré montante de oposição ao regime e de solidariedade aos jornalistas, vinham também carregadas de advertências e ameaças. Petrônio Portella, no Senado, assumira em nome do governo, do qual era o líder, a defesa dos atos de violência. Mudou radicalmente de tom em relação ao seu primeiro discurso, passou a denunciar "a escalada da subversão", a justificar as prisões e a fazer ameaças: "O governo prende e prenderá quantos estejam envolvidos nas malhas da subversão. Nossas Forças Armadas jamais se aviltam em desmandos ou em atos comprometedores de suas grandes tradições. O Estado está vigilante e ativo em sua defesa, usando os mecanismos da lei para que tenhamos paz entre os brasileiros [...] A repressão é absolutamente necessária".

Na mesma sessão do Senado, um aparte do emedebista paranaense Leite Chaves, que os jornais reproduziriam sem nenhum destaque, quase foi o estopim de um golpe, como se ficou sabendo na semana seguinte. Assim como um discurso irrelevante de Márcio Moreira Alves, em setembro de 1968,[49] foi o pretexto imediato para o AI-5 em

---

[48] Notabilizou-se a partir de 1975 como bispo-auxiliar de São Paulo quando dom Paulo Evaristo Arns era seu cardeal arcebispo. Foi responsável pela Pastoral Operária e vigário episcopal em São Miguel Paulista, na Zona Leste paulistana.

[49] Márcio Moreira Alves, jornalista, deputado federal pelo MDB do então Estado da Guanabara (1967-1968), pediu que a população boicotasse "o militarismo", após

dezembro, a fala de Leite Chaves quase desencadeia uma ação militar contra o Congresso, ou, na melhor das hipóteses – exigência que um setor do Alto Comando teria feito ao presidente Geisel na reunião de quarta-feira –, a cassação do mandato do parlamentar.

Leite Chaves, em seu aparte ao discurso de Portella, falara do "clima de ódio, violência e insegurança" e lamentara que se colocasse o Exército, "uma instituição respeitada pelo povo e que deveria ser intocável", em meio a tanto abuso. E fez então, pedindo que se poupasse ao Exército a obrigação de tarefas menos nobres, a observação que acenderia a ira dos militares: "Hitler, quando desejava praticar atos ignominiosos, como os que estamos presenciando, não se utilizava do Exército, mas sim das forças SS". Gestões políticas acabaram contornando a crise, que terminou com uma retratação do senador paranaense e a retirada de seu aparte dos anais do Senado e do *Diário do Congresso*.

Em São Paulo, na mesma sintonia do líder Petrônio Portella e com endereço certo – o Sindicato dos Jornalistas –, tinha falado o coronel Erasmo Dias, secretário da Segurança Pública. Ele recorria, como sempre, ao arsenal de seu linguajar destemperado e provocador para tentar a intimidação: "Guerra é guerra e nós estamos em uma guerra – dizia ele. – Não temos medo de arreganho e de minorias ativistas. Nunca tivemos. Mas queremos deixar claro: é preciso que eles entendam que nós os conhecemos. De modo que transformar determinados tipos de episódios em holocaustos de causas marxistas nós não aceitamos. É uma guerra crua, é uma guerra nua, é uma guerra em que nós temos que usar as mesmas técnicas do inimigo, sob pena de sermos derrotados. Nós almoçaremos essa gente antes que ela nos jante. Isso é ponto pacífico".

Audálio deu-lhe a resposta à noite, na terceira assembleia da semana: "Que fique bem claro: não aceitamos provocações de qualquer área. Pedimos que respeitem a memória de Vladimir Herzog. Neste

---

violenta invasão da Universidade de Brasília. Sugeriu aos pais que não deixassem seus filhos participar dos desfiles de 7 de setembro, e às moças que se recusassem a dançar com cadetes e namorar jovens oficiais. O governo pediu à Câmara licença para puni-lo e não a conseguiu. Deputados da própria Arena votaram contra. Moreira Alves, cassado com base no AI-5, exilou-se.

momento, quem vive uma crise é uma categoria representada legalmente por este Sindicato, que lamenta, mais do que ninguém, essa trágica ocorrência e não está disposto – como vem demonstrando claramente desde o começo desse chocante episódio – a afastar-se dos estritos limites da lei. Não aceitaremos qualquer provocação e nem toleraremos qualquer agitação, em nenhum momento, principalmente durante o Culto Ecumênico em memória de Vladimir Herzog".

À tarde, a tensão das sucessivas reuniões e a agitação provocada pelas investidas do líder do governo no Senado e do secretário da Segurança tinham sido quebradas pela presença do presidente da Associação Brasileira de Imprensa. "A invariável delicadeza do trato pessoal, o cavalheirismo de gestos e atitudes, a solenidade da bengala e do chapéu, a voz mansa e pausada", na descrição carinhosa de Villas-Bôas Corrêa,[50] Prudente de Moraes Neto veio a São Paulo e foi ao Sindicato para abraçar Audálio e seus companheiros de diretoria. Achara insuficiente o apoio por telegrama e por declarações aos jornais.

Na véspera, Prudente tinha presidido no Rio uma reunião em que o Conselho da ABI registrara expressões duras e diretas para duvidar da versão de suicídio proclamada pelo II Exército. As atas dessa reunião contêm ainda uma referência aos "laudos de encomenda" do legista Harry Shibata, cuja participação na autópsia de Vlado a ABI comentava como "suspeita".

Confesso que, justamente na tarde daquela quarta-feira, minha resistência emocional estava no limite, e uma inoportuna tendência à autocomiseração era uma tentação para ausentar-me da atuação sindical e chorar em particular a morte do amigo. Retemperou-me e, para usar uma expressão antiga como aquele velho lutador, pôs-me em

---

[50] Luiz Antônio Villas-Bôas Corrêa fez cobertura política desde 1948. Passou por *A Notícia*, *O Dia*, *Diário de Notícias*, Rádio Nacional, Rede Manchete, *Jornal do Brasil* e *O Estado de S. Paulo*, cuja sucursal carioca dirigiu. Escreveu os livros *Conversa com a memória: a história de meio século de jornalismo político* (2002) e *Casos da Fazenda do Retiro* (2001). Seu filho Marcos Sá Corrêa, também jornalista, teve carreira destacada na imprensa e foi um dos signatários do manifesto "Em nome da verdade".

brio a presença do homem de mais de 70 anos, já vacilante no andar, mas firme na manifestação de sua revolta ante a iniquidade das prisões ilegais, das torturas, da morte de Vlado.

O quadro político, refletido pelos jornais, não muda na quinta-feira, véspera do Culto Ecumênico. Ganhamos o apoio do Conselho Federal da Ordem dos Advogados do Brasil, que decidiu enviar ofício a Geisel, "para que sejam apuradas rigorosamente as circunstâncias da morte de Vladimir Herzog e a situação em que estão os presos no DOI-Codi"; os professores da USP somam-se à luta dos estudantes, assinando uma carta aberta ao governador Paulo Egydio, na qual denunciam a violência e a arbitrariedade vigentes como impedimentos ao livre exercício do magistério; os bispos, ainda reunidos em Itaici, fazem jejum e orações "por Vladimir, pelos operários, pelos jornalistas e demais presos" e decidem desenvolver em todas as dioceses de São Paulo um programa contra a violência.

Na contraofensiva, "Governo usará todo o rigor contra a desordem", como diz um despacho da sucursal do *Estado* em Brasília, com toda a aparência de nova manifestação dos organismos de segurança, atribuída desta vez a "observadores militares". Esses observadores "lamentam que isso (morte de Vlado) esteja sendo usado como pretexto para agitações, fato que mais os preocupa", dizem que greves ou passeatas estão sendo preparadas em São Paulo e nos avisam: "O governo apenas tolerará isso dentro de um certo limite, a partir do qual agirá". Em São Paulo, o coronel Erasmo Dias volta à carga: "O bom senso deve prevalecer, e todos devem ter cuidado com as minorias ativistas do Partido Comunista, atuando no sentido de querer transformar inocentes úteis em pavio de dinamite".

De modo direto, a advertência que esperávamos desde o início da semana veio na forma de um recado do Ministério do Trabalho, trazido por um alto funcionário. O delegado do Trabalho em São Paulo, Vinicius Ferraz Torres,[51] com quem mantínhamos relações amistosas, talvez fosse considerado liberal demais para a missão; por isso, veio de

---

[51] Antigo integrante da máquina do Ministério do Trabalho em São Paulo, ligado ao velho PTB (Partido Trabalhista Brasileiro, 1945-1965).

Brasília o secretário de Relações do Trabalho, Aloisio Simões.[52] Alto, elegância de tropical brilhante de burocrata bem-situado, era homem de aparecer mais em colunas sindicais. Tinha sido delegado do Trabalho em São Paulo, e sua gestão foi marcada por atitudes reacionárias e intransigentes para manter os sindicatos amordaçados e sob pressão. Eu não o conhecia ainda, mas Audálio e os outros companheiros de diretoria já tinham experiência de sua atuação: antes de nossa posse, tentou impugnar três nomes da chapa, alegando razões políticas, e chamou os diretores à DRT para fazer advertências. Ninguém, portanto, mais à vontade para nos trazer a repreensão oficial na véspera do Culto Ecumênico.

A convocação que recebemos no Sindicato era explícita: deviam comparecer todos os membros da Diretoria Executiva. Do diálogo que tivemos, iniciado pelo funcionário do Ministério e citado aqui de memória, as palavras certamente não são exatamente estas, mas a essência é:

– Nós estamos achando muito perigosas essas assembleias que os senhores têm realizado no Sindicato. Têm sido feitas propostas que vão acabar nos obrigando a tomar uma providência.

– Perdão, mas o senhor deve estar informado de que não se trata de assembleias. O que nós estamos realizando são reuniões de informações. O plenário apresenta sugestões, mas quem decide é a diretoria do Sindicato.

– Eu sei que os senhores tomaram essa precaução, mas, de qualquer forma, algumas propostas que foram apresentadas nós não podemos tolerar: apelo aos outros sindicatos, apelo aos estudantes etc.

– Apresentadas, mas não aprovadas...

– Certo, mas, mesmo assim, eu vim aqui para deixar bem claro aos senhores que o Sindicato está agindo no limite da legalidade. Até agora os senhores estão conseguindo conduzir as coisas de forma a permanecer dentro desse limite, devo admitir. Mas muitas vezes esse limite não foi ultrapassado por muito pouco esta semana. Portanto,

---

[52] Aloísio Simões de Campos pertenceu à cúpula do Ministério do Trabalho. Apoiador ostensivo da ditadura, ligado aos órgãos de repressão.

que fique a advertência... E muita cautela com esse Culto Ecumênico que os senhores vão fazer amanhã.

À noite, em nova assembleia, Audálio responderia indiretamente à intimidação e resumiria em sua intervenção final a posição do Sindicato e dos jornalistas em face da crise política latente que – sentiam todos – poderia agravar-se ou começar a amainar a partir do que sucedesse no Culto Ecumênico:

– Os jornalistas paulistas – disse ele – passaram uma semana de crise, luto e perplexidade. E, no momento em que se reúnem para desabafar a sua mágoa, homenageando a memória do colega morto, estão firmemente dispostos a responsabilizar perante a Nação a quem ousar desrespeitar a sua dor ou explorar o Culto Ecumênico. A memória de Vladimir Herzog não deve ser transformada em álibi de maquinações ou manobras escusas, e isso constitui ponto de honra para a classe, que, não só em São Paulo, mas em todo o país, soube superar tamanha e tão trágica perda com serenidade e equilíbrio, mesmo na condição de presa de violentos sentimentos de pesar e intranquilidade. Cada um dos participantes do Culto Ecumênico será um guardião dos desejos de paz e fraternidade, de segurança integral e de respeito à dignidade que todo homem merece.

Quem manda em São Paulo? O protesto de 8 mil pessoas. "Estamos conversando em silêncio"

O presidente Geisel passou toda a sexta-feira em São Paulo e só embarcou de volta para Brasília depois de uma tensa expectativa no Aeroporto de Congonhas, quando recebeu a informação de que o Culto Ecumênico se realizara pacificamente e terminara sem nenhum incidente. Faltavam – como faltam até hoje – informações diretas dos protagonistas da crise que se armou durante aquela semana. O deputado Thales Ramalho,[53] secretário-geral do MDB, tinha se queixado dias antes: "Não se sabe, no Congresso, o porquê das coisas. A desinformação é a atual característica das lideranças, da Arena ou do MDB. Nós políticos não temos hoje canais de comunicação capazes de nos deixarem a par do que está acontecendo". O senador Paulo Brossard,[54] visitando o Sindicato dos Jornalistas duas semanas

---

[53] Thales Bezerra de Albuquerque Ramalho era paraibano, mas fez carreira política em Pernambuco, onde foi secretário do governo do general Cordeiro de Farias (1958-1959). Suplente de deputado estadual pelo antigo Partido Social Democrático (PSD, 1945-1965), chegou a exercer o mandato. Eleito deputado federal em 1966 pelo MDB, foi reeleito quatro vezes. Ocupou a secretaria geral do partido quando seu presidente era o deputado Ulysses Guimarães. Entre as eleições de 1974 e 1976, o número de diretórios municipais do MDB passou de 786 para quase 3 mil. Considerado importante articulador. Depois de 1985, foi ministro do Tribunal de Contas da União (TCU) e assessor especial da Presidência da República.

[54] Paulo Brossard de Souza Pinto, advogado e professor, foi filiado ao antigo Partido Libertador (PL, 1945-1965), que em seu Estado, o Rio Grande do Sul, fazia oposição ao PTB de João Goulart e Leonel Brizola. Elegeu-se deputado estadual, depois deputado federal, depois senador pelo MDB. Após 1985,

depois, nos surpreenderia com a mesma declaração. Sentíamos os abalos na superfície, mas ninguém tinha acesso aos detalhes da subterrânea prova de força entre as correntes militares que lutavam pelo poder. Que havia um confronto ficou mais do que patente menos de três meses depois, em janeiro, na forma inusitada como Geisel demitiu o comandante do II Exército, general Ednardo, ao tomar conhecimento de outra morte – a do operário Manoel Fiel Filho, também no DOI-Codi. Informa-se que, em outubro, além de ter sentido sua autoridade posta em xeque, Geisel guardara uma grande irritação do fato de não ter sido informado imediatamente da morte de Vlado. Ficou sabendo só muitas horas depois, já no domingo, mesmo assim porque um jornalista, Mino Carta, havia telefonado a Humberto Barreto,[55] seu assessor de imprensa, e ao general Golbery do Couto e Silva, chefe de sua Casa Civil, para dar a notícia até então ignorada em Brasília. Sem que, por oposição, se possa definir Geisel propriamente como um amigo da democracia, o fato é que, do outro lado, naquela semana, estavam inimigos ferrenhos da democracia, interessados em que se agravasse um clima de agitação propício a um golpe, semelhante ao que se criara em 1968. As nuances do tênue equilíbrio político e da indefinição na correlação de forças transparecem claramente nos termos da declaração de Geisel que os jornais traziam na manhã de sexta-feira. Pela primeira vez, embora não abandonasse a tônica da advertência, uma autoridade – e logo a autoridade maior do país – não encampava em suas declarações a versão de suicídio ("incidente" foi o termo escolhido) e não se referia à "escalada da subversão", preferindo um apelo geral "para desarmar

---

foi consultor-geral da República, ministro da Justiça e ministro do Supremo Tribunal Federal (STF).

[55] Humberto Esmeraldo Barreto, advogado e administrador de empresas, foi diretor da Caixa Econômica Federal (CEF) após o golpe de 1964. Em seguida, acompanhando o general Geisel, então presidente da Petrobrás, de quem era amigo pessoal, foi diretor da Petrobrás Distribuidora. No governo Geisel, foi chefe da Assessoria Especial de Relações Públicas (Aerp) e presidente da CEF. Após o governo Geisel, foi diretor da empresa aérea Transbrasil, da Norquisa e da Previnor, empresa de previdência privada.

os espíritos". Vale a pena, pela sua importância, transcrever aqui a posição de Geisel conforme publicada pelo *Estado*, na edição de 31 de outubro, e exposta por "alta fonte do governo". "Geisel lamenta, mas exige moderação" era o título.

"O presidente Geisel encara a morte do jornalista Vladimir Herzog como um 'episódio lamentável', mas não vai permitir que as repercussões do ato sejam utilizadas para conturbar a ordem e gerar um clima de inquietação em todo o país. A informação foi prestada ontem em São Paulo por uma alta fonte do governo, acrescentando que 'o que temos de fazer agora é desarmar os espíritos'.

Trata-se de um fato consumado – disse o informante – e o que o governo vai fazer é impedir que ocorram novos incidentes dessa natureza. Não devemos é transformar um episódio lamentável numa situação que seria desastrosa para todo o país. Temos de evitar que uma manifestação de solidariedade sirva de instrumento de intranquilidade ou de contestação. Aqui, cabe relembrar uma frase do general Golbery: 'Segurem os seus radicais, que nós seguramos os nossos'."

A notícia era interpretada como sintoma de que Geisel chegara a São Paulo com sua autoridade realmente abalada, mas conseguira reconstituí-la. Outro indício de que se procurava reduzir a temperatura era a visita sem precedentes que os comandantes militares em São Paulo fizeram aos jornalistas, na Sala de Imprensa do Palácio do Governo, justamente depois de uma audiência com o presidente. O brigadeiro Roberto Carrão de Andrade, do 4º Comando Aéreo, o almirante Roberto Mário Monnerat, do 6º Distrito Naval, e o próprio Ednardo, que até então se calava e evitava a imprensa, desceram para procurar os jornalistas. Sintomaticamente, coube a Ednardo falar pelos três, e num tom muito diferente de suas manifestações anteriores – e muito recentes – sobre infiltração comunista na imprensa: "Nós nos sentimos muito satisfeitos em comparecer a esta sala. O que nós temos em vista é justamente viver na mais completa harmonia com todos os brasileiros, com os representantes de todas as classes. Isso é que é importante ficar bem frisado. Nós militares nos consideramos gente do povo, mesmo porque as nossas Forças Armadas o são. Nenhuma força armada talvez represente tão bem o povo como a do Brasil. De maneira que estamos satisfeitos em estar aqui, nesta Sala de Imprensa".

Sobre o que conversara pouco antes com Geisel, ele foi evasivo: "Conversa normal entre camaradas, lembramos até muitos fatos passados". E não quis comentar o clima político que se vivia em São Paulo: "Para isso existe o ministro do Exército".

Quem estava no comando da situação naquela sexta-feira? Difícil definir com certeza, mas o fato é que, terminado o Culto Ecumênico, o alívio da tensão foi imediato. Em Brasília – os jornais noticiariam no dia seguinte – as lideranças políticas respiraram aliviadas. Humberto Barreto – o secretário de Imprensa – confidenciara depois ao diretor de uma revista: "Naquela sexta-feira, quem mandava em São Paulo era o coronel Paes". A ser verdadeira a informação, confirma-se a hipótese de que setores militares extremados esperavam que o Culto Ecumênico fornecesse o pretexto para um golpe, o que justifica o comentário que o senador Teotônio Vilela (Arena, Alagoas)[56] faria tempos depois: "A conduta firme, mas serena, do Sindicato dos Jornalistas de São Paulo evitou que naquela ocasião tivéssemos um golpe no Brasil".

Não foram só os jornalistas. Todos os setores sociais, organizados ou não, que aderiram à magnífica manifestação popular – a maior acontecida no país em muitos anos – portaram-se de forma a resistir a qualquer tipo de provocação. Foi como se as 8 mil pessoas que conseguiram chegar até a Catedral da Sé, apesar dos bloqueios policiais, tivessem conscientemente adotado como norma a bela observação que dom Hélder Câmara,[57] uma presença inesperada e comovente no altar,

---

[56] Teotônio Brandão Vilela frequentou cursos superiores, mas não os completou. Foi sócio do pai numa usina de açúcar em Alagoas. Elegeu-se deputado estadual pela União Democrática Nacional (UDN, 1945-1965). Apoiou o golpe de 1964 e elegeu-se senador pela Arena de Alagoas em 1966, reelegendo-se em 1974. Este segundo mandato foi dedicado a uma incansável pregação democrática. Transferiu-se para o MDB em 1979, e seguiu depois no PMDB. Milton Nascimento e Fernando Brant dedicaram-lhe, em 1983, a canção "Menestrel das Alagoas".

[57] Um dos fundadores da CNBB, sua trajetória inicial, na década de 1930, foi de extrema direita. Bispo do Rio de Janeiro a partir de 1952, teve atividade ligada a

fez a um repórter: "Para que falar em voz alta, meu filho, se todos nós estamos conversando em silêncio?".

O arcebispo de Olinda tinha voltado fazia pouco de Londres, onde recebera o Victor Humanity Award, prêmio dado a personalidades que se destacam na luta pela paz.

Desde o começo da tarde, a polícia montara barreiras em vários bairros da cidade para impedir o comparecimento maciço que se esperava. Cones de plástico do Departamento de Trânsito delimitavam corredores por onde só um carro por vez podia passar; em outros locais, carros da própria polícia bloqueavam a rua. Simulava-se um comando de trânsito, em alguns pontos policiais pediam documentos aos motoristas, em outros nem se incomodavam em dar qualquer explicação. A polícia conseguiu com isso impedir o trânsito em todas as principais vias que levam ao centro, numa ação deliberada de tumulto e desordem a que seus chefes deram despudoradamente a denominação de "Operação Gutemberg". Mais de 500 policiais atuaram nas 385 barreiras armadas pela cidade.

Os convites para o Culto Ecumênico ocupavam grandes espaços nos jornais. Os do Sindicato e da família Herzog, ambos em quatro colunas, abriam a série de 20 outros anúncios menores, em nome dos jornalistas de cada redação de São Paulo, da Associação dos Sociólogos, à qual Clarice pertencia, e dos estudantes em greve da USP, com uma relação de apoio de 23 faculdades. *O Estado de S. Paulo*, o *Jornal da Tarde*, a *Folha de S.Paulo*, o *Diário de São Paulo*, o *Diário da Noite*, o *Diário Popular*, praticamente todos os jornais tinham cedido espaço. As faturas dos que cobraram pelos anúncios foram pagas pelas contribuições dos jornalistas, levantadas durante a semana nas redações.

A censura policial impediu que a notícia fosse divulgada pelo rádio e pela televisão, proibidos também de darem qualquer cobertura ao Culto.

---

obras de cunho social. Foi arcebispo de Olinda e Recife entre 1964 e 1985, considerado inimigo da ditadura por defender direitos humanos e a democratização do país, e denunciar a tortura.

Na Catedral, os primeiros bancos foram reservados, de um lado, para a família de Vlado e, do outro, para os diretores do Sindicato. Na véspera, tínhamos decidido realizar pela manhã uma última reunião de diretoria, antes de irmos incorporados para a Praça da Sé. Nessa reunião, chega uma notícia tranquilizadora: os estudantes, em assembleia na Cidade Universitária, resolveram comparecer em massa e, ao mesmo tempo, abster-se de qualquer pronunciamento. Anunciavam também que nenhum manifesto seria distribuído durante a cerimônia.

Quando entramos na Catedral, bem antes da hora marcada para o início do Culto, temos certeza de que não haverá perturbações, embora se perceba a presença maciça, ostensiva e acintosa da polícia em toda a área próxima à Catedral. À saída, sem tentar se esconder – ao contrário, procurando mostrar-se bem visíveis, para intimidar e provocar – os mesmos policiais filmariam e fotografariam, dos andares mais baixos dos prédios vizinhos, quem deixava a Catedral.

"Ninguém toca impunemente no homem." "Não matarás." Em nome dos filhos de Vlado

Quatro da tarde. A Catedral está repleta. O corredor central, as laterais, até os altares secundários estão tomados. Muita gente ficou do lado de fora, ocupando as escadarias de entrada e parte da praça. Os diretores do Sindicato e outros companheiros jornalistas estamos todos atentos, observando a movimentação para detectar a tempo qualquer atitude suspeita, qualquer provocação que, sabemos, só pode vir da repressão. A carga de tensão coletiva chega a ser palpável. Sente-se no ar a força daquela manifestação formidável, que teria enchido toda a Praça da Sé, não fosse o bloqueio policial.

Os momentos que antecedem a entrada dos celebrantes fazem doer nos músculos a tensão acumulada durante toda a semana. O início do culto é retardado, porque o reverendo Jaime Wright ainda não apareceu, ficou preso até mais de 4 horas e meia no gigantesco engarrafamento que a polícia provocou premeditadamente em São Paulo. Um sacerdote aproxima-se do microfone e consegue aos poucos descarregar a atmosfera, primeiro com pequenos avisos e, depois, fazendo a multidão repetir várias vezes em coro as palavras que terá de dizer durante a celebração do culto, impressas no roteiro que cada um recebeu à chegada. Sentimos que o ensaio é desnecessário, mas falar em voz alta nesse momento é uma válvula providencial para aliviar os nervos.

"Nas minhas dores, ó Senhor, fica a meu lado!", era o refrão que o padre puxava do altar e a multidão repetia.

"Se o pessoal do Coral da Faculdade de Biologia já estiver presente na Catedral, por favor se mostre, erguendo as mãos", ele pedia em seguida pelo microfone. Não houve resposta, porque os estudantes que se tinham prontificado a cantar durante o culto não conseguiram vencer as barreiras policiais.

"Nas minhas dores, ó Senhor, fica a meu lado!"

Por fim, enquanto olhares desconfiados observavam os jovens que distribuíam folhas mimeografadas dentro da igreja – era o roteiro do culto para os que ainda não o tinham recebido – o padre fazia um último comunicado: "Os estudantes da USP, reunidos em assembleia, resolveram marcar sua presença aqui nesta Casa, mas pediram que se explicasse que não elaboraram nenhum documento para ser distribuído neste dia. Portanto, se algum documento circular na Catedral, ela não será de responsabilidade dos estudantes da USP".

Dom Paulo Evaristo Arns entrou em seguida no altar acompanhando os dois rabinos que fariam a concelebração do culto, Henry Sobel e Marcelo Rittner, o cantor Paul Novak, da Congregação Israelita, dom Hélder Câmara e mais de 20 sacerdotes católicos. Sua voz firme e enérgica foi ouvida em todo o templo: "Esta Casa é de Deus e de todos os homens que aceitam o caminho da Justiça e da Verdade". Oito mil pessoas, emocionadas e quietas, acompanhavam a recomendação do cardeal, dita pausadamente: "Purifiquemos o nosso coração de todo ódio. Procuremos ser irmãos que rejeitam toda espécie de terrorismo, venha de onde vier. Observemos um momento de silêncio, para se criar um clima de oração e de solidariedade entre os homens e por aqueles que Deus amou e ama, neste momento de dor".

A palavra é dada ao rabino Henry Sobel, que, na véspera, dera uma entrevista ao *Estado*, assegurando que Vlado não estava em sepultura de suicida. Ele é um norte-americano que chegou ao Brasil fazia cinco anos. Tem um sotaque forte, mas suas palavras, sonoras e claras, podem ser compreendidas por todos: "Eu sou um rabino. Estou aqui na Catedral para participar deste Culto Ecumênico porque um judeu morreu. Um judeu que fugiu da perseguição nazista, um judeu que emigrou para o Brasil e aqui se educou, se formou e se integrou perfeitamente. Estudou Filosofia, Artes, Jornalismo, Televisão. Para Vladimir Herzog, ser judeu significava ser brasileiro".

Essa introdução do rabino era fruto de uma longa conversa com Clarice. Ele fora visitá-la na quinta-feira, para tentar desfazer a má impressão causada pelo apressamento do enterro, que Clarice tinha denunciado na hora, e todos os jornais noticiado no dia seguinte. Explicou que estava viajando, por isso não fora ao cemitério. Quis saber melhor sobre Vlado e que palavras seriam melhores para descrevê-lo. No Culto, escolheu a história de um velho rabino que, ao morrer, decidiu legar suas virtudes a quatro de seus discípulos, deixando a cada um uma parte de seu ser: a um, sua inteligência; a outro, a luz de seus olhos; ao terceiro, seu coração; ao quarto, sua língua. E projetou nessa história o legado de Vlado:

"Vladimir Herzog era um homem de visão, percepção e dedicação. Como no caso do velho rabino, a luz que emanava de seus olhos é digna de ser guardada. Seu coração, digno de ser lembrado. Sua mente, digna de ser preservada. E era também dono de uma língua capaz de transmitir uma sabedoria que nem mesmo a morte pode silenciar."

A cerimônia continuou com a leitura dos *Salmos de Davi*, acompanhada pela multidão, que repetia: "E as nossas angústias, Senhor, estão todas na vossa presença".

O reverendo Jaime Wright, que finalmente conseguiu alcançar a Catedral, é o segundo a falar. Poucos ali sabem que ele também carrega uma dor pessoal e profunda que o tem levado a quartéis, delegacias de polícia e autoridades diversas, na busca vã por informações. Seu irmão, ex-deputado em Santa Catarina, foi preso, em operação tipo sequestro, e nunca mais se teve notícia dele. Apesar disso, a fala de Wright é sóbria e quase toda de citações do *Livro de Salmos*. Sua única referência direta a Vlado contém uma palavra de esperança: "Quando cai a noite, o pastor não vai para casa e jamais abandona suas ovelhas. Quando a noite vem, o perigo é maior. É durante a noite que elas mais precisam dele. Quando as sombras da noite caírem, o Bom Pastor nos levará para casa. E o Bom Pastor já investiu demais em cada um de nós, inclusive em Vladimir Herzog, para nos abandonar agora".

A emoção chega a seu ponto mais forte em seguida, com a palavra de dom Paulo. Ele é como um grande ator, com as inflexões certas e as pausas colocadas com precisão. Sua fala emociona, mas ao mesmo tempo incute em cada um o sentido, não de lamentação inerte da morte, mas de compromisso de luta a partir do sacrifício de Vlado. Antes de começar, esperou que os fotógrafos e cinegrafistas completassem seu trabalho e lhes pediu que apagassem as luzes e não estourassem mais os flashes, criando assim um clima mais propício à reflexão. Então, o tom de voz, que era suave e sereno no apelo aos jornalistas, se altera. Vem mais alto, comovido, contundente e explícito:

"Ninguém toca impunemente no homem, que nasceu do coração de Deus, para ser fonte de amor em favor dos demais homens. Desde as primeiras páginas da *Bíblia Sagrada* até a última, Deus faz questão de comunicar constantemente aos homens que é maldito quem mancha suas mãos com o sangue de seu irmão. Nem as feras do Apocalipse hão de cantar vitórias diante de um Deus que confiou aos homens sua própria obra de amor. A liberdade, repito, a liberdade humana nos foi confiada como tarefa fundamental, para preservarmos, todos juntos, a vida do nosso irmão, pela qual somos responsáveis tanto individual quanto coletivamente."

Dom Paulo não usa subterfúgios, nem meias-palavras. A cada passo de sua oração, transparece sua convicção de que Vlado foi morto. Sua voz soa como uma acusação direta: "Não matarás. Quem matar, se entrega a si próprio nas mãos do Senhor da História e não será apenas maldito na memória dos homens, mas também no julgamento de Deus".

Naquele mesmo momento, manifestações semelhantes aconteciam em outras cidades. Em Campinas, durante missa rezada na Igreja Nossa Senhora de Fátima, as orações pediam "pelos que sofrem pela causa da liberdade, pelos que são ameaçados, pelos que são denunciados, pelos que são perseguidos, pelos que são presos porque clamam por Justiça". Estudantes universitários leram trechos da Declaração Universal dos Direitos Humanos. Em Brasília, mais de 300 pessoas compareceram à missa celebrada em memória de Vlado. No Rio de Janeiro, um culto que seria celebrado na Igreja de Santa Luzia foi cancelado por ordem direta do cardeal dom Eugênio Sales.[58] Os jornalistas cariocas, em lugar

---

[58] Dom Eugênio de Araújo Sales foi bispo auxiliar de Natal entre 1954 e 1965, depois arcebispo em Salvador (1968-1971) e cardeal do Rio de Janeiro (1971-2001).

da oração que lhes proibiram no templo, fizeram do silêncio a manifestação de seu protesto contra a violência. Enquanto em São Paulo se realizava o Culto Ecumênico, eles se reuniram na sede da Associação Brasileira de Imprensa. Um imenso aparato policial, primeiro em frente à igreja e depois em frente ao prédio da entidade, foi montado para intimidá-los. No auditório, dois velhos lutadores, o presidente da ABI, Prudente de Moraes Neto, e o presidente do Conselho, Barbosa Lima Sobrinho,[59] comandaram a manifestação: dez minutos de silêncio absoluto, perturbado apenas pelas sirenes que os carros da repressão tocavam ostensivamente pelas ruas do centro.

Na Catedral de São Paulo, dom Paulo Evaristo Arns concluía sua oração clamando por Justiça e com as palavras de compromisso e responsabilidade para a multidão: "Justiça que possa consubstanciar-se nas leis, mas que tenha sua força no interior de cada homem, disposto a dizer a si mesmo e aos outros: 'Basta!'. É hora de se unirem os que ainda querem olhar para os olhos do irmão e ainda querem ser dignos da luz que desvenda a falsidade. A esperança reside na solidariedade. Aquela solidariedade que é capaz de sacrificar os egoísmos individuais e grupais no altar de uma Pátria, no altar de um Estado, no altar de

---

Segundo o *Dicionário Histórico-Biográfico Brasileiro* do Centro de Pesquisa e Documentação de História Contemporânea (CPDOC) da Fundação Getúlio Vargas (FGV), devido à sua fama de conservador, "67 padres do Rio se declararam contrários à sua indicação para o cargo" quando de sua nomeação. A mesma fonte avalia que dom Eugênio "se caracterizou por uma atitude política moderada e cautelosa". Escreveu livros e colaborou regularmente no *Jornal do Brasil*.

[59] Alexandre José Barbosa Lima Sobrinho foi deputado federal por Pernambuco (1935-1937 e 1946-1948), presidente do Instituto do Açúcar e do Álcool (IAA), governador do Estado (1948-1951) e novamente deputado federal (1959-1963). Jornalista e escritor, foi eleito em 1937 para a Academia Brasileira de Letras, que presidiu em 1953-1954. Nacionalista histórico, defendeu os direitos humanos e foi contra a censura à imprensa. Filiou-se ao MDB e formou chapa com Ulysses Guimarães, "anticandidato" à presidência da República, em 1973, o que fortaleceu o partido para as eleições parlamentares de 1974. Presidiu a ABI em 1926-1927, 1930-1932 e 1978-2000. Participou da campanha das Diretas Já em 1983-1984 e foi um dos signatários do pedido de impeachment do presidente Fernando Collor de Mello (1990-1992).

uma cidade. Nesse momento, o Deus da esperança nos conclama para a solidariedade e para a luta pacífica, mas persistente e corajosa, em favor de uma geração que terá como símbolos os filhos de Vladimir Herzog, sua esposa e sua mãe".

Audálio Dantas, a voz quebrada pela emoção, faz um apelo final para que todos se retirem em silêncio e em paz. Dom Paulo, que ficaria até a noite na Catedral, esperando que as últimas pessoas se fossem, retoma o apelo com a orientação prática de quem está habituado a ser vigiado e provocado: "Vamos sair em silêncio, em pequenos grupos, de cinco ou dez pessoas que se conhecem. Ninguém grite. Ninguém ouça quem queira gritar".

Dos prédios que circundam a Catedral, os policiais começavam a filmar e fotografar a saída. A multidão que acabara de realizar aquela impressionante manifestação dispersou-se em silêncio e rapidamente, observada pelo aparato policial montado – como tinha frisado o secretário da Segurança Pública – "porque não vamos tolerar nenhuma manifestação contra o regime".

A verdade perante o juiz. A tortura de Vlado. O silêncio da morte no DOI-Codi

> Eu vou ser convocada para depor no inquérito que investiga como meu marido morreu. Pode ser que não adiante nada. Mas eu, meus filhos e o Vlado merecem que eu tente. Com a Ordem dos Advogados, com a Comissão de Justiça e Paz da Cúria, com o Sindicato dos Jornalistas, ou sozinha. Eu, realmente, não assumi a morte de Vlado. Não senti medo, não sinto agora.
>
> **Entrevista de Clarice Herzog ao jornal *Ex-*,
> edição de novembro de 1975**

16 de maio de 1978. Dois anos e seis meses passaram entre essa declaração de Clarice ao jornal *Ex* e a primeira oportunidade efetiva de se tentar proclamar a verdade no Caso Herzog, como a imprensa passou a chamá-lo. Nesse dia, na Justiça Federal de São Paulo, seria realizada a primeira audiência para depoimento de testemunhas e apresentação de provas numa ação cível que Clarice movia contra a União desde abril de 1976, para responsabilizá-la judicialmente "pela prisão ilegal, pelas torturas e pela morte" de seu marido, depois de tentar inutilmente intervir com seus advogados, como pretendia, no Inquérito Policial-Militar que concluiu pelo suicídio.

A Justiça Federal em São Paulo funcionava num prédio antigo da Praça da República, de acesso difícil na época por causa das obras da estação do metrô. O saguão é acanhado e sempre congestionado de gente carregando pastas e volumes de documentos, à espera dos dois elevadores. A sala onde será feita a audiência é no 3º andar. Habitualmente, as audiências de processos na Justiça Federal são feitas numa saleta anexa ao próprio gabinete do juiz – uma em cada Vara. São públicas, obrigatoriamente, mas nunca há público, só mesmo os advogados das partes e as pessoas diretamente interessadas. Em geral, são processos de sonegação de impostos, contrabando e outros crimes lesivos à União. A ação declaratória que a família de Vlado está movendo é inédita, não só pelo seu conteúdo jurídico como também pelo interesse que desperta e por sua inevitável repercussão política. Por isso é que tantos funcionários do prédio descem até o 3º andar para assistir a audiência, que o juiz João Gomes Martins Filho, da 7ª Vara, sabendo do interesse público, transferiu do seu gabinete para a sala do tribunal.

Meia hora antes da abertura da audiência, já há bastante movimento. Quando descemos do elevador, um policial de serviço logo nos indica o caminho, à direita, por um corredor estreito, que leva até um pequeno *hall*. Na parede revestida de madeira, bem em frente à porta de entrada, uma foto grande, colorida, de todos os juízes que atuam na Justiça Federal em São Paulo. À direita, fica a saleta onde as testemunhas vão aguardar o momento de serem chamadas; à esquerda, entra-se diretamente para a sala do tribunal.

Não há mais do que uns 50 lugares para o público, e metade das cadeiras já está ocupada. Dona Zora Herzog é das que chegaram muito cedo. Está ansiosa, emocionada. Pela primeira vez ouvirá uma testemunha contar como seu filho foi torturado antes de morrer.

Do outro lado, separadas do público por uma balaustrada de madeira, duas mesas compridas, dispostas em V, para os advogados das partes, tendo no centro, quase no vértice, uma cadeira para a testemunha, que fica de frente para o juiz. Atrás de cada mesa, fileiras de cadeiras que, nesse julgamento, seriam ocupadas, uma pelos repórteres incumbidos da cobertura, e a outra, junto à porta por onde entram as testemunhas, por advogados e outros juízes da Justiça Federal interessados no processo (soube-se depois que o juiz Márcio José de Moraes, que na época era o substituto da 7ª Vara e a quem, afinal, caberia dar a sentença, acompanhou daquele ponto os depoimentos de todas as testemunhas, nas duas audiências realizadas). Num plano mais alto, central, a mesa do juiz sobre um estrado; à esquerda, a mesa com máquina de escrever para o escrivão e uma cadeira em que se sentaria o médico da Justiça Federal, e à direita outra mesa pequena onde ficaria o curador dos filhos de Vlado, também autores da ação, junto com a mãe.

Levanto-me para ver, das testemunhas, as que já chegaram. Àquela altura, já sabemos que não virão os dois homens do DOI-Codi que os advogados de Clarice arrolaram. O general Dilermando Monteiro enviou um ofício ao juiz informando que o investigador Pedro Antônio Mira Grancieri, que aparece no IPM como interrogador de Vlado, não poderia comparecer porque realizava uma diligência sigilosa em Mato Grosso e não havia meios para localizá-lo. E, para espanto geral, o mesmo ofício do general dizia que aquele comando desconhecia a existência do "Capitão Ubirajara",[60] que em todos os laudos periciais referentes à morte de Vlado figura como requisitante. Seu nome, portanto, está em documentos oficiais. Mesmo assim, o general Dilermando garante que não há nenhum capitão Ubirajara em sua área e que, de qualquer forma, será difícil localizar a testemunha, "pois há muitos capitães Ubirajaras no Exército brasileiro". (O comparecimento de ambos foi novamente solicitado para a segunda audiência e, outra vez, praticamente nos mesmos termos, o comandante do II Exército repetiu que Grancieri estava inacessível e Ubirajara não existia, o que levou os advogados a protestarem contra essa atitude, considerada "um desrespeito ao Judiciário".)

Diante disso, imaginamos que também dificilmente viria o diretor do Instituto Médico Legal, Harry Shibata, que, em agosto de 1977, revelara que não tinha assistido à autópsia do corpo de Vlado e mesmo assim assinara o laudo necroscópico. Por isso, fora chamado como testemunha. Embora funcionário da Secretaria da Segurança Pública, o legista é, na prática, também um homem do DOI-Codi, pois a ele

---

[60] Sua identidade foi posteriormente descoberta: era o delegado da Polícia Civil de São Paulo Aparecido Laertes Calandra. Em 1983, foi transferido para a Superintendência da Polícia Federal em São Paulo, chefiada pelo delegado do Dops Romeu Duma, depois diretor geral da PF e senador. Calandra ajudou a destruir documentos sobre a repressão. Permaneceu na polícia paulista em governos eleitos democraticamente até 2003, quando foi identificado. Em 2014, sua casa foi alvo de um "escracho" (manifestação política de denúncia) promovido pela organização Levante Popular da Juventude.

coube a tarefa de assinar, além do laudo de Vlado, vários outros, elaborados para dar sustentação às versões de mortes por atropelamento, fuga, tiroteio ou suicídio ali ocorridas ou para desmentir denúncias de torturas.

Chegou então a ser surpresa quando ele apareceu, dez minutos antes da hora marcada para a audiência. Poucos ali o conheciam: um japonês de rosto cheio, nariz achatado, óculos de lentes muito grossas e esfumaçadas, que não deixam ver seus olhos, cabelos brilhantes e lisos. Shibata chegou sozinho, de terno e gravata, carregando uma pasta tipo executiva. Foi direto para a saleta das testemunhas. Sentou-se perto da janela, que dá para os fundos de um prédio da rua do Arouche, abriu sua pasta e de lá tirou uma revista *Seleções*, que ficou lendo, imperturbável, sem conversar com ninguém, sem demonstrar o menor interesse pelos que estavam à sua volta, as outras testemunhas. Até a hora de ser chamado para depor.

Além de Shibata, o único desconhecido naquela saleta era um velho judeu de óculos de aros escuros, parecendo estar pouco à vontade: Erich Leschziner, membro da Congregação Israelita Paulista, que Clarice Herzog, ao chegar, imediatamente identificou como o homem que a ameaçara no velório do Hospital Albert Einstein caso ela insistisse em ver o corpo de Vlado ou levá-lo para outro local.

Os outros eram jornalistas: Paulo Nunes, credenciado no II Exército, que acompanhou Vlado quando ele se apresentou no DOI-Codi, e Duque Estrada, Sérgio Gomes da Silva, Luiz Weis, Paulo Markun e Anthony de Christo, estes todos presos na época da tragédia. Duque era o mais nervoso de todos. Levamos-lhe nosso apoio e nossa solidariedade, eu, Audálio e David de Moraes,[61] o novo presidente do Sindicato. Sabíamos – e ele também – que o seu testemunho seria o mais relevante, o definitivo, talvez. Para ele, é o fim de muitos meses de angústia, desde o dia em que se dispôs a ser testemunha no processo, contando em público pela primeira vez, livre de coações imediatas, os

---

[61] Formado em Direito e Letras, trabalhou como jornalista durante mais de 20 anos na Editora Abril. Foi diretor da Federação Nacional dos Jornalistas (Fenaj) e assessor do deputado (depois ministro da Justiça) José Eduardo Martins Cardozo.

últimos momentos de Vlado no DOI-Codi. Essa angústia ele extravasaria depois em prantos perante o juiz, nos pontos da narrativa que lembravam os momentos mais penosos daquele sábado. Duque nos conta que em várias ocasiões se sentiu ameaçado e, às vésperas da data da audiência, percebeu a presença de pessoas estranhas rondando sua casa. Temia, por isso, por ele e pela família. Recomendávamos-lhe calma e o certificávamos de nosso apoio quando um dos advogados de Clarice nos chamou a atenção: não podíamos conversar com as testemunhas, que, em tese, deviam estar isoladas na saleta aguardando sua vez.

Nesse momento, aponta no corredor o juiz que conduzirá as audiências. João Gomes Martins Filho tem 70 anos. É seu último processo, porque irá aposentar-se automaticamente, por idade, em agosto. Não é um homem alto, mas a toga, a barba branca e a postura digna lhe dão uma grande imponência. Reconheço-o logo que entra. Acho que já foi político, vereador em São Paulo, se não me engano. Pouco depois, num intervalo da audiência, ele me esclareceria: foi político, sim, do antigo PSD, secretário da Educação no governo de Adhemar de Barros e, o que nos parece seu título maior, deputado à Assembleia Constituinte de 1946, eleita após a derrubada do Estado Novo.[62]

Ele atravessa a sala cumprimentando a todos com discretos acenos de cabeça. Percebe as cadeiras todas ocupadas, muita gente em pé, repórteres mal-acomodados fazendo suas anotações. Convida-os a ocuparem a fileira de cadeiras por trás da mesa do procurador da União, de onde poderão acompanhar melhor os depoimentos.

As mesas em V já estão ocupadas. De um lado, o procurador da União, Bruno Tito Lopes, ar de funcionário burocrático, acompanhado de um único auxiliar e munido de umas poucas folhas de papel com anotações que não dá para distinguir. Do outro, os advogados da família Herzog: Samuel Mac Dowell de Figueiredo e Marco Antônio Rodrigues Barbosa, de São Paulo, Sergio Bermudes e Carlos Eduardo Cardoso, do Rio. Heleno Fragoso não veio para esta audiência. Está viajando e só poderia estar presente na próxima.

---

[62] Foi ainda candidato a vice-governador de São Paulo em 1950 na chapa liderada por Francisco Prestes Maia, ex-prefeito da cidade (1938-1945 e 1961-1965).

O juiz abre a sessão pouco depois das duas da tarde. Fala firme, mas sua voz é quase inaudível. Quem está sentado mais para o fundo precisa esforçar-se para entender que ele está chamando a primeira testemunha, Duque Estrada.

Muitos de nós, entre os jornalistas e o público, sabemos o que Duque tem para contar. O que não sabemos é qual será a reação do juiz. Em muitos processos em auditorias militares, juízes impediram os réus ou as testemunhas de relatarem torturas. Fazia muito pouco tempo, em Curitiba, um juiz de auditoria interrompera os depoimentos e, mais tarde, condenara os réus, argumentando que, "apanhando ou não, o fato é que confessaram a verdade". Naquela tarde, a situação era inédita, porque a tortura na repressão política nunca tinha sido denunciada perante a Justiça civil, teoricamente capaz de agir com mais independência do que a militar nesses casos.

As dúvidas desapareceram quando Gomes Martins interveio pela primeira vez para responder a uma objeção do procurador da União. Duque Estrada começara seu depoimento contando como tinha sido preso, levado para o DOI-Codi, encapuzado, ameaçado. Nesta altura, o procurador Bruno Tito Lopes levanta a objeção:

– Excelência. A testemunha está descrevendo sua própria situação. Não está se referindo ao objeto da ação, que é a morte de Vladimir Herzog.

A resposta do juiz traçaria os rumos da audiência daí para a frente:

– Este juízo considera que qualquer fato aqui referido pode ser relevante. A testemunha está citando fatos que podem constituir elementos elucidativos na busca da plena e absoluta verdade, que é o que procuramos.

A resposta do juiz, na verdade, permitia adivinhar com otimismo os rumos da ação toda e – vista agora com a perspectiva dos acontecimentos posteriores – abriu de fato o processo sobre a tortura no Brasil.

Os relatos que ele permitiu que se fizessem são as "pungentes declarações" a que se referiu seu substituto, ao denunciar as torturas em sua sentença; foram a senha para que outros percebessem que o medo é aliado do inimigo e ganhassem forças para acusar seus carrascos; foram o ponto de partida para que, passados cinco meses e após conhecida a sentença, se reabrissem os casos do operário Manoel Fiel Filho, do tenente José Ferreira de Almeida, do jornalista Luis Eduardo Merlino,[63] do ex-deputado Rubens Paiva,[64] do estudante Alexandre Vannucchi Leme.[65]

Ao ouvi-los, naquela primeira audiência, Gomes Martins não alterava o tom baixo e discreto de voz cada vez que se dirigia à testemunha, mas seus olhos denunciavam seu horror ante as indignidades ali descritas.

Duque Estrada agora está chorando. Ele acaba de reviver a sequência de acontecimentos que nos golpearam naquele sábado: a chegada de Vlado ao DOI-Codi, a primeira acareação com ele e Rodolfo Konder, a obstinação de Vlado em calar-se ("Não sei do que vocês estão falando"), os dois de novo do lado de fora ouvindo os gritos do amigo que sofria a primeira sessão de tortura, o rádio ligado a todo volume, as pancadas, os gemidos, Vlado aos gritos xingando seus torturadores, a segunda acareação, dessa vez só com Konder, a espera de novo no banco. Duque

---

[63] Torturado e morto em 1971, no DOI-Codi do então II Exército, sob o comando de Carlos Alberto Brilhante Ustra. Merlino havia participado do movimento estudantil e era filiado ao Partido da Causa Operária (PCO). Trabalhou no *Jornal da Tarde* e na *Folha da Manhã*. Outro caso de falso suicídio. Seu corpo não foi encontrado. Ustra foi condenado em 2012 a pagar indenização à família, mas recorreu.

[64] Rubens Beirodt Paiva, engenheiro civil e empresário, foi eleito deputado federal pelo PTB de São Paulo em 1962. Fez parte de uma Comissão Parlamentar de Inquérito (CPI) que investigou as atividades de entidades que promoviam agitação política e financiavam atividades contra o governo constitucional de João Goulart, o Ipes e o Ibad. Teve o mandato cassado após o golpe de 1964. Exilou-se e logo voltou ao Brasil, onde fundou, com o editor Fernando Gasparian, o *Jornal de Debates* e foi diretor da *Última Hora* de São Paulo. Preso em 1969 e assassinado no DOI-Codi do então I Exército, no Rio de Janeiro, seu corpo nunca foi encontrado. A Comissão Nacional da Verdade esclareceu sua morte em 2014.

[65] Era aluno da Geologia da USP. Filiado à ALN (Aliança Libertadora Nacional), foi preso pelo DOI-Codi do então II Exército em março de 1973 e assassinado. Os militares apresentaram inicialmente as versões falsas de suicídio, depois de atropelamento ao tentar fugir. Em sua homenagem, foi rezada por dom Paulo Evaristo, semanas após sua morte, uma missa na Catedral da Sé à qual compareceram 5 mil pessoas.

acha que deviam ser 4 ou 5 horas da tarde quando houve silêncio no DOI-Codi. O silêncio da morte de Vlado.

No tribunal, o único som que se ouve são os soluços da testemunha. Não dura mais que um longo minuto a interrupção, respeitada pelo juiz.

– O senhor já pode continuar? – pergunta o juiz. Duque confirma com um sinal de cabeça e olha de novo nos olhos de Gomes Martins.

– Como o senhor pode ter certeza de que os gritos eram de Vladimir Herzog?

Duque não tem dúvidas: "Na sala em que ele estava sendo torturado só havia uma porta. Era uma sala pequena, com uma mesa, uma cadeira e um armário onde deu para ver que havia pedaços de pau e uma corda, instrumentos de tortura. Não havia janela, portanto, a única saída possível era pela porta. Eu e Rodolfo Konder fomos deixados no banco, junto a essa porta, logo depois do nosso encontro com Vlado, de forma que os gritos só podiam ser dele".

Rodolfo Konder[66] também tem certeza: "Vladimir estava lá, sentado numa cadeira, com o capuz enfiado e já de macacão. Assim que entramos na sala, o interrogador mandou que tirássemos os capuzes, por isso nós vimos que era Vladimir e vimos também o interrogador, que era um homem de 33 a 35 anos, com mais ou menos 1 metro e 75 de altura, uns 65 quilos, magro, mas musculoso, cabelo castanho claro, olhos castanhos apertados e uma tatuagem de uma âncora na parte interna do antebraço esquerdo, cobrindo praticamente todo o antebraço. Ele nos pediu que disséssemos ao Vladimir 'que não adianta sonegar informações'. Tanto eu como Duque Estrada de fato aconselhamos Vladimir a dizer o que sabia, inclusive porque as informações que os interrogadores desejavam ver confirmadas já tinham sido dadas por pessoas presas antes de nós. Vladimir disse que não sabia de nada e nós dois fomos retirados da sala e levados de volta ao banco de madeira onde antes nos encontrávamos, na sala contígua. De lá, podíamos ouvir

---

[66] * Depoimento extrajudicial de Konder, prestado perante oito testemunhas no escritório do advogado José Carlos Dias, em novembro de 1975, logo após sua libertação.

nitidamente os gritos, primeiro do interrogador e depois de Vladimir. Ouvimos também quando o interrogador pediu que lhe trouxessem a 'pimentinha' e solicitou ajuda de uma equipe de torturadores. Alguém ligou o rádio e os gritos de Vladimir se confundiam com o som do rádio. Lembro-me bem de que, durante esta fase, o rádio dava a notícia de que Franco havia recebido a extrema-unção. O fato me ficou gravado, pois naquele mesmo momento Vladimir estava sendo torturado e gritava. A partir de um determinado momento, a voz de Vladimir se modificou, como se tivessem introduzido alguma coisa em sua boca; sua voz ficou abafada, como se lhe tivessem posto uma mordaça. Mais tarde, os ruídos cessaram".

Enquanto Duque esperava no banco, Konder foi levado de novo para conversar com Vlado, desta vez para esclarecer um detalhe do que dissera antes:

– O interrogador saiu novamente da sala e dali a pouco voltou para me apanhar pelo braço e me levar até a sala onde se encontrava Vladimir, permitindo mais uma vez que eu tirasse o capuz. Vladimir estava sentado na mesma cadeira, com o capuz enfiado na cabeça, mas agora me parecia particularmente nervoso. As mãos tremiam muito e a voz era débil.

Duque Estrada e Rodolfo Konder, além dos torturadores, foram as últimas pessoas que viram Vlado com vida. Escutaram as pancadas, ouviram os gritos e gemidos do amigo, perceberam quando foi pedida a máquina de choque e outros torturadores entraram na sala onde Vlado estava, sabiam que os gritos eram dele, embora confundidos com o rádio a todo volume. Por que então silenciaram no IPM?

Duque responde à pergunta do juiz: tentou dizer que ouvira os gritos de Vlado, mas o procurador Durval Ayrton Moura de Araújo não permitiu que constasse dos autos. "Ouvir é subjetivo", argumentou, não permitindo que a informação fosse registrada pelo escrivão. Rodolfo não chegou a dizer nada: "Relatei meus dois contatos com Vladimir nas dependências do DOI. Omiti, no entanto, referências aos seus gritos e à tortura. O procurador me perguntou se eu havia sido torturado. Minha resposta foi o silêncio, enquanto nos olhávamos fixamente nos olhos".

Que espécie de coação sofreram os dois? Não está escrito no Relatório do IPM que seus depoimentos, assim como os das outras 19 testemunhas, "foram tomados sem qualquer constrangimento físico ou moral"?

Ambos contam que prestaram depoimento na sexta-feira, dia 31 de outubro, seis dias após a morte de Vlado. Tinham saído para o enterro segunda-feira e retornado ao DOI-Codi, no dia seguinte. Nessa mesma terça-feira, foram chamados pelo torturador que usa o nome de "dr. Paulo", descrito por Konder como "um japonês de cerca de 40 e poucos anos, magro, 1 metro e 70 de altura", que fez "algo que nos soou como uma advertência e até mesmo uma ameaça. Ele nos disse que a nota do II Exército nos havia colocado numa situação extremamente perigosa, porque a qualquer momento poderíamos ser 'justiçados' por elementos do Partido Comunista. A partir desse momento, Duque Estrada e eu nos sentíamos permanentemente ameaçados, por termos compreendido que a nossa morte poderia servir inclusive de pretexto para novas ações repressivas, sob a alegação de que havíamos sido assassinados por membros do Partido Comunista".

No Tribunal, a lembrança dessa reunião provoca a segunda interrupção no depoimento de Duque. Ele não consegue continuar, quando menciona que ele e Konder foram citados como "delatores":

– Este dr. Paulo nos disse que poderíamos ser "justiçados" pelo PC, porque a nota oficial do II Exército nos apontava, a mim e ao Konder, como delatores do Vlado.

Três dias depois dessa conversa, os dois foram levados, um por vez, para depor no IPM. Trocaram o macacão do Exército pelas roupas que lhes foram devolvidas, mas não sabiam para onde seriam levados, nem – enquanto prestavam depoimento – se voltariam para o DOI-Codi. Tampouco tinham qualquer informação sobre a indignação e o movimento de protesto que crescia em São Paulo e no resto do Brasil, por causa da morte de Vlado.

Duque, quando foi levado, chegou a expor ao general Cerqueira Lima seu medo de ser morto, em vista da ameaça do "dr. Paulo", e lhe pediu garantia de vida.

É possível precisar quanto tempo durou a tortura ou a hora exata da morte? Konder calcula que umas duas horas, menos que a dele próprio, que teria demorado quatro. Duque acha difícil avaliar o tempo quando se está sem dormir, sempre encapuzado, mas imagina que deviam ser 4 ou 5 horas da tarde quando houve silêncio no DOI-Codi. "Alguma coisa aconteceu", foi o único comentário de Rodolfo, a seu lado. Ninguém podia supor que a morte de Vlado era o motivo daquele silêncio, estranho à rotina de gritos, som de rádio, gemidos e latas batendo. O fato é que, naquele sábado, até à noite houve silêncio no DOI-Codi.

Duque e Konder foram deixados no mesmo banco mais algum tempo até que alguém apareceu para levá-los – a eles e a todos os outros presos que estavam no térreo – para o primeiro andar do prédio. Os corredores, que estavam atulhados de gente, foram esvaziados rapidamente. Disseram-lhes que todos seriam reunidos para uma acareação geral. Eles foram de fato colocados todos juntos numa sala, mas, evidentemente, não houve acareação alguma. Sem maiores explicações, foram todos de novo levados para o térreo. Quanto tempo depois? Duque acha que 10 ou 15 minutos. Tempo suficiente para um cadáver ser transportado de um lugar para outro. Vlado estava sendo interrogado no térreo. O Laudo de Encontro de Cadáver diz que seu corpo estava na "cela especial n.º 1", no andar de cima, e que o fato foi comunicado à Divisão de Criminalística do Instituto de Polícia Técnica às 18 horas e 10 minutos "pelo capitão Ubirajara".[67]

Naquela mesma noite, aumentaram as suspeitas de Duque e Konder de que algo de anormal acontecera. Os dois foram chamados e coagidos a assinar uma declaração de próprio punho a respeito do interrogatório de Vlado. Os termos de ambas, muito semelhantes e em linguagem tipicamente policial, deixam claro que lhes foram ditadas:

---

[67] *As informações sobre a hora da morte de Valdo são contraditórias. Enquanto o Laudo de Encontro de Cadáver diz que o chamado foi feito às 18:10, o coronel Paes, chefe da 2ª Seção, e outras testemunhas do DOI-Codi afirmam no IPM que Vlado foi encontrado morto às 16:30.

"Eu, Rodolfo Oswaldo Konder, declaro que fui, nesta data, acareado com Vladimir Herzog, a quem convenci de que deveria esclarecer toda nossa atividade subversiva junto ao Partido Comunista Brasileiro, ou seja, nossa vinculação à base de jornalistas da revista Visão, *a partir de 1971. [...] Declaro ainda que presenciei quando Vladimir Herzog prestava depoimento espontaneamente sobre suas atividades políticas, tendo-o ajudado inclusive a recordar parte dessas atividades."*

São Paulo, 25 de outubro de 1975.

"Eu, George Benigno Jatahy Duque Estrada, declaro que, nesta data, tendo sido acareado com Vladimir Herzog, procurei convencê-lo que deveria esclarecer toda a nossa atividade subversiva junto à base do Partido Comunista Brasileiro, que funcionava junto à revista Visão."

São Paulo, 25 de outubro de 1975.

No dia seguinte, domingo, quatro jornalistas presos ficam sabendo da morte do companheiro.

Duque, Konder, Markun e Christo são chamados pelo "dr. Paulo" e outro torturador para ouvirem, de alguém que lhes pareceu ser o responsável pela análise das informações colhidas no DOI-Codi, uma preleção sobre a penetração soviética no Brasil. Antes, já lhes parecera estranha uma ordem para que escrevessem o que sabiam sobre os hábitos e o comportamento de Vlado. A preleção soou ainda mais intrigante: era uma teoria segundo a qual, em qualquer país, o Partido Comunista tem um chefe ostensivo, mas, na realidade, é dirigido por alguma personalidade acima de qualquer suspeita. Pode ser "um governador de Estado, um ministro, um secretário ou um bispo", segundo o homem do DOI-Codi. Finalmente, depois dessa preparação, a notícia foi dada aos companheiros de Vlado: ele estava morto. Na versão do homem do DOI-Codi, ele se suicidara porque devia ser um agente da KGB (a polícia secreta soviética) e, ao mesmo tempo, "braço direito do governador Paulo Egydio". Markun imediatamente contestou, argumentando que Vlado jamais estivera pessoalmente com o governador Paulo Egydio, que sequer o conhecia. "Mas o homem insistiu irritado nessa teoria", Konder narra em seu depoimento, "e disse que nós não sabíamos de nada".

Vlado, de agente da KGB a militante menor

É necessário registrar aqui a cronologia das versões que levaram Vlado a passar, em dois meses, de "agente da KGB" a "militante cujo depoimento não tinha maior importância", no curso dos acontecimentos que se seguiram à sua morte. A tentativa inicial do Exército foi realmente de apresentá-lo como um espião ou agente soviético, como se alguma culpa que porventura lhe imputassem pudesse justificar sua eliminação. Essa tentativa ficou bem caracterizada em nota que o SNI (Serviço Nacional de Informações, na época chefiado pelo general João Batista Figueiredo) distribuiu no dia 29 de outubro:

"É por todos os motivos profundamente lamentável o suicídio do jornalista Vladimir Herzog. Sua morte ocorre no contexto da crescente atividade desenvolvida pelo comunismo no Brasil, com sua ação de infiltração e de proselitismo. As chamadas 'prisões em massa' constituem parte da técnica desenvolvida pelas organizações comunistas para neutralizar ou impedir a ação dos órgãos de segurança. Não há 'prisões em massa', e sim prisões legais, para identificar e aprofundar os dados disponíveis sobre a ação comunista. Situam-se dentro do quadro de combate à subversão, que motivou a nota circular do Ministério da Justiça.

Não se pode ignorar – *aqui a nota do SNI começa a formular hipóteses sobre o "suicídio"* – "que o jornalista morto, por palavras e por escrito, comprovou sua condição de comunista militante, não apenas um homem de ideologia comunista, mas sim ativista. Procura-se dar a impressão ao povo e ao mundo que o mesmo foi assassinado pelos órgãos de segurança ou que se suicidou por temor às torturas que sofreria por parte dos interrogadores. No entanto, por que não considerar que, uma vez tendo-lhe sido impossível negar sua ação contra o regime democrático, não se suicidou consciente de que a agitação nacional e internacional que se seguiria fosse, talvez, o último e grande trabalho que prestaria ao partido? Por que não admitir que teria receio do 'justiçamento' futuro por seus próprios camaradas de partido? Ou, então, por que não considerar que teria fatos muito mais comprometedores a revelar e que preferiu, com grandeza militante, ocultar pelo silêncio que a morte acarreta?".

A nota do SNI foi divulgada no dia 30 de outubro por uma estação de televisão e vários jornais, atribuída às mais diversas fontes: a *TV Globo*, sob pressão direta, foi obrigada a transmiti-la no *Jornal Nacional* como notícia da redação, com os editores do programa expressamente proibidos de citar a fonte ou mesmo de identificá-la como "nota oficial", como chegou a ser tentado pelos jornalistas; *O Globo* (Rio), com o título "Órgãos de segurança fazem considerações sobre o suicídio" e a introdução "Colhemos junto aos órgãos de segurança as seguintes considerações"; o *Jornal de Minas*, como nota de redação; o *Jornal de Hoje* (Maceió, Alagoas), como editorial; o *Diário de Pernambuco* (Recife, Pernambuco), atribuída a "fontes oficiais"; *A Notícia* (Rio), como notícia procedente de Brasília e com a introdução "Círculos ligados à Arena, a propósito do suicídio do jornalista Vladimir Herzog, faziam ontem as seguintes observações"; a *Folha de S.Paulo*, com a vaga citação "dizem as autoridades", reproduz trechos da nota em extensa matéria da sucursal de Brasília com o título geral "Governo adverte: agitação será coibida". "As causas possíveis" é o intertítulo da parte final em que a nota do SNI está contida.

Em particular, a última indagação da nota do SNI denunciava a intenção da repressão de pintar Vlado como um morto importante. Bem-sucedida a tentativa, parte da opinião pública, insuflada pela campanha anticomunista, poderia até apoiar a supressão de um inimigo; e, para efeito do balanço interno de prestação de serviços, os torturadores somariam um ponto a seu favor, num momento em que se prenunciava a ampliação do processo de abertura política.

Mas onde encontrar informações que pudessem sustentar a tese do Vlado agente da KGB? De que forma conciliar sua "confissão" de que contribuía com 100 cruzeiros mensais para o PCB e recebera "duas ou três vezes" o jornal *Voz Operária* com os "fatos muito mais comprometedores", a "grandeza militante", a "ação contra o regime democrático" e o temor do "justiçamento futuro" mencionados na nota do SNI?

No Brasil, o próprio SNI, que dois meses antes dera o sinal verde para a contratação de Vlado para a TV Cultura, não teria condições de encontrar, nem mesmo de forjar a curto prazo, informações capazes de compor a imagem do agente da KGB. A saída foi tentada em Londres, onde ele tinha vivido três anos, contratado pelo Serviço Brasileiro da BBC. Ocorreu então o que se tornou comum sempre que a polícia matava alguém, preso político ou preso comum: abandonar a investigação da morte para investigar o morto, como que para demonstrar à opinião pública que ele merecia o fim que teve. No caso de Vlado, já no dia 4 de novembro de 1975, o general Cerqueira Lima, presidente do IPM, queria saber de suas atividades em Londres. Consta dos autos esta Certidão, assinada pelo escrivão do inquérito, 2º tenente Cristiano Siqueira da Luz:

"Foi expedido o Telex n.º 1478-E2, JP, de 4 de novembro de 1975, ao sr. Adido Militar à Embaixada Brasileira em Londres, Inglaterra, solicitando dados sobre o comportamento político de Vladimir Herzog, durante o tempo em que trabalhou na BBC daquela cidade."

As informações chegaram através do Estado-Maior do Exército, em Brasília, também por telex, com data de 6 de novembro e classificado como "Urgentíssimo".

"Informo ter recebido a seguinte mensagem do adido em Londres: 'Características apuradas junto a antigo companheiro de trabalho: pessoa introvertida, nervoso, medroso, positivamente elemento de esquerda marxista e com problemas psíquicos, possivelmente causados por trauma de infância por ser judeu e por perseguição nazista'." Assina a comunicação o coronel Linhares,[68] chefe da 2ª Seção do Estado-Maior do Exército.

Estive com Vlado em Londres durante três anos, trabalhamos juntos na BBC e não consigo imaginar que antigo companheiro de trabalho poderia ter fornecido ao adido militar brasileiro na Inglaterra descrição tão descabida. Mas, ainda que fosse verdadeira, o fato é que introversão, nervosismo, medo e problemas psíquicos, mesmo em uma

---

[68] Ivan Dentice Linhares participou em 1975, ano de criação da Operação Condor (de coordenação das forças repressivas de países da América do Sul), da XI Conferência dos Exércitos Americanos. Chegou, como general, à chefia do Comando Militar do Sudeste.

pessoa "positivamente de esquerda marxista", não são propriamente qualidades que casem com a imagem de um agente da KGB. Por isso, o general Cerqueira Lima ainda procurou mais informações em Londres. No dia 10 de dezembro, ele passou este telex para o Estado-Maior do Exército, em Brasília: "Solicito dessa chefia consultar o adido militar em Londres sobre a possibilidade de identificar e qualificar a fonte que forneceu a informação sobre o comportamento do jornalista Vladimir Herzog, contida na mensagem transcrita no vosso telex".

Mas até o dia 16 de dezembro, quando o IPM foi encerrado, a resposta não chegou. Provavelmente, nem depois. Dificilmente viria de um lugar onde Vlado deixou uma reputação profissional que lhe valeu, em dezembro de 1978, como que em comemoração à sentença do juiz Márcio José de Moraes, uma homenagem especial da BBC. O Serviço Brasileiro retransmitiu um programa que tínhamos gravado em 1966 – Vlado fazendo o papel central na peça *Too True to be Good*, de Bernard Shaw.

O "antigo companheiro de trabalho" da BBC, se é que não se tratava de uma fraude que não pôde ser levada adiante, deve ter tido à última hora o escrúpulo que faltou, por exemplo, ao jornalista Randolfo Marques Lobato, cujo desastrado depoimento no IPM dever ter provocado arrependimento naqueles que tiveram a ideia de pinçá-lo de sua veterana mediocridade para fazer o papel de dedo-duro. Pela data do depoimento – 28 de novembro –, foi a derradeira tentativa local de elevar Vlado à "grandeza militante" pretendida pelo SNI.

Um resumo do que Lobato disse no IPM: "[...] que conheceu Vladimir Herzog quando ambos trabalhavam no jornal *O Estado de S. Paulo*; que, em 1963, mais ou menos, houve um expurgo naquele jornal, nos diversos departamentos, de elementos marcadamente de esquerda, ocasião em que Vladimir foi obrigado a deixar aquele jornal; que o declarante veio a saber que Vladimir veio a assumir a direção de telejornal do Canal 2 em substituição a Walter Sampaio,[69] então diretor,

---

[69] Foi diretor de jornalismo da Rádio Bandeirantes, da TV Excelsior, das Emissoras Associadas e da TV Cultura. Foi professor da Escola de Comunicação e Artes da USP e das universidades Mackenzie e Católica de Santos. Lê-se em *As duas guerras de Vlado Herzog: da perseguição nazista na Europa à morte sob tortura no Brasil*, de Audálio

substituição essa que o declarante achou estranha, já que Walter Sampaio é um profissional capaz e de formação democrática; que o declarante pode informar que, pelo que conhece sobre Vladimir Herzog, desde aquela época em que trabalhavam n'*O Estado de S. Paulo*, indisfarçável era a sua posição ideológica de esquerda; que o declarante presta o presente depoimento sem qualquer coação ou constrangimento físico ou moral".

Mau prestador de serviço, o afoito Lobato mentiu, foi ineficiente. Provocou do próprio *O Estado de S. Paulo* um desmentido categórico no dia em que saíram as Conclusões do IPM: nunca houve expurgo de elementos de esquerda, informou o jornal, e Vlado não foi demitido em 1963; pediu demissão em 1965 para viajar para Londres.

O mesmo desmentido valeu para o que disse no IPM o coronel Paes, chefe da 2ª Seção, em depoimento no dia 14 de novembro: "[...] que o declarante, nas investigações procedidas pela 2ª Seção, foi informado que Vladimir Herzog, quando por volta de 1958 trabalhava no jornal *O Estado de S. Paulo*, foi de lá despedido, em virtude da orientação extremista que imprimia ao seu trabalho, pelo então diretor daquele jornal, dr. Júlio de Mesquita Filho, atendendo às reclamações feitas pelos companheiros de redação de Vladimir". No caso, o desmentido do jornal foi mais indignado porque à falsa informação o coronel acrescentou o insulto à memória do velho jornalista liberal, colocando-o no nível de delatores.

Terminaram aí as tentativas de construir o passado de Vlado à imagem do agente pernicioso descrito na nota do SNI de 29 de outubro. Fracassados todos os caminhos, optou-se pelo outro extremo: no Relatório e nas Conclusões do general Cerqueira Lima, Vlado aparece como pessoa desimportante, que fora apenas "convidado" a prestar esclarecimentos, que seria libertado logo em seguida, que sabia que ia sair imediatamente e cuja morte, longe de representar "o último e grande trabalho que prestaria ao partido" (versão SNI, outubro), "se verificou por voluntário suicídio, por enforcamento, embora a razão íntima não possa afirmar qual tenha sido" (versão IPM, dezembro).

Dantas: "[...] marcara pontos em sua gestão [na TV Cultura] como 'colaborador' dos serviços de segurança. Os mesmos serviços, segundo o CIE [Centro de Informações do Exército], eram prestados por Sampaio na ECA-USP, onde era professor".

Um IPM repleto de contradições. Os jornalistas voltam a falar. Um manifesto com 1.004 assinaturas[70]

Os resultados do IPM foram divulgados no dia 19 de dezembro, uma sexta-feira, e publicados na íntegra por quase todos os jornais de São Paulo e do Rio no sábado. Os militares mantinham a tática de deixar para o fim de semana os fatos dos quais queriam evitar repercussão. Tinha sido assim com as prisões em outubro, a maior parte realizada sexta-feira à noite ou sábado de madrugada, quando é difícil mobilizar ajuda, e às vezes até a divulgação da notícia fica na dependência de autorização do dono do jornal, que em geral não é localizado em fins de semana. O mesmo acontecia agora com o IPM. Com a maioria dos repórteres habitualmente de folga num sábado, quem os jornais iriam movimentar para investigar e levantar opiniões? Quem poderia ser localizado num sábado para falar?

Na verdade, essas perguntas deviam ser antecedidas de outra: havia interesse dos jornais em analisar o IPM, levantar suas dúvidas e omissões? A resposta tivemos no próprio sábado na redação do jornal *O Estado de S. Paulo*: o secretário mostrou-nos o esboço da página destinada às repercussões, com autorização da direção do jornal para publicar eventuais pronunciamentos da ABI, do Sindicato, da OAB ou de outro organismo, mas, ao mesmo tempo, com a ordem de evitar a iniciativa de uma investigação pelo próprio jornal. A única iniciativa na pauta de reportagem naquele dia acabou não se consumando: o rabino

---

[70] Como se viu no início do livro, os signatários foram 1.006, contando-se dois cujos nomes aparecem no jornal *Unidade*, do Sindicato, e não foram reproduzidos na matéria paga publicada no *Estado*.

Henry Sobel, que, de manhã, pelo telefone, concordara em receber um repórter, à tarde recusou-se a falar. Ele seria ouvido sobre a contradição entre o que disse em entrevista do dia 30 de outubro ("Vlado não está enterrado em local de suicidas") e a afirmação do rabino Fritz Pinkus[71] e de outros membros da Comunidade Judaica no IPM ("Vladimir está enterrado em local de suicidas"). Fora isso, nada. Em nenhum jornal.

Do Sindicato também não partiria a iniciativa de apontar as falhas do IPM. Firmes na determinação de preservarmos o Sindicato a todo custo, aferrávamo-nos a uma interpretação rígida dos textos legais que amarram os sindicatos. Tínhamos certeza de que um deslize nos custaria a intervenção. E isto não nos permitia assumir a iniciativa da nova ofensiva que a fragilidade das Conclusões do IPM propiciava. Era necessária alguma forma de mobilização que de novo despertasse a consciência e a disposição de resistir que os jornalistas tinham demonstrado em outubro e, com isso, desse o respaldo de que a direção sindical precisava. Ela acabou surgindo na forma de um abaixo-assinado que um grupo de jornalistas preparou e de cujo envio à Justiça Militar o Sindicato se encarregou, endossando-o. Mais de 1.000 jornalistas em todo o Brasil assinaram o documento, que resumia uma análise minuciosa das falhas do IPM, que uma comissão do próprio Sindicato fora incumbida de levantar.

A *Análise do IPM sobre a morte de Vladimir Herzog*, encontrada nos arquivos do Sindicato, enumera todas as incoerências e omissões que a comissão descobriu:

1 – No item 4 (que transcreve a comunicação feita no dia da morte, pelo comandante do DOI ao Chefe da 2ª Seção do II Exército) aparece a omissão mais flagrante. Diz o comandante do DOI:

"Paticipo-vos que, cerca das 16:30 horas de hoje (25 de out. 1975), foi encontrado o corpo de Vladimir Herzog, enforcado na grade do xadrez especial n.º 1, *usando para tanto a cinta do macacão que usava*."

Também nas Conclusões do IPM aparece esta referência, no item d, que diz: "[...] *utilizando-se do cinto de pano integrante do macacão que vestia na ocasião*".

---

[71] Liderou a criação, em 1936, da Congregação Israelita Paulista (CIP).

Fora essas duas referências, em nenhum outro momento, seja na íntegra do Relatório, seja nas Conclusões, há no IPM qualquer menção ao cinto. Ao contrário, procura-se sempre enfatizar que as roupas dos presos são especiais, que todas as providências são tomadas para preservar sua segurança. Essa ênfase é dada principalmente nos seguintes itens:

– Depoimento do coronel José de Barros Paes, chefe da 2ª Seção do II Exército, no item 30, letra g, do Relatório: "[...] que as autoridades do Destacamento de Operações de Informações sempre tomaram as providências no sentido de ser preservada a segurança dos presos, não só lhes dando vestes apropriadas (macacões) quando ali se encontram, como são também constantemente fiscalizados nas celas ou recintos onde se encontrem".

– Depoimento de Altair Casadei,[72] carcereiro do DOI, no item 32, letra g: "[...] que é de praxe do Destacamento de Operações de Informações, como medida de segurança, retirar as roupas das pessoas detidas, substituindo-as por um macacão verde oliva, como aquele que Vladimir vestia na ocasião em que foi encontrado morto".

– Mesmo depoimento, no item 32, letra i: "[...] que há recomendações expressas, por parte das autoridades do Destacamento de Operações de Informações, no sentido de serem os presos vigiados frequentemente, para o que existe uma ronda dia e noite na ala das celas".

– Depoimento de Pedro Antônio Mira Grancieri, investigador lotado no DOI, no item 33, letra h: "[...] que as autoridades usam de todas as cautelas no sentido de garantir a segurança dos presos, tais como plantão permanente na área das celas, rondas e roupas especiais para os presos".

Em nenhum momento foi indagado dessas testemunhas, que enfatizam a segurança dos presos, por que, apesar de todas as cautelas e roupas especiais mencionadas, Vladimir – a se acreditar no suicídio – tinha um

---

[72] Denunciado pelo Ministério Público Federal, em 17 de março de 2020, pelo assassinato de Herzog, juntamente com Audir Santos Maciel, José Barros Paes, Harry Shibata, Arildo de Toledo Viana e Durval Ayrton Moura de Araújo, todos integrantes da repressão mencionados neste livro.

cinto à sua disposição. Essa pergunta seria a consequência lógica de todas as afirmações dessas testemunhas e, no entanto, não foi feita.

Ao contrário, nas Conclusões, está dito simplesmente: "n) apurou-se também que os responsáveis pelo Destacamento de Operações de Informações tomaram as precauções necessárias no sentido da preservação da segurança das pessoas ali detidas, através de medidas de segurança (inclusive dando aos interrogados outra vestimenta, já que as de uso próprio podem esconder objetos cortantes ou mesmo veneno) e fiscalização permanente".

Tampouco foi perguntado aos envolvidos no mesmo processo, também testemunhas, se suas roupas, dentro do DOI, tinham cinto. (*Posteriormente, na ação cível, todas as testemunhas afirmaram que seus macacões e os dos demais presos não tinham cintos.*)

2 – As Conclusões do IPM apoiam-se, entre outras coisas, nos laudos periciais e dizem: "f) os laudos em questão são insuspeitos, quer pela competência dos seus signatários, quer pela origem da instituição de onde provieram, quer, ainda, pela *inexistência de qualquer vício que possa desacreditá-los...*".

No entanto, há no laudo de necrópsia pelo menos um vício: *os peritos do IML, Harry Shibata e Arildo Viana, descrevem a roupa com que o corpo chegou vestido para a necrópsia, e esta roupa não é o macacão descrito no Laudo de Encontro de Cadáver (com fotos), dos peritos Motoho Shiota e Silvio Shibata.*

O exame de corpo de delito não exige que o cadáver seja levado para o IML exatamente como foi encontrado?

E como é possível que o corpo tenha sido encontrado de macacão e depois tenha chegado ao IML com outra roupa?

A roupa com que chegou ao IML, segundo a descrição dos peritos, é a mesma com que Vladimir saiu de casa pela manhã, no dia em que morreu! E esta roupa nunca foi devolvida!

3 – Ainda no item 4 do Relatório (comunicação da morte, do DOI à 2ª Seção) está dito: "Já na parte da tarde, *pediu para fazer*, de próprio punho, uma declaração. Iniciou a escrevê-la, mas face à necessidade de uso da sala, para ser interrogado outro elemento, foi conduzido ao xadrez especial n.º 1, onde ficou sozinho".

Portanto, o comandante do DOI, o tenente-coronel Audir Santos Maciel, dizia, no dia da morte, a seu superior, que Vladimir "pediu para fazer de próprio punho uma declaração", e adiante praticamente procura justificar o fato de o preso estar sozinho quando alega "necessidade de uso da sala, para ser interrogado outro elemento"; daí sua transferência para o xadrez especial n.º 1, "onde ficou sozinho".

No IPM, em seu depoimento, o mesmo tenente-coronel Audir Santos Maciel contradiz essa justificativa quando afirma (item 31, letra e): "[...] que é norma do Destacamento de Operações de Informações, após as confissões feitas perante o interrogador, que o investigado seja colocado em sala separada, a fim de que redija, de próprio punho, as declarações que prestou e, também, para não ser perturbado ou constrangido pelos demais presos".

A mesma coisa é dita pelo investigador Pedro Antônio Mira Grancieri em seu depoimento (item 33, letra d): "[...] que é praxe no Destacamento de Operações de Informações que o investigado redija, de próprio punho, as suas declarações verbais prestadas perante o interrogador, para o que é, então, colocado numa cela ou recinto, separado dos demais presos".

O coronel Maciel, em sua comunicação sobre a morte à 2ª Seção (item 4), diz ainda: "Pouco depois, ao ir o carcereiro buscá-lo para ser liberado, conforme a determinação do Chefe da 2ª Seção EM II Ex., encontrou-o enforcado nas grades".

O fato de que Vladimir seria libertado naquele mesmo dia procura ser enfatizado também pelo coronel Paes (item 30, letra c): "[...] que Vladimir deveria prestar as suas declarações e ser liberado no mesmo dia, por ser de pouca relevância o depoimento daquele jornalista nos fatos investigados"; pelo coronel Maciel, em seu depoimento no IPM (item 31, letra c): "[...] após serem tomadas as declarações de Vladimir, deveria ser o mesmo liberado, com a recomendação de que não deveria pernoitar no Destacamento de Operações de Informações"; e (item 31, letra h): "[...] que sabe que Vladimir tinha conhecimento de que seria liberado naquele mesmo dia, após prestar as suas declarações", pelo carcereiro Altair Casadei (item 32, letra a), "quando para ali se dirigiu, por ordem do comandante do Destacamento de Operações de Informações, com a finalidade de retirar Vladimir Herzog daquela cela a fim de ser liberado"; (item 32, letra c): "[...] que tinha o declarante conhecimento, conforme lhe informaram seus superiores, de que Vladimir Herzog deveria ser liberado naquele mesmo dia, após serem tomadas as suas declarações"; (item 32, letra d): "[...] que chegou a comunicar a Vladimir, numa das vezes que passou pela cela, que ficasse tranquilo, pois seria liberado naquele mesmo dia"; (item 32, letra h): "[...] que o suicídio de Vladimir surpreendeu a todos no Destacamento de Operações de Informações, pois tinha o referido jornalista conhecimento de que seria liberado naquele mesmo dia".

A esse respeito, cabem as seguintes perguntas:

a. Como poderia o coronel Paes, de antemão, saber "ser de pouca relevância o depoimento daquele jornalista nos fatos investigados"?
b. Se seu depoimento era de pouca relevância, por que o DOI tentou prendê-lo na véspera, sexta-feira à noite, em sua casa e – depois – na própria TV Cultura, seu local de trabalho, só consentindo o coronel Paes com sua apresentação no dia seguinte depois da interferência do jornalista Paulo Nunes?
c. Como era possível saber o que Vladimir estava escrevendo, para se ter tanta certeza de que seria libertado em seguida? O carcereiro e o coronel Maciel dizem que ele seria libertado imediatamente; no entanto, qualquer pessoa que já tenha passado pelo DOI, inclusive os jornalistas presos na mesma ocasião e depois, conta que um depoimento de próprio punho, principalmente em termos tão sucintos com o de Vladimir, é a primeira etapa de um processo. Esse depoimento iria para uma seção de análise e seria seguido de mais dois – um chamado "perguntório" e outro uma espécie de "declaração de bons propósitos". Só no final do processo, que para a maioria demorou alguns dias, é que se faz uma declaração completa de próprio punho, que também é submetida à seção de análise e, só então, o preso é libertado ou transferido para o Deops. Esta costuma ser a praxe no DOI, e pode ser confirmada pelo depoimento de qualquer pessoa que tenha passado por lá.

Portanto, é estranhável a certeza de que Vladimir seria libertado no mesmo dia. Essa certeza procura ser acentuada também no depoimento da viúva, Clarice Herzog, na versão publicada pelo Relatório do IPM (item 37, letra n): "[...] que, no dia em que Vladimir se apresentou no Destacamento de Operações de Informações, o jornalista Paulo Pereira Nunes, que ali o acompanhara, lhe telefonou dizendo que talvez Vladimir saísse naquele mesmo dia". Contudo, o Relatório não acrescenta – e isto não consta dos Autos – que Clarice ressalvou não acreditar na informação, uma vez que outros jornalistas na mesma situação (Paulo Sérgio Markun e Anthony de Christo) estavam presos já fazia uma semana.

4 – Voltando à questão dos laudos periciais, um detalhe importante: o coronel Maciel informa, na comunicação da morte à 2ª Seção, que "foram tomadas providências junto à Polícia Técnica e Instituto Médico Legal para liberação do corpo e entrega à família". O coronel Paes informa, em seu depoimento (item 30, letra d), "que foi o declarante que determinou as providências, após o suicídio do jornalista Vladimir, no sentido de serem chamados o Instituto Médico Legal e a Polícia Técnica".

A contradição talvez seja irrelevante (quem pediu a perícia?), mas uma omissão do IPM é patente: não foi ouvido (pelo menos não foi incluído no Relatório) o oficial do DOI-Codi cujo nome aparece nos laudos periciais como o requisitante – o capitão Ubirajara.

5 – O depoimento rasgado.

Pelo Exame Grafotécnico e pelo depoimento da viúva (item 37, letra c), fica demonstrado que a letra do depoimento rasgado, encontrado na cela, era mesmo de Vladimir. No entanto, o Relatório do IPM não inclui a ressalva feita pela viúva em seu depoimento. Ela reconheceu a letra de Vladimir, mas acrescentou que não reconhecia a redação ou estilo, como sendo de seu marido (isto consta dos autos). Disse ainda (o que o promotor Durval Ayrton de Moura considerou "opinativo" e não fez constar) que achava a linguagem do depoimento "policial", e que Vladimir ou nenhum outro jornalista escreveria naqueles termos.

Tudo leva a supor que o depoimento tenha sido ditado a Vladimir.

E uma pergunta: um suicida, "arrependido da sua militância", como sugere o coronel Maciel em sua comunicação à 2ª Seção, rasgaria seu depoimento de forma que pudesse ser recomposto? Ou o picaria em mil pedaços? Ou até poderia tentar engoli-lo?

6 – O local do enterro.

Há contradições entre o que as testemunhas de religião judaica dizem no inquérito sobre o local do túmulo e o que o rabino Henry Sobel disse ao *Estado* no dia 30 de outubro (em entrevista publicada na edição do dia 31), sustentando que Vlado não foi enterrado no local reservado aos suicidas porque a Congregação para Chevrah Kadisha não tinha encontrado indícios suficientes de que fora suicídio. Sobel disse também, no Culto Ecumênico do dia 31, que "Vladimir está sepultado entre os homens", o que, para os judeus, significa que ele está enterrado entre os honrados, e não entre os suicidas.

7 – Os depoimentos dos presos.

O Relatório diz, em seu item 17, que foram ouvidas 21 testemunhas, "cujos depoimentos foram tomados sem qualquer constrangimento físico ou moral". Ora, o simples fato de estar preso, desinformado do que se passa fora, sem mesmo saber que fora instaurado IPM, não constitui constrangimento? Duas testemunhas, pelo menos, estavam nessa situação: Rodolfo Konder e George Duque Estrada. Ambos prestaram depoimento enquanto ainda estavam presos no DOI. Foram levados para o QG (para o IPM) e voltaram ao DOI. Poderiam falar livremente?

8 – A primeira contradição denunciada.

O Estado de S. Paulo e o *Jornal da Tarde*, no mesmo dia em que publicaram o Relatório do IPM, desmentiram o depoimento do jornalista Randolfo Marques Lobato, segundo o qual Vladimir fora obrigado a deixar o jornal, num expurgo feito em 1963 contra esquerdistas (item 28, letras a, b e c do Relatório). Além de desmentirem, apontaram contradição com o depoimento do coronel Paes, que, como chefe da 2ª Seção, afirma (item 30, letra i) que "Vladimir foi demitido em 1958".

"Em nome da verdade" era o título de resumo dessa análise que os jornalistas divulgaram na forma de abaixo-assinado e o Sindicato endossou no encaminhamento à Justiça Militar. Na verdade, mais do que um abaixo-assinado, era um autêntico manifesto com todos os riscos que uma ação desse tipo comportava na ocasião. Mais uma vez, os jornalistas se punham na vanguarda da atuação política, pois era a primeira vez que se articulava uma manifestação desse tipo para colocar em dúvida a versão oficial da morte de Vlado e exigir "a descoberta da verdade e a total elucidação dos fatos". Era uma manifestação legitimada pela dor da tragédia que a todos atingira, mas a nenhum dos que assinavam escapava o sentido político da iniciativa. Todos sabiam que o documento seria encaminhado à Justiça Militar como uma contestação aberta às Conclusões do IPM. Uma coleta de dinheiro era feita ao mesmo tempo que se pediam as assinaturas para custear a publicação em Seção Livre caso fosse necessário. (De fato, houve necessidade, porque nenhum jornal publicou a relação dos signatários e poucos deram a íntegra do documento. O dinheiro, no fim, só foi suficiente para uma inserção, em Seção Livre, no *Estado*.) Todos sabiam, portanto, que seus nomes seriam publicados e, por isso, expostos a eventuais represálias. Mesmo assim, eram poucos os omissos que invocaram os mais variados pretextos para não assinar.

Nas redações de São Paulo, as listas corriam e voltavam a mobilizar os jornalistas, enquanto chegavam as adesões do Rio, de Brasília, Belo Horizonte, Porto Alegre e de outras capitais, até somarmos todos 1.004 vozes de protesto. A qualidade e a coesão da manifestação contribuíram, decerto, para afastar a repressão. Nem a insanidade vigente poderia tachar de subversivos – rótulo tão usado para os que ousavam protestar – jornalistas como Prudente de Moraes Neto, presidente da Associação Brasileira de Imprensa; Castello Branco,[73] que abriu exceção em sua obstinada recusa em assinar manifestos para jogar a força de sua reputação em apoio aos jornalistas de São Paulo; Carlos Chagas

---

[73] Possivelmente o mais importante cronista político brasileiro do século 20. Formado em direito, começou como jornalista nos *Diários Associados* em 1939. Trabalhou em *O Jornal*, no *Diário Carioca*, na revista *O Cruzeiro* e no *Jornal do Brasil*, onde durante três décadas manteve uma coluna diária. Foi secretário de Imprensa do presidente Jânio Quadros (1961). Comandou em 1976 uma chapa vencedora de eleições no Sindicato dos Jornalistas do Distrito Federal contra adeptos da ditadura. Foi escritor, eleito para a Academia Brasileira de Letras em 1982.

e Carlos Felberg, ex-assessores de Imprensa de presidentes pós-1964, o primeiro de Costa e Silva e o segundo de Médici; e tantos outros.[74]

Apesar do peso da manifestação, apesar das falhas evidentes do IPM, apesar da divulgação no começo de janeiro do depoimento em que Rodolfo Konder narra as torturas sofridas por Vlado (anexação ao IPM solicitada pelos advogados, mas negada pelo juiz-auditor José Paulo Paiva), apesar da verdadeira confissão de culpa representada pela demissão sumária do general Ednardo do comando do II Exército após outro "suicídio" no DOI-Codi – o de Manuel Fiel Filho – o procurador Oscar Queiroz do Prado pede o arquivamento do inquérito, dizendo-se satisfeito com as provas colhidas. Apesar disso, em seu parecer, o procurador não considera mais do que uma "irregularidade administrativa" a presença "inadvertida" de um cinto no macacão do preso e faz uma zelosa reprimenda ao DOI-Codi: "Não podemos deixar de lamentar a inadvertida entrega, ao então investigado, de um macacão com cinto, com o qual ele se enforcou, o que para nós constitui irregularidade administrativa, dado o perigo que pode oferecer" – aqui vai a tímida repreensão – "merecedora, para o futuro, de particular atenção da autoridade competente".

Fechava-se com esse despacho e o "arquive-se" do juiz um inquérito cuja conclusão já estava prevista desde o momento em que o general Ednardo mandara instaurá-lo, "para apurar as circunstâncias do suicídio", e chamara para presidi-lo o general Cerqueira Lima, na

---

[74] *Carlos Chagas*, também formado em direito, começou no jornalismo em *O Globo* em 1959. Foi em meados dos anos 1960 secretário de imprensa do governador da então Guanabara Francisco Negrão de Lima, depois passou longamente pelo jornal *O Estado de S. Paulo* e trabalhou em várias emissoras de televisão, finalmente na *Tribuna da Imprensa*. Foi professor da Universidade de Brasília. A participação no governo do general Costa e Silva se deu em 1969 e resultou em 21 reportagens de página inteira publicadas em *O Globo* e no *Estado*, o que lhe valeu o Prêmio Esso de 1970. Os artigos foram depois transformados no livro *113 dias de angústia: impedimento e morte de um presidente*. Após rápida vendagem de 2 mil exemplares no Rio, o livro foi apreendido e proibido de circular. Seria reeditado em 1979. *Carlos Machado Fehlberg* formou-se em Medicina, mas logo iniciou carreira como jornalista em Porto Alegre. Foi da *Zero Hora* antes de trabalhar no governo do general Médici, e a ela voltou em 1974, tornando-se editor-chefe do jornal. Trabalhou depois no *Diário Catarinense*, de Florianópolis.

época com comando em Caçapava. As informações correntes na época davam-no como "homem de Geisel", colocado à testa do IPM para garantir-lhe lisura e imparcialidade, segundo os mais otimistas.

A figura do general era destacada como a de um magistrado acima de qualquer suspeita. A *Folha de S.Paulo* e a *Última Hora* (SP) publicaram no dia 31 de outubro de 1978, quatro dias após a sentença do juiz Márcio José de Moraes, comentários atribuídos a "fontes militares com experiência na área de informações", dizendo que, "em princípio, nos meios militares, o parecer do general Cerqueira Lima é merecedor de maior confiança do que o do juiz. Esta visão estaria baseada no conceito de que o general desfruta, sendo considerado homem de absoluta confiança do presidente Geisel e avesso às atividades de informação e repressão. Ele era mesmo um adversário dessas atividades e seria o último a favorecer qualquer pessoa ou grupo que estivesse envolvido no caso. Foi por isso mesmo que o general Ednardo o escolheu para chefiar o IPM, acreditando na lisura de sua decisão". E, da tribuna, o senador Jarbas Passarinho[75] colocou a honorabilidade do general acima de qualquer suspeita.

Quando se anunciou, no dia 31 de outubro de 1975, a abertura do IPM, tiravam-se ilações da presença de Cerqueira Lima, mas não se dava destaque a outro nome, designado para assessorá-lo na condução do inquérito: Durval Ayrton Moura de Araújo, procurador da Justiça Militar, premiado anos antes, pelo general Humberto Souza Mello,[76] com o cargo de assessor jurídico do II Exército.

---

[75] Jarbas Gonçalves Passarinho atingiu o coronelato no Exército. Governou o Pará (1964-1966), foi ministro do Trabalho (1967-1969) e da Educação (1969-1974), senador (1974-1983; 1986-1990; 1992-1994), ministro da Previdência Social (1983-1985) e da Justiça (1990-1992). Durante o governo do general Costa e Silva, foi um dos signatários do AI-5 (1968). Disse, na ocasião: "Às favas, senhor presidente, neste momento, todos os escrúpulos de consciência". Foi, desde os anos 1950, um expoente da direita.

[76] Foi comandante do então II Exército e chefiou o Estado-Maior das Forças Armadas nos governos dos generais Médici e Geisel. Intermediou financiamento para compra de armamentos pelo exército do Chile sob a ditadura do general Augusto Pinochet (*O Globo*, 30 de junho de 2012).

Dr. Durval, um prestador de serviços. Resposta do general "aos nazistas vermelhos"

A designação do procurador Durval Ayrton Moura de Araújo, ao contrário do que se noticiou na época, não partiu nem do general Ednardo nem do Ministério Público Militar. Este apenas referendou uma indicação feita pelo próprio general presidente do IPM, que, em curioso despacho constante de fls. 10 dos autos, solicita um assistente e, ao mesmo tempo, já nomeia o dr. Durval. No despacho, com data de 31 de outubro e assinado pelo general, está escrito:

"Seja solicitado ao Exmo. Senhor Procurador-Geral da Justiça Militar a designação de um representante do Ministério Público Militar para dar assistência e acompanhar o presente inquérito, sendo que este encarregado indica o nome do dr. Durval Ayrton Moura de Araújo, Assessor Jurídico do Comando do II Exército."

Conforme a solicitação-indicação, no mesmo dia, 31 de outubro, segundo informação da Agência Estado, "o procurador-geral da Justiça Militar, Ruy de Lima Pessoa, designou o procurador Durval Ayrton Moura de Araújo para assessorar o inquérito mandado instaurar pelo comando do II Exército, destinado a apurar as circunstâncias que levaram à morte o jornalista Vladimir Herzog". (Na verdade, é bom lembrar, não era para apurar a morte, e sim "o suicídio", como sempre constou dos comunicados militares.)

Por que o dr. Durval, e não outro, para dar cobertura jurídica necessária à apuração "do suicídio"?

Convido o leitor a encontrar a resposta na própria carreira do procurador, levantada em arquivos de jornais:

A PÁTRIA DE PARABÉNS

"Por ordem do general Amaury Kruel, comandante do II Exército, foi reconduzido à Promotoria da 2ª Auditoria Militar da 2ª Região Militar o promotor Durval Ayrton Moura de Araújo, que fora afastado das funções em dezembro do ano passado, por ordem do ex-presidente João Goulart, já que pedira a prisão preventiva dos sargentos e líderes sindicais envolvidos no levante do 2º GCan 90 AAe. Seu antecessor, promotor Milton Menezes da Costa Filho,[77] foi designado para exercer outras funções. Como foi amplamente noticiado na ocasião, os depoimentos dos sargentos e principalmente dos dirigentes sindicais Afonso Delelis e José de Araújo Plácido envolviam o ex-presidente na trama que visava à tomada do poder, com a consequente implantação do regime comunista. [...] Em seguida, o promotor Moura de Araújo concedeu entrevista coletiva à imprensa e disse: '[...] A pátria brasileira está de parabéns e jamais deve esquecer os magníficos serviços prestados pelas Forças Armadas, que demonstraram mais uma vez a sua formação altamente democrática e política'".

[*O dr. Durval era também presidente da Sociedade Hípica Paulista.* (N.A.)]

Folha de S.Paulo, 11/4/1964

FIEL A 31 DE MARÇO

"Na sessão de ontem da 2ª Auditoria de Guerra, foi prestada homenagem ao procurador Durval Ayrton Moura de Araújo pela sua efetivação no cargo. O juiz-auditor Nélson da Silva Machado Guimarães requereu a consignação em ata de uma nota em que diz, entre outras coisas: '[essas palavras] trazem o calor, o comprimento e a largura, a profundidade

---

[93] * No dia 20 de setembro de 1977, foi o procurador Milton Menezes da Costa Filho, atuando na Justiça Militar em Brasília, que determinou o arquivamento do pedido de abertura de Inquérito que a família Herzog encaminhara para indiciar o legista Harry Shibata "por falsidade ideológica", por ter admitido que assinara o laudo necroscópico de Vlado, mas não participara da autópsia.

e a altura do próprio amor com que todos nós desta Auditoria, em hora tão grave para o nosso país e para o mundo, buscamos, na simplicidade do dia a dia, realizar do melhor modo possível essa tarefa, para alguns divina e para nós terrível, de procurar e distribuir justiça. Deixo registrado, sr. presidente, além dessa homenagem, o meu voto de que o sr. Durval, que se acha apenas a meio caminho daquilo que a Justiça Militar pedirá dele na sua carreira, seja cada vez mais fiel à justiça e aos ideais mais puros de 31 de março, sem desfalecimento e com inquebrantável coragem."

Folha de S.Paulo, **19/5/1971**

DEFENSOR DA PENA DE MORTE

"O promotor da Justiça Militar, Durval Ayrton Moura de Araújo, que funcionou no julgamento da 2ª Auditoria de Guerra, realizado anteontem, que culminou com a condenação à morte dos terroristas Ariston de Oliveira Lucena, Diógenes Sobrosa de Souza e Gilberto Faria Lima, disse ontem que '[...] a sentença, fundamentada nos argumentos da acusação, é perfeita. Acredito mesmo que será a primeira sentença de morte a ser mantida pelo Superior Tribunal Militar. Defendo a aplicação da pena de morte, que no momento é necessária como autodefesa social intimidativa e, portanto, legítima, conforme autoridades na matéria. Só a pena de morte coibirá o assassínio nas ruas. O Ministério Público pedirá tantas penas de morte quantas sejam necessárias nos processos em que verificar, como no caso presente [*Morte do tenente da PM Alberto Mendes Júnior, na guerrilha do Vale do Ribeira*. (N.A.)], a sua aplicabilidade. Não basta dar nomes a praças públicas das vítimas que tombaram no cumprimento do dever, como homenagem póstuma. A sociedade exige a punição dos que as assassinaram."

Folha de S.Paulo, **2/12/1971**

PROMOVIDO, CONDECORADO

"O promotor Durval Ayrton Moura de Araujo, considerado o expoente máximo da linha dura na Justiça Militar, assume hoje novo posto, na Guanabara, depois de ter funcionado, de 1947 até ontem, na 2ª Auditoria de Guerra de São Paulo."

"[...] foi designado para prestar serviços junto à Procuradoria Geral no Superior Tribunal Militar." O jornal acrescenta que o promotor participou dos julgamentos políticos mais importantes da 2ª Auditoria: "Funcionou nos processos sobre as cadernetas de Luiz Carlos Prestes, no processo sobre a ALN, episódio dos dominicanos e nos da VPR e da Ala Vermelha, principais organizações terroristas. Foi o primeiro promotor a pedir a pena de morte. [...] Em razão dos seus trabalhos na Justiça Militar, recebeu a Medalha do Mérito Jurídico Militar, Comenda Santos Dumont e outras".

O Estado de S. Paulo, 11/1/1972

HOMENAGEADO

"Com a presença de altas autoridades do Poder Executivo e do Poder Judiciário e representantes das três Forças Armadas, realizou-se na noite de anteontem, nos salões do Círculo Militar, o jantar em homenagem ao procurador Durval Ayrton Moura de Araújo, pela sua promoção para a 1ª Circunscrição Judiciária Militar, junto ao Superior Tribunal Militar." Entre os presentes, general Humberto de Souza Mello, comandante do II Exército, major-brigadeiro Délio Jardim de Matos, comandante da 2ª DI, general Belfort Bethlem, comandante da 2ª RM.

Folha de S.Paulo, 22/1/1972

ASSESSOR JURÍDICO

"A Procuradoria-Geral da Justiça Militar junto ao Superior Tribunal Militar colocou o procurador Durval Moura de Araújo como Assessor Jurídico dos Comandos Militares (Marinha, Exército e Aeronáutica) em São Paulo. Assim, Durval Moura de Araújo dividirá as suas funções no Rio e São Paulo."

Folha de S.Paulo, 13/5/1972

ACUMULANDO FUNÇÕES

Legenda sob uma foto do procurador, no *Caderno Social*: "Durval Moura Araujo acumulando as suas funções no Superior Tribunal de Justiça Militar como novo membro da Sub-CGI de São Paulo. O revolucionário Durval".

Folha de S.Paulo, 8/7/1972

O registro da carreira do procurador o mostra, portanto, como um homem de absoluta confiança dos comandos militares, um notável prestador de serviços e, como tal, sempre homenageado e recompensado nas promoções. Por isso, não admira que tenha sido ele o homem escolhido pelo general Cerqueira Lima para assessorar o IPM da morte de Vlado, como também não admira que ele se tenha aplicado tanto na missão de conduzi-lo.

São muitos os exemplos da atuação do procurador Durval e do silêncio do general, conjugando-se ambos para levar o inquérito à conclusão desejada: a comprovação do suicídio. Ao procurador cabia orientar depoimentos de forma a moldá-los à conclusão decidida de antemão, ao general cabia emprestar nome e patente para referendá-la. Cada um cumpriu seu papel adequadamente.

Paulo Markun, em seu depoimento na ação cível, revelou ter discutido mais de uma vez com o procurador, por ter impedido que constasse do IPM a declaração de que ele e sua mulher, Dilea, foram torturados, e por isso tinha razões para supor que Vlado também o fora. Durval não consentiu, argumentando que se tratava de uma "interpretação subjetiva". O general Cerqueira Lima não se interessou pela revelação de torturas.

Duque Estrada, cujo depoimento na ação civil foi uma das provas mais contundentes da tortura sofrida por Vlado, também não pôde dizer no IPM o que sua mulher sofreu. Durval não deixou, argumentando que não dizia respeito ao caso. Tampouco pôde contar que ouvira os gritos de Vlado sendo torturado. Durval não consentiu, com o argumento de que "ouvir é subjetivo", por isso a declaração não poderia constar do IPM. Também nesse caso, o general Cerqueira Lima não se interessou pela revelação de torturas, embora se referissem diretamente à morte que lhe cabia investigar.

Anthony de Christo, igualmente nos autos da ação cível, afirma que no IPM não foi possível fazer constar nada sobre as torturas que sofreu e ouviu. Durval alegou que "não eram importantes para a apuração dos fatos". De novo, o general Cerqueira Lima não se interessou. Anthony chegou a se recusar a assinar a primeira versão de seu depoimento, ditada ao escrivão pelo procurador. As distorções feitas por Durval eram tantas que ele exigiu a retificação.

Luiz Weis refere-se ao "tom francamente intimidatório" do procurador quando prestou depoimento no IPM, levado diretamente do Deops para o QG, no Ibirapuera, sem saber seu destino, e desconhecendo tudo que se passava, já que, preso, não tinha acesso a nenhuma informação. Ele afirmou na ação cível que Durval o induziu, sob coação, a declarar que não tinha elementos para dizer que Vlado não se suicidara (e isto ficou constando dos autos). Weis tem da participação de Cerqueira Lima uma única lembrança: o general, observando-o acender nervoso um cigarro atrás do outro, comentou que ele fumava demais e ponderou que o excesso de fumo é prejudicial à saúde.

Clarice Herzog também foi coagida pelo procurador, sem que o general interviesse. O diálogo, que na época a viúva reproduziu para o autor, logo após sair do QG, foi este, na parte referente à identificação da declaração assinada por Vlado:

Durval – Reconhece como de seu marido a letra e a assinatura constantes deste documento?

Clarice – Acho que a assinatura e a letra são realmente do Vlado, mas o estilo de redação não é dele. Ele jamais usaria as expressões que estão aí, que são de linguagem policial, não de jornalistas.

Durval (ao escrivão) – "[...] que a depoente declara reconhecer como de seu marido, Vladimir Herzog, a letra e a assinatura constantes da declaração cujos fragmentos foram encontrados ao lado do cadáver."

Clarice – Eu quero que conste também o que eu já disse ao senhor: que a letra é dele, mas a redação não é. É uma redação de policial, não é redação de jornalista.

(Nem Vlado nem qualquer outro jornalista redigiria na primeira pessoa uma declaração com expressões como *"tendo sido aliciado por..."*, que constam daquele documento e que são tipicamente do jargão policial. Ao contrário do que dizem os depoimentos dos homens do DOI no IPM, Vlado não devia estar só quando redigiu aquela declaração. Ela, com toda probabilidade, lhe foi ditada após as torturas ouvidas por Konder e Duque.)

Durval – Dos autos só podem constar declarações objetivas das testemunhas, e não interpretações subjetivas. Que a redação é de linguagem policial é uma opinião da senhora, não é um fato.

Clarice – Mas é um fato, qualquer pessoa pode ver que um jornalista não escreveria desse jeito.

(O general Cerqueira Lima não deu opinião.)

Durval – (em tom conclusivo, ao escrivão) – "[...] que exibido à declarante a declaração junta ao Laudo da Polícia Técnica do bilhete reconstituído e encontrado na cela onde morreu Vladimir, a declarante reconhece como sendo do próprio punho do seu marido Vladimir, mas afirma que o conteúdo não é da sua autoria." (Assim ficou constando dos autos do IPM, embora no Relatório Final, que teve divulgação pública, se omitisse a referência à não autoria.)

Dona Zora Herzog, mãe de Vlado, declarou no IPM que, ao saber da notícia da morte do filho, teve vontade de morrer. O procurador ditou para o escrivão: "[...] que a depoente declara que naquele momento sentiu vontade de suicidar-se também". Dona Zora protestou, indignada. E, desta vez, era tão escandalosa a deturpação, que o general Cerqueira Lima interferiu para observar a Durval que realmente a mãe de Vlado não fizera aquela declaração.[78] Não há notícia de outras manifestações relevantes que porventura possam ter sido feitas pelo general do curso do IPM.

O inquérito é volumoso (299 folhas), e uma primeira leitura deixa a impressão de uma investigação profunda e minuciosa. No entanto, um exame mais atento dos depoimentos e documentos contidos nos autos mostra que, em momento algum, houve intenção de apurar os fatos. A verdade para o IPM, desde o início, era, sem discussão, a versão de suicídio apresentada no primeiro documento oficial: a comunicação (Parte n.º 342/75-DOI) feita pelo comandante do DOI-Codi ao chefe da 2ª Seção do Estado-Maior. A profundidade da investigação pode ser medida pela apressada passagem do general Cerqueira Lima pelo DOI-Codi, que ele registrou depois em 25 inúteis linhas datilografadas, nas quais a afirmação de suicídio ganha duas referências.

---

[78] Em entrevista para a edição brasileira do jornal *El País* (28 de março de 2019), aos 99 anos de idade, o procurador aposentado declarou: "Eu estava integrado [no aparato militar]. Não me arrependo de nada, prestei relevantes serviços ao país e ao Ministério Público Militar". Criticou o reconhecimento de que Herzog foi morto mediante tortura, após anos de luta dos filhos do jornalista. "A família queria mover ação [contra o Estado], tinha interesse financeiro" – o oposto da verdade.

MINISTÉRIO DO EXÉRCITO
COMANDO II EXÉRCITO
QUARTEL GENERAL

- I N T I M A Ç Ã O -

FERNANDO GUIMARÃES DE CERQUEIRA LIMA, General-de-Brigada, Encarregado de um inquérito policial militar, determina a Sra. CLARICE HERZOG, residente à Rua Oscar Freire nº 2.271, que compareça, sob as penas da lei, dia 26 do corrente, às 1400 horas, no Quartel General do II Exército, sito à Avenida Mário Kozel Filho nº 222, Ibirapuera, cidade de São Paulo, a fim de prestar declarações no inquérito instaurado para apurar em que circunstâncias ocorreram o suicídio do jornalista VLADIMIR HERZOG.

SÃO PAULO, SP, 24 de novembro de 1975

General-de-Brigada FERNANDO GUIMARÃES DE
CERQUEIRA LIMA
Encarregado do I P M

Intimação que Clarice Herzog recebeu em sua casa para depor no IPM para apurar circunstâncias do "suicídio".

– AUTO DE VISITA E EXAME DE LOCAL –

"Às dezesseis horas do dia sete do mês de novembro do ano de mil novecentos e setenta e cinco, nesta cidade de São Paulo, Estado de São Paulo, compareceram ao DOI/CODI/II Exército, sito à Rua Thomaz Carvalhal número 1.030 (um mil e trinta), o general-de-brigada Fernando Guimarães de Cerqueira Lima, encarregado deste inquérito, acompanhado do dr. Durval A. Moura de Araújo, procurador militar designado para acompanhar este inquérito, bem como o segundo tenente Cristiano Siqueira da Luz, escrivão, a fim de procederem a visita àquele Órgão e exame do local onde foi encontrado morto, *em virtude de suicídio por enforcamento*, o jornalista Vladimir Herzog, no dia vinte e cinco de outubro do corrente ano, e cuja morte é objeto das investigações que estão sendo procedidas neste inquérito. Os presentes foram introduzidos naquela Organização Policial Militar, recebidos que foram pelo seu comandante, tenente-coronel Audir Santos Maciel, que acompanhou os presentes na visita que fizeram às dependências daquela Organização e, particularmente, à cela especial número 1 (um) onde se encontrava Vladimir Herzog quando, detido para averiguações, *suicidou-se por enforcamento*. Constataram o senhor encarregado e os demais acompanhantes, adentrando à referida cela, que é a mesma que é reproduzida fotograficamente no Laudo de Encontro de Cadáver elaborado pela Divisão de Criminalística da Polícia Técnica da Secretaria de Segurança Pública do Estado de São Paulo e junto aos autos do presente inquérito. Nada mais havendo a constatar, retiraram-se os presentes daquela Organização Policial Militar às dezessete horas do mesmo dia. Do que, para constar, lavrei o presente Auto. (ass.) General-de-Brigada Fernando Guimarães de Cerqueira Lima – Encarregado." (Os grifos são do autor.)

– * –

"O resultado do inquérito é a melhor resposta para aqueles que intrigam, mentem, que se baseiam em boatos e que procuram jogar o povo contra o Exército. Enfim, uma resposta aos irresponsáveis e aos nazistas vermelhos."

(Nota do general Ednardo d'Ávila Mello, comandante do II Exército, ao anunciar a conclusão do IPM.)

- * -

Do mesmo Ednardo, em diálogo com um repórter (*Jornal da Tarde*, 28/10/1978) quando tomou conhecimento da sentença que derrubou a versão de suicídio:
"– O precedente é perigoso, porque toda família cujo parente morreu na prisão vai agora querer indenização. E se o Estado for fazer isso com todos que morrem na prisão, meu Deus do céu...
– Presos políticos?

– E qual a diferença entre um e outro? Começa que, para mim, o Herzog não era um preso político. Ele era um comunista, isto sim, e daqueles... Vocês leram o processo dele? Sabiam que ele esteve em tratamento psiquiátrico e que o psiquiatra dele, alegando questões de ética, se recusou a depor? Isso está certo? A Nação vai ter de pagar todos os presos que morrem nos xadrezes? [...] Mas eu volto a dizer: não tenho nada com isso."

Shibata, quase no banco dos réus

Duque Estrada acaba de concluir seu depoimento.

Pela primeira vez, em público e – mais importante – perante um tribunal civil em cuja independência confiávamos, foi contada toda a história do dia em que Vlado saiu de casa pela manhã, apresentou-se no DOI-Codi, foi encapuzado e obrigado a vestir um macacão do Exército, interrogado, torturado e morto.

Um dos autores da narrativa, Duque Estrada, ainda comovido, está assinando, sobre a mesa do escrivão, as várias páginas da transcrição do seu relato, que durou 50 minutos. O outro, Rodolfo Konder, vai receber em Nova York, onde vive exilado, a notícia de que, finalmente, foi anexado ao processo que apura a morte de Vlado o depoimento extrajudicial de 11 laudas datilografadas que prestou no dia 7 de novembro de 1975, logo depois de sair da prisão. Konder tinha feito esse relato exatamente para que um dia pudesse ser usado como prova das torturas e da morte de Vlado. Quando o tornou público, em janeiro de 1976, passou a receber ameaças em cartas do "BAR – Braço Armado da Repressão". Optou, então, pelo exílio.

O depoimento seguinte na audiência será muito menos tenso. O clima, na verdade, é quase solene, embora a testemunha seja obrigada, como todas as outras, a cumprir a rotina de transmitir ao escrivão seu nome e dados pessoais e repetir o juramento de dizer apenas a verdade. É o professor Gofredo da Silva Telles[79] que os advogados de Clarice

---

[79] Pertenceu na juventude ao movimento integralista, de extrema direita. Foi deputado federal (1946-1951). Em 1977 teve grande repercussão sua leitura da Carta aos Brasileiros, redigida por juristas, que pregava a restauração do estado de direito

chamaram para confirmar o depoimento de Konder. Como um dos mais respeitados catedráticos da Faculdade de Direito do Largo de São Francisco, ele é tratado com a maior deferência pelo juiz e pelos advogados. Gofredo fala pausada e claramente, como se estivesse numa sala de aula. Confirma que presenciou o depoimento de Konder e que as demais testemunhas, todas "pessoas de inquestionável idoneidade", eram o presidente da Associação Brasileira de Imprensa, Prudente de Moraes Neto, o procurador Hélio Bicudo,[80] o padre Olivo Caetano Zolin[81] e os advogados José Carlos Dias, Arnaldo Malheiros Filho,[82] José Roberto Leal de Carvalho[83] e Maria Luiza Flores da Cunha Bierrenbach.[84]

– Quanto ao depoimento – diz o professor, fazendo as pausas para que o escrivão possa ir datilografando suas palavras – devo dizer que me impressionou de maneira extraordinária, principalmente em virtude do fato de ter sido pronunciado com absoluta calma, sem paixão nenhuma, pelo depoente Rodolfo Konder; eu nunca havia estado com este senhor e apenas o conhecia de nome; ele me deu a impressão de uma pessoa equilibrada, tranquila, disposta a dizer única

---

e o respeito aos direitos humanos. Em 1996 declarou que a Lei da Anistia, de 1979, entendida como aplicável a responsáveis por torturas e assassinatos de presos políticos, era um equívoco jurídico, pois "não há sentido em anistiar alguém que nem foi acusado em juízo".

[80] Promotor público, combateu o esquadrão da morte paulista. Ao longo de sua atividade pública, foi crítico constante da violência policial. Foi um dos autores da Carta aos Brasileiros lida por Gofredo da Silva Teles em 1977. Foi deputado federal (1991-1999) pelo PT e vice-prefeito de São Paulo, eleito na chapa de Marta Suplicy. Escreveu o primeiro Programa Nacional de Direitos Humanos. Em 2015, foi o principal autor do pedido de impeachment da presidente Dilma Rousseff, que resultaria na destituição desta.

[81] Um dos coordenadores da Comissão Arquidiocesana dos Direitos Humanos de São Paulo, informou em 8 de junho de 2021 o professor e historiador Paulo Cesar Pedrini.

[82] Considerado um dos melhores criminalistas do país em seu tempo. Defendeu processados nas ações penais do Mensalão (2005) e da Lava-Jato (iniciada em 2014).

[83] Criminalista, defendeu Clarice Herzog e filhos.

[84] Em 1971, quando trabalhava no escritório de José Carlos Dias, passou três dias presa no DOI-Codi do então II Exército: recém-formada, agentes da repressão procuraram intimidá-la. Tornou-se procuradora do estado de São Paulo.

e exclusivamente a verdade dos fatos; em todo o seu depoimento, não houve um momento sequer de hesitação; era como se ele estivesse narrando, de maneira objetiva e sincera, uma série de acontecimentos realmente verificados; o que me impressionou no depoente foi a grande sensação de realismo dos fatos narrados. Saí convencido de que aqueles acontecimentos realmente se deram. Devo dizer também que na ocasião eu já tinha conhecimento desses fatos, que me foram narrados por pessoa acima de qualquer suspeição, mas cujo nome infelizmente não posso revelar.

Seu depoimento não demora muito. Ele foi chamado porque, quando contestou a ação, a União pusera em dúvida a validade e a credibilidade do depoimento extrajudicial de Konder, sustentando que devia prevalecer a versão que ele dera no IPM. Enquanto assina e rubrica as páginas que irão para os autos da ação, o professor é cumprimentado por muitos dos presentes, ex-alunos seus.

O clima de tensão que dominou aquela sala durante o testemunho de Duque Estrada vai se restabelecer daqui a pouco. O escrivão abre a porta da saleta das testemunhas e chama o médico legista Harry Shibata, diretor do Instituto Médico Legal. Shibata fecha sua revista, coloca-a dentro da pasta e entra para ser interrogado. As pessoas ali presentes não o conhecem, mas se lembram muito bem de seu nome. Ele aparece como autor de alguns laudos necroscópicos e de exames de corpo de delito de veracidade duvidosa e sempre ligados a presos feridos ou mortos no DOI-Codi. É dele, por exemplo, o laudo que ampara a versão de atropelamento de Alexandre Vannucchi Leme, em março de 1973, quando mais de uma testemunha afirma ter visto o corpo ensanguentado do estudante sendo retirado de uma cela do DOI-Codi (os homens que o arrastavam disseram aos outros presos que Alexandre se suicidara, cortando-se na barriga com uma lâmina de barbear – versão depois substituída pela de atropelamento na rua Bresser). Dele também é o longo e minucioso laudo que o ministro Armando Falcão[85] usou para contestar a mulher do

---

[85] Armando Ribeiro Falcão foi funcionário público federal e, depois, deputado federal (1951-1959) pelo PSD do Ceará, ministro da Justiça de Juscelino

ex-deputado Marco Antônio Tavares Coelho,[86] que denunciara as torturas sofridas por seu marido; o laudo de Shibata, no caso, seria desmentido mais tarde por um relatório de três médicos do Hospital Militar que constataram marcas de tortura no corpo do ex-deputado. Foi dele ainda o laudo necroscópico do tenente José Ferreira de Almeida, fotografado morto na mesma posição e na mesma cela que se vê no Laudo de Encontro de Cadáver de Vlado, no dia 8 de agosto de 1975 (o Laudo de Shibata tem a data de 12 de agosto). É dele, finalmente, o laudo em que se apoia a versão de suicídio na morte de Vlado.

Começam a ser ouvidas na sala as perguntas feitas em tom firme e voz bem alta pelo advogado Carlos Eduardo Cardoso.[87] Ele tem à sua frente, além dos autos do IPM, o laudo necroscópico que Shibata assinou e cópias de todas as reportagens publicadas em agosto de 1977, quando o diretor do IML estava sendo processado no Conselho Regional de Medicina,[88] justamente por causa de um laudo considerado mentiroso – o do ex-deputado Marco Antônio Tavares Coelho. Shibata, a quem um mês antes o ministro do Exército tinha dado uma condecoração – a Medalha do Pacificador –, deu entrevistas nas quais procurava eximir-se de responsabilidade pelo laudo de Vlado, afirmando que não assistira à autópsia e assinara "em confiança" como segundo perito, o que, segundo ele, é praxe no IML.

– O senhor confirma declarações que foram publicadas como suas pela revista *Veja* e pelo *Jornal da Tarde*, em agosto do ano passado?

Kubitschek, entre 1959 e 1961, e do general Geisel (1974-1979). Notabilizou-se então pelo mote com que respondia a perguntas de jornalistas: "Nada a declarar".

[86] Teresa de Castro Tavares Coelho, em carta ao general Geisel, pedia: "Matem o meu marido, mas não o torturem!". A prisão de Marco Antônio, em janeiro de 1975, foi um momento agudo de intensificação da repressão contra o PCB. Ele era dirigente do PCB na clandestinidade e havia sido deputado federal eleito em 1962 e cassado em 1964. Entre outros, escreveu o livro *Herança de um sonho: memórias de um comunista* (2000).

[87] Um dos advogados nomeados por Clarice Herzog e filhos em ação contra a União.

[88] Shibata perdeu o registro profissional, mas depois conseguiu recuperá-lo na Justiça.

Shibata não se volta para o advogado que o interroga. Sempre olhando na direção do juiz, responde que não se recorda. Cardoso se levanta incisivo, inclina-se sobre a mesa e estende os braços para colocar diante dos olhos do médico os recortes que estão numa pasta:

— Eu gostaria de refrescar a memória da testemunha. São as entrevistas publicadas pelo *Jornal da Tarde*, edição de 18 de agosto de 1977, e pela revista *Veja*, edição de 24 de agosto de 1977. O senhor confirma a declaração que lhe é atribuída, de que assinou o laudo necroscópico sem ter participado da autópsia?

A situação faz Shibata parecer réu, e não mais simples testemunha.

— Assinei em confiança como segundo perito. É a praxe no IML. Um legista faz a autópsia, prepara o laudo e o segundo discute com ele, examina a parte técnica do laudo e assina como segundo perito.

— Então não é respeitada no Instituto Médico Legal a obrigatoriedade de dois peritos, e não apenas um, realizarem a autópsia?

— A obrigatoriedade do segundo perito não é de fazer autópsia, mas de analisar e discutir o relatório do primeiro perito.

(Mais tarde, em outra fase do interrogatório, Shibata daria uma informação diferente: "No IML, a média diária é de 20 corpos para serem examinados. Como chefe do serviço, tenho responsabilidade de rever todos os laudos fundamentais e assiná-los como segundo perito".)

— O senhor confirma então que assinou o laudo necroscópico de Vladimir Herzog sem nem mesmo ter visto o cadáver? – o advogado volta à carga.

— Eu não vi o corpo de Vladimir Herzog. Em nenhum local eu vi o corpo de Vladimir Herzog. No dia em que foi feita a autópsia, era um sábado, eu nem estava em São Paulo. – A resposta é dada sem hesitação, mas num tom de voz monótono, apenas audível, que Shibata conservou até o final.

Ele acabara de confessar uma irregularidade que daria aos advogados, em suas razões finais, a base para demonstrar que o "laudo encobre uma farsa" e não pode ter validade para comprovar a causa da morte de Vladimir Herzog. Os artigos 159, 160, 162 e 165 do Código de Processo Penal são claros quando se referem à obrigatoriedade de a autópsia ser feita por peritos oficiais (*plural*), que "descreverão [*plural*] minuciosamente o que examinarem [*plural*] e responderão [*plural*] aos quesitos formulados". Portanto, a autópsia feita por um só perito pode ser praxe no IML de São Paulo, mas torna nulo qualquer laudo, conforme reconhece também a jurisprudência do Supremo Tribunal Federal (Enunciado n.º 361 da Súmula do STF): "No processo penal, é nulo o exame realizado por um só perito, considerando-se impedido o que tiver funcionado, anteriormente, na diligência de apreensão". Por conseguinte – argumentaram os advogados em seu memorial ao juiz da 7ª Vara –, "o laudo de exame necroscópico está eivado de nulidade, absoluta e insanável, não se prestando à configuração da causa da morte de Vladimir Herzog".

O advogado quer agora esclarecer uma dúvida: o laudo necroscópico de Vlado está rasurado na parte de assinaturas. Foi mal apagado um nome sobre o qual está datilografado o de Harry Shibata e ainda se podem ver algumas letras. Parece que o nome rasurado é Rodrigues.

Shibata confirma que o laudo foi rasurado. O nome apagado é o do legista Armando Canger Rodrigues,[89] que, segundo ele, fez a autópsia juntamente com outro signatário do laudo, Arildo Toledo Viana. Mas se o dr. Armando Canger Rodrigues fez a autópsia, por que Shibata, e não ele, assina o laudo?

– O que me foi explicado – diz Shibata – é que o dr. Armando Canger Rodrigues, naquele sábado, já estava demissionário do IML e por isso não podia assinar.

– O senhor poderia dizer quem deu essa explicação?

– Não tenho elementos para precisar os nomes.

– Como sabe, então, que o dr. Armando Canger Rodrigues realmente participou da autópsia?

– Ele próprio me disse que tinha feito a autópsia; ele e o dr. Arildo Viana, que estava na escala de plantão. O dr. Arildo era o plantonista e, em entrevista pessoal, me confirmou depois sua participação.

---

[89] Seu nome aparece na anteriormente mencionada denúncia feita pelo Ministério Público Federal contra Audir Santos Maciel e outros. Citado também em audiência da Comissão Estadual da Verdade da Assembleia Legislativa de São Paulo.

A tensão na sala por alguns momentos deu lugar à perplexidade geral quando Shibata explicou ao curador dos menores, Péricles Prade,[90] a hipótese do cadáver imaginário. Ele sustentou que era praxe o segundo perito assinar sem necessidade de ter participado da autópsia; bastava que concordasse com os termos do laudo, cuidando de não deixar passar nenhum equívoco, nenhuma falha técnica.

– Quer dizer que o segundo perito pode colocar sua assinatura, bastando que o laudo seja tecnicamente perfeito? – quis saber o curador.

– Pode. Não é que ele seja apenas um ventríloquo técnico. Ele pode objetar, pode não concordar com a conclusão do outro.

– Nesse caso – continuou o curador – o senhor admite que o segundo perito, desde que o parecer do primeiro fosse perfeito, poderia assinar um laudo de um corpo imaginário, que nunca deu entrada no Instituto Médico Legal?

– Admito. Isto é possível. – concorda o diretor do Instituto Médico Legal. – Pela descrição do corpo, pelos sintomas e características de formulação do diagnóstico, é possível.

Agora as perguntas são encaminhadas no sentido de estabelecer as ligações do diretor do IML com o DOI-Codi. Shibata diz que foi chamado "algumas vezes" para examinar e medicar presos, e que se lembra do caso de um preso com um abscesso na cabeça, que foi lancetado e medicado com antibiótico.

– Alguma vez o senhor viu ou atendeu algum preso com fraturas, ferimentos ou outros sinais de maus-tratos?

– Absolutamente. Nunca vi um preso nessas condições. Os que eu atendi eram casos de micose e gripe.

Depois de seu depoimento, já saindo, Shibata igualmente se manteve imperturbável quando um repórter segurou a porta do elevador para lhe perguntar a que atribuía tantos casos de micose no DOI-Codi.

---

[90] O advogado Samuel Mac Dowell de Figueiredo explicou em 7 de junho de 2021 que, havendo interesses de menores (ditos "incapazes"), é obrigatória a intervenção do Ministério Público no processo. Na época, o MP era também representante e advogado da União e se recusou a defender os menores, alegando conflito de interesses. O juiz nomeou como curador *ad hoc* Péricles Prade, advogado, professor, que foi também juiz federal e presidiu a União Brasileira de Escritores.

O legista não desviou o olhar, e a expressão imutável de seu rosto não denotava nenhuma ironia quando respondeu: "Deve ser por causa da umidade. As prisões em geral são muito úmidas".

(*Em depoimento para o autor, Frederico Pessoa da Silva*[91] *diz:*
"Em jornalista eles batem de forma a não deixar marcas, tanto quanto possível. É raro, não só jornalistas, como professores, pessoal mais ligado às áreas intelectuais, sair com marcas muito evidentes. É um cuidado que eles não têm, por exemplo, quando se trata de um operário. Existe, por exemplo, um operário ferroviário chamado José Machado que até hoje deve ter enorme cicatriz no peito e nas costas. Foi provocada por chicote, que fez um corte profundo. Passou três meses no DOI-Codi para esperar cicatrizar. Ainda assim, ficou tão feia que acho que os caras tiveram medo de processá-lo. Sequer entrou no processo. Não podia ser mostrado com aquela cicatriz."

Frederico, também jornalista, estava igualmente preso no DOI-Codi quando Vlado morreu. Ele não teve contato com Vlado, mas o depoimento que gravou para o autor e que será reproduzido em várias partes deste trabalho é importante pelas informações que contém sobre os métodos de que ele próprio foi vítima.)

Mas, se o dr. Shibata foi chamado ao DOI-Codi apenas algumas vezes e – como disse – para atender casos desimportantes, de gripe e micoses, que razões teria o ministro do Exército para lhe dar condecoração tão alta como a Medalha do Pacificador?

Shibata tem a resposta como se tivesse ensaiado todas as falas para essa parte do interrogatório. É a mesma resposta que tinha dado em agosto de 1977 aos repórteres, curiosos, como agora os advogados, para saber que serviços relevantes teria prestado o diretor do IML para merecer a honraria do Exército:

– Acho que não cabe a mim responder, mas talvez seja porque eu fornecesse amostra grátis de remédios para a farmácia do DOI-Codi.

---

[91] Fred Pessoa foi militante do PCB desde os 12 anos. Em 1975, aos 31, foi preso e torturado. Ficou dois anos preso. Depois, foi jornalista de sindicatos.

Eu forneci muitas amostras. Eu fornecia amostras a várias instituições de caridade.

Algumas pessoas cochicham com seus vizinhos na plateia para saber se haviam entendido bem o que Shibata dissera. Na verdade, o esdrúxulo paralelo entre DOI-Codi e "instituições de caridade" não era novidade. Shibata tinha feito a mesma observação em suas entrevistas de agosto, sem nenhum toque de cinismo na voz, sem deixar transparecer nenhuma ironia.

— A testemunha confirma o que disse em entrevista, que uma vez atendeu um preso que estava encapuzado? – Shibata confirma – Como se vestiam os presos no DOI-Codi?

— Com macacão verde oliva.

— Os macacões tinham cinto?

— Eu creio que não posso precisar com certeza. Não me ative a detalhes. Em 1975, eu fui ao DOI-Codi só umas duas ou três vezes.

— Em que dependências do DOI-Codi o senhor podia entrar?

— Eu entrava na enfermaria e na farmácia, que era um depósito de medicamentos.

— Como era o seu contato com o preso? Quem fazia o senhor entrar no DOI-Codi?

— Era o capitão Ubirajara quem ordenava trazer o preso para ser medicado na enfermaria. O enfermeiro Coelho acompanhava o preso.

— Quer dizer então que o senhor viu pessoalmente o capitão Ubirajara?

— Sim. Era ele que autorizava minha entrada.

— O dr. Shibata seria capaz de descrever o capitão Ubirajara, que o ofício do comandante, general Dilermando Monteiro, informou não existir na área do II Exército?

— Tive pouco contato com ele. – O médico arma sua desculpa e, pela primeira vez desde que começou a ser interrogado, já faz quase uma hora, aparenta uma ligeira inquietação.

Da outra extremidade da mesa, o advogado Sergio Bermudes intervém e insiste:

— Mesmo que tenha tido pouco contato com o capitão Ubirajara, acho que o senhor pode ao menos dizer como ele era, se era gordo ou magro, alto ou baixo, moreno ou loiro.

— Era moreno, de estatura média. — É a única informação que Shibata se dispõe a dar.

— O capitão Ubirajara vinha fardado quando falava com o senhor?

— Não. Nunca o vi com farda.

É do curador dos menores a última pergunta:

— O senhor tem conhecimento de outros médicos que iam ao DOI-Codi?

— Creio que havia outros médicos que iam ao DOI-Codi, mas não sei dizer os nomes.

Está encerrado o depoimento de Shibata, arrasador para as Conclusões do IPM que deu como suicídio a morte de Vlado, fundamentando-se no laudo necroscópico do diretor do IML. Em sua sentença, cinco meses depois, o juiz anotaria, depois de citar farta jurisprudência sobre a matéria: "De tais motivos decorre a ineficácia do laudo de exame de corpo de delito realizado no cadáver de Vladimir Herzog e, consequentemente, ficam prejudicadas todas as conclusões a que o mesmo chegou, o que o torna imprestável para fins probatórios pretendidos pela União Federal".

Na sala do tribunal, o juiz João Gomes Martins Filho suspende os trabalhos para um descanso de 15 minutos.

Um laudo, três médicos e muitas contradições

Os advogados da família Herzog deram-se por satisfeitos. Tinham conseguido, pelas declarações do próprio Shibata, as informações de que precisavam para provar a nulidade do Laudo Necroscópico. Talvez por isso não tenham se preocupado em levar adiante o exame das contradições entre o Laudo Necroscópico, as declarações de Shibata e o depoimento do legista Armando Canger Rodrigues no IPM. Os dois médicos, mais o dr. Arildo Toledo Viana, também signatário do laudo, não resistiriam a uma acareação, tão desencontradas eram suas versões. Para facilitar o entendimento ao leitor menos familiarizado com o processo da morte de Vlado, enumero aqui da forma mais didática possível as contradições:

1 – A primeira página do laudo, que tem o número 54.260, diz: "Arildo T. Viana e Harry Shibata, médicos legistas, foram designados pelo dr. Arnaldo Siqueira, diretor do Instituto Médico Legal, para proceder a exame de corpo de delito no cadáver de Vladimir Herzog".

Contradições: Shibata, além de negar sua participação na autópsia, mente em seu depoimento perante o juiz da 7ª Vara Federal quando afirma, para justificar sua assinatura, que, como diretor do IML, era de sua responsabilidade rever todos os laudos considerados "fundamentais". Ocorre que, na época da morte de Vlado, o diretor do IML não era ele, e sim o dr. Arnaldo Siqueira. Portanto, ainda que existisse, a obrigação de rever laudos não seria sua.

2 – No depoimento que prestou no IPM no dia 21 de novembro de 1975, o dr. Armando Canger Rodrigues, que, segundo Shibata, fez a autópsia junto com o dr. Arildo T. Viana e, depois, preparou um Laudo Complementar a pedido do general Cerqueira Lima, afirma:

"[...] que o declarante, *como já declarou,* é médico legista do Instituto Médico Legal do Estado de São Paulo".

Contradição: Shibata afirma, para justificar a substituição da assinatura rasurada de Armando C. Rodrigues pela sua, no Laudo Necroscópico, que o outro legista, segundo soube, era demissionário do IML, e por isso não podia assinar o documento. Ora, se era demissionário como pôde assinar o Laudo Complementar anexado ao IPM e, além disso, quase 30 dias após a autópsia de Vlado, portanto, após sua alegada demissão, declarar no IPM que é legista do IML?

3 – Ainda no IPM, do mesmo depoimento de Armando C. Rodrigues: "[...] que juntamente com o dr. Arildo Toledo Viana foi quem elaborou o Laudo Complementar (Parecer n.º 241/75) ao *Laudo Necroscópico* n.º 54.620, de 27 de outubro de 1975 corrente, *este elaborado pelo dr. Arildo Viana e dr. Harry Shibata;* que o declarante, naturalmente, *conhece o Laudo do Exame de Corpo de Delito* em questão, pois com base nele foi que elaborou o seu Laudo Complementar".

Contradição: Shibata afirmou, perante o juiz da 7ª Vara, que o laudo era de Arildo T. Viana e Armando C. Rodrigues e que ele só assinou como segundo perito porque Rodrigues era demissionário e por isso estava impedido.

Armando Canger Rodrigues afirma, no IPM, que o laudo foi *elaborado* por Viana e Shibata e com base nele é que preparou seu Laudo Complementar. Está dito nos autos apenas que ele *conhece* o Laudo; em nenhum momento há qualquer sugestão de que tenha sido seu autor, como afirma Shibata. Ao contrário, como se verá no item 5, mais adiante, Rodrigues garante que Shibata fez as duas coisas: a autópsia e o laudo.

4 – Continuando o depoimento de Armando Canger Rodrigues no IPM: "[...] que o declarante era *substituto do diretor do IML, dr. Arnaldo Siqueira,* nos plantões de sábados e domingos; que assim, no dia em que foi feita a necrópsia no cadáver de Vladimir Herzog, isto é, no dia de sábado, 25 de outubro transato, o declarante encontrava-se no IML na qualidade de substituto do Diretor...".

Contradição: Se o diretor de plantão era realmente o dr. Armando Canger Rodrigues, por que consta do laudo o nome do dr. Arnaldo

Siqueira como a pessoa que designou os peritos Viana e Shibata para fazerem a autópsia? Ainda mais: reportando-nos ao item 3, podemos inferir que alguém certamente está mentindo, pois o dr. Armando C. Rodrigues se diz substituto do diretor nos fins de semana e Shibata afirma que ele era demissionário.

5 – Retomando o depoimento de Armando Canger Rodrigues, pouco antes da última interrupção: "[...] no dia de sábado, 25 de outubro transato, o declarante encontrava-se no IML na qualidade de substituto do diretor; que também assim teve a oportunidade de assistir aos trabalhos de necrópsia realizados naquele cadáver *pelos peritos;* que está inteiramente de acordo com o referido *Laudo n.º 54.620, feito pelos peritos mencionados*".

Contradição: Contradizendo o que afirma Shibata, que lhe atribui a autoria da autópsia e do laudo e ainda sustenta que nem estava em São Paulo naquele sábado, o dr. Armando C. Rodrigues diz que assistiu aos trabalhos realizados *pelos peritos*. Nos autos do IPM, a referência grifada está no plural, assim como a que vem logo em seguida, quando o legista se refere aos autores do laudo como os *peritos mencionados*.

6 – No final de seu depoimento, conforme os autos, o dr. Armando C. Rodrigues diz ainda: "[...] *que foi designado para elaborar o Laudo Complementar,* a que já se referiu, não só *por ser médico legista do IML,* como também por ter, como declarou, assistido os trabalhos de necropsia".

Contradição: Fica reforçada a falsidade da versão de Shibata segundo a qual o dr. Armando C. Rodrigues não podia assinar o laudo, embora tivesse feito a autópsia, porque era demissionário do IML. Outras evidências que invalidam a versão de Shibata: o Laudo Complementar foi solicitado pelo general Cerqueira Lima ao IML, e não pessoalmente ao legista; o próprio legista declara ter sido designado para elaborá-lo; o Laudo Complementar tem data de 10 de novembro, portanto o dr. Armando C. Rodrigues, nesse dia, era funcionário do IML; seu depoimento no IPM é de 21 de novembro, portanto, nesse dia, ele era funcionário do IML. Como se explica que, em data anterior, 25 de outubro, era demissionário e por isso teve seu nome rasurado e substituído pelo de Shibata no Laudo Necroscópico?

Quem está mentindo? Shibata, Rodrigues ou Viana? Este assinou os dois laudos – o Necroscópico e o Complementar – e nunca mais foi ouvido.

Fora a responsabilização criminal de cada um, se fosse o caso, essas perguntas poderiam ter sido respondidas se o Conselho Regional de Medicina investigasse a participação de médicos no acompanhamento das torturas e, como linha auxiliar da repressão, no acobertamento médico-legal das fantásticas versões de tiroteios em fuga, atropelamentos e suicídios de presos no DOI-Codi.

Macacão com cinto? Ninguém usava. "O senhor entregaria até sua mãe." Creolina, choques, pancadas

Na sala do Tribunal da Justiça Federal, a audiência vai recomeçar com o depoimento de Paulo Sérgio Markun. São quase 5 horas da tarde, e o juiz João Gomes Martins Filho, durante a interrupção de 15 minutos, já mandou avisar às testemunhas arroladas pela União que elas serão ouvidas numa segunda audiência, marcada para o dia 26 de maio. O escrivão dispensou as testemunhas, e na saleta ficaram apenas Markun, Anthony e Sérgio Gomes da Silva, convocados pelos advogados porque nos dias que passaram no DOI-Codi sofreram toda sorte de maus-tratos físicos, vexames e humilhações. A realidade que eles vão descrever para o juiz é bem diferente do quadro pintado por dois coronéis, um investigador e um carcereiro do DOI-Codi, que no IPM enfatizaram os aspectos de segurança, garantindo até que uma ronda permanente zela pela incolumidade de todos os presos. Markun e Anthony poderão contar o que foram coagidos a omitir no IPM, e Sérgio irá relatar, pela primeira vez, os detalhes de requinte e sofisticação da bárbara sequência de torturas de que padeceu, no Rio e em São Paulo.

Markun começa pela hora da chegada.

– Como se vestiam os presos?

– Assim que chegavam, davam a todos um macacão de tecido grosso, verde oliva. O macacão era inteiriço, não tinha cinto, nem botões. Tiravam do preso os cordões dos sapatos.

– A testemunha como foi tratada no DOI-Codi?

Markun descreve as torturas que sofreu, em especial choques elétricos, aplicados por mais de uma pessoa. Choques que um torturador disse que não faziam mal algum, no dia em que anunciou aos jornalistas a morte de Vlado.

— Ele pediu para eu acionar a manivela da máquina de choques e um dos interrogadores segurou as pontas dos fios. Acionei com a máxima lentidão possível, com medo de represália, caso o interrogador sofresse um choque forte demais.

— Sabe de outras pessoas que foram torturadas durante sua permanência no DOI-Codi?

Markun conta que viu numa cela um rapaz, Jaime Estrela, cujos companheiros chamavam pelo apelido de "Cebola",[92] com as solas dos pés em carne viva; que encontrou Sérgio Gomes da Silva de nariz esfolado (Sérgio explicaria depois as escoriações: o capuz, o amoníaco, o sal, os choques, as pancadas, na "cadeira do dragão"); que viu também outro jornalista, Luiz Paulo Costa, correspondente do *Estado* em São José dos Campos, que só se sustinha em pé amparado por outros presos, porque sofria de doença da coluna e tinha sido violentamente espancado.

— Por que não contou no IPM as atrocidades que sofreu e presenciou?

— Eu tentei e por isso discuti com o procurador Durval. Queria que constasse o argumento de que todos tinham sido torturados, inclusive eu e minha mulher. Portanto, eu tinha razões para supor que o Vlado também tinha sido torturado. Mas o procurador não consentiu; disse que era "interpretação subjetiva" e não deixou constar dos autos.

O mesmo aconteceu com Anthony de Christo, a testemunha seguinte, chamada pelo juiz Gomes Martins. Não lhe permitiram falar de tortura no IPM. A questão é suscitada quando o curador dos menores, Péricles Prade, o interrompe para indagar em que versão se pode confiar, se a testemunha estava dizendo a verdade.

— Em momento algum a amizade que eu tinha por Vladimir Herzog me permitiria mentir nesse depoimento. No IPM, eu prestei depoimento sob coação. Não pude dizer toda a verdade. O procurador

---

[92] Foi estudante da Faculdade Católica de Direito de Santos e militante do PCB. Morreu poucos anos depois de passar três anos preso.

Durval disse que as informações sobre torturas não eram relevantes para o esclarecimento dos fatos.

A verdade que Anthony está contando ao juiz Gomes Martins foram dois dias seguidos de torturas:

— No dia em que cheguei e no dia seguinte não paravam de me bater. Me davam pancadas com as mãos e pedaços de pau e choques elétricos nas mãos, nos pés, nos órgãos genitais e nas orelhas. Fui torturado por dois grupos de pessoas, que se revezavam. No segundo dia, durante a tortura, desmaiei e acho que acordei umas três horas depois.

Anthony também ficou conhecendo "Cebola", que estava com os pés descarnados, e Luiz Paulo Costa, "que tinha perdido um dente e não podia mais se levantar". Pôde ver essas pessoas só nas horas em que davam refeições, porque o resto do tempo era obrigado a ficar de capuz na cabeça ou de máscara de borracha sobre os olhos. Além disso, naqueles dias de superlotação no DOI-Codi, Anthony conta que o mantiveram durante seis dias num banco de corredor de mais ou menos 7 metros por 2, com mais 15 ou 20 pessoas.

— Tinham cinto os macacões dados aos presos? Ficavam de meias e cordões de sapatos?

Anthony nega. Os advogados programaram fazer estas perguntas para todas as testemunhas que estiveram presas no DOI-Codi. As respostas são usadas no Capítulo V do Memorial ao juiz da 7ª Vara quando eles indagam "Suicídio ou Assassinato?" e argumentam:

"A versão oficial, fantasiosa, inverossímil e pueril, de que Vladimir Herzog suicidou-se no cárcere, enforcando-se com o cinto do macacão que usava, foi rigorosamente pulverizada pelos depoimentos reunidos neste processo. É costume, secularmente estabelecido em dependências policiais, privarem-se os detentos de quaisquer instrumentos com que possam atentar contra a própria vida ou a de terceiros.

Unanimemente, as testemunhas que depuseram perante V. Exa. confirmaram que, também nas dependências do DOI-Codi do II Exército, essa praxe é rigorosamente observada. Ali, como em quaisquer outras repartições policiais, os presos não dispõem de quaisquer objetos com os quais possam ferir ou ferir-se".

A propósito, os depoimentos não divergem.

George Benigno Jatahy Duque Estrada afirma que, ao ingressar no DOI-Codi, foi-lhe dado um macacão do Exército verde oliva, uniforme que é usado internamente na corporação, que *não tinha cinto*.

Anthony Jorge Andrade de Christo assegura que os presos trajavam macacões verdes, sapatos sem cadarços, que eram retirados logo na entrada, acrescentando de modo categórico: *não portavam cintos*.

Paulo Sérgio Markun frisou em seu depoimento que, "ao chegarem [nas dependências do DOI-Codi], o traje dos presos era trocado por um macacão verde, *sem cinto*, sem botões e sem cordões nos sapatos".

Gildásio Westin Cosenza,[93] ouvido por precatória, esclareceu "que no DOI-Codi de São Paulo usava macacão verde oliva do qual haviam sido arrancados os bolsos, os cintos e as passadeiras, que usava sapatos sem cadarços, que *nunca viu nenhuma das pessoas detidas usando cintos, fios de sapatos ou mesmo meias*".

Também no depoimento que prestou, a pessoas de ilibada reputação, Rodolfo Oswaldo Konder acentuou que o macacão que lhe deram, a exemplo de todos os outros, *não tinha cinto*.

A esses depoimentos ajunte-se, para desmentir a versão oficial, a afirmação da testemunha George Benigno Jatahy Duque Estrada de que "no corpo de Vladimir Herzog [com quem esteve na prisão] *não havia nenhum cinto*".

Fica, portanto, completamente desmentida a versão do II Exército, segundo a qual Vladimir Herzog se enforcou na prisão, utilizando o cinto do macacão que vestia. Como seria imaginável e como provado nos depoimentos, o macacão que foi dado a Vladimir, a exemplo da indumentária dos outros detidos, era desprovido de cinto.

Outra vez o horror estampa-se nos olhos do juiz, com os novos relatos de tortura. Depois de Markun e Anthony, foi chamado o jornalista Sérgio Gomes da Silva. Um metro e oitenta de altura,

---

[93] Militante da Ação Popular (AP) quando era estudante de Agronomia na Universidade Federal de Viçosa, Minas Gerais (expulso sob a legislação do Decreto 477 em 1969), juntou-se em 1972 ao Partido Comunista do Brasil (PC do B). Foi dirigente do Sindicato dos Empregados em Empresas de Processamento de Dados, Serviços de Informática e Similares do Estado de Minas Gerais.

corpulento, óculos de lentes fortíssimas, cabelos compridos como os de um poeta à moda antiga, a voz rouca, Sérgio impressiona pela lembrança de detalhes que recheiam sua narrativa espantosa. Tinha 25 anos quando esteve preso no DOI-Codi e, dos jornalistas, foi dos que mais sofreram tortura. Pegaram-no às 5 horas da manhã do dia 5 de outubro, no Largo do Machado, no Rio de Janeiro, e só o livrariam dos espancamentos e ameaças no dia 28. "Serjão", como o chamam os colegas, tinha viajado de ônibus a noite toda com um amigo,[94] de São Paulo para o Rio. Sua tortura começou no momento mesmo da prisão, quando foi encapuzado, algemado e levado para o quartel da PE (Polícia do Exército) por um grupo que se identificou como do "Esquadrão da Morte". No quartel, ele e seu amigo foram identificados e obrigados a se despirem. Daí para a frente, Sérgio calcula que, até por volta de meio-dia, não pararam de apanhar. Não os interrogavam. Não lhes diziam nada. Gritavam, xingavam, batiam e aplicavam choques, no pênis e nas orelhas especialmente. Sérgio foi obrigado a tomar água misturada com creolina, e, antes de sair do quartel da PE para ser levado para São Paulo, um homem lhe disse:

– Você não vai sair vivo dessa. Me dá o nome de um parente próximo para quem você quer que seja devolvido o corpo.

O escrivão registra: "[...] tendo o depoente fornecido o nome de seu irmão mais moço...".

Sérgio está continuando seu relato, mas agora não se escuta mais bater a máquina do escrivão: o juiz parou de lhe ditar o que a testemunha vai contando. Os advogados não fazem mais perguntas. Nada corta o impacto daquele depoimento, fluente e dramático.

Vejo dona Zora com os olhos permanentemente molhados e vermelhos. Cada xingamento, cada golpe, cada pancada, cada choque descrito naquela audiência é o xingamento, o golpe, a pancada, o choque que vai matar seu filho. Cada pedaço da narrativa de cada testemunha é a prova de que Vlado foi torturado e morto. Sérgio ela não conhecia, mas os

---

[94] Trata-se de Waldir Quadros, economista, então militante do PCB e da Juventude do MDB, depois professor e diretor do Instituto de Economia da Unicamp, pesquisador do Centro de Estudos Sindicais e de Economia do Trabalho (Cesit).

outros, sim, eram todos amigos. Ela é capaz de admirá-los pela coragem de contar tudo aquilo na Justiça para resgatar a memória de seu filho, mas, ao mesmo tempo, para ela é extremamente penoso lembrar-se de Vlado morto e vê-los todos ali, sofridos e marcados, mas livres. Vivos, principalmente. Quantas vezes nesses últimos anos não vi dona Zora, como agora, vivendo a angústia da contradição entre o ódio sagrado, capaz de mover até o fim uma luta por justiça e pela verdade, e o desalento alimentado pela certeza de que nada lhe devolverá o filho.

Dona Zora é uma mulher de quase 70 anos, baixa, de rosto miúdo, cuja vida é marcada por duas tragédias: o extermínio quase completo de sua família pelos nazistas, na Iugoslávia, onde nasceu, e o massacre de seu filho pela repressão militar no Brasil. Quem a vê, pequena, viúva, de ar triste, não é capaz de avaliar a força dessa mulher que, em 1941, conseguiu levar marido e filho através da fronteira, sobreviver na Itália fascista até o fim da guerra e vir para o Brasil em 1946, quando Vlado tinha 9 anos. Foi ela que comandou a família desde a fuga para a Itália, dela dependia a segurança dos três, porque o marido, seu Giga, não conseguia aprender a língua; era obrigado a passar por mudo para não denunciar sua origem. Vlado é um nome iugoslavo, por isso o menino passou a se chamar Aldo. Viviam permanentemente sob o temor de serem denunciados e entregues aos nazistas e uma das passagens da infância de Vlado, que dona Zora sempre conta com maior orgulho, é a de uma situação que representou perigo para todos. Um vizinho, de quem eles suspeitavam pela insistência com que observava a família, perguntou um dia ao garoto, que brincava na porta do pequeno prédio de dois andares onde moravam:

– Qual é o seu nome, menino?

– Aldo – respondeu Vlado, que tinha um "V" bordado na camisa.

– Então o que quer dizer esse "V" na sua camisa?

Dona Zora lembra que ninguém tinha instruído o menino para uma situação como aquela, mas a vivacidade do garoto de 6 anos salvou a todos naquele momento:

– Esta camisa não é minha. É de um primo meu.

O procurador Durval Ayrton Moura de Araujo com certeza a subestimou quando a viu sentada a sua frente, no dia 26 de novembro, um mês depois da morte de Vlado, intimada a depor no IPM. Agrediu-a, mas recebeu o troco na hora, quando discutiu com ela a militância comunista admitida por Vlado na declaração rasgada. Passados três anos, dona Zora ainda não consegue evitar que a raiva e a indignação lhe provoquem lágrimas, ao se recordar do interrogatório.

"Ele perguntou se eu sabia que o Vlado era comunista, eu então respondi que não, que meu filho era um socialista, isto sim, porque era um homem preocupado com os problemas sociais, com as injustiças. Aí ele me disse: 'Mas o seu filho mesmo confessou que era comunista. Ele assinou uma confissão'. Ah, naquela hora me deu uma raiva e eu respondi: 'Do jeito que maltrataram o Vlado aqui, o senhor entregaria até sua mãe'. Depois, ele falou também de suicídio, dizendo que até Stefan Zweig, que era um grande escritor, e sua mulher, tinham se matado. 'Mas o senhor não pode comparar! Eram dois velhos, cansados da vida, que achavam que não tinham mais o que fazer no mundo. Vlado, não. Meu filho era cheio de vida, ele queria viver, era feliz com a família, tinha um projeto de trabalho, queria realizar muitas coisas ainda.' Aí esse Durval ainda pergunta: 'Mas a senhora tem prova de que o seu filho não se matou?'."

Dona Zora tinha, mas não podia revelar no IPM. Da mesma forma que Clarice, ela também se viu forçada a omitir o que Rodolfo Konder lhe contara no cemitério. Konder lhe dissera tudo, sentados ambos num banco próximo ao túmulo onde Vlado acabara de ser enterrado. Mostrara-lhe os dedos ainda marcados pelos choques. Mas, quando depôs no IPM, ela sabia que ainda não era o momento, que a vida de Konder correria perigo se ela dissesse o que sabia.

— Prova eu tenho, mas não vou dizer o nome da pessoa, porque, se eu disser, essa pessoa pode acabar tendo o mesmo fim que teve o meu filho. Por isso, eu não posso dizer.

O procurador, com descarada má-fé, distorceu a resposta de dona Zora na hora de passá-la para os autos, transformando-a de negativa em admissão do suicídio. Mas a mulher que conseguira salvar a família na guerra, escondendo-se e passando fome para atravessar uma fronteira ocupada e fugir dos campos de concentração, não se intimidou. O general que presidia o IPM, o procurador que torceu o sentido de suas palavras, o coronel e o capitão que serviam de testemunhas e o 2º tenente que fazia de escrivão tiveram todos de assinar pela segunda vez no final do Termo de Inquirição, porque ela exigiu a retificação quando percebeu a fraude. Na folha 89 do IPM, a resistência de dona Zora ficou constando da seguinte forma:

"Em aditamento: Após haver prestado as suas declarações, a declarante, ao lê-las, a fim de apor a sua assinatura, quer retificar a declaração constante no final do seu depoimento, quando declara: 'que a declarante não tem conhecimento de qualquer fato concreto que possa concluir que seu filho tenha morrido senão por suicídio' [*versão deturpada pelo procurador* (N.A.)] para a seguinte: 'que a declarante não tem conhecimento de qualquer fato concreto que possa concluir que seu filho tenha morrido por suicídio'."

O procurador tinha imaginado que um "senão", jogado na frase para mudar inteiramente seu sentido, não seria percebido por uma estrangeira de sotaque carregado e, ainda por cima, nervosa.

Na sequência do depoimento de Sérgio Gomes da Silva, todo o tribunal está paralisado, estarrecido, ouvindo o relato daquele jovem que sobreviveu:

— Acho que era mais ou menos meio-dia quando nos entregaram outra vez para o mesmo grupo que nos tinha sequestrado, o grupo que se dizia do "Esquadrão da Morte". Fomos postos dentro de um Volkswagen. Logo que saímos, eles me colocaram esparadrapo nos olhos e disseram que nós dois seríamos mortos na Baixada Fluminense. Durante a viagem, eles realmente pararam o carro e fizeram toda uma encenação, simulando que seríamos atirados dentro de um rio. Aí eles nos puseram de novo dentro do carro e a viagem continuou. O tempo todo eles não pararam de me torturar. Tive sede, pedi água e não me deram. Ao contrário, puseram sal na minha boca, minha língua inchou, fiquei com mais sede ainda. Eles me queimavam com pontas de cigarros e, uma vez, me obrigaram a fazer roleta-russa com um revólver. Puseram uma bala, giraram o tambor e me forçaram a puxar o gatilho com o cano encostado na cabeça. Aqui em São Paulo, quando chegamos, passamos primeiro pelo Deops, onde eles puseram gasolina e trocaram as chapas do carro, que eram, evidentemente, chapas frias.

Em seguida, fomos para o DOI. A primeira coisa que fizeram foi me tirar toda a roupa. Me obrigaram a ficar nu – eu e meu amigo – e começaram a dar choques. Nós dois fomos forçados a ficar de mãos dadas, meu pé em cima do dele, enquanto eles aplicavam choques. Mais tarde, me puseram na "cadeira do dragão", me davam choques nas orelhas e no órgão genital principalmente e, para piorar a tortura, colocaram sal na minha boca...

– Excelência, é mais uma testemunha que está falando de sua própria situação, contando fatos que não são relevantes para o processo de que estamos tratando nesta audiência.

O silêncio no tribunal foi quebrado de repente pela objeção levantada pelo procurador da República, que tentava interromper o depoimento do jornalista. A resposta veio do advogado Sergio Bermudes, que se ergueu exaltado:

– É importante, sim, Excelência! É relevante, sim! Porque a testemunha está narrando fatos que demonstram como se tortura, como se violam os direitos humanos neste país!

Bermudes ainda estava de pé quando se ouviu um aplauso forte, mas solitário. Não vinha da plateia, vinha da cadeira ao lado do juiz. As palmas eram do médico do tribunal, a quem Gomes Martins, visivelmente assustado e constrangido, repreendeu com um gesto severo. O médico, um homem calmo e risonho, de seus 50 anos, conversou depois com os jornalistas, e desabafou de novo: "Naquela hora eu não pude aguentar. Sei que posso sofrer uma punição, sei que não podia fazer aquilo, mas a minha consciência falou mais alto".

O juiz retoma a inquirição de Sérgio:

– O senhor pode descrever como era esse "trono do dragão"?

– "Cadeira do dragão", Excelência.

– O senhor pode descrevê-la?

– A tortura na "cadeira do dragão" consiste em colocar uma pessoa despida numa cadeira com braços. A pessoa fica com as pernas e os braços amarrados na cadeira, imobilizados. O assento é de metal e eles molham para aumentar a intensidade dos choques. Colocam também uma travessa de madeira na altura das canelas, então, cada vez que seu corpo reage com a dor, você esfola as pernas na madeira. Eles me amarraram fios nas orelhas e no órgão genital e, para agravar ainda mais a tortura, me puseram sal grosso na boca e às vezes me enfiavam algodão com amoníaco pelo nariz. Os choques, piorados pelo sal e pelo amoníaco, provocavam descontrole completo da respiração. Além disso, eram berros, pancadas, pauladas. A pessoa vai se machucando, vai perdendo qualquer referência e chegando à desmoralização completa...

– "... que o depoente foi submetido a torturas na chamada 'cadeira do dragão', inclusive com o uso de sal e de amoníaco, o que transtorna completamente os sentidos, dando a sensação de enlouquecimento."

Há uma pausa comovida entre as últimas teclas batidas pelo escrivão e a próxima pergunta. É a vez do procurador da República, que quer saber se Sérgio já sofrera algum processo pela Lei de Segurança Nacional.

Na resposta, toda a dimensão da irracionalidade, da inutilidade, da gratuidade, do absurdo do suplício de Sérgio, da morte de Vlado:

– Fui absolvido, depois de 6 meses e 1 dia de prisão. O processo está agora no Superior Tribunal Militar.

Duas semanas depois, a absolvição de Sérgio e de outros jornalistas foi confirmada pelo STM.

Vladimir Herzog e Fernando Pacheco Jordão
em transmissão da BBC.

Vladimir Herzog e o casal Pacheco Jordão
num parque, em Londres.

Antonio Carlos Piccino/Agência O Globo

São Paulo (SP), 31/10/1975 – Culto ecumênico em memória do jornalista Vladimir Herzog. Igreja da Sé em São Paulo.

Juiz Márcio José de Moraes.

Advogados Mac Dowell e Rodrigues Barbosa.

Dom Paulo Evaristo Arns.

Rabino Henry Sobel.

São Paulo (SP), 31/10/1975 – Wladimir Herzog (Jornalista). Culto ecumênico em memória do Jornalista. Esq/Dir: Carlos Augusto Strasser, Reverendo Jaime Wright, Dom Evaristo Erns e o Rabino Henry Sobel.

Marcus Leoni/Folhapress

Audálio Dantas.

Acervo Vladimir Herzog/Instituto Vladimir Herzog

Vladimir Herzog e Fernando Birri, cineasta argentino.

CEDOC TV Cultura/Instituto Vladimir Herzog

Herzog em sua sala de trabalho na TV Cultura.

Vladimir Herzog, Zora, Zigmund e Clarice.

Acervo/Estadão Conteúdo

Governador Paulo Egydio e general Ednardo.

Rolando de Freitas/Estadão Conteúdo

Harry Shibata.

General Sylvio Frota.

Praça Vladimir Herzog.

Atestado de óbito e família.

A "cadeira do dragão".
Os copos de leite do torturador

"O cidadão se identificou como capitão do Exército, mas a carteira funcional que ele apresentou deve ser falsa, porque quase todos eles usam nomes e identidades falsas. Saímos de C-14. Os caras logo se comunicaram com o DOI-Codi. Só que não falavam DOI-Codi, falavam 'Atenção Pronto Socorro'. Era como se fosse uma comunicação entre uma ambulância e um hospital. 'Aqui ambulância número tal, já estamos com o paciente, prepara o centro cirúrgico.' 'Estou perdido', pensei.

Quando chegamos, me encapuzaram antes de entrar, quando passávamos perto do QG do II Exército. No DOI, fui colocado numa sala onde havia outras pessoas. Logo veio um cara, me colocou a 'máscara do Zorro', uma máscara de borracha que fica por baixo do capuz. Para eles, sem a máscara não é seguro, não é cômodo, o capuz pode cair durante a tortura, há o perigo de o sujeito identificar o torturador. Por isso, eles põem também a máscara de borracha, apertada, só nos olhos. É conveniente para eles inclusive porque libera orelhas, boca e nariz para a tortura.

Eles me levaram para uma sala, onde um cara logo foi perguntando qual era o meu nome de guerra, a que organização eu pertencia. Respondi que não havia nada daquilo. Aí ele disse: 'Melhor você ser bonzinho porque a turma lá em cima é mais braba'. Depois, fui levado para uma sala de tortura. Isso tudo logo depois que eu cheguei, no máximo umas 10 horas da manhã.

Na verdade, você começa a ser torturado desde a hora em que entra no DOI. Você está entrando num lugar que você não sabe onde é, você entra encapuzado. Você é literalmente arrastado, empurrado de um lugar pra outro. Te levam daqui pra lá, te sentam num banco, tiram, põem noutro. Mandam você se levantar, te chamam. De repente, vem um cara bem no teu ouvido e pergunta:

'Como é o seu nome?'

'Meu nome é Frederico.'

'Puta que pariu, você está fodido, vai apanhar pra caralho. Você é perigoso, a gente está atrás de você.'

Ao mesmo tempo, você já entra ouvindo grito de gente sendo torturada, gente gritando, gente chorando.

Na sala de tortura, me mandaram tirar a roupa e me recusei. Começaram a me bater: soco, pontapé, tapa, palmada com as mãos, com cassetete. Um monte de caras me dando porrada pra me obrigar a tirar a roupa. Como eu não tirava, me atiraram no chão, baixaram o pau de novo e aí arrancaram minha roupa. O capuz caiu, ficou a máscara de borracha. Aí entra um outro cara, que foi o que mais me torturou. Não vi a cara dele. Só sei que é preto, tem umas mãos imensas. Não vi as mãos, mas é a impressão que me ficou pelo peso que tinham. Esse cara entrou na sala e logo disse que o pessoal não estava fazendo certo, que ia deixar muita marca e não podia. Naquela altura, eles estavam me batendo mesmo, soco no estômago, soco na boca. Eu já estava sangrando.

Aí começou. Fui amarrado na cadeira do dragão. É uma cadeira comum com o encosto alto e com partes de metal. Começaram então a dar choque. Amarraram uns fios nos dedos dos pés, inclusive um fio no solado do pé. A única marca visível que eu tenho, cicatriz de tortura, é esta aqui, por baixo do pé. É do fio de cobre que ficava queimando. Com o impacto do choque, da dor, eu esperneava, o fio então ia cortando e aqui cortou fundo. Outro fio estava ligado no pinto. Tinha fio nas mãos e também no ouvido, enrolado na orelha com a ponta para dentro. E o cara, a meu lado, com um bastão de dar choque, ficava percorrendo o meu corpo, procurando descobrir a área mais sensível.

Ficaram então vários caras em volta, ligando as maquininhas de dar choque, acionando aqueles fios. O outro, o que me torturava mais, era o chefe da equipe, o famigerado 'dr. Jorge'.[95] Deve ser um débil mental completo, não só pelo prazer que sente em torturar. Um sujeito asqueroso, de voz pastosa, fica dizendo indignidades, propostas obscenas no teu ouvido e te torturando o tempo todo. Gozando com a tortura. Inclusive nas horas em que os outros paravam por qualquer razão – ou porque estavam cansados ou porque iam trocar a equipe ou comer –, ele continuava. Este cidadão me torturou de manhã até coisa de 3 ou 4 horas da manhã do dia seguinte, direto, sem parar, sem cansar, mostrando muito prazer nisso. Um detalhe que eu percebia é que toda hora ele pedia um copo de leite. Depois da tortura, quando fiquei sozinho na sala, sem capuz, vi que a mesa estava cheia de copos sujos de leite.

Uma das coisas que ele disse, quando avisou para não deixarem marcas, era que não gostava de sujeira. Quando eu vomitava ou evacuava porque eles enfiavam o bastão elétrico no ânus e aí você se caga, você se mija, você vomita – ele ficava puto, louco, possesso.

'Filho da puta! Me sujou!', e passava a mão suja de vômito na minha cara. Enfiava o bastão no ânus e depois na boca, no nariz, dava choques na língua.

A dor em si não foi a coisa que mais me perturbou. Evidente que dói uma enormidade, mas, num determinado momento, você desmaia. Então os caras te acordam com amônia no nariz, com água. Mas a verdade é que o próprio organismo reage à dor. Tem um momento em que você pifa. Vai e volta. A partir de um determinado momento, já está com o corpo tão queimado, tão massacrado, que nem sente tanto.

Depois de uma certa hora, acho que já era noite, depois de umas dez horas de tortura, eles então, achando que nada conseguiriam, foram prender minha mulher, que jamais teve qualquer participação política em toda a vida dela. Prenderam minha mulher para torturá-la na minha frente. Eles tinham me avisado antes. Me diziam: 'Olha, ou você fala ou nós vamos trazer aqui a tua mulher, tua mãe, teu pai, teus irmãos.

---

[95] Segundo a Comissão Municipal da Verdade Vladimir Herzog da Câmara de Vereadores de São Paulo, em relatório de 2012, era "chefe da equipe C de interrogatório do Codi/DOI (Oban) no período de 1972/1974".

Nós vamos estropiar tua família inteira na tua frente'. Eu não acreditei que eles fizessem isso, mas, numa certa hora, trouxeram minha mulher. Primeiro, puseram ela no corredor, ao lado da sala onde eu estava sendo torturado, para ela ouvir meus gritos. Depois, abriram a porta e a obrigaram a falar o nome dela alto para que eu ouvisse que ela estava lá. Aí é que eu considero a pior dor de todas as torturas: de um lado, você não quer contribuir, você não quer dar informação nenhuma; de outro, não dá para suportar. Quando puseram minha mulher na sala foi a pior coisa que me aconteceu nesse processo todo. Começaram a tirar a roupa dela e a bater.

Foi então que eu disse: 'Tirem ela daqui, não toquem nela, que qualquer coisa eu faço'. Ainda assim, em outra sala, voltaram a tirar a roupa dela e deram choques. Não havia nada que pudessem arrancar dela e eles sabiam disso. Pura prática de terror."

(Do relato de Frederico Pessoa da Silva)

Quem faz o serviço sujo.
Quem dá as ordens.
Quem financia

Quando se examinam nos autos do IPM os anexos das declarações prestadas no DOI-Codi pelos presos e os Autos de Qualificação e de Interrogatório, formalizados no Deops, não se pode deixar de refletir sobre o caráter da repressão que transparece por trás de toda a bestialidade que as vítimas descrevem. Ouvi casos nefandos de tortura até em crianças parentes de presos de quem queriam arrancar informações, casos monstruosos de deformação que levavam um torturador, por exemplo, a lamber a cara do torturado, alguns a ejacularem enquanto martirizavam o preso e outro – este, segundo relato que me fizeram, no sítio Colina, onde a repressão assumia clandestinidade total – a beijar o pênis de um jovem pendurado no pau-de-arara. Talvez sejam anormais esses indivíduos, selecionados nas várias forças policiais, no Exército, na Marinha e na Aeronáutica. Mas seria um erro atribuir-lhes a iniciativa da brutalidade e da indignidade da tortura. Da mesma forma que não se pode aceitar que o nazismo tenha nascido da mente doentia de celerados como Hitler, Goebbels, Goering, Himmler e os demais. A quem serviam esses celerados? A quem servem os torturadores? Não se pode esquecer que a tortura foi introduzida no Brasil como método de guerra desde que se iniciaram as ações revolucionárias armadas nos fins da década de 1960.

Ela foi instituída como ação de guerra pelo Exército francês para enfrentar a luta de libertação na Argélia, foi usada pelo Exército norte-americano contra o povo vietnamita, foi ensinada a oficiais das Forças Armadas brasileiras nas escolas mantidas pelos Estados

Unidos na Zona do Canal do Panamá, foi tema de cursos dados por policiais norte-americanos no Brasil (episódio Dan Mitrione[96]) e passou a ser "exportada" para nossos vizinhos (são notórios casos de torturadores brasileiros que atuavam na repressão na Argentina, no Uruguai e no Chile).

Espancamentos, paus-de-arara, choques sempre foram métodos rotineiros da polícia brasileira contra pessoas suspeitas ou acusadas de crimes comuns. A dor física e a ameaça de morte sempre serviram para extrair confissões, verdadeiras ou não. A polícia da ditadura do Estado Novo também agrediu, espancou, torturou, mutilou, matou. Mas em nenhum momento a repressão chega à sofisticação e ao requinte a que chegou com o regime militar. A tortura não é aplicada apenas como punição física, intimidação ou forma de obter informações. Ela serve a tudo isso e vai além: a intenção manifesta é destruir o indivíduo, tirar-lhe o chão, anular-lhe as referências, levá-lo à degradação, roubar-lhe a condição humana, massacrá-lo fisicamente e liquidá-lo psicologicamente. A começar da sigla que identificava os chamados órgãos de segurança do Exército: DOI corresponde a Destacamento de Operações de Informações, mas é provável que essa designação tenha sido pensada a partir da sigla que só a prepotência, o cinismo e a certeza de impunidade poderiam imaginar, deliberadamente para que fosse identificada – DOI – com a ideia de sofrimento. Não deve espantar o fato de "o maior centro de tortura da América do Sul", como eles mesmos gritavam pelos corredores, ter sido um órgão subordinado à 2ª Seção e, portanto, à chefia do Estado-Maior. Não se pode perder de vista o fato de que se tratava de um departamento militar, criado menos para fazer investigações e mais para reunir informações. A qualquer preço. No tempo mais curto possível. O maior volume possível de informações. Não se pode perder de vista também que a tortura é uma tática de guerra, pensada, definida e aplicada como tal e por isso ligada a toda uma estrutura que inclui, além dos que fazem o trabalho mais

---

[96] * Mitrione, policial norte-americano, técnico em tortura, acabou executado pelos Tupamaros, no Uruguai.

sujo, os analistas de depoimentos, que são oficiais preparados para essa tarefa e que se utilizavam de computadores para confrontar informações e orientar os interrogatórios. Portanto, a ação dos que espancam, chutam, dão choques não é aleatória. Mesmo quando praticada contra pessoas de cuja atividade já se sabe ou contra quem nada tem a declarar, serve para a disseminação do terror como arma de intimidação. Na maior parte dos casos, ela é guiada pelos que processam as informações. Naquele tempo, no Brasil, eram eles que determinavam se um preso devia ser mais torturado ou não, se devia ou não ser "liberado" para formalizar seu depoimento no Deops. Como se sabe, os inquéritos que iam para a Justiça Militar não eram do Exército, e sim do Deops, só que todos os depoimentos feitos no DOI eram repetidos, praticamente transcritos.

O preso fazia mais de uma declaração de próprio punho, em papel pautado, sem timbre, enquanto estava sendo interrogado. As informações que lhe arrancavam nessas declarações eram colocadas no computador, checadas e cruzadas com outras, para verificar se já se haviam esgotado todos os caminhos possíveis. Se as informações não batessem, a tortura podia recomeçar até que o preso dissesse o que se queria extrair dele. Quando as informações estivessem completas, ele redigia então uma declaração final, a partir das que já fizera anteriormente. Preenchia, além disso, um questionário minucioso, de 37 perguntas, no qual – como se pode ver na transcrição adiante – se procurava explorar todos os caminhos para levantar o maior volume possível de nomes, datas, locais, informações. Esses manuscritos ficavam no DOI e eram confrontados com o depoimento anotado formalmente no Deops. Mais de um preso foi ameaçado de ser levado de volta para o DOI caso não confirmasse, na formalização do inquérito, os depoimentos prestados sob tortura.

A propósito da atuação dos torturadores, vale a pena transcrever aqui parte de um testemunho do jornalista Fernando Gabeira,[97] ele

---

[97] * Entrevista ao *Pasquim*, n. 490, 17 nov. 1978, realizada em Paris por Ziraldo Alves Pinto, Geraldo Mayrink, José Maria Rabelo, Milton Temer, Darcy Ribeiro, Vilma Alves Pinto e Sonia do Amparo. Gabeira foi um dos sequestradores do

próprio torturado desde o momento em que entrou no Hospital das Clínicas de São Paulo com uma bala no corpo. Gabeira faz uma análise muito lúcida da tortura:

"Os grandes caras da tortura no Brasil não são os bate-paus, os caras que chegam e te torturam. São os analistas, os 'garotos de gabinete', analisando o que você diz enquanto apanha e procurando suas contradições. [...]

[O analista] não dá choque, não vê sangue, não quer saber disso. Não te vê. Analisa o que você diz dentro daquela circunstância de tortura, que é dividida em três grupos: 1) o pessoal que te tortura; 2) o grupo de captura, que fica esperando as informações que você dá, dando as devidas consequências. 'Conheço uma casa x onde moram duas pessoas.' Imediatamente, esse grupo vai pra lá; 3) uns caras que conhecem as organizações, que leem tudo que você diz, confrontando com tudo o que já foi dito sobre a organização a que você pertence, veem as contradições e devolvem em forma de bilhete, com reorientação sobre como te interrogar, por onde insistir: 'Olha, vocês estão torturando na linha errada. Tem que perguntar isso e aquilo'. Esses caras são jovens com muito futuro dentro do Exército. Alguns foram cooptados justamente por isso. Vi muitos deles que eram conhecedores profundos da esquerda. Difícil encontrar outros iguais. Podem te reproduzir uma luta interna com todos os detalhes, dizendo quais eram as posições, os argumentos, acrescentando que uma era mais histórica que a outra, essas coisas. [...] É importante que a gente vá ao Brasil não pensando nos torturadores como monstros. [...] A tortura a que me refiro já é do período tecnocrático, incorporando técnicas e procedimentos típicos desse período. A tortura que a gente sofreu não é a mesma sofrida pelo pessoal do Estado Novo. O próprio computador eletrônico passou a ser um elemento presente nos procedimentos de torturas, dando informações de fichas, de pessoas, devolvendo análises. Existe também uma ajuda de médicos e psicólogos. Não houve excessos de

---

embaixador norte-americano Charles Elbrick, em setembro de 1969, no Rio de Janeiro.

alguns setores incontroláveis. Não houve monstruosidades difíceis de serem evitadas. Foi tudo científico. Existe uma divisão de trabalho entre eles. Os sujeitos que vêm dos setores mais pobres da população, e que por acaso são crioulos ou mulatos, são os que enfrentam os choques. São a tropa de choque, os que estão arriscados a morrer, como alguns morreram. A divisão de trabalho é tão desigual que eles são colocados para receber as primeiras balas. Fazem o trabalho de enfrentar os caras, invadir as casas, levar uma bomba, morrer. Isso é importante para compreender que todos os aspectos de nossa vida estão permeados de autoritarismo e uma rígida divisão de classes. A divisão de trabalho no interior da polícia é de tal modo que o maior número de riscos cai para o mais pobre. São eles que fazem o trabalho sujo.

[...] A tortura sexual só existia na medida em que sentiam em você um pavor específico em relação a esse tema. Fazem a tortura de acordo com os elementos que dão mais informações. Se for o estupro, estupram a pessoa. Quando você dá uma visão muito fria de tortura, de fora, tentando explicar o que houve, existe o perigo de parecer algo condescendente ou tolerante com ela, sem se compreender que todo esse processo necessita, é claro, de um ajuste de contas histórico. Além, inclusive, da necessidade de detê-la, de denunciar a tortura para que ela deixe de existir. Todos os responsáveis devem ser punidos. Mas quando se coloca que ela é um sistema, um conjunto de trabalhos em favor de sua eficácia, vê-se que penetrou no tecido social de uma forma mais profunda do que se possa imaginar, quando é colocada em termos de seus excessos ou exceções. Foi tudo calculado. Mesmo quando se excediam, era calculado. O grupo de torturadores é ensaiado para torturar. Alguns fazem o papel de bons, e outros, o papel de maus. Houve um momento, quando eu estava no pau, em que um fez uma cena de ódio, dizendo que me detestava, que ia me matar. Pra isso, tinha que gritar desesperadamente. Pois nesse momento tocou o telefone na outra sala e teve que sair pra atender a mulher. Falou com ela de uma forma tão gentil: 'Meu bem, tudo legal, te encontro à noite'. Desligou, andou cinco ou seis passos e gritou: 'Filho da puta!'. É tudo ensaiado. [...] [Quando se criou o DOI-Codi], devido à necessidade de um órgão especial, dentro dele cooptaram elementos realmente especializados. Entraram os melhores elementos de vários setores, inclusive da polícia civil; pessoas com acesso a cursos especiais, quer dizer, bastante conscientes do que faziam.

[...] Se a tortura foi ensaiada, se a forma foi perfeita, e a técnica, eficaz, a dor foi real. A morte, também. Os companheiros que desapareceram e ficaram mutilados, também. Não foram algumas pessoas que torturaram no Brasil. Os responsáveis são muitos. Aí entra outro aspecto muito importante: a responsabilidade histórica dos Estados Unidos. Tive oportunidade de falar agora com um jornalista americano que andou pela América Latina escrevendo um livro sobre Dan Mitrione, um personagem que só não foi muito famoso no Brasil porque morreu no Uruguai, mas que teve um papel importantíssimo no Brasil. É nome de rua em Belo Horizonte![98] Somos de um país onde os organizadores da tortura em nível continental são nome de rua. A gente não pode ver isso como acidental, porque existe algo muito mais sério no sentido social."

"Qual a origem do DOI paulista?". Matéria publicada no *Jornal do Brasil*[99] em janeiro de 1976, logo após a morte do operário Manoel Fiel Filho, foi uma das melhores descrições desse órgão, suas instalações e suas origens. Ele foi o desenvolvimento de uma ação repressiva semiclandestina – a Operação Bandeirantes (Oban) – criada em fins de 1968, quando se intensificaram as ações de luta armada em São Paulo. Diz a matéria do *JB*:

"A Operação Bandeirantes, na época de sua criação, era um organismo sem vinculação específica, semioficial, *comandado então por um major do Exército, sem verbas consignadas em orçamento, com recursos captados entre os empresários de São Paulo*[100] [o grifo é do

---

[98] Deixou de sê-lo em 1984, por proposta dos vereadores Helena Greco e Artur Vianna, passando a chamar-se José Carlos da Matta Machado, militante da Ação Popular Marxista Leninista (APML) assassinado sob tortura no DOI-Codi do então IV Exército (Recife), em 1973.

[99] * "O prédio cinza do Bairro Paraíso", *Jornal do Brasil*, 23/1/1976.

[100] * Ver, adiante, documento que mostra ligações de um empresário com o órgão militar de repressão.

autor], atemorizados pela ação violenta desfechada pela 'guerrilha urbana', disseminada principalmente nos meios universitários, em que os jovens eram recrutados e ingressavam em organizações das mais diversas siglas. Durante o governo do presidente Médici, a Oban passou a constituir o Destacamento de Operações de Informações (DOI), como seção do Centro de Operações de Defesa Interna (Codi), vinculado diretamente aos comandos dos quatro Exércitos.

Com verbas próprias, o DOI-Codi passou a recrutar para as suas fileiras elementos da Polícia Militar, do Deops, da Marinha e do próprio Exército, sob o comando de um coronel, tendo como subordinados um tenente-coronel e um major, além de um capitão e obedecendo a disciplina militar. Como nos demais DOI-Codi, o de São Paulo subordinou-se diretamente à 2ª Seção do Exército, com vínculos estreitos com o Estado-Maior. E o seu trabalho não se dirigiu mais contra a guerrilha, totalmente debelada pela Oban, mas na apuração de atividades subversivas.

Antes, a Oban funcionava em um prédio acanhado da rua Tutóia, com entrada pelo 36º Distrito Policial. Com a ampliação das atividades e a criação do DOI-Codi, as dependências também se ampliaram, construindo-se edificações num terreno de propriedade do governo, até atingir a rua Thomaz Carvalhal. A nova frente passou a levar o número 1.030, entrada oficial para o Destacamento de Operações de Informação, do Centro de Operações de Defesa Interna.

Sobre os muros cinza, guaritas foram montadas, tanto na rua Tutóia quanto na Thomaz Carvalhal. Ao se transpor o portão cinza, de duas folhas, imediatamente após o corpo-da-guarda, integrado por soldados do Exército e da Polícia Militar, tem-se, à direita, uma sala de espera e, à esquerda, um amplo estacionamento com os mais diversos tipos de viaturas. Já dentro do prédio cinza, à direita, se encontra o refeitório dos funcionários e, à esquerda, dependências em ampla área edificada. Uma porta de ferro impede o acesso a estranhos. Veem-se uma mesa, com cadeira, e uma saleta destinada à identificação dos presos. No extenso corredor, à direita, há quatro celas de cada lado, com portas gradeadas, podendo ver-se seu interior. Apenas uma cela, no fundo do corredor, possui chuveiro de água quente. Ainda no mesmo corredor, uma solitária, onde permanece o preso incomunicável.

No sentido, ainda, dos grandes portões de entrada, tem-se à frente uma escada de dois lances. Chega-se à parte assobradada onde se localizam as salas de interrogatório. No seu interior, uma mesa simples, tendo de cada lado duas cadeiras de plástico. Na parte de cima, também, instalam-se o comando do DOI-Codi e as equipes de análise que interpretam os depoimentos feitos pelos presos. Além dessas dependências, mais três celas estão ali instaladas."

Provas escritas da ligação dos empresários paulistas com a repressão são certamente mais escassas do que a abundante coleção de fotografias e notas do Caderno Social da *Folha de S.Paulo*, a registrar aos domingos as muitas homenagens, coquetéis e banquetes oferecidos aos chefes militares pelos industriais, comerciantes e banqueiros. Ao longo dos anos e das trocas de comandos – de 1969 a 1975 –, os generais Souza Mello, Ferreira Marques e Ednardo d'Ávila Mello são frequências assíduas. Mas pelo menos uma – e forte – evidência escrita pode ser encontrada nos próprios autos do IPM sobre a morte de Vlado. Aos autos foram anexados os depoimentos prestados pelo jornalista Marco Antonio Rocha, que se apresentou espontaneamente na semana após a morte de Vlado e foi ouvido por um oficial do DOI-Codi por dois dias no QG do II Exército, saindo para almoçar e para dormir em sua casa. Para sua surpresa, Marco Antonio foi interrogado em dado momento sobre uma notícia que o *Jornal da Tarde* publicara em março daquele ano, envolvendo a financeira de Carlo Barbieri Filho, conhecido militante de extrema direita, presidente da Liga Anticomunista, dono do semanário *Expresso* (1974) e presenteado pelo governo federal, na mesma época, com um canal de rádio em São Paulo (Rádio Novo Mundo).[101] Com toda probabilidade, o empresário, ao saber pelos jornais que Marco Antonio estava

---

[101] Tornou-se depois dono do Oxford Group (https://oxfordusa.com/), sediado na Flórida. Mais informações sobre o personagem em *A história da Confederação Anticomunista Latino-Americana durante as ditaduras de Segurança Nacional (1972-1979)*, tese de doutorado de Marcos Ribeiro.

sendo interrogado, encomendou ao DOI que descobrisse o que não conseguira saber na época da publicação, isto é, a fonte da notícia sobre a venda de sua empresa. Que outra explicação para a inclusão do caso numa investigação sobre o PCB?

A cópia do documento que está nos autos tem um carimbo com os dizeres "Ministério do Exército. Comando do II Exército, Quartel general. Confere com o original", a data de 4 de dezembro de 1975 e a assinatura do general Cerqueira Lima, presidente do IPM. Sua íntegra:

"Eu, Marco Antonio de Souza Rocha, já qualificado, passo a prestar de próprio punho esclarecimentos sobre artigo publicado do *Jornal da Tarde*, no dia 31 de março de 1975, à página 11, sob o título 'Do Halles ao Ipiranga, um ano de crise'. A saber: no dia seguinte à publicação do artigo, assinado pelo colega Mario Alberto de Almeida[102] e de sua exclusiva autoria, um dos diretores do grupo Aplik, sr. Carlo Barbieri Filho, telefonou a um dos editorialistas do *Jornal da Tarde*, Lenildo Tabosa Pessoa,[103] que trabalha, ao meu lado, na mesma sala, negando que sua empresa [Aplik] estivesse à venda, ao contrário do que afirmava o artigo. A pedido de Lenildo Tabosa Pessoa, passei a averiguar o assunto. Chamei o repórter Mario Alberto de Almeida e perguntei-lhe se a informação que ele divulgara fora obtida de fonte idônea. Disse-lhe que não queria saber qual a fonte, pois, entre nós, por motivos éticos, um jornalista não deve revelar a outro quais suas fontes pessoais de informação. Adverti ao Mario Alberto de Almeida que o jornal poderia ser processado por aquilo e que, portanto, ele deveria estar absolutamente seguro sobre a

---

[102] Trabalhou em revistas da Editora Abril – entre elas, *Exame* e *Veja* –, no jornal *Opinião*, na *Gazeta Mercantil*, onde foi editorialista, correspondente em Paris, diretor de Redação e vice-presidente Editorial, na revista *IstoÉ*, onde foi diretor de Redação, e na TV Gazeta, bem como na iniciativa privada. Membro, desde 2002, do Conselho da Fundação Atech/Fundação Ezute, especializada em sistemas para a Defesa. É um dos signatários do manifesto "Em nome da verdade".

[103] Jornalista, professor e escritor, cursou Filosofia na Pontifícia Universidade Gregoriana, em Roma, e Direito no Recife. Foi editorialista, também, do Estadão, crítico acerbo da Teologia da Libertação e da CNBB.

informação. Mario Alberto de Almeida respondeu-me que sua fonte era de absoluta confiança, que não me revelaria quem era, mas que eu estivesse com a consciência totalmente tranquila. Pedi então ao Lenildo Tabosa Pessoa que transmitisse ao sr. Carlo Barbieri Filho a informação de que nossa fonte era idônea, mas que, se ele quisesse nos dar uma entrevista ou enviar uma carta dando o seu ponto de vista, eu a faria publicar."

Perguntas que precisam ser feitas: se o assunto nada tinha a ver com a investigação sobre o PCB, por que foi incluído no interrogatório do jornalista? Quem pediu ao interrogador de Marco Antonio que tentasse averiguar a responsabilidade pela notícia? Que interesses estavam sendo atendidos a ponto de a questão constar de um documento à parte, e não do corpo do depoimento do jornalista? Qual a relação entre segurança nacional e desejo de um empresário de identificar a fonte de uma notícia de jornal?

Com certeza, não é esta a missão que a Constituição brasileira atribui ao Exército, mas, durante um largo período, e pelo menos em São Paulo, os militares parecem ter reduzido o conceito de segurança nacional à segurança dos empresários. O próprio general Dilermando Gomes Monteiro admite isso, embora não explicitamente, na entrevista que deu à revista *IstoÉ* logo antes de deixar o comando do II Exército.[104]

"*Os empresários paulistas, a única coisa que me pediram foi: 'Se o sr. garantir a nossa segurança, o resto deixe por nossa conta'*. Nunca ninguém me pediu nada. Nunca nenhum empresário de São Paulo me pediu qualquer coisa no sentido de favorecê-lo em alguma coisa, como também nunca houve o caso de algum empresário de caráter duvidoso, se é que existe algum, que tivesse o desplante de me propor alguma coisa que não fosse dentro dos princípios morais e sadios. Ninguém chegou para mim para me comprar com oferecimentos, promessas. Pelo contrário. Eu tive uma reação de certa tristeza, porque *algumas empresas aqui achavam que, como a segurança é importante para elas, deviam contribuir para esse pessoal da segurança*

---

[104] * *IstoÉ*, n. 103, 13 dez. 1978, entrevista a Armando Salém e Tão Gomes Pinto.

de alguma maneira, oferecendo viaturas etc. Recusei sempre. Porque, se a gente aceita uma coisinha, uma vantagem de alguma pessoa, a gente fica obrigada a dar àquela pessoa um tratamento que seria que seria discriminatório em relação à outra. *Então eu dispensei os colaboradores*[105] *que porventura existiam, agradeci e ponto final.*" (Os grifos são do autor.)

---

[105] * Um dos financiadores da Oban, precursora do DOI, foi o industrial Albert Henning Boilesen, presidente da Ultragás, morto a tiros de metralhadora por um comando armado, no dia 16 de abril de 1971. [Ver, a esse respeito, o documentário *Cidadão Boilesen*, concluído em 2009 por Chaim Litewski. (N.E.)] Jorge Wolney Atalla (citado em reportagem do jornal inglês *Sunday Times*) era empresário frequentemente mencionado, entre outros, como fornecedor de veículos, equipamento e dinheiro para a repressão.

37 perguntas

Formulário de interrogatório, para ser preenchido de próprio punho, transcrito, sem as respostas, de documento constante dos autos do IPM sobre a morte de Vlado (depoimento de Marco Antonio Rocha na investigação sobre o PCB):

"Eu, Fulano de Tal, já qualificado, passo a prestar, de próprio punho, declarações sobre a minha vida de militante nas esquerdas, a saber:

1. Quando e onde você foi preso? Limite-se ao local e data.
2. Algum dia você já esteve preso em razão de sua militância subversiva? Quando? Onde? Respondeu processo?
3. Na ocasião da sua prisão você levava vida legal ou ilegal?
4. Se vida ilegal, descreva como e quando adquiriu os documentos que lhe possibilitaram tomar a falsa identidade.
5. Ao ser preso, qual a função (comando, chefia, coordenação, tarefas) que exercia na organização?
6. Quais as funções, comandos, chefias, coordenação a si atribuídas, através dos tempos?
7. Com base na pergunta anterior, quais foram os demais elementos que junto com você pertencem ou pertenceram à célula, seccional, regional ou direção (territorial ou nacional). Descreva aqueles que não possa identificar, citando os Codinomes usados, dados característicos, dados sobre a atividade profissional e escolar.

8. Defina: dirigente, militante, simpatizante, apoio e aliado.

9. Com base na pergunta anterior, cite todos os elementos que conheceu em função de sua atividade na organização, enquadrando-os na graduação acima explicada. Cite mesmo aqueles com os quais você não possui maiores ligações (descreva os que não puder identificar).

10. Quais pessoas de outras organizações subversivas que conheceu? Dê todos os detalhes desse conhecimento e de suas ligações, situando locais, datas e circunstâncias.

11. Caso você não tenha tido ligação com elementos de outras organizações, dentro ou fora do país, cite o que sabe a respeito delas.

12. Narre, minuciosamente, as reuniões de que você participou como membro, citando data, local, pessoas presentes, motivo da reunião, conclusões, divergências ocorridas, outros detalhes.

13. Quais os 'aparelhos' que conheceu, que conhece, que foram ou estão sendo utilizados? Descreva-os citando circunstâncias em que conheceu e os locais.

14. Qual a composição das direções nacionais, territoriais, setoriais, distritais e das células através dos tempos?

15. Qual o organograma da organização, situando as pessoas que a compõem, desde os órgãos de cúpula até os de célula?

16. De onde provêm e quem são os encarregados do setor de finanças ou de manipular os fundos da organização? Cite as formas de obtenção de fundos.

17. Faça um organograma do setor de finanças da organização, enquadrando as pessoas que conheceu, ligadas a essa atividade.

18. Descreva como você contribuiu para as finanças da organização ou como recebe as contribuições.

19. Você recebia o órgão de divulgação e propaganda da organização? Cite o órgão e a forma utilizada para recebê-lo.

20. Quem é o responsável e quem são os membros do setor de agitação e propaganda da organização nesse setor?

21. De que forma a organização se vale dos órgãos legais de propaganda (rádios, jornais etc.) para fazer propaganda subversiva?

22. Faça um organograma do setor de agitação e propaganda da organização, enquadrando as pessoas citadas no item anterior.

23. Você esteve no exterior em razão de sua atividade na organização?

24. Quais os membros da organização que estiveram ou estão no exterior? Cite as tarefas que estão realizando.

25. Como funciona o esquema de obtenção de documentos falsos do partido? Cite os responsáveis e membros do setor de documentação.

26. Como funciona o esquema de saída do país? Responsável e membros do setor.

27. Quais os objetivos a curto, médio e longo prazo? Seja o mais claro e preciso possível.

28. Faça um paralelo entre a linha político-subversiva da sua organização e as linhas de outras organizações.

29. Quais as crises, rachas, dissidências ocorridas na organização? Cite os motivos, participantes, as soluções adotadas e os militantes que ficaram com as linhas políticas adotadas pela sua organização e pelas dissidentes.

30. Como funciona a sua rede de apoio pessoal e da organização?

31. Qual o apoio e de quem recebia? Cite locais, datas, pessoas e formas de apoio.

32. Há possibilidade de, com sua prisão, serem os mesmos apoios utilizados para outros membros da organização? Cite os apoios e as formas de apoio.

33. Relacione aqueles que, embora não fizessem parte da rede de apoio, estivessem em vias de serem 'ganhos' para a organização.

34. Quem o substituirá ou tem condições de substituí-lo na função partidária organizacional, após a sua prisão? Por quê? Como? Onde?

35. Narre minuciosamente todas as atividades de propaganda armada e agitação de que participou, citando data, local e participantes.

36. Descreva, mesmo se ouviu dizer, a forma pela qual a organização tem se utilizado das instituições sociais legais em proveito de suas atividades subversivas. Como é feita esta ligação? Quem é o encarregado de fazer? Com quais elementos? a) da Igreja? b) com políticos? c) com sindicatos? d) com universidades e escolas? e) com militares das Forças Armadas e das Polícias Militares (PM)? f) com o Poder Judiciário (advogados)?

37. Narre, minuciosamente, todas as ações ou missões armadas, levantamentos, roubo de carros, assalto a bancos, treinamento de tiro e de marcha, 'justiçamentos' e outros que realizou, citando data, local, participantes. Detalhe a atuação de cada militante."

O original desse questionário ficava no DOI, e uma cópia ia para o Deops, para orientar – juntamente com outro longo depoimento de próprio punho – a formalização do inquérito a ser enviado à Auditoria Militar. O processo está minuciosamente descrito – num relato que em linhas gerais bate com testemunhos que o autor ouviu de ex-presos – na sequência da matéria do *Jornal do Brasil*, "O prédio cinza do Bairro Paraíso", citada anteriormente:

"O DOI-Codi, por tradição, jamais teve pressa na tomada de depoimentos. Advogados de inúmeros presos informam que, detidos geralmente às sextas-feiras, os acusados (geralmente por delação de outros presos do DOI) permanecem até segunda-feira isolados, à espera de serem ouvidos.[106] Normalmente, o interrogatório leva três dias. Não

---

[106] * Neste ponto, a descrição não corresponde aos fatos. Konder e Duque Estrada, por exemplo, foram presos numa sexta-feira e imediatamente interrogados, o mesmo acontecendo com Vlado, quando se apresentou no sábado pela manhã.

há hora para inquirição, que pode ser feita tanto de madrugada quanto durante o dia. O preso está sempre à disposição. Depois dos três dias de praxe, o detido é levado a um boxe individual, onde fará um resumo sumaríssimo do que depôs ao ser questionado pelo interrogador. Esse depoimento do próprio punho é cotejado, posteriormente, com as anotações do questionador. Se as informações conferem, o preso é levado para o parlatório, onde, em mesinha individual (conjunto de mesa e cadeira), faz do próprio punho um relato de sua vida, o ingresso nas atividades que o levaram ao DOI-Codi. Feito isso, é liberado para o Deops, acompanhado de um xerox do seu relato, que servirá de base para o depoimento oficial que, assinado pelo preso e pela autoridade policial, é incorporado ao inquérito a ser remetido à Auditoria Militar."

*

"As violências contra presos políticos, os métodos de tortura adotados, os nomes dos torturados (muitos dos quais morreram na prisão), os nomes e funções dos torturadores – tudo isso chegou ao conhecimento das principais autoridades do país, no final do ano passado (1975), por intermédio de um documento que o Conselho Federal da Ordem dos Advogados do Brasil recebeu de um grupo de 35 presos políticos. Nesse documento, os seus autores solicitavam à OAB que se interessasse pelo problema e enviasse cópias às autoridades do país e entidades que se empenharam na luta pelos direitos humanos, bem como a outras pessoas que pudessem engajar-se no trabalho de evitar violências contra o ser humano.

Quando já estava redigido, denunciando a morte de presos políticos em todo o país, sucedeu o caso Vladimir Herzog, apenas mencionado no final pelos seus subscritores. De forma geral, trata-se de um documento redigido com bastante frieza e que se limita a fatos. Nem por isso sua leitura deixa de ser impressionante, pelas revelações de brutalidade.

Manoel Fiel Filho, preso numa sexta-feira, também foi imediatamente torturado e, como Vlado, morreu no sábado.

Nesse documento, os presos que o subscrevem estimam em 300 o número de pessoas mortas nas prisões, mas cujo falecimento foi noticiado na forma de 'atropelamento', 'suicídio', 'tentativas de fuga' etc. Sua abertura é incisiva: 'Fomos arrastados à prisão no período compreendido entre setembro de 1969 e fevereiro de 1975. A maioria de nós está condenada a altíssimas penas, chegando até a 82 anos; para se ter uma ideia, a média aritmética das penas é superior a 18 anos; e todos tivemos os direitos políticos suspensos. Sem exceção, todos passamos pelos órgãos repressivos e por suas câmaras de torturas. Submetidos às mais diversas formas de sevícias, ainda fomos testemunhas do assassinato de muitos presos políticos, como nós, também vítimas da violência militar-policial. Não é força de expressão, portanto, dizer-se que somos sobreviventes.

[...] As violências começam no momento da prisão. Chegando ao órgão repressivo, na maioria das vezes já encapuzado ou com os olhos vendados, o preso se depara com um ambiente de pancadaria. A 'sala de interrogatório' é revestida com material isolante, forma de tentar impedir que os gritos dos presos torturados se propaguem e cheguem aos ouvidos da vizinhança. Na sala, espalhados pelo chão, encontram-se cavaletes, cordas, fios elétricos, ripas de madeira, mangueiras de borracha, enfim, todos os instrumentos usados na tortura'.

A partir disso, descrevem cerca de 30 formas de tortura. As principais são as seguintes:

Pau-de-arara: amarram-se pés e punhos do preso já despido, forçando-o a dobrar os joelhos; passa-se uma barra de ferro de lado a lado suspensa num cavalete; a aplicação do pau-de-arara é acompanhada de choques elétricos.

Choque elétrico: aplicação de descargas elétricas nas partes mais sensíveis do corpo, às quais é amarrado um polo; os aparelhos são o 'magneto', televisão comum e tomadas de 110 e 220 volts.

Cadeira do dragão: constitui-se de poltrona de madeira, revestida com folha de zinco; o torturado é sentado nu, tendo seus pulsos amarrados aos braços da cadeira; ligando-se a corrente, os choques são violentíssimos.

Afogamento: derrama-se água, ou uma mistura de água com querosene, ou amoníaco, pelo nariz da vítima, já dependurada de cabeça para baixo; outra forma consiste em vedar as narinas e introduzir-se uma mangueira na boca, onde é despejada água.

Telefone: consiste na aplicação de pancada com as mãos, em concha, nos dois ouvidos ao mesmo tempo, promovendo o rompimento do tímpano.

Soro da verdade: é o nome que dão ao Pentotal.

Crucificação: consiste em pendurar a vítima pelas mãos e pelos pés, amarrados em ganchos presos no teto ou em escadas; completa-se com choques e palmatórias.

Latas: o torturado é obrigado a equilibrar-se com os pés descalços sobre as bordas de duas latas abertas.

Alicate e cigarro: tiram pelos do corpo com um alicate; queimam-se partes sensíveis do corpo com pontas de cigarros.

Desde um simples carcereiro até os oficiais superiores que dirigem aqueles centros de repressão, todos se investem de poderes para prender, torturar e assassinar, sem nenhuma necessidade de prestar conta de seus atos a quem quer que seja."

(Publicado por *O Estado de S. Paulo*, edição de 20/01/1976, quando foi noticiada a morte do operário Manoel Fiel Filho, preso no DOI-Codi.)

O comandante e a tortura

"*IstoÉ*[107] – Não foi dada uma força grande a esse tipo de departamento (DOI-Codi), que acabou extrapolando o controle dessa estrutura militar?

Dilermando – Isso pode ter acontecido na forma de execução das ações menores. Eles extrapolaram, tornaram-se força dentro da força, Estado dentro do Estado. Na ânsia de bem cumprir seu dever, as redes vão se estendendo demasiadamente. Por exemplo: apanhar o Marighella. Todo o Brasil quer chegar a ele, mas é difícil, porque essas organizações subversivas são seguras e se protegem muito bem. Como a Máfia. Para você chegar ao 'chefão', você passa por centenas de intermediários. E, na ânsia do dever, o pessoal começou a expandir demais suas ações e pegar pessoas que na sua opinião podiam conduzir àquela visada.

IstoÉ – O raciocínio seria que para combater métodos não usuais é necessário usar métodos não usuais?

Dilermando – Exatamente. Essa é uma das distorções que estamos corrigindo – e eu sinto isso de muito tempo atrás, não é de hoje, não.

IstoÉ – O presidente Geisel, ainda como chefe da Casa Civil, quando foi a Pernambuco constatou e tomou providências quanto à tortura, ou seja, puniu os responsáveis. Mas publicamente não admitiu, negou que existisse tortura. Por quê?

Dilermando – Deve ter chegado à conclusão de que o que houve escapou à percepção dos responsáveis, que são os comandantes do

---

[107] * Entrevista do general Dilermando Gomes Monteiro à revista *IstoÉ*, citada anteriormente.

Exército na área. Em outros aspectos, também aqui em São Paulo, eu digo o seguinte: o general comandante do II Exército nunca iria aprovar que se fizesse alguma ação excessiva violenta para se obter uma verdade. Mas, na hora de colher essas informações, o pessoal passa um pouco de conta e o chefe fica sem tomar conhecimento.

IstoÉ – Aconteceu com o sr.?

Dilermando – Não, porque tomei minhas providências.

IstoÉ – A responsabilidade é sempre do comando?

Dilermando – De fato, no Exército nós consideramos sempre isso: chefe é responsável por tudo. O comando é responsável por tudo o que acontece na sua área. Na hora da avaliação, a gente vê que tem coisas que fogem a um controle superior, porque a rede é muito extensa e o ambiente é favorável a certa condescendência com essas atitudes. Nós estávamos defendendo o quê? Nós estávamos defendendo a nossa sociedade, estávamos defendendo nossas famílias, que viviam sendo vítimas de assaltos, sequestros. Quando nós pegávamos um indivíduo suspeito de estar ligado a essa gente, tínhamos que tirar dele o máximo possível para pegar a turma toda.

[...]

IstoÉ – O sr. desmantelou o chamado DOI-Codi?

Dilermando – Não. O pessoal está lá quase igualzinho.

IstoÉ – Mas consta que o sr. desmantelou...

Dilermando – Desmantelei coisa nenhuma. Conservo ele lá e vou fazer a defesa deles. É uma gente abnegada, que trabalha. Mas todo mundo tem que trabalhar sob uma orientação e essa orientação é que varia...

IstoÉ – O sr. reduziu o número de efetivos?

Dilermando – Se reduzi, foi um número assim como de cinco ou seis pessoas, em função de deficiências naturais. Porque eu parto do princípio de que, num quartel general, onde serve general, comandante de Exército, só pode servir gente sem problemas. Se o camarada tem uma alteração mais ou menos séria, mando embora."

Logo após a posse do general Dilermando no comando do II Exército, em janeiro de 1976, notificou-se a remoção de vários oficiais do DOI-Codi para outras unidades. Falou-se mesmo que o novo comandante desmantelara o setor. Nessa entrevista, o próprio general se encarregou de desmentir essas versões.

O general, nos seus quase três anos de comando, afirmou mais de uma vez que não tolerava a tortura e que na área sob seu comando os direitos humanos eram sempre respeitados. Os fatos se encarregaram de desmentir essas versões: além de mais de uma mal explicada "morte por atropelamento" no cerco da rua Pio XI,[108] em 1976, registraram-se as denúncias de torturas sofridas no DOI-Codi do II Exército por Aldo Arantes[109] [no caso, o advogado Luiz Eduardo Greenhalgh constatou pessoalmente as marcas deixadas pelos torturadores], Elza Monnerat,[110] Haroldo Lima,[111] e outros [investigação do Partido Comunista do Brasil], Cecília Wetten[112] [investigação do Movimento de Emancipação

---

[108] *Operação militar contra um grupo acusado de pertencer ao Partido Comunista do Brasil.

[109] Aldo da Silva Arantes foi presidente da União Nacional dos Estudantes (UNE) entre 1961 e 1962, exilou-se depois do golpe de 1964, foi coordenador da Ação Popular (AP), depois se filiou ao PC do B. Foi preso no episódio chamado Chacina da Lapa, em 1976. Com Haroldo Lima, denunciou a tortura. Ficou preso dois anos. Foi deputado federal, pelo PMDB e depois pelo PC do B de Goiás, em 1983-1991, 1995-1999 e 2001-2003. Teve atuação destacada na Constituinte de 1987-1988.

[110] Elza de Lima Monnerat foi professora e militante do PCB a partir de 1945, depois do PC do B (criado em 1962). Atuou na logística da Guerrilha do Araguaia. Foi presa na Chacina da Lapa, em 1976, e libertada em 1979.

[111] Haroldo Borges Rodrigues Lima foi da diretoria da UNE antes do golpe de 1964. Formou-se em Engenharia. Foi da AP e, em seguida, do PC do B. Foi preso no episódio chamado Chacina da Lapa, em 1976. Com Aldo Arantes, denunciou a tortura. Foi solto em 1979. Foi deputado federal pelo PMDB da Bahia, eleito em 1982. Em 1986, voltou a eleger-se, agora pelo PC do B. Teve atuação destacada na Constituinte de 1987-1988. Novamente eleito em 1990, reeleito em 1994 e 1998. Em 2003, foi indicado pelo presidente Luiz Inácio Lula da Silva diretor geral da Agência Nacional do Petróleo (ANP), onde ficou até 2011.

[112] Maria Cecília Bárbara Wetten formou-se em estudos sociais. Foi militante do MEP. Após sua prisão, denunciou torturas sofridas. Durante interrogatório na Justiça, entregou ao juiz uma carta de sua mãe, Rosalina Wetten, na qual Rosalina denunciava ter sido detida e submetida à tortura física e psicológica (trecho em *Veja*, 20 de novembro de 1977). Cecília Wetten, após ser libertada, engajou-se

do Proletariado] e Ricardo Zarattini,[113] o engenheiro banido que retornou ao Brasil em 1977 e foi preso em São Paulo.

Não se pode negar que a conduta diplomática do general Dilermando contribuiu de fato para desanuviar a tensão que se criara em São Paulo na época do comando do general Ednardo. Mas, se houve melhor entendimento – a visita que ele fez ao Sindicato dos Jornalistas no Dia da Imprensa, em setembro de 1976, é prova disso –, se houve realmente maior contenção do DOI-Codi, a verdade é que a tortura diminuiu, mas de forma alguma foi abandonada como técnica de interrogatório.

---

na luta pela anistia e pelos direitos humanos de presos e exilados. Participou da fundação do PT.

[113] Secundarista, participou da campanha "O petróleo é nosso" em 1952. Em 1959 e 1960, próximo do PCB, foi presidente da União Estadual dos Estudantes (UEE). Engenheiro da Cosipa (Companhia Siderúrgica Paulista), foi demitido ao apoiar uma greve de metalúrgicos. Uma firma privada de engenharia o mandou para o Nordeste, onde se ligou ao movimento dos canavieiros. Integrou o Partido Comunista Brasileiro Revolucionário (PCBR). Preso e torturado em 1968 no Recife, fugiu. Em 1969, foi novamente preso e torturado, em São Paulo. Um dos militantes trocados pelo embaixador dos EUA no Brasil Charles Elbrick, sequestrado nesse ano, voltou banido e clandestino ao Brasil em 1974. Mais uma vez preso e torturado em 1978, no DOI-Codi, foi solto em 1979. Filiou-se ao PMDB, depois ao PDT (Partido Democrático dos Trabalhadores) e, em seguida, ao PT, pelo qual foi eleito suplente de deputado federal em 2002. Assumiu o mandato em 2004 e o exerceu até 2005. Foi biografado por José Luiz Del Roio em *Zarattini: a paixão revolucionária*.

O exército nega-se a apresentar as testemunhas. Capitão Ubirajara? Não existe. Alguém punirá os responsáveis?

Os jornalistas, os amigos de Vlado e a família saem otimistas da primeira audiência, que terminou com o depoimento de Sérgio Gomes da Silva. Dona Zora chorava quando deu um abraço agradecido no juiz. Gomes Martins cumprimenta também Clarice e outras pessoas. Percebe-se sua emoção, mas um juiz não pode manifestá-la; limita-se a palavras formais que, no entanto, encorajam e confortam. Afinal, graças a ele, passos importantes tinham sido dados naquelas quatro horas que demorou a audiência, não só para estabelecer a verdade no caso da morte de Vlado, quase três anos depois, como também para denunciar a prática generalizada da tortura.

Para a segunda audiência, marcada para 26 de maio, os advogados insistiram, através do juiz, na inquirição de duas testemunhas do DOI-Codi: o capitão Ubirajara e o investigador Pedro Antônio Mira Grancieri. Mas, novamente, o comandante do II Exército, general Dilermando Monteiro, assinou um ofício ao juiz dizendo que em sua área não existe nenhum oficial com o nome daquele que consta como requisitante em todos os laudos periciais feitos no dia da morte de Vlado. Da mesma forma, negou a apresentação do investigador, mantendo a alegação de 10 dias antes de que não foi possível encontrá-lo. Consta dos autos do processo o protesto veemente registrado pelos advogados de Clarice, ao desistirem do depoimento daquelas testemunhas, ao final da audiência: "O ofício deixa clara a inexistência de um capitão Ubirajara a serviço do DOI-Codi, ficando, portanto, consubstanciada de modo inequívoco a preocupação de se ocultarem os verdadeiros responsáveis pela morte de Vladimir Herzog, castrando a possibilidade de busca da verdade pelo juiz. Por outro lado, a ausência do sr. Pedro Antônio Mira Grancieri nesta audiência e na anterior demonstra também, inequivocamente, que não houve por parte do comando do II Exército qualquer empenho no sentido de se produzir o depoimento daquela testemunha, na medida em que, com as facilidades de comunicação e de transporte de que dispõe o II Exército, não seria difícil providenciar o comparecimento da testemunha a juízo. Fazendo veemente protesto contra a atitude que visou cercear a prova, mas sobejamente demonstrados com os depoimentos até agora, os autores desistem dos depoimentos requisitados".

A resposta do comando do II Exército é, ao mesmo tempo, falsa e verdadeira, porque, segundo consta, não existe um capitão Ubirajara, e sim vários. Da mesma forma que, antes, na época em que o DOI-Codi ainda era Oban (Operação Bandeirantes), existiram vários "major Tibiriçá". Da mesma forma que não se conseguirá localizar ali nenhum "dr. Paulo" ou "dr. Jorge", que, no entanto, são pessoas de verdade, ao que se sabe oficiais do Exército, usando nomes falsos, assim como falsos eram os nomes de Ubirajara e Tibiriçá.

Já se sabia que Ubirajara, a exemplo de todos os outros, era nome de guerra, adotado por mais de um oficial que passou por aquele posto no DOI-Codi. Talvez tenha sido um descuido a colocação desse nome como "requisitante" em todos os laudos periciais. Quando se fez o IPM, quem afirmou ter chamado os peritos foi o coronel Paes. A contradição não se esclareceu. E o comandante do II Exército, no mesmo ofício remetido ao juiz, dizia: "Esclarecemos que, em vista da afirmação de sua existência em documento constante dos autos, determinamos o levantamento de dados que possibilite identificar a pessoa que se tenha colocado nesta condição no Inquérito Militar".

Quanto a Pedro Antônio Mira Grancieri, negar-lhe a existência seria impossível. Afinal, ele consta no IPM como investigador de polícia, 39 anos, casado, natural de Marília, Estado de São Paulo, filho de Antônio Mira Lopes e Iracema Mira Grancieri, exercendo sua profissão à rua Thomaz Carvalhal, n. 1.030. É de estranhar apenas sua residência, dada no IPM também como rua Thomaz Carvalhal, 1.030, que é o endereço do DOI-Codi. Arranjaram-lhe, na época das audiências, uma conveniente investigação fora de São Paulo, e para o II Exército foi convenientemente impossível localizá-lo. No IPM, ele prestou depoimento como a pessoa que interrogou Vlado. O que o interrogador Grancieri teria a contar?[114]

Rodolfo Konder descreve em seu depoimento:

"Assim que entramos na sala, o interrogador mandou que tirássemos os capuzes, por isso nós vimos que era Vladimir e vimos também o interrogador, que era um homem de 33 a 35 anos, com mais ou menos 1 metro e 75 de altura, uns 65 quilos, magro, mas musculoso, cabelos castanhos claros, olhos castanhos apertados e uma tatuagem de uma âncora na parte interna do antebraço esquerdo, cobrindo praticamente todo o antebraço. Ele nos pediu que disséssemos ao Vladimir 'que não adianta sonegar informações'."

Grancieri, quando foi ouvido no IPM, diz mais ou menos a mesma coisa: "[...] que no dia 25 pela manhã do mês de outubro transato, o declarante foi chamado pelo comandante do DOI, que o encarregou de tomar as declarações do jornalista Vladimir Herzog, que ali deveria comparecer e sobre o qual iriam ser feitas investigações a respeito de seu envolvimento no PCB; que efetivamente, naquele dia, aquele jornalista se apresentou ao DOI na parte da manhã e foi conduzido à sala de trabalho do declarante, já vestido com um macacão que, como é usual, é fornecido aos investigados; que, de início, Vladimir Herzog, ao ser interrogado pelo declarante, negou qualquer participação nos fatos investigados; que o declarante, usando a boa técnica policial, resolveu então confrontá-lo com os jornalistas Rodolfo Oswaldo Konder e George Benigno Jatahy Duque Estrada, que também ali se encontravam detidos para as mesmas investigações, os quais aconselharam Vladimir a abrir o jogo, isto é, confessar sua participação nos fatos, pois diziam eles que as autoridades já tinham conhecimento de tudo; que, após isso, aqueles jornalistas se retiraram, e o declarante passou a novamente interrogar Vladimir Herzog, que persistiu por algum tempo na negativa".

---

[114] Grancieri, vulgo Capitão Ramiro, em entrevista à revista *IstoÉ* Senhor (edição de 25 de março de 1992), declarou ter sido o único policial que participou do interrogatório de Vladimir Herzog e admitiu estar envolvido em sua morte.

A partir deste ponto, a história narrada por Konder é bem diversa da versão do investigador.

Konder: "Podíamos ouvir nitidamente os gritos, primeiro do interrogador, e depois de Vladimir. Ouvimos também quando o interrogador pediu que lhe trouxessem a 'pimentinha' e solicitou ajuda de uma equipe de torturadores. Alguém ligou o rádio e os gritos de Vladimir se confundiam com o som do rádio. Lembro-me bem de que, durante esta fase, o rádio dava a notícia de que Franco havia recebido a extrema-unção. O fato me ficou gravado, pois naquele mesmo momento Vladimir estava sendo torturado e gritava".

Grancieri: "O declarante passou a novamente interrogar Vladimir Herzog, que persistiu por algum tempo na negativa, mas, depois que o declarante passou a ler para ele as confissões de outros jornalistas, resolveu ele, Vladimir, ceder à evidência, passando então a confessar sua militância no PCB".

Aparecerá algum dia algum capitão Ubirajara para responder pelas torturas e mortes no DOI-Codi?[115] Será possível algum dia confrontar com suas vítimas um "dr. Paulo", um "dr. Jorge" ou Pedro Antônio Mira Grancieri?[116]

Havia, na audiência do dia 26 de maio, uma expectativa quanto à resposta que o comando do II Exército daria à reiterada solicitação do comparecimento das duas testemunhas do DOI-Codi. Mas seria ingenuidade imaginar que o Exército tomaria a iniciativa de expor oficiais seus ou seus colaboradores civis a um tribunal. Um mês depois da sentença do juiz Márcio José de Moraes, na comemoração do aniversário da derrota do levante comunista de 27 de novembro de 1935, o ministro do Exército, general Belfort Bethlem,[117] deixou implícito que não havia

---

[115] Trata-se, como já se viu, de Aparecido Laertes Calandra, delegado da Polícia Civil de São Paulo.

[116] * O confronto não chegou a ser feito. Mas os jornalistas Sérgio Gomes e Luís Paulo Costa identificaram o "dr. Paulo": Antônio Saito, ex-agente e torturador do DOI-Codi.

[117] Fernando Belfort Bethlem comandava o III Exército (depois Comando Militar do Sul) quando foi designado pelo general Geisel para suceder o general Sílvio

nenhum desejo de investigar. Muito pelo contrário. Ele afirmou em sua ordem do dia: "Rendemos também nossas homenagens àqueles outros que, no anonimato do trabalho diuturno de suas organizações, com sacrifícios de toda ordem, com dedicação e exata noção do cumprimento do dever, apanágios do soldado brasileiro, sem desfalecimentos, têm-se dedicado, em todos os escalões de comando, a combater a subversão comunista, proporcionando à nação brasileira o clima indispensável ao cumprimento do destino histórico que lhe está reservado entre as nações do mundo livre".

O jornal *O Estado de S. Paulo* registra, no mesmo dia, um diálogo entre jornalistas e o comandante do II Exército. "O general Dilermando Monteiro acha que a morte de Vladimir Herzog no DOI-Codi comprometeu a imagem do Exército?" "Não", diz ele. "A imagem do Exército não se turva e não se mancha com episódios, já que é uma instituição permanente, com todas as grandezas de uma boa instituição, episódios isolados não podem marcá-la."

Os responsáveis diretos pela morte de Vlado existem e podem ser identificados. Um dos advogados de Clarice, Sergio Bermudes, deixou clara essa possibilidade, respondendo a uma entrevista à revista *Veja*, edição de 8/11/1978:

"Cabe agora ao Ministério Público Militar providenciar as investigações. Se ele entender que houve crime, denunciará os culpados para que sejam punidos. Mas posso ajudar, desde já, o Ministério Público Militar. Várias testemunhas que depuseram no processo dão conta da existência de um torturador de Codinome 'Capitão Ramiro', portador de uma tatuagem em forma de âncora no antebraço. Esse torturador se chama Pedro Antônio Mira Grancieri, que não conseguimos levar a Juízo porque o II Exército se recusou a apresentá-lo sob pretextos fúteis. Cabe ao Ministério Público encontrar o sr. Grancieri para interrogá-lo e acareá-lo com as testemunhas."

Frota à frente do Ministério do Exército, após Frota, em 1977, tentar derrubar Geisel e ser demitido pelo presidente.

"Chefe, o omelete está feito."
Outra morte no DOI-Codi. De novo a versão de suicídio. O comandante perde o posto

Na verdade, a responsabilidade pela morte de Vlado já tinha sido tacitamente reconhecida pelo governo federal desde o dia 17 de janeiro de 1976, quando o presidente Ernesto Geisel demitiu do comando do II Exército o general Ednardo, assim que soube da morte do operário Manoel Fiel Filho. A reação imediata do presidente, refletida no afastamento sumário do comandante, outra coisa não foi senão a admissão de culpa e a consequente punição do responsável. Pelo menos publicamente, não havia até aquele momento nenhuma prova, nenhuma declaração formal que contrariasse a versão de suicídio de Vlado ou denunciasse crime na morte de Fiel. Assim, o presidente, se não tivesse outras informações sobre a morte do operário, não teria motivo para afastar o general, já que o comunicado oficial do II Exército, desta feita, ao contrário daquele que anunciou a morte de Vlado, nem se arriscava a falar em suicídio; dizia apenas que Fiel "foi encontrado morto".

A versão da morte de Fiel foi ainda mais fantástica do que a de Vlado: autoestrangulamento com um par de meias, uma forma de suicídio inédita nos anais da medicina legal. Instaurou-se um IPM, sigiloso como o de Vlado e conduzido de forma a ter o mesmo destino: o arquivamento. O advogado José Carlos Dias, presidente da Comissão de Justiça e Paz da Arquidiocese de São Paulo, considerou o inquérito "estarrecedor" e disse que não entende como o coronel Murilo Alexander,[118] presidente do IPM, o general Dilermando

---

[118] Em 1968, tenente-coronel, com o também tenente-coronel Luiz Helvécio da Silveira Leite jogou uma bomba na embaixada da Polônia no Rio de Janeiro (Elio Gaspari,

Monteiro, então já no comando do II Exército, o procurador Darcy Rebello, da 3ª Auditoria Militar, e o juiz-auditor Arylton da Cunha Henrique podem ter sido capazes de, sucessivamente, opinar e decidir pelo arquivamento, quando os autos "incluem, no mínimo, toda prova de crime de abuso de autoridade, previsto na Lei n.º 4.898, de 9 de dezembro de 1965".

Como no caso de Vlado, os testemunhos colhidos pela Comissão de Justiça e Paz são prova contundente de violências praticadas contra Fiel e outros presos. Sebastião de Almeida,[119] vendedor de bilhetes, que estava no DOI-Codi no sábado da morte do operário, registra em seu depoimento perante a Comissão, quase três anos depois: "[...] foi-lhe posto um capuz; que imediatamente foi trocada a roupa do depoente e lhe dado um macacão e conduzido a uma sala onde começou a receber choques; [...] que no terceiro dia pela manhã estava sendo interrogado sem capuz quando trouxeram para a mesma sala Manoel Fiel Filho, cuja prisão o depoente ignorava; que os interrogadores queriam que fosse sanada uma divergência entre nomes de pessoas; que o depoente pediu chorando a Manoel que concordasse, pois estava se sentindo muito mal; que Manoel Fiel Filho acabou concordando; [...] que imediatamente, em razão disso, foi desferido em Manoel um violento golpe de cotovelo que o atingiu na altura descrita pelo depoente e identificada como sendo a região do pâncreas e do baço; que Manoel emitiu um gemido e curvou-se para a frente, sendo de imediato removido da sala; que o depoente permaneceu na sala prestando depoimento; [...] que após algum tempo foi conduzido à cela onde estava Manoel, estendido no chão; que, segundo disseram os policiais, ele estava morto e alguém disse: 'Ai de quem disser alguma coisa'".

A ditadura envergonhada, apud José Amaral Argolo et al., *A direita explosiva no Brasil*). Em 1976, era subchefe do Estado-Maior do então II Exército. Em 1983, general, comandava a 12ª Brigada de Infantaria no Vale do Paraíba paulista.

[119] Seu apelido era Deco. Fazia ponto em frente à fábrica Metal Arte, onde trabalhava Manoel Fiel Filho, "recolhendo contribuições para o PCB e distribuindo exemplares do jornal *Voz Operária*" (<https://bit.ly/3al26VP>).

Outro que descreve as torturas por que passou e a hora da morte de Fiel é o enfermeiro Geraldo Castro da Silva:[120] "[...] começou a apanhar com um pedaço de pau nas solas dos pés; recebeu também golpes de palmatória nas mãos; que depois tiraram o macacão e começaram a dizer: 'Com a idade que você está, se prestava sexualmente, de agora em diante não prestará mais'; que a partir daí começaram a dar choques elétricos na barriga e nas pernas e o obrigaram a correr de um lado para outro, fazendo-o saltar sobre o pau que fora usado para bater nos pés".

A mesma testemunha afirma que ouviu quando Fiel foi chamado para ser interrogado e, logo em seguida, os gritos: "Pelo amor de Deus, não me judiem tanto que vocês me matam". Mais tarde, diz ele, ouviu gritos mais cansados que vinham do piso inferior, mas não pode afirmar que partiam de Fiel, porque não o conhecia, mas nenhum preso foi chamado para o interrogatório depois de Fiel ser levado de sua cela.

Quando Fiel morreu, o enfermeiro estava sendo interrogado numa sala. Ele conta que subitamente cessou o ruído do rádio ligado alto para abafar os gritos: "Foi um silêncio medonho". Alguém entrou na sala, interrompendo seu interrogatório, e comunicou: "Chefe, o omelete está feito".

(No IPM, Geraldo narrou o episódio, que acabou não constando. Na Comissão de Justiça e Paz, ele disse que, ao citar a frase "O omelete está feito", o tenente que atuava como escrivão sugeriu ao presidente do IPM, coronel Alexander, que a frase fosse eliminada porque causaria má impressão. Na gíria policial, omelete significa morte, execução. "Como eu insistisse em mantê-la", lembra a testemunha, "o oficial interveio e perguntou se eu concordava em retirar. Fiquei com medo e disse-lhes que pusessem o que achassem melhor.")

---

[120] Trabalhava no Hospital de Itaquera e, acusado de pertencer ao PCB, foi preso na véspera da prisão de Manoel Fiel Filho. Informação em procedimento investigatório criminal aberto pela Procuradoria da República em São Paulo em 2015 contra Audir Santos Maciel, Tamotu Nakao, Edevarde José, Alfredo Umeda, Antônio José Nocete, Ernesto Eleutério e José Antonio de Mello por imputação de homicídio doloso qualificado (trata-se do assassinato de Manoel Fiel Filho) e outros crimes (n.º 1.34.001.006086/2008-04; Denúncia n.º 49723/2015).

Na hora do almoço, ele e outros presos foram levados até uma cela onde os torturadores lhes mostraram o corpo de Fiel no chão, não de macacão, mas de roupas comuns e sapatos calçados, uma meia amarrada em torno do pescoço. Um dos homens que estavam ali, cara de japonês, ameaçou: "Observem bem. Este louco se suicidou, não havia necessidade para isso. Se vocês disserem o contrário lá fora, nós temos o endereço de um por um de vocês, e vocês vão pagar pelas consequências".

O enfermeiro afirma ainda que, em seguida, os presos foram obrigados a escrever uma declaração ditada pelos torturadores: "[...] que ao depoente o ditado foi feito pelo mesmo policial que pouco antes o interrogava; que o depoente se recorda que o texto afirmava que Fiel se suicidara com uma meia amarrada no pescoço".

Manoel Fiel Filho e os demais estavam presos ilegalmente no DOI-Codi, pois só na segunda-feira após a morte do operário é que se formalizou no Deops um inquérito para apurar "tentativa de reorganização do Partido Comunista". O processo concluiu pela absolvição de todos os réus.

Recomeça o processo.
O juiz quer a verdade. Vlado estava tranquilo

Na audiência de 26 de maio, na 7ª Vara Federal, o juiz João Gomes Martins Filho daria mais uma prova de sua disposição de ir até o fim em sua intenção de encontrar a verdade, explorando todos os caminhos e ouvindo o maior número possível de testemunhas. Ele comunicou, ao abrir os trabalhos, que a União desistira da inquirição das duas testemunhas, jornalistas Paulo Nunes e Luiz Weis, mas anunciou que os ouviria como testemunhas do Juízo, pois acreditava que seus depoimentos também seriam úteis para o esclarecimento dos fatos.

Os dois jornalistas e a outra testemunha arrolada pela União, Erich Leschziner, membro da Congregação Israelita Paulista, estão na saleta ao lado, enquanto de novo a sala do tribunal vai se enchendo de gente para a segunda audiência. O ambiente é menos tenso do que no dia 16, os rostos já se tornaram familiares. Só entre os advogados há uma cara nova, embora nome famoso: Heleno Fragoso, um senhor de cabelos cheios e grisalhos, bigode escuro. Ele foi um dos advogados que mais combateram pelos direitos humanos no Brasil. Amargou, por isso, prisões e ameaças. Fragoso era o vice-presidente da Ordem dos Advogados do Brasil quando Vlado morreu, e os jornais da época registram sua manifestação na reunião que o Conselho Federal da OAB realizou no Rio no dia 29 de outubro. Ele discordou da afirmação de um colega de que o presidente Geisel e o ministro da Justiça determinariam providências efetivas para esclarecer a morte de Vlado: "A rigorosa apuração dos fatos", afirmou ele, "não será rigorosa, nem apuração, simplesmente. As violências são praticadas pelos mesmos homens que posteriormente são encarregados de apurá-las, e os abusos dos agentes acontecem porque, devido à insegurança jurídica, não correm risco algum em praticar torturas e atos violentos. A OAB precisa editar um documento que mostre, serenamente, que o essencial para fim desses abusos é a restauração de um sistema mínimo de segurança jurídica, com a revogação do AI-5 e o restabelecimento pleno do *habeas corpus* e da Justiça livre. A suspensão do *habeas corpus* é uma imoralidade que permite o abuso de poder e sua ilegalidade".

Na mesma reunião, Fragoso disse ainda: "É inútil reclamar apuração rigorosa das torturas e mortes de presos políticos, pois temos sido testemunhas oculares de violências indescritíveis, que nos levam a um estado de insensibilidade, pois a violência passou a fazer parte de nosso cotidiano".

Em janeiro de 1976, quando a violência da repressão em São Paulo vitimou o metalúrgico Manoel Fiel Filho, Fragoso voltou a se pronunciar com veemência: "Todos sabem que o DOI é uma casa de horrores, onde os presos são submetidos a terríveis constrangimentos e violências, inclusive com choques elétricos que podem provocar a morte. De nada vale trocar os comandos se se mantém o terror policial, que viola a Constituição e as leis do país. A segurança nacional não pode ser defendida com a ilegalidade e a insegurança do cidadão".

A firmeza de suas posições é que levou Clarice Herzog a procurá-lo, a conselho de amigos cariocas, depois de vários escritórios de advocacia de São Paulo terem recusado o caso, sob os mais diversos pretextos. "Não adianta. Eles não vão permitir uma investigação"; "Por enquanto não é possível; só com outro regime"; "O caso do Vlado só vai ser esclarecido quando tivermos no Brasil um tribunal de Nuremberg" – foram algumas das alegações que ela ouviu.

Um dos argumentos mais fortes para a inação era o precedente do IPM, no qual foram frustradas todas as tentativas de interferência de Clarice. Seus advogados na área militar eram José Carlos Dias, Arnaldo Malheiros Filho e José Roberto Leal de Carvalho, que não conseguiram vencer o bloqueio armado do IPM, primeiro pelo general Cerqueira Lima e o procurador Durval Ayrton Moura de Araújo, depois pelo procurador da Justiça Militar, Oscar do Prado Queiroz, que requereu o arquivamento do IPM e, finalmente, pelo juiz José Paulo Paiva, da

1ª Auditoria Militar. Os primeiros não permitiram que os advogados acompanhassem o depoimento prestado por Clarice, que foi ao QG do II Exército atendendo a uma intimação, que aliás dizia explicitamente "inquérito instaurado para apurar em que circunstâncias ocorreu o *suicídio* do jornalista Vladimir Herzog". Os segundos indeferiram a juntada nos autos do depoimento extrajudicial de Rodolfo Konder e o pedido de outras diligências para elucidação dos fatos, a partir das novas revelações contidas no documento.

Fragoso pegou o caso em março de 1976 e reuniu mais três advogados para discutir o curso a tomar: Sergio Bermudes, também do Rio, Samuel MacDowell de Figueiredo e Marco Antônio Rodrigues Barbosa, de São Paulo. Os quatro, que agora estão reunidos para a segunda audiência do processo, excluíram de início a possibilidade de uma ação de indenização. Não era esse o objetivo de Clarice, a quem sempre repugnou a ideia de um ressarcimento financeiro pela morte de Vlado. Além disso, uma ação indenizatória poderia se arrastar por muitos anos e se limitar quase a uma interminável discussão sobre o montante a ser pago pela União. A saída encontrada pela equipe – inédita do ponto de vista jurídico – foi a ação declaratória, em que se procura não a indenização, mas a declaração de responsabilidade.

Um homem nervoso, pouco à vontade em sua constrangida posição de testemunha intimada pela União, é o primeiro a prestar depoimento na segunda audiência. É o jornalista Paulo Nunes, credenciado no II Exército, que acompanhou Vlado até o DOI-Codi. Em determinado momento, ele não concorda com o uso do verbo "levar" numa pergunta:

– A testemunha confirma que na manhã do dia 25 de outubro de 1975 levou Vladimir Herzog até a porta do DOI-Codi?

– Sim. Mas eu gostaria que ficasse claro que não fui eu que *levei* Vladimir Herzog. Eu apenas o *acompanhei*, a pedido do presidente da TV Cultura, dr. Rui Martins, e da dona Clarice, esposa do Vladimir. Na véspera, à noite, eu tinha estado na TV Cultura na hora em que tentaram prender Vladimir Herzog...

– A testemunha pode descrever como se deu a tentativa de prisão?

(O detalhe é importante porque a União, ao contestar a ação da família, afirmou, entre outras coisas, que não tinha havido sequer prisão de Vlado; que ele se apresentara espontaneamente para prestar depoimento. O testemunho de Paulo Nunes vai ajudar a caracterizar a prisão de Vlado.)

— Na sexta-feira à noite, dia 24, eu fui avisado pelo telefone de que dois policiais estavam no Canal 2 para deter Vladimir Herzog, que, naquele momento, estava dirigindo a transmissão do telejornal. Imediatamente, entrei em contato com as autoridades responsáveis, que autorizaram então a dispensa da detenção de Vladimir Herzog.

Era a terceira vez que Paulo Nunes contava o episódio. No IPM, ele tinha prestado dois depoimentos, um no dia 3 de novembro, outro no dia 14. No primeiro, ele relata: "[...] que o declarante então foi chamado para intervir, pois está destacado pela TV Cultura como setorista junto às autoridades militares da área; que efetivamente o declarante fez as ponderações às autoridades militares com quem se ligou por telefone, conseguindo assim que Vladimir se apresentasse espontaneamente no dia imediato, pela manhã, o que foi feito".

No segundo depoimento, ele acrescenta: "[...] esclarecendo as declarações que já prestou neste inquérito, tem a esclarecer que, quando se referiu, no seu depoimento, que fez ponderações às autoridades militares com quem se ligou por telefone, a fim de que Vladimir se apresentasse espontaneamente no dia imediato ao DOI, essas autoridades a que se referiu quer esclarecer que se trata do coronel José Barros Paes, chefe da 2ª Seção do Estado-Maior do II Exército, que disse ao declarante que iria tomar providências nesse sentido".

No dia seguinte, Vlado já preso, Paulo Nunes voltaria a falar com o coronel Paes. De seu segundo depoimento no IPM, repetido em linhas gerais perante o juiz Gomes Martins, consta: "[...] após a apresentação de Vladimir, cerca das 10 horas da manhã, o declarante ligou para a casa do coronel Paes, comunicando a apresentação de Vladimir Herzog no DOI, ocasião em que, então, o coronel Paes disse ao declarante que Vladimir iria prestar declarações e seria liberado, possivelmente nesse mesmo dia, dada a sua pequena participação nos fatos investigados e, se fosse necessário, depois voltaria ao DOI para complementar suas declarações, tendo em vista não atrapalhar o seu trabalho na direção da TV Cultura; que quer esclarecer ainda que o declarante teve oportunidade de se comunicar com dona Clarice, esposa de Vladimir, para quem ligou por telefone, comunicando-lhe que Vladimir estava bem e regressaria para casa naquele mesmo dia".

Clarice confirma parcialmente esta versão, pois não havia tanta certeza da libertação de Vlado no mesmo dia. Num relato que fez em novembro daquele ano ao repórter Narciso Kalili,[121] do jornal *Ex-*, ela conta: "No sábado, o Paulo Nunes me ligou aqui, umas 3 horas mais ou menos, dizendo que não queria ser muito otimista, mas que 'não há nada lá, acho que o Vlado vai sair hoje mesmo, o negócio é simples, não fique preocupada, há uma possibilidade remota de que ele saia hoje mesmo'. É claro que eu não estava acreditando nisso; nenhum deles que entrou tinha saído. E o Paulo Nunes terminou: 'Vou te deixar sossegada neste fim de semana, só volto a te ligar na segunda-feira'. Meu marido estava preso, na certa sendo torturado, então eu estava com uma certa ansiedade. Inclusive tive de avisar a mãe de Vlado, para ela não ficar sabendo pelos jornais no outro dia. Isso às 6 e meia da tarde, quando Vlado já estava morto. Eu avisei, ela ficou desesperada: 'Agora, com essa campanha antissionista, vão matar meu filho'". [*Era recente o voto do Brasil na ONU, contra Israel, no caso dos territórios árabes ocupados.* (N.A.)]

Paulo Nunes conta agora que dormiu na casa de Vlado aquela noite porque mora muito longe e poderia perder a hora no dia seguinte.

O que ele começa a descrever são os últimos momentos de Vlado antes de entrar no DOI-Codi:

— Vladimir levantou-se às 6 e meia da manhã, tomou um banho, fez a barba e saímos. Fomos tomar café no bar da esquina. Tomamos um café com rosquinha...

— A testemunha pode dizer qual o estado de ânimo de Vladimir Herzog?

— Tranquilíssimo. Na véspera, na sexta-feira à noite, quando foram prendê-lo no Canal 2, ele estava intranquilo. Mas, no sábado de manhã, não. Depois do café no bar...

---

[121] Expoente de uma geração de jornalistas, Kalili trabalhou também na *Realidade*, na *Última Hora* de São Paulo, no *Bondinho*, no *Jornal da Bahia* e na *Caros Amigos*.

(Clarice, na entrevista já citada, diz a mesma coisa: "No dia seguinte, Vlado levantou tão tranquilo, tão tranquilo, que tomou banho, fez a barba. Eu o beijei como se ele fosse sair para trabalhar".)

– ...tomamos um táxi até o DOI-Codi e no trajeto fomos conversando. Vladimir falou das torturas que a família dele sofreu durante a guerra, por parte dos nazistas.

– E o que aconteceu quando a testemunha e Vladimir Herzog chegaram ao DOI-Codi?

– Quando chegamos, apresentamos nossas carteiras de identidade. O guarda do portão se comunicou então com alguém pelo interfone. Depois dessa comunicação, ele disse apenas, apontando primeiro para Vladimir, depois para mim: "Você fica e você vai". Eram 8 horas da manhã do último dia de uma semana de terror espalhado pela repressão, muito medo e muita tensão em São Paulo.

A repressão contra os jornalistas. O sindicato reage. Vlado investigado no Canal 2

Ao mesmo tempo que se realizava no Hilton Hotel a reunião anual da Associação Interamericana de Imprensa (SIP),[122] na qual eram denunciados os atentados à liberdade de informação no Brasil, a repressão atingia em cheio o meio jornalístico. Na sexta-feira à noite, dia 24, quando tentaram prender Vlado na TV Cultura, o número de jornalistas presos já chegava a onze: Sérgio Gomes, Marinilda Marchi,[123] Frederico Pessoa da Silva, Ricardo de Moraes Monteiro, José Pola Galé, Luiz Paulo da Costa, Anthony de Christo, Paulo Sérgio Markun, George Duque Estrada e Rodolfo Konder. Nenhuma prisão tinha sido comunicada à Justiça Militar, e todos estavam incomunicáveis, mesmo os detidos há mais tempo como Sérgio Gomes, que estava no DOI-Codi desde 5 de outubro. Eram verdadeiros sequestros, em desrespeito até a Lei de Segurança Nacional, criada pelo próprio regime militar, que estabelece 10 dias de incomunicabilidade e necessidade de instauração anterior de um inquérito para se efetuar a prisão.[124] Nada disso era observado. Os fins de semana começaram a marcar invariavelmente o

---

[122] * A sigla SIP, pela qual é conhecida a entidade, vem do original em espanhol: Sociedad Interamericana de Prensa.

[123] Marinilda voltou depois a usar o sobrenome de solteira, Carvalho. Foi da sucursal da *Veja* em Brasília, do *Jornal do Brasil*, do *Observatório da Imprensa* e editora da revista *Radis, comunicação em saúde*.

[124] Uma nova Lei de Segurança Nacional foi adotada pela ditadura em 1983 e vigorou até setembro de 2021, quando o presidente Jair Bolsonaro não vetou sua revogação pelo Senado. A tramitação começara em 1991.

desaparecimento de alguém, levado na sexta-feira à noite ou na madrugada de sábado. A sucessão de arbitrariedades era denunciada pelo Sindicato dos Jornalistas, que manifestava publicamente seu protesto a cada nova prisão. Quando Marinilda Marchi foi trazida presa de Brasília para São Paulo, o Sindicato iniciou gestões para tentar garantir a integridade física dos jornalistas presos. Audálio e outros companheiros da diretoria foram mais de uma vez ao QG do II Exército. Num dos encontros com o general Ednardo d'Ávila Mello, que era o comandante, ele afirmou que as prisões não estavam ligadas à atividade profissional dos jornalistas, e sim à sua atividade política contrária ao regime. Mesmo assim, procurando até se mostrar gentil conosco, disse que, daí para a frente, entraria em contato com o Sindicato sempre que houvesse algum problema com jornalistas. Isto implicaria terrível responsabilidade para o Sindicato, pois ficara entendido que as prisões nos seriam comunicadas com antecedência. Se tínhamos consciência de que isto de certa forma nos tornaria coniventes com a repressão – e quantas vezes discutimos demoradamente este problema na diretoria – acreditávamos, ao mesmo tempo, que assim seria possível, pelo menos, que uma autoridade determinada assumisse a responsabilidade pela prisão, coisa que até então não ocorria. O DOI-Codi sempre teve uma atuação semiclandestina. Achávamos que, no momento em que uma autoridade – no caso, o comandante do II Exército – assumisse essa responsabilidade, poderíamos ao menos livrar nossos colegas da tortura. Temíamos que fossem torturados, embora, contraditoriamente, houvesse na época um estranho consenso de que "em jornalistas não batem", "jornalista é bem tratado". A promessa do general Ednardo, de que nos avisaria das prisões, reforçava essa impressão.

Ingenuidade nossa. Não só Ednardo jamais cumpriu o que anunciava, como a tortura atingiu todos os jornalistas presos, com exceção de um. Mais tarde, ficamos sabendo do bárbaro tratamento dispensado desde o primeiro dia de prisão aos que estavam no DOI-Codi ainda antes da semana da morte do Vlado: Sérgio Gomes, desde o dia 5 de outubro, Marinilda, desde o dia 8, Frederico Pessoa, desde o dia 15. Dos outros oito jornalistas, presos a partir do dia 17, quando começa a semana do terror total, só Duque Estrada escapa das torturas.

Era uma semana de tensão e medo. Todos vivíamos tensos, todos tínhamos medo.

Os militares procuravam nos intimidar, porque protestávamos publicamente contra as prisões, que na verdade eram sequestros. No dia em que o Sindicato entregou uma nota de protesto, denunciando as prisões na reunião da SIP, o general Ednardo ficou irritado. Audálio Dantas lembra que, depois de ter levado pessoalmente a comunicação ao plenário da SIP, recebeu o recado pelo telefone: "Não veio nenhuma comunicação direta do general Ednardo, mas um dos jornalistas credenciados no II Exército me telefonou muito apreensivo, no mesmo dia. Disse que o general estava muito irritado por causa da nota do Sindicato, porque ele já tinha explicado que as prisões não eram por causa das atividades profissionais dos jornalistas, e nós insistíamos em discutir".

Audálio, que liderou com notável coragem e firmeza todas as ações do Sindicato, confessa hoje que vivia aquela semana em constante sobressalto: "Sentia que poderia ser preso a qualquer momento, sabia que os militares estavam irritadíssimos com a nossa atuação e o que eu mais temia era ser atingido por um desses braços clandestinos da repressão".

Vlado também tinha razões para ter medo de ser preso. Ele era o alvo principal de uma infamante campanha de delação do jornalista Claudio Marques, diretor do *Diário Comércio & Indústria*, autor de uma página semanal, a "Coluna Um", nos jornais dominicais *Shopping News* e *City News*, e dono de dez minutos diários na TV Bandeirantes, de São Paulo, subvencionados pela Construtora Adolpho Lindenberg (Lindenberg era diretor-tesoureiro da TFP [Tradição, Família e Propriedade], uma organização de extrema direita). Claudio Marques sempre cultivou relações com os poderosos do momento e sempre utilizou suas colunas de jornal e seu espaço de televisão como um lucrativo balcão de negócios que, em poucos anos, lhe rendeu um palacete no Morumbi, à época o bairro da gente mais rica de São Paulo, uma Mercedes Benz e considerável fortuna. Transações com obras de arte também ajudaram a engordar os bens desse jornalista que, no exercício do tráfico de influência e da chantagem, se gabava de suas boas graças com o poder. Cortejava e era cortejado. A coluna social da *Folha de S.Paulo*, no domingo, 21 de setembro de 1975, pouco mais de um mês antes da morte de Vlado, mostra-o sorridente, ao lado da mulher, com a legenda: "Os dez anos de casamento de Aninha e Claudio Marques comemorados com jantar no palacete dos Marques no Morumbi e a presença do governador Paulo Egydio, de dois ex-governadores, Abreu Sodré e Laudo Natel, do vice-governador Manuel Gonçalves Ferreira Filho...". E, na sequência, toda a hierarquia estadual e municipal. Suas ligações com os órgãos de segurança eram notórias e alardeadas por ele mesmo. Prova disso é que, em sua coluna do jornal *Shopping News*, edição de 26 de outubro, domingo, um dia após a morte de Vlado, Claudio Marques registrava as prisões do fim de semana e cinicamente as ironizava, ao falar em "novos hóspedes do Tutóia Hilton".[125] O jornalista com certeza foi informado das prisões do fim de semana com antecedência, pois é sabido que escrevia sua coluna na sexta-feira.

Outros jornalistas ligados ao II Exército também tinham essas informações. Na sexta-feira, dia 24, dia em que foram presos Rodolfo Konder e Duque Estrada, ouvi, na TV Globo, Paulo Nunes, que era ao mesmo tempo credenciado no QG e chefe da rádio-escuta do Jornalismo, conversando com Audálio pelo telefone e tentando tranquilizá-lo: "Não se preocupe não, presidente. O que está acontecendo é que eles jogaram a corda e agora começam a puxar. Estou sabendo que eles vão pegar mais cinco". Desconversou quando lhe perguntei quais seriam. Mais tarde, verificamos que realmente seriam cinco, todos incluídos na mesma investigação: Vlado, que acabou sendo morto, dois que se apresentaram espontaneamente por terem sido citados na declaração que ele assinou e outros dois que foram procurados antes da morte de Vlado e, depois, nunca mais incomodados.

Os jornalistas com ligações muito íntimas no II Exército acabavam desempenhando na época o papel de porta-vozes do terror. Suas informações, transmitidas em geral em cochichos com os colegas nas redações, semeavam o pânico. Somado à sistemática campanha

---

[125] *Tutóia é o nome da rua, no bairro do Paraíso, em São Paulo, onde está a 36º Delegacia de Polícia, em cujos fundos se instalou o DOI-Codi.

de delação de gente como Claudio Marques, esse tipo de atuação transformava-se numa prestação de serviço aos órgãos de segurança, na medida em que criava um clima capaz de levar os "acusados" a se comportarem como tal, fugindo ou se escondendo, e, dessa forma, justificando a repressão contra eles.

*

"Os companheiros de imprensa que aqui trabalham são leais e nos inspiram a maior confiança, fator indispensável na convivência democrática. O papel da imprensa é preponderante no fortalecimento da nacionalidade. Se a imprensa for má, pode contribuir para a destruição. Se for boa e decente, influenciará no grande destino da Pátria."
(Palavras do general Ednardo d'Ávila Mello, então comandante do II Exército, aos jornalistas credenciados no QG, no Dia da Imprensa, em 10 de setembro de 1975.)

*

"Estamos satisfeitos em estar nesta Sala de Imprensa. Posso dizer que, pelo menos lá no II Exército, nós mantemos a melhor camaradagem e vivemos numa harmonia muito grande. Só tenho palavras positivas a respeito dos companheiros que representam a imprensa no II Exército. Eles têm sido muito leais e por isso mesmo merecem toda a nossa consideração."
(Declaração do general Ednardo ao visitar a Sala de Imprensa do Palácio dos Bandeirantes, no dia 30 de outubro, dia do Culto Ecumênico em memória de Vlado.)

*

Por que a campanha contra Vlado? Seria ele o único alvo visado? Quais as implicações políticas maiores dessa campanha? Para responder a essas perguntas, é preciso recuar até a época da contratação de Vlado para dirigir o Telejornalismo da TV Cultura, em setembro de 1975.

Melhor: recuar ainda mais, até março de 1974, quando o autor deste relato foi demitido sumariamente do mesmo cargo. Éramos uma equipe pequena – Vlado como secretário de redação, e ao todo não mais que 30 pessoas, pouco para a complexa operação de transmitir diariamente um telejornal de 30 minutos –, permanentemente ameaçada, desde que assumiu a presidência da Fundação Padre Anchieta o professor Antônio Guimarães Ferri.[126] Ferri não escondeu, desde o primeiro momento, que o telejornal que fazíamos – combativo, inquieto, inconformado, voltado para os problemas da população – não era o que convinha a ele, nem a seu chefe direto e contraparente, Henri Aidar,[127] chefe da Casa Civil, nem a Laudo Natel,[128] o governador. Sustentamos durante seis meses uma luta cotidiana desgastante para manter a dignidade do nosso trabalho e preservar uma linha editorial que, um ano e meio antes, tínhamos definido em discussões coletivas, Vlado inclusive, que duraram várias semanas, antes do lançamento de *Hora da Notícia*, o primeiro telejornal diário da TV Cultura, sucessor do *Foco na Notícia*, semanário de que nos incumbíamos eu e mais dois jornalistas. No fim, o atrito prolongado fez a corda rebentar do nosso lado, e eu fui o primeiro: "Sua demissão está sendo exigida pelo II Exército", disse-me Ferri, "mas, se você revelar isso, eu desminto imediatamente". Nunca descobri se a alegação era verdadeira, o que me conferiria uma inesperada e indesejada notoriedade, ou se não passava de um recurso da direção do Canal 2, usando pretexto de veracidade difícil de comprovar, para se ver livre primeiro de um diretor de Jornalismo e, depois, de toda

---

[126] Foi catedrático na Faculdade de Medicina Veterinária da USP, diretor da Escola de Comunicação e Artes da mesma universidade, vice-reitor do Instituto de Ciências Biomédicas e da própria USP, além de reitor da Universidade Federal de São Carlos.

[127] Henri Couri Aidar, formado em direito, foi presidente da Companhia Energética de São Paulo (Cesp). Foi presidente do São Paulo Futebol Clube.

[128] Alto funcionário do banco Bradesco, foi presidente do São Paulo Futebol Clube por 12 anos. Era vice-governador de São Paulo quando o titular, Ademar de Barros, foi cassado em 1966 pela ditadura após se desentender com o general-presidente Castelo Branco. Completou o mandato de Ademar e foi eleito indiretamente governador, tendo exercido o cargo entre 1971 e 1975.

uma equipe que não se amoldavam a seus objetivos. No dia em que me mandaram embora, houve uma reunião de toda a redação, à noite, na casa de Vlado. Ele foi dos que mais combateram, e eu também, a ideia de demissão coletiva, levantada por alguns colegas. Achávamos que aquilo poderia ser um belo gesto de solidariedade, mas de consequência prática adversa ao propósito de se continuar um projeto de trabalho que todos reputavam importante. (Aliás, tão importante que a própria TV Cultura tentou reeditá-lo um ano e meio depois, quando contratou Vlado.) Demissão coletiva representaria, no fim, exatamente o que pretendia a direção da TV Cultura, ou seja, a dissolução imediata da equipe. Ficaram todos, mas foram, Vlado inclusive, sendo dispensados um a um, num processo que se acelerou a partir de julho, quando o jornalista Walter Sampaio assumiu a direção de Jornalismo.

Não demora um ano e, já no governo de Paulo Egydio, acontece uma das crises cíclicas que estrangulam e imobilizam a TV Cultura desde sua criação, à custa do dinheiro público. Ferri caiu da presidência da Fundação, e com ele levou o chão que sustentava a direção de Jornalismo, responsável por um trabalho que o então secretário da Educação, José Bonifácio Nogueira,[129] definiu dessa forma: "Perdeu a capacidade de noticiar sem se envolver, e o que é pior, esqueceu totalmente o telespectador. Na parte de telejornalismo, passaram a badalar vergonhosamente o governo, sem mostrar os prós e os contras. Enfim, o programa perdeu a imparcialidade". (Entrevista ao semanário *Aqui*, edição de 6/11/1975.)

Em julho de 1975, convidam-me a voltar. O novo presidente da Fundação, Rui Nogueira Martins, a quem eu não conhecia pessoalmente, chamou-me em sua casa para discutirmos uma proposta, não em termos de salário, mas em termos de filosofia de trabalho. Em

---

[129] José Bonifácio Coutinho Nogueira foi presidente da UNE em 1946-1947, filiado à UDN, empresário e secretário de Agricultura do estado de São Paulo na gestão do governador Carlos Alberto de Carvalho Pinto (1959-1963). Candidato derrotado ao governo do estado em 1962. Entre 1968 e 1972, foi presidente da Fundação Padre Anchieta – Centro Paulista de Rádio e TV Educativa, depois secretário de Educação do estado. Em 1979, fundou a Empresa Paulista de Televisão (EPTV), sediada em Campinas e filiada à Rede Globo.

suma, a TV Cultura queria devolver a seu Jornalismo a linha editorial que lhe imprimíamos antes das demissões de 1974, e que o próprio governo adotara como base de sua nova política de comunicação social (afinal, não executada): uma política que permitisse não só a divulgação dos atos e intenções do governo como também sua discussão e, mais importante ainda, a abertura de um canal de diálogo para a população manifestar aos governantes seus problemas, suas apreensões, suas queixas e suas sugestões.

Não estive mais com o presidente da Fundação. Foi por escrito que recusei o convite e, na mesma carta, sugeri a indicação de Vlado.

Demorou pelo menos um mês a formalização de um contato entre Vlado e a direção da TV Cultura, o tempo que talvez tenha sido gasto nas consultas ao SNI a que se referiu o governador Paulo Egydio, após a morte do jornalista. Numa entrevista publicada pelo *O Estado de S. Paulo*, no dia 7 de novembro de 1975, após um silêncio absoluto de duas semanas, Egydio descreveu o processo: "O nome dele foi submetido às autoridades do Serviço Nacional de Informações (SNI), e as autoridades aprovaram a ficha. Faltaram alguns dados que depois foram remetidos novamente ao SNI e não houve restrições. [...] A mim cabe fornecer os nomes ao SNI e a mim cabe aprovar ou não, de acordo com o SNI. Essas foram as instruções que recebi: a começar de mim mesmo, encaminhar as fichas dos funcionários, até os escalões inferiores". A mesma notícia acrescenta: "O governador Paulo Egydio esclareceu também que todas as consultas com o SNI foram feitas verbalmente e que a ficha de Vladimir Herzog foi examinada duas vezes, sem que nada constasse para impedir seu exercício no cargo de diretor do Departamento de Jornalismo do Canal 2".

Vlado, então, como qualquer um "até os escalões inferiores", conforme disse o próprio governador, teve seu nome investigado. Conta-se que, quando soube de sua morte no DOI-Codi, Paulo Egydio foi visto ao telefone, presumivelmente falando com o coronel Paiva, delegado do SNI em São Paulo, reclamando, aos prantos: "Mas vocês me garantiram que a ficha dele era limpa. Vocês me garantiram".

O que não o impediu de, na entrevista já citada, 15 dias depois, esquecer as lágrimas para sugerir que Vlado era um desequilibrado mental: "Todas as informações de que disponho até o momento indicam que foi suicídio, já que o jornalista, segundo alguns depoimentos, estava submetido a tratamentos médico-psiquiátricos". (*O Estado de S. Paulo*, 7/11/1975.)

Nesse episódio de informações e contrainformações, fichas do SNI, investigações sobre a vida de Vlado, só um homem do governo, ligado diretamente ao caso, teve uma atuação decente: José Mindlin,[130] secretário de Cultura, Ciência e Tecnologia. Defendeu publicamente o jornalista, quando começaram os ataques de Claudio Marques, e "voltou a defendê-lo quando, em conversa com o presidente Geisel, aqui em São Paulo (após a morte de Vlado), disse que seu nome fora aprovado pelos órgãos de segurança e, por isso, merecia a confiança da Fundação Padre Anchieta e dele, José Mindlin, secretário a quem a TV Cultura estava subordinada". (A citação é de matéria do *Jornal da Tarde*, 10/1/1976, quando Mindlin deixou a Secretaria.)

---

[130] Jornalista, advogado, empresário, escritor, foi um dos mais importantes bibliófilos brasileiros. Sua biblioteca de 40 mil volumes foi doada à USP (Biblioteca Brasiliana Guita e José Mindlin; Guita era sua mulher), que construiu um prédio para abrigá-la. José Mindlin pertenceu à Academia Brasileira de Letras. Em uma sessão de tortura, um agente da repressão referiu-se a ele como "judeu comunista".

Jornalismo – diálogo.
Vlado escreve aos amigos

Para Vlado, a TV Cultura não era apenas um emprego, um cargo que lhe desse salário maior que o da Editoria Cultural da revista *Visão*, de onde saíra depois de cinco anos. Seu objetivo era mais amplo. Por isso, antes de assumir a direção de Jornalismo, ele apresentou um trabalho em que propunha a mudança de toda a linha de programação da emissora, para torná-la socialmente útil e de interesse público. Os pontos básicos desse projeto resumem o pensamento de Vlado sobre a função de TV e o papel que lhe cabia:

1 – Jornalismo em rádio e TV deve ser encarado como instrumento de diálogo, e não como um monólogo paternalista. Para isso, é preciso que espelhe os problemas, esperanças, tristezas e angústias das pessoas às quais se dirige.

2 – Um telejornal de emissora do governo também pode ser um bom jornal e, para isso, não é preciso "esquecer" que se trata de emissora do governo. Basta não adotar uma atitude servil.

3 – Vale a pena partir para uma "jornalistização" da programação da TV 2: mais documentários semanais ou mensais, debates misturados com reportagens, programas-pesquisa.

4 – É preciso dotar o setor de Jornalismo de recursos técnicos, financeiros e profissionais para que alimente não só um telejornal diário, mas toda uma gama de programas, direta ou indiretamente necessitados de trabalhos jornalísticos.

5 – Política de programação que vise objetivos prioritários, relacionados com a realidade em que vive a porção de público que se pretende atingir em determinado horário e com determinado programa.

Vlado indicava ainda, no mesmo trabalho, alguns defeitos que considerava fundamentais na TV Cultura: indefinição de objetivos; desconhecimento do público a que se dirige; amadorismo na escolha de temas e na própria realização dos programas; alto grau de elitismo, levando a índices de audiência praticamente nulos.

Esses pontos são a essência do que Vlado pensava: fazer Jornalismo, para ele, era informar e discutir a sua época, e nisso empenhava toda a sua integridade e honestidade profissional. Colocava, acima de qualquer interesse paralelo, a responsabilidade social de sua profissão, e por isso era rigoroso ao extremo no trabalho, consigo mesmo e com os colegas.

Fazer televisão era um projeto que ele discutia e alimentava desde muito tempo. Em carta a um amigo, de 21 de março de 1968,[131] quando ainda estava em Londres, Vlado conta que vai fazer o curso de televisão da BBC e se entusiasma com a perspectiva que se abre, embora temeroso de voltar: "Francamente, não estou muito entusiasmado com a ideia de voltar (a gente já começa a gostar dessa terra decadente, e as notícias que nos vêm do Brasil são as mais desencorajadoras possíveis...), mas resolvi tentar fazer ainda algo de construtivo na vida antes de entregar de vez os pontos. Acho que a televisão educativa, em princípio, é um campo aberto para se fazer – ou tentar fazer – coisas boas".

Vlado vivia bem em Londres ("Há mais sol agora, o que nos faz aproveitar os parques e passeios infinitos e superfloridos que existem aqui", ele conta numa carta escrita no verão de 1966), mas sua inquietação intelectual não lhe permitia acomodar-se por muito tempo àquela vida sossegada, amena e despreocupada, criando filhos. Em cartas posteriores, ele já se dizia "novamente com a mosca azul da volta ao Brasil. É que, com o frio e a falta de dinheiro, desperta a consciência da vida medíocre que tenho levado. O que se soma a cartas de vocês contando coisas que fazem, o que aumenta minha impaciência" (carta de 27/11/1966[132]). E afirmava ainda: "No exterior, a gente se sente

---

[131] O destinatário da carta foi Tamás Szmrecsányi, jornalista, economista e professor brasileiro nascido na Hungria. Vide Acervo do Instituto Vladimir Herzog (<https://bit.ly/3DllXzy>. Acesso em: 14 jun. 2021).

[132] Para Sérgio Muniz, cineasta brasileiro (mesma fonte).

totalmente inútil, totalmente fora do jogo, enfim, totalmente alienado da realidade. E isso, aos poucos, vai transformando-nos em animais consumidores, homogeneizando-nos com o resto da massa abúlica. E quando por 'massa' entendemos a '*soi-disant*' sociedade afluente europeia, e, mais particularmente, britânica, então o termômetro da mediocridade estoura" (carta de 1/12/1967[133]).

Ao mesmo amigo, também jornalista, Vlado escreve sete meses antes de voltar (carta de 8/5/1968[134]): "Essa vida sedentária, passiva, na Europa, está ficando sem sentido, e a gente sente necessidade de ver-se integrado, bem ou mal, nalgum processo ou atividades criativas. Vou disposto a jogar uma boa cartada nesse negócio de TV Educativa.

Talvez dê com os burros n'água. Mas é preciso tentar. Eu deverei, em princípio, trabalhar para a Fundação Anchieta, de TV Educativa, em São Paulo, cujo pedido de bolsa para mim foi decisivo. Mas, na medida das possibilidades de tempo e trabalho, pretendo oferecer minha colaboração também a outros setores, como, por exemplo, a Escola de Comunicações da USP".

Por questões de política interna, Vlado, ao contrário do que esperava, não foi contratado na volta pela TV Cultura, embora tivesse partido dela o pedido de bolsa ao governo britânico para que ele fizesse o curso de televisão. Só em 1972 ele entraria no Canal 2, como secretário do telejornal *Hora da Notícia*, sem, no entanto, deixar a *Visão*. Tornou-se, ao mesmo tempo, professor, primeiro na Faap (Fundação Armando Álvares Penteado) e depois na ECA (Escola de Comunicações e Artes da Universidade de São Paulo), exatamente como se propusera enquanto estava em Londres, embora se queixasse da burocratização e massificação do ensino, que levavam ao desinteresse e apatia dos alunos.

---

[133] Para Tamás Szmrecsányi.

[134] Para Tamás Szmrecsányi.

A delação

"TV Educativa continua uma nau sem rumo. Repercutindo – pessimamente – o documentário exibido pelo Canal 2, fazendo apologia do Vietcong [*Referência a um filme da agência inglesa Visnews.* (N.A.)]. Eu acho que o pessoal do PC da TV Cultura pensa que isso aqui virou o fio..."

(Claudio Marques, "Coluna Um", *Shopping News* e *City News*, 7/8/1975; nota reproduzida no *Diário Comércio & Indústria* (SP), na edição de 8/9/1975)

*

"Aliás, deve-se observar que, sob certos aspectos, as doutrinações desse tipo gozam de privilégio em relação às ofensas à moral e aos bons costumes, pois a censura permite que sejam feitas a qualquer hora. Isso dá ao telespectador a vantagem de se beneficiar de uma espécie de pluralismo, especialmente nos estados que contam com o privilégio de ter uma TV Educativa inaugurada depois da Revolução de Março e pertencente a governos sintonizados com os ideais revolucionários, como é o caso de São Paulo. Assim, os telespectadores – ou teventes, segundo o *Novo Dicionário Aurélio* – que não desejarem ser marxistizados via novelas, podem obter os mesmos resultados sintonizando o Canal 2, que fala da opressão capitalista até em programas sobre arte medieval e exalta os vietcongs, como denunciou, há poucos dias, Claudio Marques."

(Lenildo Tabosa Pessoa,[135] no artigo "Uma questão de horário", *Jornal da Tarde*, 23/9/1975.)

---

[135] *Vlado, que tinha sido seu colega de redação no Estado, procurou-o para estranhar que estivesse engrossando irresponsavelmente o coro da delação de Claudio Marques.

*

"A infiltração (a essa altura não é infiltração, é domínio total, ou quase...) da esquerda contestatória no sistema e na democracia em vários escalões, só não vê quem é conivente ou burro. O caso da TV Viet-Cultura extrapolou. E muito. Chegou a atingir a figura do próprio secretário José Mindlin, o que, de certa forma, é contrassenso. Mas não se pode negar que 'a pesada' da esquerda militante tentou montar lá esquema após a saída de vários elementos que mantinham razoável (eu não diria ótimo) nível de rendimento administrativo e jornalístico. Houve até uma frase de um 'camarada' esta semana: 'Deixa a Coluna Um serenar que a gente contrata o pessoal todo!', e parece que na lista já estão alguns nomes bem conhecidos... O que me parece cretino é comunista sendo subvencionado pelo dinheiro do Estado. Emprego existe no paraíso soviético. Ou então em Portugal, lá na *República*, na Rádio e TV Portuguesa, onde NÃO são admitidos profissionais que não sejam inscritos e militantes do PC. Eu não exijo atestado ideológico de jornalistas, nem quero fazer o jogo de fascistas. Mas é cretino se admitir o domínio total do PC nos jornais, revistas e TVs. Detalhe: outro dia, um enviado especial de Brasília, entre acreditar em informações que me diziam um 'exagerado', preferiu ligar o Canal 2. Estavam exibindo a vida de Suvanna Phuma e os feitos do Khmer Vermelho. O homem desligou com um sorriso significativo..."
(Claudio Marques, "Coluna Um", *Shopping News* e *City News*, 28/9/1975.)

*

No dia 9 de outubro, o secretário da Cultura, Ciência e Tecnologia José Mindlin responde à campanha, em entrevista ao *Jornal da Tarde*.

Lenildo admitiu que não tinha assistido ao filme sobre vietcongs a que se referia no artigo, pediu desculpas e, a convite de Vlado, concordou em ir ao Canal 2 para vê-lo e depois publicar uma retificação. Diversos contratempos foram adiando essa exibição particular de um rotineiro filme de reportagem da agência inglesa Visnews. Lenildo nunca viu o filme, e a retratação também nunca saiu.

"Enquanto não forem apontados fatos concretos, não há motivos para preocupação", disse ele. Mindlin afirmou que a equipe de jornalismo da TV Cultura lhe parece séria e objetiva, não merecendo as suspeitas e críticas que têm sido levantadas. Sobre o chefe do Departamento de Jornalismo, ele garante:

"O jornalista Vladimir Herzog é um sujeito sério, que merece a confiança da Fundação Padre Anchieta. [...] Não vejo por que tanto barulho pelo simples fato de a TV Cultura falar da revolução russa e socialismo.[136] Criticou-se também um programa sobre o Vietnã, que foi levado ao ar ainda sob a responsabilidade da equipe de Jornalismo que deixou a Fundação Padre Anchieta, embora transmitido no dia em que a atual equipe assumiu."

*

"Acho que a barra começou a ficar pesada desde a hora em que ele entrou para o Canal 2 e com as denúncias do Claudio Marques. Foi um negócio que estava amolando bastante, irritando, aquela pressão toda. A gente de início não estava dando muita importância à coisa. Sabíamos perfeitamente que ele, Claudio Marques, devia estar envolvido com grupos, mas a gente estava tranquila.

A chegada de Vlado ao Canal 2 foi um negócio muito legal. O Vlado o que quer é fazer televisão (eu estou falando tudo ainda no presente, sabe? Eu ainda não assumi a morte do Vlado). [...] Nesse mês que demorou a contratação, ele foi investigado, a informação que eu tenho, a informação que ele tinha, era de que ele estava sendo

---

[136] * Na Assembleia Legislativa de São Paulo, o deputado Wadih Helou, da Arena, também se juntara à campanha, acusando de subversiva uma aula de História transmitida pelo Canal 2. [Também o deputado arenista José Maria Marin, futuramente governador do estado e presidente da Confederação Brasileira de Futebol (CBF), condenado por corrupção e preso nos Estados Unidos, participou da campanha, semelhante às que depois de 2018 seriam chamadas de *fake news*, promovidas por um "gabinete do ódio instalado no palácio do Planalto". O contraponto a Helou e Marin seria feito principalmente pelo deputado do MDB Alberto Goldman. (N.E.)]

investigado, tinham tirado ficha do Vlado em tudo quanto é lugar, Deops, SNI, tudo. Essa investigação foi pedida por uma ala do governo Paulo Egydio."

(Clarice Herzog, em entrevista ao *Ex-*, n. 16, novembro 1975.)

*

"Não fui o primeiro nem o último a abordar a linha, quando menos estranha, da programação jornalística da TV Cultura de São Paulo. Não fui o primeiro nem o único a perceber que a TV Cultura primava pela apresentação de programas de cunho nitidamente comunizante, às escâncaras, e, o que é pior e que motivou nossa revolta, com o financiamento do governo do Estado."

(Trecho de carta de Claudio Marques a Octavio Frias de Oliveira, proprietário da *Folha*, publicada no *Diário Comércio & Indústria*, de São Paulo, 4/11/1975, do qual o jornalista era diretor.)

*

"Sobre o que estava acontecendo, nós não discutimos só naquela noite (véspera da morte, depois que tentaram prendê-lo aqui em casa e no Canal 2). Estávamos falando a semana inteira. Estávamos prevendo que era uma briga de áreas políticas e que Vlado estava sendo usado como bode expiatório. Era só ver as notícias do Claudio Marques."

(Clarice Herzog, em entrevista ao *Ex-*, n. 16, novembro 1975.)

*

No dia 26 de outubro, domingo, um dia após a morte do Vlado, a "Coluna Um", de Claudio Marques, estampa o comentário: "Há certas horas em que a gente, com o mais puro sentimento de coleguismo, fica preocupada com novos hóspedes do Tutóia Hilton".

(Os hóspedes eram os jornalistas presos. Tutóia Hilton, uma referência ao Destacamento de Operações de Informações [DOI], onde Vlado morreu.)

Tortura, confissão, ódio, morte

Desde seu primeiro dia de trabalho, quando assumiu a direção do Jornalismo da Cultura, no dia 1º de setembro de 1975, Vlado passou a sofrer pressões permanentes, internas e externas. Internamente, como se recusasse a tomar qualquer atitude que significasse um "expurgo" ou coisa parecida, viu-se obrigado a conviver com alguns jornalistas que manifestavam sua lealdade ao ex-diretor, Walter Sampaio, pela hostilização ao novo chefe.

Externamente, além da campanha na imprensa, as pressões vinham de organismos oficiais e se traduziram, logo no começo, na demissão de dois jornalistas, exigida pelo SNI, conforme foi dito a Vlado pelo presidente da Fundação Padre Anchieta. Para outro jornalista, talvez fosse uma excelente oportunidade de fazer o serviço sujo com a ajuda de terceiros, já que se tratava de dois profissionais da antiga equipe, aos quais Vlado fazia restrições, mas não queria demitir. Ele relutou, porém, em aceitar a imposição, e as razões que alegou e o comportamento que teve no episódio dão bem a medida do seu caráter e de sua rígida correção e honestidade no relacionamento com os colegas de profissão. No dia em que recebeu a ordem para providenciar a demissão, Vlado passou desesperado em minha casa. Pela experiência profissional comum que tínhamos há tanto tempo, pelo nosso conhecimento dos problemas da TV Cultura, pela nossa amizade e também porque eu morava no meio do trajeto entre a televisão e sua casa, Vlado frequentemente aparecia para conversar ou simplesmente filar um almoço. Nesse dia, estava particularmente agitado, desorientado.

Com o distanciamento e a frieza de quem está fora e não se envolve emocionalmente na questão, minha opinião era de que Vlado devia simplesmente demiti-los e continuar seu trabalho.

— Mas, Fernando, o que é que eu posso dizer para eles?

— Exatamente aquilo que lhe disse o Rui Martins.

— Mas você conhece esse tipo de situação: se eu fizer isso ele me desmente, me desautoriza. Eu não posso dizer que é o SNI que está pedindo a cabeça deles.

— Então passe adiante a ordem, jogando a responsabilidade no Rui. Você pode muito bem comunicar a eles que estão demitidos por ordem da presidência da Fundação e que você não tem condição de explicar as razões.

Vlado era incapaz de uma atitude indigna com um companheiro de trabalho, ainda que hostil a seus projetos, como era o caso dos dois visados. Discutimos. Ficou revoltado com a minha resposta.

— Vlado, afinal, o que é mais importante agora: não demitir esses dois e aí vai você, vai todo mundo embora, ou aceitar e tocar um trabalho que nem deu ainda pra você começar?

— Mas, Fernando, como é que eu posso fazer uma coisa dessas e depois continuar como diretor do telejornal? Com que cara eu posso olhar para os outros depois de fazer uma coisa dessas? Com que cara eu vou entrar na redação depois disso?

Resistiu o quanto pôde, mas, afinal, sem o apoio da direção da TV Cultura, teve que ceder.

O episódio me vem à lembrança toda vez que ouço a descrição dos últimos momentos de Vlado, interrogado e torturado no DOI-Codi. E, a partir do comportamento dele naquela situação, acho possível levantar uma hipótese sobre a atitude que assumiu no interrogatório. Era um traço marcante de seu caráter e de sua personalidade dar-se inteiramente, empenhar-se totalmente, entrar realmente para valer em qualquer trabalho que julgasse verdadeiramente importante. Por isso, embora tenha decidido se apresentar naquele sábado, após a tentativa de prisão, acredito que sua determinação era de resistir. Que outra explicação, senão sua firmeza, para o fato de tentar desmentir informações que já eram do conhecimento dos torturadores? Que outra explicação, senão sua dignidade, para não dizer, num primeiro momento, antes de ser torturado, nomes que os torturadores já tinham de outras fontes? "Não sei do que vocês estão falando", foi o que Vlado disse a Konder e Duque Estrada quando o torturador da âncora tatuada no braço[137] os levou para convencê-lo a simplesmente confirmar informações que outros haviam dado anteriormente. Do banco onde ficaram sentados, no corredor, os dois ouviram os gritos de Vlado sendo torturado, e depois Konder foi de novo chamado para esclarecer um detalhe. Vlado admitira várias coisas que em seguida seria obrigado a incluir numa declaração escrita.

Vejo Vlado escrevendo aquela declaração, ferido e humilhado. Vejo o torturador a seu lado, ditando-lhe as palavras: "[...] tendo sido aliciado por Rodolfo Konder". (Jamais sairia de sua boca ou de sua redação uma palavra como "aliciado".)

Vejo o torturador lendo a declaração e forçando-o a acrescentar nomes: "Você está esquecendo o Miguel Urbano Rodrigues[138] e os outros...". (Os nomes de Miguel e outros três estão escritos com letra mais miúda e espremida, apertados entre duas linhas.)

Vejo Vlado acabando de juntar sua assinatura às últimas palavras do texto infame: "[...] e diante das evidências confessei todo o meu envolvimento".

Vejo o torturador obrigando-o a transformar o ponto final numa conjunção para humilhá-lo mais ainda numa declaração de bons propósitos, de novo em letra mais miúda para caber no espaço entre a última linha e a assinatura: "[...] e afirmo não estar interessado mais em participar de qualquer militância político-partidária".

Vejo aumentar o ódio de Vlado ("Com que cara eu posso olhar para os outros depois de fazer uma coisa dessas? Com que cara eu vou entrar na redação depois disso?"), vejo crescer sua indignação. Seu caráter e sua personalidade não lhe permitem assumir uma declaração como aquela, mesmo com a atenuante da tortura, mesmo com a desculpa de que não acrescenta nada ao que outros já haviam dito: "Com

---

[137] Pedro Antônio Mira Grancieri.

[138] Miguel Urbano Tavares Rodrigues trabalhou em Portugal no *Diário de Notícias* e no *Diário Ilustrado*. No Brasil, foi editorialista do Estadão entre 1957 e 1974 e editor de Internacional da *Veja* (1970-1974).

que cara eu posso olhar para todos eles agora? Com que cara eu vou olhar para os meus amigos, os meus filhos?".

Vejo Vlado rasgar a declaração.

Vejo o torturador explodir sua raiva na agressão brutal.

Posso ouvir Vlado xingando e sendo xingado. (Duque Estrada, em seu depoimento, afirma que, em determinado momento, distinguiu em meio a pancadas, gritos e o barulho do rádio, palavrões berrados por Vlado e pelos torturadores.)

Pode ter sido choque, pode ter sido pancadaria. Vlado – baixo, magro, franzino, naquele momento tenso, emocionado, torturado, humilhado – não resistiu.

SECRETARIA DA SEGURANÇA PÚBLICA
DIVISÃO DE CRIMINALÍSTICA
SÃO PAULO

Eu, Vladimir Herzog, admito ser militante do PCB desde 1971 ou 1972, tendo sido aliciado por Rodolfo Konder; comecei contribuindo com Cr$ 50,00 mensais, quantia que chegou a Cr$ 100,00 em fins de 1974 ou começo de 1975; meus contatos com o PCB eram feitos através de uns colegas Rodolfo Konder, Mario Antonio Rocha e Luis Weis e Anthony à noite, Miguel Urbano Rodrigues, Antonio Nades e Paulo Markun enquanto trabalhei na revista "Visão". Admito ter cedido minha residência para reuniões desde 1972; recebi o jornal "Voz Operária" uma vez pelo correio na revista "Visão" e duas ou três vezes das mãos de Rodolfo Konder. Relutei em admitir neste órgão minha militância, mas após acareações e diante das evidências confessei todo o meu envolvimento e afirmo não estar interessado mais em participar de qualquer militância político-partidária.

Declaração manuscrita assinada por Vladimir Herzog.

"A MORTE DE HERZOG FOI UM ACIDENTE DE TRABALHO."

(Observação feita por um torturador do DOI-Codi, na semana seguinte à da morte de Vlado, ao estudante Gildásio Cosenza, uma das testemunhas na ação cível da família Herzog contra a União.)

*

"TOMA CUIDADO.
OUTRO DIA APAGARAM UM AQUI DENTRO."

(Advertência de um torturador do DOI-Codi, ouvida pelo estudante David Rummel[139] e citada pelo jornalista Sérgio Gomes da Silva em seu depoimento na 7ª Vara da Justiça Federal.)

*

"FUI AMARRADO NA CADEIRA
DO DRAGÃO. OS TORTURADORES ME DISSERAM:
'VAMOS HERZOGÁ-LO'. ERA UMA CLARA ALUSÃO
À MORTE DO JORNALISTA VLADIMIR HERZOG."

(Depoimento do jornalista Maurício Azêdo,[140] preso e torturado no DOPS do Rio de Janeiro, em março de 1976.)

---

[139] Formou-se em Medicina e foi um dos que se empenharam na criação do Sistema Único de Saúde, o SUS.

[140] Oscar Maurício de Lima Azêdo, formado em Direito, trabalhou no *Jornal do Commercio*, no *Diário Carioca*, no *Jornal do Brasil*, no *Diário de Notícias*, no *Jornal dos Sports*, na *Última Hora*, em *O Dia*, nas sucursais cariocas de *O Estado de S. Paulo* e da *Folha de S.Paulo*, na *Folha da Semana*, em *O Semanário*, na *Manchete* e em *Fatos & Fotos*, *Pais & Filhos*, *Realidade*, *Placar*, *TV-Guia*, *Carícia*, *Opinião*, *Movimento* e *Hora do Povo*, e foi colaborador do mensário clandestino do PCB *Voz Operária*. Participou de programas de rádio e televisão. Foi também escritor e político: exerceu três mandatos de vereador do Rio de Janeiro, entre 1983 e 1999. Integrou o Tribunal de Contas do Município do Rio de Janeiro e foi por três vezes presidente da Associação Brasileira de Imprensa, entre 2004 e 2013.

Um terremoto artificial

No começo de outubro, a pressão contra Vlado não arrefecia: ao contrário, chegou a tal ponto que levou a Brasília o editor-chefe do Jornalismo da TV Cultura, Luiz Weis. Weis conhecia pessoalmente o assessor de imprensa de Geisel, Humberto Barreto, e o procurou na companhia de outro jornalista, D'Alembert Jaccoud,[141] que na época chefiava a sucursal da revista *Visão* em Brasília. Seu objetivo era saber de onde partira a investida que se desencadeara contra a TV Cultura, localizadamente contra o telejornalismo e, portanto, contra Vlado e sua equipe, na qual Weis era o segundo homem. Não conseguiu saber. Barreto minimizou os acontecimentos que lhe foram expostos e chegou a empregar o adjetivo "paroquial" para definir a origem dos ataques. Mesmo assim, levou os dois jornalistas até o gabinete do então coronel Vilberto Lima, da Casa Militar da Presidência. A primeira coisa que fez o oficial, para surpresa de Weis, foi pedir-lhe nome, data de nascimento e filiação, com toda probabilidade, para levantar sua ficha junto ao SNI. Depois disso, o diálogo – a que o assessor de imprensa não esteve presente – foi rápido. O coronel repetiu o que Barreto tinha dito: para ele, não havia conspiração alguma, e o que sucedia era um problema de âmbito exclusivamente local, "dessas situações que temos de enfrentar na vida".

Poucos dias depois de sua ida a Brasília, Weis foi demitido, ou melhor, forçado a pedir demissão da TV Cultura. Origem da pressão:

---

[141] Foi repórter e colunista em Brasília da *Folha de S.Paulo*, do *Jornal do Brasil*, da *Veja* e da *Visão*. Segundo João Batista Natali, "chegou a ser preso e submetido a uma simulação de fuzilamento" (*Folha*, 30/5/2009). Anos mais tarde, deixou o jornalismo, formou-se em Direito e trabalhou como advogado.

Serviço Nacional de Informações, através de seu representante em São Paulo, coronel Paiva. Motivo alegado: Weis era diretor do Sindicato e não podia trabalhar numa emissora do governo. A ordem foi transmitida a Vlado, que imediatamente pediu uma reunião com o secretário a quem estava afeto o Canal 2: José Mindlin, de Cultura e Tecnologia. Luiz Weis participou dessa reunião, a que esteve presente também o assessor de imprensa da Secretaria, Armando Figueiredo. Mindlin disse que nada havia a fazer, não havia como resistir à pressão; confessava-se um homem acuado, sem condição de fazer outra coisa senão ceder à ordem que recebia, e Weis acabou se afastando. Sua demissão consumou-se sem alarde, como achávamos que convinha a todos, para não alimentarmos a fogueira que os direitistas radicais atiçavam por todos os lados. A própria diretoria do sindicato, da qual Weis fazia parte, evitou se manifestar publicamente. Mas nem por isso deixamos de agir: senão pelas vias formais, ao menos por vias informais tentaríamos obter informações sobre a situação que, pela primeira vez, nos atingia diretamente. Incumbido pelos companheiros de diretoria, viajei para Brasília para falar com um coronel, do gabinete do chefe do SNI, que tinha um grau indireto de parentesco comigo.

Num apartamento muito amplo, sentados os dois num sofá confortável, ele de bermuda, o coronel foi muito gentil no oferecimento de seu uísque, mas – apesar de toda a descontração aparente – não só não deu informação alguma, como fez questão de me atemorizar com as afirmações de infiltração comunista na imprensa: "Não se iluda. Por dever de ofício nós aprendemos muito bem a ler jornal e sabemos descobrir uma palavra aqui, outra ali, uma fotografia cortada de determinada maneira, enfim, essas coisas que talvez você conheça melhor do que eu. E vocês têm que estar atentos. Cada um é responsável pela Segurança Nacional. Não somos só nós, não".

Como exemplo de "infiltração", mencionou a série *Mundo em Guerra* (documentário inglês sobre a 2ª Guerra Mundial que a TV Globo estava exibindo naquela época): "Na estação em que você mesmo trabalha, veja esta série *Mundo em Guerra*. Eu sempre aprendi, sempre soube, que os Estados Unidos, que os aliados ganharam a guerra, mas este programa da Globo ensina agora que foram os russos".

"Mas", argumentei, "eu sei que vocês fizeram muitos cortes nos filmes. Acho até que muita coisa ficou deturpada por causa disso, ficou mentirosa. Como é possível?"

"Possível porque o que você podia esperar de um comunista como aquele que faz o programa?"

Rapidamente desfilei pela memória toda a ficha técnica responsável pela série e não consegui descobrir quem podia ser o comunista.

"Quem?", perguntei.

"Não me lembro o nome dele agora. Aquele de cabelo branco que aparece falando..."

O coronel estava se referindo ao ator Walmor Chagas,[142] que fazia a apresentação e a narração do *Mundo em Guerra*.

"E tem uma coisa: esse camarada, com aquele jeitinho dele, se fosse na Argentina, por exemplo, não podia ser comunista ao mesmo tempo, porque lá comunista tem que lutar, tem que pegar em armas."

O episódio podia até parecer cômico se não fossem comentários de um coronel, do Exército, da ativa e do gabinete do chefe do SNI.

Com relação ao que acontecia em São Paulo, o coronel foi taxativo.

1 – Ao contrário do que eu insinuava, nem o SNI nem o coronel que dirigia a agência do SNI em São Paulo poderiam em momento algum ser usados para fazer o jogo deste ou daquele grupo político.

2 – Ao contrário do que eu afirmava, o SNI não vetava, não demitia ninguém. Era um órgão de informações que assessorava diretamente o presidente da República. Só a ele eram dadas informações, para auxiliá-lo em suas decisões.

(É daquela época, embora não a conhecêssemos na ocasião, a célebre lista dos 97 comunistas do general Sílvio Frota. Da delação, que os jornais publicaram quando o ministro do Exército foi demitido em outubro de 1977, constaram, como se sabe, os nomes de pessoas pertencentes a órgãos do governo federal e dos governos estaduais e municipais que eram tachadas de comunistas. Essa lista foi feita em

---

[142] Um dos mais importantes atores teatrais, cinematográficos e televisivos brasileiros dos séculos 20 e 21 – sua carreira se estendeu de 1948 a 2009. Foi também diretor e produtor.

agosto/setembro de 1975, e é possível datá-la com precisão porque nela foi incluído Luiz Weis como funcionário da TV Cultura. E Weis não ficou mais do que um mês na TV Cultura. Na mesma relação estava o secretário do Planejamento, Jorge Wilheim, justamente um dos secretários do governo estadual mais visados pelas campanhas subterrâneas de "caça às bruxas".[143])

3 – Apesar do meu espanto, mais de 50% da imprensa estava dominada pelos comunistas.

4 – Que eu observasse o que se passava no Sindicato, pois descobriria que os comunistas acabavam dominando todas as assembleias pelo cansaço. Os democratas não aguentavam, perdiam a paciência e iam embora. Quando eles viam que estavam com a maioria, aí eles colocavam em votação e ganhavam sempre.

5 – Sabe por que é difícil a democracia vencer o comunismo? Porque o comunismo é uma ideologia, e a democracia, não. Democracia é um modo de vida. Então, para combater o comunismo, que é uma ideologia, só mesmo outra ideologia: o nazismo, o fascismo...

Quando narrei esta conversa aos companheiros de diretoria do Sindicato, ainda sob o impacto da surpresa causada pelas posições de um coronel do gabinete do chefe do SNI, o comentário que ouvi foi: "Para nós não é novidade. Já ouvimos essa conversa várias vezes. É que você não tem estado conosco em nossas idas ao QG pra falar com o Ednardo".

Na verdade, o general Ednardo não chegava a ser tão explícito quanto o coronel do SNI, mas sua linha de raciocínio seguia a mesma direção. No dia 18 de julho de 1975, por exemplo, falando no Palácio dos Bandeirantes, num ciclo de estudos da Adesg (Associação dos Diplomados da Escola Superior de Guerra), o comandante do II Exército desenvolveu a ideia do estudo da guerra como fator

---

[143] * O *Jornal do Brasil* (25/11/1977) deu a íntegra da lista e, ao mesmo tempo, vários desmentidos, entre os quais os de Wilheim e Weis: "O ônus da prova é de quem acusa. Não tenho que provar nada. Trabalhamos no governo há três anos e o nosso trabalho é público. Tenho a consciência limpa. O SNI conhece mais a minha vida do que eu" (Wilheim); "Não trabalho na TV Cultura desde outubro de 1975, em primeiro lugar; em segundo lugar, não fui processado, apenas indiciado em inquérito policial e impronunciado pelo promotor Henrique Vailatti Filho" (Weis).

indispensável para se conhecer o inimigo da democracia, para que "possamos nos imunizar contra suas investidas sutis e combatê-lo com eficiência". E justificou assim: "Infelizmente, o mundo democrático é despreparado para tal tipo de luta. De um lado, temos um pequeno grupo fanatizado por uma ideologia que transforma seus integrantes em robôs, que gritam se mandam gritar, que mentem se mandam mentir, que matam se mandam matar e que só têm um pensamento: destruir a democracia, mesmo que isto signifique destruir o próprio país. Do outro lado, vemos uma grande massa, que, mercê da liberdade que goza e da natureza da própria democracia, não dá a sua defesa a importância que merece e, assim, na verdade, omite-se no que diz respeito aos deveres do cidadão. [...] O democrata é assim sempre. Espera que o outro faça as coisas por ele. O pior é que, muitas vezes, inocentemente, por não conhecer o inimigo, suas técnicas, coopera em campanhas que aparentemente são lógicas, mas que, no fundo, são concebidas e dirigidas pelos fascistas vermelhos. [...] Agora mesmo, vemos em todo o Brasil uma orquestração contra entidades que não pregam violências, não pregam racismo, ateísmo nem mudança do regime. Mas, apenas, a luta contra o totalitarismo vermelho, em defesa da democracia. Surge então, a essas instituições, aquela clássica, batida e, sobretudo, idiota acusação: são associações de direita".

Foi nesse dia que o general teve o apoio improvisado do deputado Fausto Rocha, que, na época, além de apresentador do telejornal da TV Tupi, tinha o emprego de locutor oficial do Palácio do Governo do Estado.

Em poucas palavras, Fausto Rocha, jornalista, locutor, publicitário, pastor protestante e professor universitário, depois de pedir "permissão às autoridades e também ao general para fazer um apelo pessoal", desfechou um ataque generalizado contra a imprensa e os jornalistas, a universidade e os professores. "Ouvi fatos aqui que nunca chegaram a ser transmitidos ao público, números, fatos do Brasil de hoje. Por que estes fatos não chegam ao conhecimento da população em geral? Porque no Brasil nós temos uma democracia, porque no Brasil os governantes aceitam que os jornalistas os vilipendiem, distorçam às vezes a realidade, achem ruim e reclamem sempre, esquecendo-se muitas vezes de mostrar as suas qualidades, qualidades dos governantes."

Agora, abaixem-se, porque o dedo de quem discursa vai fazer um giro de 360 graus: "Aqui no Brasil, comunistas confessos e declarados estão nas redações cortando notícias, decidindo o que é noticiável. Eu tenho professores na universidade falando contra o governo, apresentando fatos distorcidos contra os atos governamentais. Isto repudia a minha inteligência, eu não acredito que esta gente ame o Brasil. Mas eles aí estão, com a permissão do governo e das nossas instituições militares, a falar. Infelizmente, há quem lhes dê ouvido".

O Sindicato dos Jornalistas imediatamente protestou, repudiando as afirmações, e o governador Paulo Egydio, incomodado com a situação, anunciou que resolvera silenciar o locutor oficial, afastando-o do cargo. (O que não o impediu, um ano depois, nas eleições de 1976, de convidá-lo para a chapa da Arena, para concorrer à Câmara Municipal de São Paulo. Fausto Rocha não aceitou; preferiu esperar dois anos para eleger-se deputado estadual.)

Dias depois, Claudio Marques aumentava o coro da delação de jornalistas:

"Dos meus arquivos implacáveis: general Ednardo d'Ávila Mello deixando escapar comentário: 'Afinal, se o pessoal da comunicação defende a liberdade de opinião e de expressão, há evidente paradoxo na condenação do jornalista que usou desta mesma liberdade dias atrás'. [*Referência ao discurso de Fausto Rocha e à reação do Sindicato.* (N.A.)] [...] Detalhe entre nós: falar em 'infiltração' e manobras de esquerda 'melancia' na imprensa é eufemismo..."

(Claudio Marques, "Coluna Um", *Shopping News* e *City News*, 3/8/1975.)

Daí para a frente, a campanha foi crescendo, associada à onda de prisões e de boatos. Pesquisando-se os jornais da época, verifica-se que não havia acontecimentos que justificassem a agitação dos chamados órgãos de segurança. Ninguém nega que houve realmente a prisão de um grande número de dirigentes e militantes do Partido Comunista, a partir das informações arrancadas meses antes, sob as mais violentas torturas, de um membro da alta direção do PC. Mas isso não justifica o clima de terror e intranquilidade criado pela repressão, os sequestros executados à noite ou de madrugada, pois todos os presos não eram pessoas na clandestinidade, e sim trabalhadores e estudantes com atividades definidas e endereços conhecidos. Portanto, na verdade, eram os órgãos de segurança os instrumentos de agitação, criando deliberadamente, para a opinião pública e para os setores militares menos radicais, a impressão de que a tomada do poder pelos comunistas era iminente. Aplicava-se a mesma técnica de 1968 para justificar um endurecimento ainda maior do regime militar.

Dentro desse contexto maior é que se deve entender a investida de um difamador como Claudio Marques contra Vlado. Vlado se colocara inadvertidamente no epicentro de um terremoto artificial, cujos círculos concêntricos abalavam vários pontos: o primeiro deles era o próprio cargo de diretor de Jornalismo, ambicionado por outros setores do Palácio (um dos pretendentes preteridos, um jornalista funcionário da Secretaria de Imprensa do Governo, trabalhava também na TV Cultura e acintosamente – lembram os colegas – reunia os *scripts* do telejornal "para mostrar no Palácio"); no segundo círculo estavam os secretários da Cultura e do Planejamento, alvos preferidos das pressões, acusados de ligações com o PC; no terceiro, o governador Paulo Egydio, na ocasião ainda tido como líder civil e amigo íntimo de Geisel e, por isso mesmo, na mira dos golpistas; no último círculo, o próprio presidente, cujo projeto de distensão política, apesar de sua timidez, a linha dura procurava a todo custo conter.

Naqueles dias de outubro, antes de sua morte, falava-se até numa "Operação Jacarta", plano de extermínio em massa dos opositores do regime, elaborado – daí o nome – à semelhança da matança de milhares de pessoas, executada em poucos dias na Indonésia, após a derrubada do presidente Sukarno.

Tudo indica que a morte de Vlado tenha brecado um processo de radicalização direitista do regime militar.

*

IstoÉ – General, o senhor não acha que em São Paulo a ação dos chamados órgãos de repressão e as mortes ocorridas no ambiente do II Exército faziam parte de uma luta interna pelo poder?

Dilermando – Não concordo que as mortes possam ser enquadradas nesse problema. *Admito que o fato das prisões, ou investigações, que mais tarde resultariam involuntariamente nessas mortes pudesse estar dentro desse contexto.* Mas as mortes não, porque, a meu ver, foram decisão pessoal de cada um que praticou aquele ato. Foram suicídios. Não sei se por pressões ou não, mas prefiro colocar as mortes do lado deles. *Concordo, porém, que o ambiente que se formava aqui*, diante dessa insistência na perseguição dos elementos que estavam filiados a essa corrente, *pudesse ter essa conotação de que você está falando, de confronto político.* (Os grifos são do autor.)

(Entrevista do general Dilermando Monteiro à revista *IstoÉ*, 13/12/1978, quando deixava o comando do II Exército, em São Paulo, para assumir o cargo de ministro do Superior Tribunal Militar.)

O terror total. "É gritaria, é pancada, eles desmontam a gente." A sobrinha do general

Vlado chegou a discutir com Clarice a possibilidade de sua prisão. Formulava hipóteses sobre o que poderiam estar querendo interrogá-lo (o chefe de reportagem, Markun, já estava no DOI-Codi), mas, apesar de sentir a prisão como iminente, descartou a ideia de se esconder por uns tempos, até que arrefecesse a exacerbada campanha de caça às bruxas. Achava que, aí sim, daria motivos para suspeitas. Por isso, apesar do medo, Vlado estava tranquilo. Tão tranquilo que, na sexta-feira à noite, quando consentiram que sua prisão fosse relaxada para que se apresentasse sábado, despediu-se dos colegas de trabalho da TV Cultura: "Amanhã vou até lá, presto um depoimento e pronto. Não tenho nada a esconder".

Vlado sabia das torturas que se praticavam no DOI-Codi, como qualquer um de nós. Mas, também, como qualquer um de nós que jamais tivesse estado naquele lugar, não podia imaginar o clima de terror, violência, indignidade e desrespeito ao ser humano. Especialmente naquela semana. Especialmente depois da prisão de uma sobrinha do general Ednardo, Sarita d'Ávila Mello.

Começamos a ter uma ideia do que se passava no DOI-Codi no sábado pela manhã. Eu e Wilson Gomes, também diretor do Sindicato, fomos à casa de Dilea Markun, libertada na véspera. Vlado já tinha se apresentado quando ela nos contou, nervosa, ainda sob o impacto do que vivera naquela semana, dos corredores atulhados de gente, das máscaras e capuzes que todos eram obrigados a usar, da pancadaria indiscriminada antes mesmo de qualquer pergunta, dos gritos dos torturados, do barulho enlouquecedor. "Se vocês de alguma maneira souberem de alguém que está para ser preso, avisem que a melhor coisa é dizer tudo que eles quiserem. Gente, não dá pra aguentar. O jeito é salvar a vida. Não é um interrogatório normal. É gritaria, é pancada, eles desmontam a gente."

Dilea está apreensiva porque seu marido continua preso. Enquanto narra os horrores que sofreu e presenciou, cuida de sua filha, um nenê de poucos meses, deitada ali na sala, e tenta falar calma para não transmitir à criança a agitação que a domina. "Eles desmontam a gente. Não dá pra aguentar mesmo."

No depoimento que gravou para o autor, o jornalista Frederico Pessoa da Silva é mais minucioso em seu relato:

"De noite, eles andavam batendo lata de lixo pra fazer barulho, ligavam sempre o rádio no último volume. Tudo isso era pra criar aquele clima de loucura, de hospício. Gritos dia e noite. Até a morte do Vlado. Quer dizer: do dia 15 de outubro, quando eu entrei, até o dia 25, quando morreu o Vlado, a gente não teve um minuto de silêncio naquele lugar. Eles mesmos, os torturadores, entravam na sala gritando: 'Que é isso? Isso aqui virou hospício? Todo mundo gritando, todo mundo nu, que negócio é esse? Viva o maior centro de tortura da América Latina! Você sabe onde é que você está? Aqui é o porão do regime! Agora, seu filho da puta, sai daqui e vai falar lá com aquele comunista de Brasília, aquele puto do Golbery! Vai se queixar lá com aquele comuna, porque a gente não vê a hora de pendurar ele aqui também!'."

Frederico acha que poderia situar o desencadeamento do terror total a partir da prisão da sobrinha do comandante do II Exército, estudante, filha de um irmão do general Ednardo. Numa conversa com Audálio Dantas, em seu gabinete, enquanto reiterava que nada tinha contra os jornalistas, o general citou o fato de sua sobrinha estar presa para mostrar "a imparcialidade da repressão". Os responsáveis pelo DOI-Codi foram consultá-lo para saber como deviam tratar a moça. "Como qualquer outro preso", foi a resposta do general, contada ao jornalista preso por um dos torturadores. Outro torturador, citado no mesmo depoimento, não escondia seu entusiasmo: "O homem é demais! Não livrou a cara nem da sobrinha dele!".

"A Sarita estava sendo torturada e era uma menina muito valente" – é ainda Frederico quem conta. "E parecia uma satisfação pros caras bater na sobrinha do comandante do II Exército. Sarita, até onde eu sei, era uma menina que tinha pouquíssimo ou nenhum envolvimento político, tinha só aquela atividade de estudante na época de escola. Mas o fato de ser sobrinha do Ednardo era motivo de satisfação pros caras dar pau nela."

Espancava-se para arrancar confissões, espancava-se para satisfação de recalques e anormalidades, espancava-se para semear o terror, espancava-se por nada. Frederico esteve presente a uma sessão de tortura que durou uma noite toda cuja vítima foi Miguel Tréfaut Rodrigues, filho do jornalista português Miguel Urbano Rodrigues, que viveu 17 anos exilado no Brasil durante a ditadura salazarista, trabalhando no jornal *O Estado de S. Paulo*, e voltou para Portugal logo após a queda do regime, em 1974. Seu filho, estudante de Biologia na Universidade de São Paulo, preferiu ficar.

Está no depoimento do jornalista: "Quando era de noite ou me interrogavam a noite inteira ou simplesmente me deixavam na sala de tortura, ouvindo os gritos de outros companheiros. Principalmente me lembro de uma noite inteira que passei ouvindo a tortura do filho de Miguel Urbano Rodrigues, ao meu lado. Ele passou a noite sendo espancado. E de graça. Nessa noite, o Miguelzinho não estava sequer sendo interrogado. Os torturadores não queriam saber nada. Só queriam bater porque o pai dele era diretor de um jornal comunista em Portugal. E isso foi a noite inteira".

Foi nesse inferno, cujos contornos de bestialidade escapam à imaginação e à compreensão de seres humanos normais, que todos os jornalistas caíram e assinaram as confissões que seus torturadores lhes extraíram. Da mesma forma, caíram, foram torturados e assassinaram os outros presos. Calcula-se que o número naquela semana, amontoados pelos corredores, celas e salas de tortura, chegava a uns 120 (105 deles foram colocados no mesmo inquérito; 37, impronunciados, não foram a julgamento). Eram jornalistas, trabalhadores, estudantes.

Foi nesse inferno que caiu Vlado naquela manhã de sábado. Temeroso, é certo, mas desarmado, confiante, incapaz – como qualquer um de nós – de atinar com os extremos a que a repressão tinha chegado. Como os outros, Vlado não resistiu à tortura. Assinou a confissão. Mas acabou enfrentando os torturadores, como mostra o depoimento de Duque Estrada. E morreu.

Se o incluíssem no chamado "Inquérito dos 105", no qual foram envolvidos todos os jornalistas presos na ocasião, Vlado teria sido provavelmente impronunciado. Absolvido, com certeza, se fosse a julgamento. A Justiça Militar não teria provas para incriminá-lo, da mesma forma como não teve para incriminar a grande maioria dos indiciados. Dos onze jornalistas presos, três foram impronunciados, sete absolvidos e apenas um condenado.

Os efeitos dos choques. "Os frouxos"

Depoimento de Rodolfo Konder, prestado no dia 7 de novembro de 1975, num escritório de advocacia de São Paulo, perante oito testemunhas:
"Me fizeram tirar a roupa e me deram um macacão do Exército e eu fiquei sentado num banco com o macacão e o capuz. Fiquei cerca de uma hora esperando, tempo que não posso calcular com certeza, por terem me tirado o relógio, e fui chamado para o interrogatório. Fui levado para o primeiro andar, pois estava no térreo, e alguém começou a me fazer perguntas sobre minhas atividades políticas. Esta pessoa eu não posso identificar porque eu estava com o capuz na cabeça. Ela começou a se exasperar e me fazer ameaças, porque não estava satisfeita com as respostas que eu dava, e chamou mais duas pessoas para a sala de interrogatório, pediu a uma delas que trouxesse a 'pimentinha', que é uma máquina de choques elétricos, e, a partir daí, eu comecei a ser torturado por uma pessoa, que mais tarde pela voz eu identifiquei como o chefe da equipe; era forte, barrigudo, moreno, de cara raspada. Este homem me batia com as mãos e gritava que ele era um anormal, o que eu achei muito estranho. Depois, instalaram nas minhas mãos, amarrando no polegar e no indicador, as pontas de fios elétricos ligados a essa máquina; a ligação era nas duas mãos e também nos tornozelos. Obrigaram-me a tirar os sapatos para que os choques fossem mais violentos. Enquanto o interrogador girava a manivela, o terceiro membro da equipe, com a ponta de um fio, me dava choques no rosto, por cima do capuz e às vezes na orelha, para isso levantando um pouco o capuz, para que o fio alcançasse a orelha. Para ter uma ideia de como os homens eram violentos, vale a pena registrar o fato de que eu não pude me controlar e defequei; e frequentemente perdia a respiração."

Depoimento de Frederico Pessoa da Silva, gravado no dia 5 de junho de 1978:

"O choque é desesperador. Mexe com tudo, parece que você está desabando. Choque no ânus, por exemplo, parece que você está desmontando inteiro por dentro. Choque no ouvido se reflete em outros lugares. Você contrai toda essa região do maxilar e caem todas as suas obturações. Eu, por exemplo, tive que refazer todas quando saí de lá. Caíram todas com os choques. Choque não é uma dor localizada. É como se tivesse uma broca por dentro de você, te furando, te desmontando. Irradia pelo corpo inteiro. E eles passam sal no teu corpo, passam sal nos olhos, enchem tua boca de sal. Sal nos olhos, além de arder, dá a eles a segurança de não serem vistos, nem que por acidente caia a máscara. Você contrai, fecha, aperta os olhos, por causa do sal. Enquanto leva choque, leva também soco na boca do estômago, pisão no pé, palmada na sola do pé, palmada na cabeça. De vez em quando, entra mais um na sala, diz que vai te matar, te dá mais um murro."

*

Do depoimento de Rodolfo Konder:

"Vladimir disse que não sabia de nada e nós dois [Konder e Duque Estrada] fomos retirados da sala e levados de volta ao banco de madeira onde antes nos encontrávamos, na sala contígua. De lá, podíamos ouvir nitidamente os gritos, primeiro do interrogador e depois de Vladimir. Ouvimos quando o interrogador pediu que lhe trouxessem a 'pimentinha' e solicitou ajuda de uma equipe de torturadores. Alguém ligou o rádio, e os gritos de Vladimir se confundiam com o som do rádio. [...] A partir de um determinado momento, a voz de Vladimir se modificou, como se tivessem introduzido alguma coisa em sua boca: sua voz ficou abafada, como se lhe tivessem posto uma mordaça. Mais tarde, os ruídos cessaram."

Declaração do general Ariel Pacca da Fonseca, comandante da 2ª Região Militar, quando a diretoria do Sindicato dos Jornalistas – o autor inclusive – foi ao II Exército, no 27 de outubro de 1975, segunda-feira, após o enterro de Vlado:

"Inventam que aqui existe tortura. O que há é que esses comunistas são todos uns frouxos. Entram aqui e vão logo contando os nomes dos companheiros, os endereços, os locais de encontro. Vão dizendo tudo. Eu não consigo entender. Se eu fosse comunista e fosse preso eu não ficaria denunciando os companheiros como esses que estão aí. Eu tentaria preservar a minha organização. Esses comunistas são uns frouxos."

Medo, omissão, cumplicidade

O leitor vai acompanhar agora um confronto penoso entre Clarice Herzog e cinco pessoas da comunidade judaica de São Paulo. É um confronto que nunca aconteceu diretamente, mas cujas falas são todas extraídas dos autos do Inquérito Policial-Militar, no qual essas pessoas foram intimadas a prestar depoimento: Erich Leschziner, funcionário da Congregação Israelita Paulista, responsável por funerais e pelo Cemitério do Butantã onde Vlado está enterrado; Paul Novak, também da CIP, cantor religioso, que acompanhou o enterro; Leon Feurstein e Gerson Rosenfeld, ambos amigos da família de Vlado; e o rabino-mor Fritz Pinkuss, cujas declarações constam de uma carta enviada ao comandante do II Exército e anexada ao IPM. Nesse diálogo, Clarice é uma mulher sem medo, que outra vez denuncia as pressões e ameaças que sofreu no dia do enterro de Vlado. Ela é brasileira, de família católica, ganhou o sobrenome pelo casamento, não conhece a psicose da vítima e o comportamento coletivo de medo à perseguição, embora, por isso mesmo, esperasse da comunidade judaica uma solidariedade que em nenhum momento apareceu.

Seus interlocutores neste capítulo têm uma história comum de vida: são todos judeus vindos de lugares diferentes da Europa, fugindo do inimigo comum, o nazismo. O sr. Erich Leschziner veio de Beuthen, na Alemanha, de onde é também o rabino Fritz Pinkuss; Paul Novak, o cantor, brasileiro naturalizado, nasceu em Lutsk, na Polônia; Leon Feuerstein também veio da Polônia, mas de outra cidade, e conheceu a família de Vlado no navio em que viajaram da Itália para o Brasil, em 1946; Gerson Rosenfeld nasceu na Romênia, e sua família tornou-se amiga da de Vlado quando viviam todos na Itália como refugiados. Na verdade, em vez de "família', talvez fosse mais adequado dizer "o que sobrou da família de", pois tanto os Feuerstein como os Rosenfeld e os Herzog foram dizimados nos campos de concentração nazistas. De cada família, os que conseguiram escapar foram poucos.

O que vai ser discutido é o que aconteceu na véspera e no dia do enterro de Vlado, mas, antes de começar, vamos recorrer ao que dizem reportagens da época:

"Pouco antes das 16 horas, no bairro do Morumbi, agentes dos órgãos de segurança vistoriavam o velório do Hospital Albert Einstein, para onde o corpo de Vladimir foi levado às 16 e 30. O corpo foi recebido no velório por jornalistas e amigos. Ali, perceberam a presença de policiais à paisana, que mantinham uma vigilância discreta."

(*O Estado de S. Paulo*, 28/10/1975.)

*

"O jornalista Vladimir Herzog foi sepultado ontem de manhã no Cemitério Israelita do Butantã, durante uma cerimônia simples e rápida, assistida por uns 600 repórteres, redatores, editores, cinegrafistas, radialistas, artistas, estudantes, deputados e senadores. Não houve nenhum incidente durante o enterro, com exceção da indignação de familiares pela pressa com que foi feito: a mãe de Vlado, como ele era chamado, chegou à quadra número 28 do cemitério quando seu filho já havia sido enterrado no túmulo 64. A cerimônia de sepultamento durou apenas 15 minutos, e não as duas horas que costuma durar quando observados todos os rituais e preceitos judaicos. [...] O clima era de extrema expectativa, mais por causa dos agentes armados que passaram a madrugada no hospital e logo cedo foram substituídos por fotógrafos e cinegrafistas que não pertenciam ao Sindicato ou a qualquer órgão de imprensa."

(*Jornal da Tarde*, 28/10/1975.)

*

"Os fotógrafos e cinegrafistas desconhecidos não perderam nenhum detalhe no Cemitério Israelita de Vila Borges, um subúrbio do Butantã, que acordou logo cedo na segunda-feira com o barulho de sirenes de C-14[144] inspecionando a área, deixando agentes em pontos estratégicos."
(Jornal *Ex-*, n. 16, novembro 1975.)

*

"As cerimônias fúnebres do enterro de Vladimir Herzog realizaram-se por completo e de acordo com os ritos seguidos pelas correntes liberais da religião judaica, às quais os familiares de Herzog são filiados. Foram cerimônias normais, pois a Chevrah Kadisha (sociedade sagrada, que faz a lavagem do corpo antes do sepultamento) não encontrou indícios que comprovassem o suicídio do jornalista, o que implicaria a alteração dos procedimentos, inclusive o sepultamento em local diferente."
(Entrevista do rabino Henry Sobel, *O Estado de S. Paulo*, 31/10/1975.)

Agora, os mesmos acontecimentos na montagem do confronto entre Clarice Herzog e os membros da comunidade judaica que falaram no IPM:

Clarice Herzog – Não foi a declarante que providenciou o enterro de Vladimir, mas sim a família e amigos do seu marido; que, sendo ele judeu, encarregaram a Congregação Israelita Paulista desse serviço.

Erich Leschziner, o funcionário da Congregação Israelita Paulista – No dia 26 de outubro transato, cerca das 13 horas, foi procurado pelo sr. Gerson Rosenfeld e mais duas pessoas que encarregaram o declarante do serviço funerário do jornalista Vladimir Herzog.

Gerson Rosenfeld, amigo da família de Vlado – Cerca das 15 e 30 daquele domingo, o declarante foi com o sr. Erich Leschziner ao

---

[144] * C-14, ou "Veraneio", eram os veículos de marca Chevrolet mais usados pelos órgãos de repressão.

Instituto Médico Legal, onde se achava o corpo de Vladimir Herzog, a fim de lá retirá-lo e encaminhá-lo ao Hospital Albert Einstein, onde seria velado o corpo.

Leon Feuerstein, o outro amigo da família – Também com o sr. Gerson estiveram no Instituto Médico Legal, havendo sido pedido ao declarante e a Gerson o reconhecimento do cadáver.

Fritz Pinkuss, rabino-mor – Foi dado à Irmandade Religiosa desta Congregação Israelita cuidar do corpo morto, bem como do enterro do mesmo, em perfeito acordo com a tradição religiosa judaica.[145]

Gerson – No IML o declarante viu o corpo de Vladimir Herzog vestido no caixão; que ali também apareceu a dona Clarice, acompanhada do irmão desta, que manifestou desejo de ver o corpo de seu marido, mas o próprio declarante achou melhor que ela não visse, a fim de evitar o choque emocional. [...] Dona Clarice disse ao sr. Erich que queria fazer nova necrópsia, mas o sr. Erich declarou-lhe que só com ordem das autoridades é que poderia ser efetuada, que nessa hipótese ele então não poderia mais se encarregar dos serviços funerários.

Clarice – Pretendia, antes da lavagem do corpo de Vladimir, segundo o ritual hebraico, fazê-lo examinar por outros médicos, mas isso foi impedido pela pessoa da Congregação Israelita encarregada dos serviços funerários, sob a alegação de que havia recebido ordens de autoridades superiores para não permitir [...].

Gerson – O declarante assistiu a esse diálogo e pode esclarecer que o sr. Erich em nenhum momento fez qualquer ameaça a dona Clarice ou mesmo tenha invocado autoridades de quem tivesse recebido quaisquer ordens.

Erich – Não é verdade que tenha ameaçado dona Clarice de que ela seria presa por interferir no enterro [...].

---

[145] *Trata-se de uma carta de Pinkuss ao general Ednardo, datada de 21/11/1975 e anexada ao IPM. A carta foi precedida de um encontro pessoal entre ambos, pois o original, que está nos autos do IPM, começa com esta referência: "Referindo-me à nossa conversa do dia 17 de outubro pp., tomo a liberdade de resumir o conteúdo da mesma [...]".

Clarice – [...] alegando ainda que havia policiais à paisana no hospital e que, se a declarante insistisse, seria presa.

Leon – O serviço de Tahara (lavagem do corpo) foi feito numa sala do necrotério do Hospital Albert Einstein, havendo o sr. Erich convidado o declarante para participar daquele serviço de lavagem.

Fritz Pinkuss – Foi-me dado verificar por fonte que considero fidedigna o seguinte: "[...] o corpo não apresentou sinais de violência".

Leon – O declarante teve a oportunidade de verificar que, afora naturalmente a marca no pescoço resultante do enforcamento, e o corte feito para a necrópsia, nenhuma outra apresentava o corpo de Vladimir Herzog [...].

Erich – [...] cujo atestado de óbito que lhe foi exibido mencionava, como *causa mortis*, "asfixia mecânica por enforcamento", o que, para o declarante, com a prática que possui do assunto, pela voz corrente e face às informações colhidas no IML, corresponde a suicídio.

Paul Novak, o cantor religioso da CIP – No dia 27 de outubro, segunda-feira pela manhã, recebeu um chamado da Congregação Israelita Paulista a fim de oficiar o enterro de Vladimir Herzog, cujo corpo se encontrava no Hospital Albert Einstein; que assim dirigiu-se àquele hospital e encontrou o corpo de Vladimir Herzog já no caixão fechado sendo velado por inúmeras pessoas; [...] que ali permaneceu o declarante cerca de 15 minutos, após o que se dirigiu ao Cemitério Israelita do Butantã; que logo mais chegou o enterro de Vladimir, e o caixão foi levado à cova daquele cemitério, acompanhado por inúmeras pessoas e o declarante também seguiu-o, entoando salmos do Rei David, conforme o ritual hebraico; que, ao chegar à cova, o declarante continuou a entoar os salmos por cerca de mais cinco minutos e, ao terminar, determinou que o caixão fosse baixado à sepultura, ocasião em que a esposa de Vladimir – que o declarante ficou conhecendo naquele momento – pediu-lhe que aguardasse por mais algum tempo a fim de que chegassem outros familiares.

Clarice – A declarante pediu ao cantor que aguardasse a chegada da mãe de Vladimir, que ainda não tinha chegado, a fim de terminar o enterro, o que foi atendido pelo cantor, que então aguardou a chegada da mãe de Vladimir e explicou para a declarante que o caixão foi coberto rapidamente porque havia recebido ordens nesse sentido.

Leon – No acompanhamento do enterro atrasou-se, como ocorreu com dona Zora, mãe de Vladimir, de modo que, quando chegaram, o caixão já se encontrava baixado à sepultura e coberto com uma camada de terra.

Novak – Continuou entoando salmos e aguardou por mais meia hora, quando então a esposa de Vladimir pediu ao declarante que desse ordens para o enterro, o que foi feito, e viu o declarante então, conforme é do ritual, a mulher, os filhos e os familiares de Vladimir atirarem punhados de terra sobre o caixão, já baixado à sepultura.

Erich – Assim, Vladimir Herzog foi sepultado na sepultura n.º 64 da quadra n.º 28 daquele cemitério, em área reservada para suicidas, já que estes são normalmente enterrados nas quadras n.º 26, 27 e 28 do Cemitério do Butantã, área esta que antigamente ficava junto a um muro, muro este que posteriormente foi demolido; que Vladimir Herzog está enterrado no local em que estão também enterrados outros mortos por suicídio, como, por exemplo [...].

Leon – O sr. Erich ponderou ao declarante que, como o atestado de óbito fazia referência à morte por suicídio, Vladimir só poderia ser enterrado na área reservada, naquele cemitério, para suicidas, o que foi feito.

Fritz Pinkuss – Da parte da Irmandade foi cuidado, por livre vontade, de evitar ocorrências de manifestações alheias.

No relatório do IPM, assinado por seu presidente, o general Cerqueira Lima, está dito que aqueles depoimentos foram tomados porque "outras diligências se faziam necessárias para o completo esclarecimento dos fatos que teriam ocorrido após a morte do jornalista Vladimir Herzog, os quais, noticiados como foram pela imprensa, poderiam indicar estar sendo ocultado algum ato criminoso". E todos foram orientados pelos encarregados do IPM no sentido de provar que: primeiro, não houve qualquer pressão para apressar o enterro e, além disso, todas as testemunhas afirmam que não viram nem policiais nem militares no hospital ou no cemitério; segundo, o sepultamento foi feito em local reservado aos suicidas, dentro dos ritos religiosos normais.

Os depoimentos dos judeus, assim, foram utilizados da mesma forma que todos os demais, ou seja, como num teorema, para encaminhar à conclusão desejada – o "como queríamos demonstrar": suicídio.

É preciso ter sempre em mente que o IPM foi instaurado "para apurar as circunstâncias em que ocorreu o suicídio" e concluiu adequadamente "que a morte de Vladimir Herzog ocorreu por voluntário suicídio". Portanto, é possível que, nas condições em que se realizou o IPM, as testemunhas da comunidade judaica tenham sido também constrangidas ou induzidas a fazer declarações que facilitassem o desmentido do relato que os jornais fizeram do enterro e das ameaças que Clarice sofreu (ao vê-lo no dia da segunda audiência na 7ª Vara, Clarice não teve dúvida em identificar a pessoa que a ameaçou no Hospital Albert Einstein, caso insistisse em fazer outra autópsia: o sr. Erich Leschziner).

Leschziner foi precedido, na cadeira das testemunhas, pelo jornalista Luiz Weis, velho amigo de Vlado. Ambos cursaram juntos o Colégio Estadual São Paulo e depois ingressaram na faculdade, na época ainda na rua Maria Antonia, Vlado em Filosofia e ele em Ciências Sociais. Na terça-feira seguinte à morte, dia 28 de outubro, Weis apresentou-se no DOI-Codi, acompanhado de Mino Carta, diretor da revista *Veja*, e de Audálio Dantas. Ele tinha sido procurado em casa na madrugada de sábado, quando trabalhava no fechamento da revista, e seu nome constava da declaração arrancada de Vlado no interrogatório. Por isso, apresentou-se. Só foi libertado uma semana depois, e o que ele tem a dizer confirma os depoimentos dos jornalistas ouvidos na primeira audiência:

"Andou sempre encapuzado enquanto esteve preso, o macacão que lhe deram não tinha cinto, não viu nenhum preso usando macacão com cinto, ouviu gritos de pessoas torturadas, não sofreu violência física, mas foi ameaçado; foi constrangido pelo tom 'francamente intimidatório' do procurador Durval Ayrton Moura de Araújo a dizer no IPM que não tinha elementos para afirmar que Vlado morrera senão por suicídio."

O depoimento de Weis não foi demorado, e, agora, o representante da Congregação Israelita Paulista vai ser a última testemunha. O sr. Erich Leschziner é muito velho, e as deficiências naturais da idade são ainda mais sublinhadas pela sua dificuldade de falar português. Seu sotaque estrangeiro é carregado, e ele também entende mal o que lhe perguntam. Parece inquieto e nervoso, obrigado mais uma vez a enfrentar pessoas que não conhece para dar a sua versão dos acontecimentos. A que ele contou no IPM provocou a indignação, pelo desrespeito às famílias de suicidas enterrados nas quadras 26, 27 e 28 do Cemitério do Butantã. O sr. Leschziner citou os nomes de três, que acabaram publicados nas Conclusões do IPM. Na época, foi até possível relevar-lhe a culpa, compreendia-se que pudesse ter sido levado àquela indignidade sob coação ou sob pressão do medo que muitos judeus sentiam, porque, além do impacto da morte de Vlado, era ainda muito recente a incômoda surpresa de um inesperado voto do Brasil na ONU, contrário ao expansionismo de Israel nos territórios árabes ocupados. Temia-se, em alguns meios, uma onda de antissemitismo.

Dois anos e meio depois, imaginava-se que a CIP quisesse reabilitar-se, amparando adequadamente seu representante e reparando de vez os deslizes das ameaças a Clarice na véspera do enterro, do apressamento do funeral a ponto de só esperar a chegada da mãe de Vlado após protestos insistentes, das pressões contra o rabino Henry Sobel para que não lançasse dúvidas sobre a versão do suicídio e não participasse de homenagens a Vlado.

Mas qualquer expectativa mais otimista desvaneceu-se logo às primeiras palavras da testemunha. Afoitamente, à pergunta inicial do juiz, o sr. Erich Leschziner foi logo dizendo que não teve dúvida de que Vlado se suicidara porque era o que estava escrito no Atestado de Óbito. Na verdade, o Atestado de Óbito dava como *causa mortis* "asfixia mecânica por enforcamento", mas não continha a palavra "suicídio". O detalhe iria complicar mais tarde o representante da CIP, quando os advogados de Clarice e o curador dos menores lhe perguntaram se, diante do que acabara de dizer, enterraria como suicida toda e qualquer pessoa cujo Atestado de Óbito especificasse "asfixia mecânica por enforcamento". O sr. Leschziner respondeu afirmativamente. Por isso, disse ainda, é que determinara o enterro de Vlado em local de suicida.

A palavra talvez seja forte demais para um velho de 71 anos, patético no açodamento com que procura reiterar a versão de suicídio, mas não encontro outra para descrever seu comportamento perante o juiz Gomes Martins: pusilânime. Atrás dele, sentada no auditório, dona Zora chora em silêncio, e, apoiada na balaustrada para melhor escutar o que está sendo dito, outra mulher judia, Trudi Landau,[146] lágrimas nos olhos, o rosto crispado pela raiva, murmura entredentes insultos que percebo pelo movimento de seus lábios, a cada declaração da testemunha. Aquilo a atinge diretamente. Em março de 1976, foi publicada pelo *Jornal da Tarde* uma carta que lhe exigiu muita coragem e lhe valeu muita dor: "O sr. Herzog", dizia Trudi, que, a partir daí, tornou-se grande amiga de dona Zora, "não foi enterrado na quadra 27, onde o são tradicionalmente os suicidas. Ele repousa na quadra 28, sepultura n.º 64, no meio de gente que faleceu de velhice, doença, acidente ou de outras causas. Pois, naquele cemitério, os suicidas são punidos pelo pecado que cometeram, indo para um lugar específico, reservado aos infelizes que puseram fim à própria vida. Sei disso muito bem, pois tenho por quem chorar na quadra 27, não muito longe da sepultura do sr. Herzog. Enterrado onde está, o sr. Herzog não foi e nunca será considerado suicida, se é que isso pode representar algum consolo para a família e alguma satisfação para seus colegas inconformados. Na terra que o cobre, florzinhas estão brotando por cima de segredos e dúvidas".

O sr. Leschziner tira do bolso um papel e começa a ler os nomes de suicidas enterrados na vizinhança do túmulo de Vlado. São os mesmos que ele falou no IPM. Não chega a completar a relação, porque os advogados o interrompem. Estiveram investigando a situação das quadras do Cemitério do Butantã e querem saber do encarregado de funerais se apenas suicidas são enterrados nas quadras 27 e 28. O encarregado de funerais, que antes sempre se referia à 28 como a quadra "onde são enterrados os suicidas", é forçado a admitir que, tanto naquela como na 27 estão também sepultados não suicidas. Só na quadra 28 o número de sepulturas chega a 150. Em seguida, assim como ele citara nomes de suicidas cujo sepultamento fizera, os advogados começam a citar nomes de não suicidas em túmulos vizinhos ao de Vlado:

---

[146] Secretária bilíngue, alemã sobrevivente da perseguição nazista aos judeus, escrevia cartas para jornais contra a ditadura e o nazismo. Uma delas, sobre Vladimir Herzog, aproximou-a de Zora Herzog. Tornou-se colunista. Escreveu o livro *Vlado Herzog: o que faltava contar*, publicado em 1986, *Carlinhos querido*, correspondência com Carlos Drummond de Andrade, e um livro de crônicas.

"Foi o senhor que providenciou o enterro do sr. Georg Schlesinger?"

"Não me lembro."

"E o enterro do sr. Edmundo Córdoba, na sepultura ao lado da de Vladimir Herzog, foi o senhor que providenciou?"

"Não me lembro."

Primeiro, pode ter sido o medo o gerador da omissão. Mas depois a omissão gerou verdadeira cumplicidade com a repressão. Assim pode ser resumida a atitude de uma instituição como a Congregação Israelita Paulista e de setores da comunidade judaica de São Paulo. Além de toda a cooperação que deram no IPM, não se conformaram com a participação do rabino Henry Sobel nos cultos ecumênicos de 30 de outubro de 1975 e 25 de outubro de 1977, no segundo aniversário da morte de Vladimir, na Igreja da Consolação. Neste, o rabino quase faltou, tão fortes foram as pressões. Elas se repetiriam às vésperas das audiências da ação da família contra a União, quando os advogados tentaram levá-lo como testemunha, apenas para que – como já tinha feito, em duas ocasiões, em entrevistas à imprensa – desmentisse que Vlado estivesse em túmulo de suicida. Desta vez, Sobel, que os advogados preferiam não intimar sem o seu consentimento, recusou-se, dizendo que não tinha como superar as pressões.

Lembro-me do comentário que fez dom Paulo Evaristo Arns, conversando comigo e com Clarice sobre o comportamento daqueles setores da comunidade judaica: "É uma atitude inexplicável. Sempre que vejo um judeu, fico imaginando que aquela pessoa deve ter perdido alguém massacrado pelo nazismo – um pai, uma mãe, um filho, um parente, um amigo, às vezes, a família inteira. Como é que ele pode hoje calar-se, tolerar essa violência que temos aqui? Ele não vê que uma hora isto acaba se voltando contra ele também? Eu não consigo entender".

O testemunho do sr. Erich Leschziner, contra a sua vontade, acabou tendo alguma valia para os argumentos finais dos advogados. Na ânsia de afirmar que Vlado não sofrera nenhuma violência, o representante da CIP acabou caindo numa hábil armadilha, que contribuiu afinal para a crítica do Laudo Necroscópico de Harry Shibata e Arildo Viana.

"O senhor viu alguma mancha ou marca no corpo de Vladimir Herzog?"

"Não. Nenhuma."

"Nem nas costas, nem nas nádegas?"

"Nádegas?!", exclama, espantada, a testemunha, num momento que teria sido até cômico, não fosse a depressão causada pelo triste papel daquele velho alemão refugiado. Não sabe o que significa a palavra e só entende a pergunta quando, depois de alguma hesitação na escolha de outra, o advogado Sergio Bermudes lembra-se de "assento".

"Não, senhor. Nem no assento, nem nas costas, não tinha marca nenhuma."

No memorial ao juiz da 7ª Vara, no capítulo intitulado "Laudo absolutamente nulo", os advogados escreveram:

"É relevante assinalar que o laudo registrou existirem, no cadáver de Vladimir Herzog, 'hipóstases no dorso e nas nádegas. Hipóstases no escroto e no pênis em semiereção'. Inobstante essa afirmação, a testemunha Erich Leschziner – arrolado pela União – que, consoante o ritual judaico, procedeu à lavagem do corpo de Vladimir Herzog, antes de seu sepultamento, foi peremptória: '[...] que nas costas de Vladimir Herzog, nem em qualquer local, inclusive no assento, não notou qualquer mancha ou sinais, assento neste caso sinônimo de nádegas'.

Ora, se o laudo descreve a existência de hipóstases – manchas roxas decorrentes de acumulação sanguínea, facilmente perceptíveis –, causa espanto a afirmação da testemunha, de que não notou a existência de manchas ou sinais nas nádegas do cadáver. Esse detalhe convence de que o laudo, cuja nulidade é evidente, não espelha o exame do cadáver de Vladimir Herzog, tendo se limitado a descrever um caso típico de suicídio por enforcamento, como registraram os manuais, com a finalidade de coonestar a versão oficial."

A afirmação do sr. Erich Leschziner permitiu aos advogados registrar no memorial uma suspeita que tinha sido levantada na própria época da morte de Vlado: a de que o laudo, de tão detalhado, de tantos indícios de enforcamento em vida que menciona (indícios que não ocorrem todos num mesmo caso, mas que constam todos do laudo Shibata-Viana) não passaria de uma cópia de textos de Medicina Legal, uma reprodução exageradamente minuciosa para não deixar em dúvida a versão oficial de suicídio.

Nos autos da ação da família contra a União, o capítulo da participação do representante da Congregação Israelita Paulista termina de forma melancólica: "[...] que o depoente enterra como suicida toda e qualquer pessoa que seja apresentada tendo como *causa mortis* a asfixia mecânica por enforcamento; dada a palavra ao dr. Curador (representante do Ministério Público) às perguntas feitas por intermédio do MM. Juiz, respondeu: que o depoente possui curso ginasial; que o depoente não possui condições, tendo apenas o curso ginasial, para opinar sobre problemas relacionados com problemas médico-legais. Nada mais disse".

Está encerrada a segunda e última Audiência de Instrução e Julgamento. Cabe agora às partes apresentar os memoriais com suas razões finais, para o que o juiz João Gomes Martins Filho determine um prazo de 20 dias. E anuncie, ao encerrar a sessão, dias e hora em que fará a leitura pública de sua sentença: 26 de junho, às 13 horas.

Um libelo contra a tortura: o memorial dos advogados. "Vladimir Herzog foi torturado e morto"

O memorial que os advogados encaminharam ao juiz da 7ª Vara, mais do que uma peça jurídica, é um documento político, um libelo contra a tortura e, no caso de Vlado, também contra as manobras armadas para se ocultar a verdade. O memorial é uma denúncia corajosa desde sua introdução: "Vladimir Herzog faleceu em virtude dos maus-tratos a que foi submetido na inquirição que lhe foi imposta, segundo a técnica de violência que se tornou rotina de investigação nos chamados órgãos de segurança. Quando, algum tempo depois, fato idêntico sucedeu com outro preso,[147] novamente o II Exército explicou que se tratava de suicídio. A esse segundo 'suicídio', o sr. presidente da República reagiu de modo fulminante, demitindo imediatamente o comandante do II Exército. Essa ação presidencial não teria qualquer justificação, se realmente se tratasse de suicídio, e representou o claro reconhecimento, pelo mais elevado órgão do Poder Executivo, de que nesses 'suicídios' havia responsabilidade do II Exército, ou seja, responsabilidade do governo. A presente ação persegue a declaração judicial dessa responsabilidade, que o próprio governo, com a maior clareza, reconheceu".

Os advogados referem-se a seguir ao "sistema repressivo impiedoso que passou a agir livremente após o Ato Institucional n.º 5, que, ao suspender o *habeas corpus*, permitiu ao governo as prisões ilegais e outras arbitrariedades". Assim, a "tortura foi transformada em método

---

[147] * Morte de Manuel Fiel Filho no DOI-Codi, janeiro de 1976.

de investigação generalizado, principalmente através dos diversos órgãos que operavam no Rio de Janeiro e em São Paulo, como técnica de combate na chamada 'guerra subversiva' ou 'revolucionária'. A doutrina segundo a qual a tortura é instrumento de ação nesse tipo de 'guerra' foi elaborada por militares franceses, ao tempo da Guerra da Argélia, e está exposta, com clareza, nos livros escritos pelos generais André Beaufre e pelos coronéis Roger Trinquier e Chateau-Jobert, traduzidos para o espanhol e publicados em Buenos Aires.[148] Essa doutrina adota abertamente a tortura como técnica de luta. Diz-se que na guerra convencional o inimigo está atrás das linhas e que, na guerra revolucionária, está entre nós, só podendo ser descoberto através da tortura dos suspeitos e da informação imediata, a qualquer preço".

A introdução do memorial cita as mortes do líder sindical Olavo Hansen[149] e de Chael Charles Schreier[150] (um dos casos comprovados de tortura), os vários relatórios anuais da Amnesty International que denunciam as violências no Brasil, documentos da Comissão Internacional de Juristas, da Comissão Interamericana de Direitos Humanos, da Comissão de Relações Exteriores da Câmara dos Representantes (Estados Unidos) e da Conferência Nacional dos Bispos

---

[148] * Livros sobre a tortura como técnica de guerra citados pelos advogados: *Guerra, subversión y revolución*, Cel. Roger Trinquier, Buenos Aires, Rioplatense, 1975; *Les crimes de l'armée française*, Pierre Naquet, Paris, Maspero, 1977; *La torture dans la république*, mesmo autor, Maspero, 1972; *La vraie bataille d'Alger*, General Massu, Paris, Plon, 1971; *Le pouvoir militaire em Amérique Latine, l'ideologie de la securité nationale*, Joseph Comblin, Paris, Jean Pierre Delarge, 1977; *La torture et les pouvoirs*, J. C. Lauret e R. Lassierra, Paris, Ballard, 1973; *Torture and opression in Brazil*, U. S. Government Printing Office, Washington, 1975.

[149] Estudante de Engenharia, abandonou o curso ao ingressar no PORT (Partido Operário Revolucionário Trotsquista) e passou a trabalhar numa fábrica. Tornou-se sindicalista e foi preso em manifestação do 1º de Maio de 1970 distribuindo panfletos. Morreu sob tortura no Deops-SP. A versão oficial foi de suicídio.

[150] Estudante de medicina, foi da direção da União Estadual de Estudantes de São Paulo. Aderiu à organização Vanguarda Armada Revolucionária Palmares (VAR-Palmares). Morreu torturado em 24 de novembro de 1969 no Rio de Janeiro. O caso foi denunciado pelos jornalistas da *Veja* Bernardo Kucinski e Raimundo Rodrigues Pereira, ambos signatários do manifesto "Em nome da verdade".

do Brasil; e conclui: "A tortura e a morte do jornalista Vladimir Herzog se inserem nesse quadro terrível da triste realidade constituída pelo sistema de repressão ligado à defesa da segurança nacional".

A vigorosa denúncia das violências praticadas contra os presos políticos no Brasil continua no capítulo em que os advogados provam a prisão ilegal e arbitrária de Vlado, contestada pela União, ao sustentar que ele estava apenas prestando um depoimento espontâneo. Mas a própria União diz na Contestação – lembram os advogados – que o Chefe da 2ª Seção do Estado-Maior do II Exército comunicara ao comandante do DOI "que Vladimir Herzog deveria ser *libertado* naquele mesmo dia". Ora, se não estava preso, como poderia ser *libertado*?

Dos autos do IPM, o memorial passa habilmente a extrair expressões usadas pelas próprias testemunhas militares, para provar que Vlado estava preso ilegalmente: "o corpo de Vladimir Herzog foi encontrado no *xadrez especial* n.º 1"; diz-se, no relatório, que "pouco depois de ir o carcereiro buscá-lo para ser *liberado*..."; diz-se, ainda, que "a testemunha jornalista Rodolfo Oswaldo Konder, *também detida* no Destacamento..."; fala-se que "a testemunha George Benigno Jatahy Duque Estrada, *igualmente detido* no Destacamento..."; a testemunha tenente-coronel Audir Santos Maciel admitiu, por igual, que Vladimir estivesse preso: "que Vladimir foi encontrado pelo carcereiro Altair Casadei, quando foi buscá-lo para ser *libertado*"; "que sabe que Vladimir tinha conhecimento de que seria *libertado*"; a testemunha Altair Casadei diz que é praxe, no DOI, como medida de segurança, "retirar as roupas das pessoas *detidas*, substituindo-as por um macacão verde oliva, como aquele que Vladimir usava na ocasião em que foi encontrado morto"; a mesma testemunha afirma, com todas as letras, *que as chaves da cela onde se encontrava Vladimir estavam em poder dela, testemunha*; também a testemunha Pedro Antônio Mira Grancieri, investigador, lotado no DOI, afirma que, "durante o tempo em que esteve com Vladimir não notou sinais de nervosismo no *preso*".

Além disso, os depoimentos prestados perante o juiz João Gomes Martins Filho "fazem prova inequívoca de que Vladimir Herzog sofreu prisão e que se encontrava ilegalmente detido nas dependências do Destacamento de Operações de Informações do Centro de Operações de Defesa Interna (DOI-Codi) do II Exército, quando faleceu". Por isso tudo – argumentam os advogados "demonstrada, *ad nauseam*, não apenas a prisão de Vladimir Herzog, como também a violência, a arbitrariedade, a ilegalidade de que ela se revestiu –, características de todas as detenções feitas pela União Federal para investigar a ocorrência de crimes políticos, é forçoso reconhecer a responsabilidade da ré por esse fato, abusivo e torpe".

"As torturas" é o capítulo seguinte do memorial, resumindo "a barbárie dos métodos de investigação empregados pelo II Exército", com base nos relatos de torturas feitos nas duas audiências e nos testemunhos de Rodolfo Konder e Duque Estrada, que ouviram os gritos de Vlado. "Diante de tantos e tão impressionantes depoimentos, que dão conta do uso sistemático e reiterado da tortura como método de investigação empregado no DOI-Codi, e à vista da afirmação de testemunhas que presenciaram as violências impostas a Vladimir Herzog, forçoso é ter como sobejamente provada a assertiva dos autores, de que seu marido e pai foi vítima dos mais terríveis sofrimentos, físicos e mentais, enquanto esteve encarcerado naquela dependência do II Exército, onde veio a sucumbir".

"Suicídio ou assassinato?" – emenda o documento.

"A versão oficial, fantasiosa, inverossímil e pueril, de que Vladimir Herzog suicidou-se no cárcere, enforcando-se com o cinto do macacão que usava, foi rigorosamente pulverizada pelos depoimentos reunidos neste processo." Os depoimentos citados, para reflexão do juiz, são os das testemunhas que passaram pelo DOI-Codi e que afirmaram – todas, sem exceção – sua certeza de que em momento algum viram algum preso usando macacão que tivesse cinto: "Fica, portanto, completamente desmentida a versão do II Exército, segundo a qual Vladimir Herzog se enforcou na prisão, utilizando o cinto do macacão que vestia. Como seria imaginável e como provado nos depoimentos, o macacão que foi dado a Vladimir, a exemplo da indumentária dos outros detidos, era desprovido de cinto".

O laudo necroscópico dos legistas Harry Shibata e Arildo T. Viana é o alvo seguinte dos advogados, que, novamente com base nos depoimentos ouvidos perante o juiz, destroem o que seria a prova fundamental da

União para sustentar a versão de suicídio. O memorial relaciona os vícios do laudo (o principal, insanável, pelo que afirmou em juízo: Shibata só teria assinado o exame feito pelo outro perito", conforme jurisprudência do Supremo Tribunal Federal) e afirma: "A testemunha Harry Shibata, que é um de seus signatários, deixou cabalmente demonstrado em seu depoimento que o laudo encobre uma farsa, uma vez que aquele médico sequer examinou o cadáver de Vladimir Herzog".

"Como morreu Vladimir?" – é a pergunta final do memorial, antes de pedir, diante da evidência das provas, a declaração de responsabilidade da União. As 32 linhas desse capítulo do memorial vêm carregadas de palavras fortes e contundentes e com o peso da coragem que esse grupo de advogados demonstrou ao longo de todo o processo. Na firmeza da resposta arrasadora àquela pergunta estão também – à frente a inabalável disposição de luta de Clarice Herzog – a força da mobilização dos jornalistas que nunca se conformaram com a versão oficial e a denunciaram sempre que possível, a ação do Sindicato dos Jornalistas de São Paulo que desencadeou em todo o país o apoio e as manifestações de outros sindicatos e de vários setores organizados da sociedade, contrários à violência institucionalizada pelo regime militar e defensores da volta ao Estado de Direito, a indignação e a revolta contidas pela ameaça permanente da repressão.

"Como morreu Vladimir?" – pergunta o memorial. E responde:

"O exame destes autos gera a inabalável conclusão de que Vladimir Herzog não se suicidou. A versão oficial, segundo a qual ele ceifara a sua própria vida, é inverossímil e mal encobre a farsa que se montou no DOI-Codi do II Exército, para ocultar o brutal assassinato do marido e pai dos autores.

Não fossem suficientes os elementos de convicção, todos eles a desmentir a pilhéria amarga da versão oficial, segundo a qual o prisioneiro se enforcou com um cinto do macacão que vestia, mister seria atentar nos depoimentos de testemunhas que ouviram de militares que serviam no DOI-Codi a afirmação de que Vladimir morrera em consequência dos maus-tratos que lhe foram impostos."

No seu depoimento, colhido através de carta precatória, asseverou a testemunha Gildásio Westin Cosenza: "[...] que, quando estava sendo transferido da Delegacia do Cambuci novamente para o DOI-Codi, conversou com uma pessoa que se dizia coronel, o qual lhe disse que no DOI-Codi não se torturava ninguém para matar, mas sim para obter informações; que o depoente então lhe perguntou por Vladimir e o coronel respondeu que se tratou de um acidente".

Por igual, a testemunha Sérgio Gomes da Silva teve ocasião de narrar a V. Exa. o seguinte: "[...] que o depoente, conversando com David Rumell, ouviu dele que um dos interrogadores lhe havia dito que tinham apagado uma pessoa; que essa referência, segundo o depoente veio a saber depois, referia-se a Vladimir Herzog.

Por conseguinte, já não se pode duvidar de que é rigorosamente mentirosa a versão oficial: Vladimir Herzog não se suicidou. Morreu em decorrência das torturas a que foi submetido e que não pôde suportar".

Assim, "sobejamente demonstrada a prisão arbitrária de que foi vítima Vladimir Herzog, provadas, de modo cabal, as torturas a que o submeteram, desmentida a versão oficial de que ele se suicidou no cárcere, torna-se inequívoca a responsabilidade da União Federal e a consequente obrigação de indenizar os autores pelos danos materiais e morais que esses fatos lhes causaram".

O golpe contra a justiça, a frustração do velho juiz. A sentença, afinal, denunciando a farsa do suicídio

"Os torturadores devem ser julgados. Não se deve impedir que qualquer ato de tortura perfeitamente caracterizado passe pelas malhas da Justiça. É fundamental que se estabeleça uma conscientização nacional de que os Direitos Humanos são eternos e imutáveis, como invioláveis e sagradas são as vidas das criaturas humanas. É preciso que os torturadores sejam julgados."
(João Gomes Martins Filho, "A luta de um juiz", Folhetim, *Folha de S.Paulo*, 12/11/1978.)

Pelo volume de provas reunidas pelos advogados, pela fragilidade dos argumentos e pretensas evidências de suicídio apresentados pela União e, sobretudo, pela dignidade e retidão que o juiz demonstrara em todo o processo, a certeza de todos era de que só um golpe de força poderia impedir uma decisão favorável. Daí a 30 dias, a leitura pública da sentença seria o coroamento da carreira de um juiz federal que se aposentaria compulsoriamente em seguida, ao completar 70 anos, mas seria também – e principalmente – o coroamento de uma batalha que Clarice Herzog, com uma força de combatente de que Vlado certamente se orgulharia, conduzira a poder de vontade, determinação, ódio e revolta durante quase três anos, desde o momento em que, ao ver o rosto do marido morto, se munira da certeza de que provaria que "tudo era mentira".

Mas o golpe de força que se temia acabou acontecendo no dia mesmo da leitura da sentença. Durante os 30 dias que se passaram entre a segunda audiência e o 26 de junho, não houve qualquer indício de que o regime pudesse encontrar algum estratagema capaz de impedir o pronunciamento do juiz. O golpe veio, bem calculado para não dar tempo a qualquer recurso legal, na manhã de 26, faltando apenas quatro dias para o início das férias forenses, após as quais, já se sabia, João Gomes Martins Filho, 70 anos completos a 2 de agosto, seria aposentado compulsoriamente.

Tão contundentes eram as provas dos autos, que o regime, como nós, também tinha certeza do veredito. O mandado de segurança impetrado pelo subprocurador-geral da República, Gildo Correa Ferraz, considerava "a hipótese de gravíssima lesão moral para a União", causada por um pronunciamento judicial que a proclamaria responsável pela "morte de pessoa submetida à investigação, dentro da própria repartição policial-militar, em flagrante atentado aos direitos humanos".

Fato inédito na história da Justiça brasileira, o ministro Jarbas Nobre, do Tribunal Federal de Recursos, concede uma liminar para impedir a proclamação da sentença e, pelo telex, no próprio dia 26, proíbe ao juiz sua leitura.

Quando chegamos ao prédio da Justiça Federal na Praça da República, pouco antes da uma da tarde, Gomes Martins já estava saindo. Tinha os olhos injetados, parecia aturdido, cumprimentou os jornalistas, falou rapidamente com dona Zora e Clarice, mas, embora se pudesse perceber em seu olhar e seus gestos, com ninguém comentou a frustração e a tristeza que sentia e das quais só poderia falar quatro meses mais tarde, quando se conheceu a sentença de seu substituto na 7ª Vara. Então, numa entrevista aos repórteres Jefferson Del Rios e Ricardo Carvalho (Folhetim, *Folha de S.Paulo*, 12/11/1978), não poupou os autores da manobra:

"Alegava-se que a sentença poria em risco a segurança do Estado, e que por isso deveria ser impedida, como se a declaração de responsabilidade pela tortura e morte de um homem pudesse se constituir em perigo para a honra e a segurança das instituições. Ninguém sabia o teor da sentença, a não ser eu. O Brasil inteiro ficou sabendo, por esse telex, qual seria o seu teor, porque ele confessava a culpa publicamente. Ninguém mais duvidava daí em diante das conclusões do juiz."

Tão abatidos quanto o velho juiz, quando se soube do telex do TFR, estavam Marco Antônio Barbosa e Samuel Mac Dowell de Figueiredo. Os advogados paulistas de Clarice, a cuja jovialidade eu me habituara na convivência de amigos novos e nas reuniões frequentes para troca de informações sobre o caso, estavam naquele dia particularmente tensos e irritados. Samuel, especialmente, não se conteve e, numa entrevista à TV Tupi, deixou escapar o comentário de que a proibição era "uma chicana" da União. Ficou preocupado depois, quando leu a expressão colocada em destaque em todos os jornais e se queixou comigo do que considerava sensacionalismo da imprensa. Não entendia que um termo forte como "chicana", dito pelo advogado, era um prato raro para os repórteres que cobriam o caso e que a expressão despoliciada e fruto de uma indignação justa era, naquele momento, a única capaz de definir com absoluta fidelidade aquilo que se perpetrara contra a Justiça.

O próprio Gomes Martins usou mais tarde palavras duras como "golpe" em suas recordações do dia em que lhe impediram a leitura da sentença:

"Não poderia desconfiar de um golpe dessa natureza, e tanto é assim que havia marcado com antecedência o dia e hora para prolação da sentença. Veio o telex, anunciando a proibição da leitura e requerendo também informações sobre o processo no mandado de segurança impetrado pelo procurador, que se considera o detentor único da verdade e o cavaleiro andante da honra e do renome nacional."

Mas, se privou Gomes Martins de um fecho que não poderia ser mais brilhante e digno para sua carreira, a "chicana" de junho não conseguiu senão retardar por mais algum tempo a vitória de Clarice e a proclamação da Justiça. As informações que se conheciam do novo titular da 7ª Vara eram poucas: Márcio José de Moraes, 32 anos, em início de carreira. Habituamo-nos, naqueles anos de regime militar, a descrer da Justiça, castrada e subjugada pelas sucessivas aposentadorias forçadas de juízes, pelas reformas e atos premeditados para roubar-lhe a independência. Por isso, a tendência era acreditar que seriam mais fáceis e eficazes as pressões sobre um juiz jovem, apenas começando na Justiça Federal. Como bem frisou Gomes

Martins: "Lançou-se sobre o Poder Judiciário a dúvida a respeito da dignidade, da coragem e da honradez do juiz que me substituísse. Supôs-se que, com o afastamento de um, a lição permaneceria para o outro, e que talvez a verdade não aflorasse com a veemência que se deduzia da ação. Enganaram-se os que assim pensaram, porque talvez mais forte, mais elegante e mais alta se elevou a voz de um jovem magistrado, para deixar bem claro ao país e ao mundo que ainda há juízes no Brasil".

Gomes Martins não chegou a divulgar sua sentença, mas, pelo vigor de seus pronunciamentos, na condenação da arbitrariedade, da tortura e da impunidade de seus responsáveis, pode-se adivinhar que seria com certeza mais contundente e que teria talvez um conteúdo político maior do que a do seu substituto. Márcio José de Moraes, um homem "apolítico", como ele mesmo se definiu num de seus raros pronunciamentos, preferiu um apurado e exaustivo parecer técnico – "impecável", na opinião de um jurista como Gofredo da Silva Telles, "uma lição de ética e de civismo", na definição do procurador Hélio Bicudo.

Ponto por ponto, Márcio José de Moraes desmascarou a farsa montada para sustentar a versão de suicídio de Vlado. Peça por peça, demoliu a estrutura de mentiras construída desde que o comandante do DOI-Codi enviou o primeiro comunicado à 2ª Seção do II Exército:

Legalidade ou prisão?

Todos os dispositivos, constitucionais ou mesmo da Lei de Segurança Nacional, que asseguram a liberdade dos indivíduo, "foram desobedecidos em bloco", proclamou o juiz.

Suicídio com o cinto do macacão?

"Não havia qualquer motivo viável para que o detento portasse cinto, pois o macacão que vestia quando foi encontrado morto era inteiriço, como está patente nas fotografias, e, assim, a cinta não tinha finalidade; algumas testemunhas inclusive declararam, de forma coerente e sem que se tivesse produzido nos autos qualquer prova em contrário, que os presos do DOI-Codi não portavam cintos, cadarços nos sapatos ou mesmo meias."

O Laudo Necroscópico é prova científica irrefutável do suicídio?

"Ficam prejudicadas todas as conclusões a que o mesmo chegou, o que o torna imprestável para os fins probatórios pretendidos pela União Federal, afirma o juiz, já que o médico legista Harry Shibata, ao ser interrogado em juízo, declarou ter assinado o laudo sem ter participado da perícia. Qual seria, então, o valor probatório de um laudo de exame de corpo de delito realizado por um só perito?"

Vlado foi bem tratado enquanto esteve no DOI-Codi?

"Nos presentes autos", diz o juiz, "constata-se a prática de crime de abuso de autoridade, bem como há revelações veementes de que teriam sido praticadas torturas não só em Vladimir Herzog, como em outros presos políticos, nas dependências do DOI-Codi do II Exército."

(Aqui, Márcio José de Moraes vai além e pede ao Ministério Público que apure responsabilidades pelas torturas.)

O IPM é peça definitiva na conclusão de que houve suicídio?

"O certo é que seu valor probatório é meramente informativo, ou seja, as informações contidas em seu bojo dirigem-se ao Ministério Público e só adquirem valor probatório se repetidas em juízo ou se tais informações forem coerentes com as provas produzidas judicialmente. [...] Ora, os depoimentos do inquérito, mais favoráveis à versão dos fatos apresentados pela União Federal, a saber, os de Audir Santos Maciel, Altair Casadei, José de Barros Paes, dr. Armando Canger Rodrigues e Pedro Antônio Mira Grancieri,[151] simplesmente não foram repetidos em juízo e perdem até mesmo seu valor meramente informativo, porque se contrapõem frontalmente aos depoimentos tomados judicialmente, estes contrários àquela versão."

Não existe responsabilidade da União?

"Mesmo que eventualmente a União Federal tivesse logrado comprovar o suicídio de Vladimir Herzog, o que, em verdade, não conseguiu, ainda teria que provar que não o motivou, por qualquer forma de

---

[151] * Respectivamente, coronel-comandante do DOI-Codi, carcereiro, coronel-chefe da 2ª Seção do EM do II Exército, médico legista que assinou o Laudo Complementar utilizado no IPM e investigador que interrogou Vlado.

pressão ou condição física ou psíquica, pois, ao contrário, não poderia pretender a exclusão de sua responsabilidade civil sob o argumento da ocorrência de concausa.

Pelo mesmo motivo que a União Federal não logrou comprovar o suicídio, também, obviamente, não provou a sua não participação em tal evento, se ele tiver ocorrido. Assim, quer pela teoria da falta anônima de servidor público, quer pela teoria do risco administrativo e considerando-se que a União Federal não provou nos autos a culpa ou dolo exclusivos da vítima, permanece íntegra sua responsabilidade civil pela morte de Vladimir Herzog."

Três anos depois, manteve-se a luta contra a impunidade. O sacrifício de Vlado não fora em vão

A sentença saiu no dia 27 de outubro de 1978, exatamente três anos após o dia em que Vlado foi enterrado no Cemitério do Butantã e dois dias depois de um ato público realizado na sede do Sindicato dos Jornalistas, no Auditório Vladimir Herzog, para marcar o 3º aniversário de sua morte. Naquela noite, proclamamos 25 de outubro o "Dia da Defesa dos Direitos Humanos dos Trabalhadores", pela defesa dos direitos humanos e contra todas as formas de exploração econômica, de opressão política, repressão e violência. Relembramos os jornalistas, estudantes, operários, parlamentares, políticos e muitos outros que, naqueles anos de arbítrio e prepotência, foram sacrificados, como Vladimir Herzog. Foram ilegalmente presos, barbaramente espancados, cruelmente torturados, vilmente assassinados.

"Estes crimes não ficarão impunes! O sacrifício de Vladimir Herzog e de tantos outros não foi e não será em vão!" – dissemos em coro mais de 300 pessoas, superlotando o pequeno auditório do Sindicato.

Aquela manifestação, bem como a que o Sindicato promoveu dois dias depois, de júbilo pela sentença do juiz Márcio José de Moraes, se foram o resultado da batalha incansável de Clarice Herzog e seus advogados para proclamar a verdade, foram também – e acima de tudo – a sequência de todo um processo de luta política dos jornalistas de São Paulo em torno de seu Sindicato, desde o momento em que, pela primeira vez, denunciaram a violência das prisões arbitrárias até a hora em que se ergueram e não mais recuaram para desmascarar a mentira do suicídio de Vlado, nas assembleias, no Culto Ecumênico da Catedral, no manifesto das 1.004 assinaturas.

Por isso, quero que o fecho deste trabalho não seja apenas a palavra do autor, como amigo de Vlado, como jornalista ou como diretor do Sindicato. E não poderia encontrar melhor forma de manifestar essa posição do que concluir com a palavra de todos os jornalistas, expressa no comunicado que o nosso Sindicato publicou no dia em que a sentença foi conhecida:

"Um grande passo acaba de ser dado na luta pela defesa dos direitos humanos neste país: o juiz Márcio José de Moraes, da 7ª Vara da Justiça Federal de São Paulo, proferiu e divulgou esta tarde (27 de outubro de 1978) a sentença histórica que responsabiliza a União pela morte de Vladimir Herzog, ocorrida a 25 de outubro de 1975, nas dependências do DOI-Codi do II Exército. A sentença, ansiosamente aguardada por todos os que lutam pelo respeito à pessoa humana, desmoraliza o IPM instaurado, ao constatar que ele não foi capaz de provar o suicídio alegado, e arrasa os simulacros de provas então apresentadas, ao desqualificar o laudo assinado pelo legista Harry Shibata, do Instituto Médico Legal de São Paulo.

É de se ressaltar, particularmente, que a sentença ora divulgada ordena o envio de todo o processo à Procuradoria-Geral da Justiça Militar para que providencie, através de ação criminal, a apuração de todos os casos de tortura revelados durante o processo.

Esta sentença é o resultado de uma longa e árdua luta travada desde a tarde da morte de Vladimir Herzog, pelos jornalistas, pelos advogados, pelos estudantes, pelos trabalhadores, pelos religiosos e autoridades eclesiásticas, pelos cidadãos de todos os setores sociais e categorias profissionais e, de modo particularmente decidido e constante, por Clarice Herzog e família.

A vitória simbolizada por essa decisão judicial justifica e reforça o compromisso de luta pela defesa dos direitos humanos assumido no ato público realizado na sede do Sindicato dos Jornalistas, no último dia 25, para marcar a passagem do terceiro aniversário da morte de Vlado, e apoiado por representantes de outros setores e entidades civis. Exprime também um exemplo de coragem e disposição de luta a ser seguido por familiares, colegas de profissão, companheiros de categoria, de tantas vítimas da repressão e da violência que caracterizam esses 14 anos de regime autoritário.

Mostra também que há juízes capazes de cumprir com dignidade, coragem e independência sua missão e, com isso, juntarem-se ao número cada vez maior de brasileiros dispostos a dizer um basta ao arbítrio. O juiz Márcio José de Moraes seguiu a trilha da independência aberta pelo juiz João Gomes Martins Filho, que deu um exemplo a ser seguido pelos magistrados deste país.

Mas a luta continua.

Não só no caso de Vlado, em que os jornalistas mostraram sua disposição de ir até a verdade completa, mas na apuração de todos os casos que ainda permanecem na obscuridade e na impunidade."

Um depoimento imaginário, porém espontâneo e sincero

DEPOIMENTO que presta nesta data Fernando José Pacheco Jordão, com 42 anos de idade, natural de São Paulo, casado, jornalista, a respeito dos fatos descritos neste livro; depois do compromisso de dizer a verdade, disse:

que o declarante quer deixar claro que escreveu este livro livre de qualquer coação física ou moral, a não ser a dos prazos de edição e a de sua obrigação de resgatar a memória do amigo morto e denunciar a iniquidade da tortura no Brasil;

que o declarante se valeu exclusivamente de documentos públicos (autos do IPM, autos da ação cível da família Herzog contra a União, arquivo de jornais e outros), exceto nos casos em que registrou depoimentos especialmente para este trabalho e nas situações em que relata sua participação pessoal;

que foi amigo e companheiro de trabalho de Vladimir Herzog durante 16 anos e que pode assegurar, com a mais absoluta e tranquila certeza, que, pela convivência íntima que tiveram, pessoal e profissional, Vladimir Herzog era pessoa absolutamente normal;

que o declarante tem condições de fazer essas afirmações dado que:

a. conheceu Vladimir Herzog em 1960, quando trabalhavam os dois no jornal *O Estado de S. Paulo*;
b. ambos passaram depois para a TV Excelsior, Canal 9, trabalhando juntos no telejornal *Show de Notícias*;
c. em 1965, Vladimir Herzog foi para Londres, contratado pela BBC, onde o declarante já vinha trabalhando desde outubro do ano anterior;

d. as duas famílias eram vizinhas, dividam as despesas de um automóvel comum comprado em sociedade, costumavam fazer compras juntas, não raro compartilhavam a mesma mesa e, nas viagens de uma ou outra para fora da Inglaterra, se revezavam no cuidado dos respectivos filhos, nascidos em Londres;
e. a esposa do declarante e a esposa de Vladimir eram amigas desde o tempo em que moravam no mesmo bairro, em São Paulo, foram colegas de escola e, posteriormente, de faculdade;
f. o declarante e Vladimir, quando ainda em Londres, fizeram, em 1968 – o declarante no primeiro semestre e Vladimir no segundo – um curso de televisão mantido pela BBC, com bolsa de estudo paga pelo governo britânico por solicitação da Fundação Padre Anchieta (TV Cultura, Canal 2, de São Paulo);
g. ambos voltaram a trabalhar juntos em 1972, quando o declarante assumiu a direção do Telejornalismo da TV Cultura e convidou Vladimir para ser o secretário do telejornal *Hora da Notícia*, sendo que, nos anos de 1969, 1970, 1971 e parte de 1972, embora não estivessem trabalhando juntos, continuaram amigos íntimos;
h. da mesma forma, continuaram íntimos depois que o declarante foi demitido da TV Cultura, em março de 1974, e assim até a ocasião da morte de Vladimir Herzog;

que o declarante pede desculpas por entrar em tantos detalhes, mas achou necessário descrever sua própria carreira profissional, paralela à de Vladimir Herzog, para que se possa aquilatar corretamente seu grau de amizade com Vladimir;

que o declarante, ainda para exemplificar o mesmo ponto, cita o fato de seus dois filhos serem mais chegados a Vladimir do que a muitos de seus parentes consanguíneos, e que o chamavam de "tio Vlado";

que o declarante descreve Vladimir Herzog, do ponto de vista de seu caráter, como uma pessoa agradável, honesta, extremamente solidária com os amigos (alegre, quase sempre de muito bom humor, acrescenta a filha do declarante, que o conhecia desde que nasceu), de um humor tendendo à ironia; do ponto de vista profissional, como um dos jornalistas mais capazes que já conheceu, sendo por essa razão que o levou a secretário do telejornal da TV Cultura e posteriormente o indicou para o posto de diretor quando ele, declarante, recusou convite para que retornasse àquele cargo; o declarante acrescenta que, enquanto trabalhava na revista *Visão*, como editor cultural, Vladimir mais de uma vez encomendou matérias ao declarante, o que ocasionou muitas discussões – coisa que, ficou sabendo, ocorreu também com outros colaboradores –, visto que Vladimir Herzog era profissional extremamente rigoroso e exigente, não só com seu próprio trabalho, o que às vezes o levava a ficar semanas ou meses numa mesma reportagem, aprimorando-a, mas também com o trabalho que outros faziam sob sua responsabilidade;

que o declarante sabe que Vladimir tinha também grande paixão pelo cinema, atividade que pretendia retomar na época em que foi morto; que, por "jornalista capaz", no caso de Vladimir, o declarante entende, além do domínio da técnica jornalística e da redação, um agudo senso da responsabilidade social do trabalho jornalístico;

que, voltando ao ponto de suas características pessoais, o declarante informa ainda que Vladimir Herzog tinha grande afeto por sua família e que fazia questão, nos fins de semana, de estar com sua mulher e seus filhos, em particular num sítio comprado por eles em Bragança Paulista;

que, nos meses que precederam sua morte, Vladimir vinha desenvolvendo grande interesse pela Astronomia, tendo até mesmo comprado um telescópio que instalou no sítio e com o qual o declarante chegou a ser instruído, por Vladimir, sobre as particularidades de alguns planetas; que uma das diversões prediletas de Vladimir era a pesca;

que o declarante acumulou durante três anos informações das mais diversas fontes sobre a morte de Vladimir Herzog e, durante esse período, acompanhou de perto, como amigo e como representante do Sindicato dos Jornalistas de São Paulo, atuando em estreita ligação com os advogados, todas as providências encaminhadas no Judiciário para se revelar a verdade;

que, nessa condição, o declarante se vê capacitado a fazer o presente relato, para cuja credibilidade invoca tudo o que acaba de ser dito neste depoimento, além, é claro, dos documentos e testemunhos reunidos para este trabalho;

que o declarante, finalmente, afirma que faz este relato como uma homenagem à memória de seu amigo Vladimir Herzog e ao futuro de seus filhos Ivo e André, que o declarante espera estarem vivendo, junto com os seus próprios filhos, futuramente, num Brasil livre do arbítrio, da violência, da prepotência e da ilegalidade que vitimaram Vladimir, numa dependência do Exército brasileiro, no dia 25 de outubro de 1975.

São Paulo, janeiro de 1979.

Adendo: "Vocês mataram o cara"[152]

"Eu não posso dizer pra vocês que o corpo foi arrastado de um lugar para o outro, posso? Eu não posso dizer que o corpo foi deixando marcas pelo chão, posso?" Gordo, cabelos grisalhos adequados a um quase sexagenário, a ascendência italiana denunciada pelo sotaque, o perito criminal José Márcio Rizzo, se quisesse contar a verdade, trocaria em ambas as frases a vírgula pelo ponto final – e dispensaria o "posso" e o ponto de interrogação que procuram reduzir a hipóteses duas informações essenciais para a reconstituição da saga do jornalista Vladimir Herzog. Era de Herzog o "corpo" mencionado por Rizzo, que prestava serviços ao DOI-Codi no dia 25 de outubro de 1975, quando o diretor da TV Cultura de São Paulo sucumbiu à violência dos torturadores. Vinte anos depois, sabe-se que o cadáver do jornalista deixou no solo um rastro de sangue ao ser arrastado até a cela onde seria forjada a versão do suicídio. Rizzo sabe disso. Mas, por achar que não pode, não quer dizer o que sabe.

A cautela é compreensível. Embora não tenha torturado nenhum preso político, Rizzo tornou-se cúmplice dos pastores da morte ao ser encarregado da simulação de suicídios ou da falsificação de laudos. Ainda funcionário do Instituto de Polícia Técnica, prestes a aposentar-se no cargo de chefe do Departamento de Engenharia, Rizzo desfruta um bom padrão de vida, graças aos salários adicionais recebidos do Exército pelo que fez no DOI-Codi. O ordenado clandestino equivalia ao triplo do salário normal.

---

[152] *Matéria jornalística, Fernando Pacheco Jordão, *Zero Hora*, Porto Alegre, domingo, 22/10/1995.

Subordinado à 2ª Seção (Informações) do II Exército, o DOI-Codi também recrutou policiais militares e civis. "O papel da Polícia Civil era muito importante", informa Rizzo. "O pessoal do Exército não tinha prática dessas coisas, não sabia fazer direito os encaminhamentos, as formalizações." Esses dois termos rebuscados podem ser reduzidos a uma expressão corrente naqueles tempos sombrios: trabalho sujo.

Rizzo garante que não tem motivos para arrepender-se de algo, jura que nada existe a lamentar. Admite, contudo, ter-se submetido a tratamento psiquiátrico. "Vi muita coisa ali, mais do que em toda a minha carreira na Polícia Civil", diz. É provável que leve muitos segredos para o túmulo. "Eu não posso dizer uma coisa dessas, posso?" Só Rizzo sabe exatamente que coisa é essa. Só ele poderia revelar o que – ou quem – impede que essas coisas sejam ditas.

O rosto crispado do perito criminal José Márcio Rizzo traduziu com nitidez o desconforto que experimentou, em agosto deste ano (1995), ao ser procurado por um jornalista. "Houve uma revolução em março de 1964 e uma anistia em 1979", argumentou, em tom francamente defensivo. "Não há por que remexer no que aconteceu entre uma data e outra." Em 1978, Rizzo parecera menos refratário à ideia de remexer baús de ossos sempre vigiados por torturadores aposentados.

Naquele ano, procurado pelo repórter Antônio Carlos Fon[153], incumbido pela revista *Veja* de vasculhar alguns porões da ditadura militar ainda protegidos pela escuridão, Rizzo acabou fornecendo informações bastante úteis para a definitiva implosão da tese segundo a qual o jornalista Vladimir Herzog se suicidara. Com o auxílio do perito criminal, que examinou a seu lado as fotos da autópsia de Vlado, Fon desmontou a farsa forjada para transformar em suicídio o que fora um assassinato praticado por torturadores.

Contornando o muro de silêncio, Rizzo primeiro tentou convencer-me de que não estivera no DOI-Codi naquele terrível 25 de outubro. Depois, numa conversa testemunhada por Antônio Carlos Fon a pedido do próprio Rizzo, o perito ajudou a jogar alguma luz sobre o epílogo do calvário vivido por Vlado. No sábado em que o assassinato

---

[153] Um dos signatários do manifesto "Em nome da verdade".

se consumou, o perito Motoho Chiota, de plantão no Instituto de Polícia Técnica, foi imediatamente convocado ao DOI-Codi. Logo depois, chamou o legista Harry Shibata. Ambos assinaram o Laudo de Encontro de Cadáver. Obedientes a instruções dos assassinos, os peritos ignoraram a evidência de que Vlado fora arrastado para a cela onde seria oficialmente encontrado, morto por enforcamento.

Em depoimentos incorporados ao inquérito, dois jornalistas também presos no DOI-Codi, Rodolfo Konder e George Duque Estrada, contam que ouviram os gritos do suplicado e os berros de um torturador. De repente, sobreveio um profundo silêncio. Um grupo de policiais desobstruiu rapidamente o corredor pelo qual passaria o cadáver de Vladimir Herzog.

– Eu não posso dizer pra vocês que o corpo foi deixando marcas pelo chão, posso? Vocês sabem que, depois da morte, o corpo vai soltando líquidos, secreções – disse Rizzo.

– Quer dizer que penduraram o corpo em outra sala? – perguntei.

– Eu não sei, eu não vi. Eu estava lá, mas não vi o local. O Shibata é que andou falando muita bobagem. "Vocês mataram o cara", repetia o Shibata lá dentro.

Uma farsa mal montada

O perito do DOI-Codi Motoho Chiota, já falecido, ficou muito nervoso ao saber que caberia a ele preparar o laudo sobre a morte de Vladimir Herzog. O novato decidiu pedir ajuda a Harry Shibata, um colega mais experiente e familiarizado com aquele tipo de situação. Algumas dúvidas o inquietavam diante da responsabilidade de assinar o documento. O exame necessário para comprovar um suicídio por enforcamento – verificação da presença de esperma no canal do pênis – foi negativo. Eram claros os indícios de que se mexera demais no local.

– Mexeram em quê? – indaguei a Rizzo.

– Não sei, já disse que não estava lá. Mas, no meio da confusão, um sargento que não entende de nada pode mudar o corpo de posição, pode achar que o cara tem que estar de frente, em vez de virado para a parede.

– Foi isso o que aconteceu?

— Eu não sei, estou falando de uma hipótese.

E a recomendação do veterano foi que se ativesse a uma descrição o mais sucinta possível do quadro. Esquecesse os detalhes. Falasse apenas do corpo pendurado nas grades da janela, das características do laço envolvendo o pescoço, da carteira escolar onde supostamente Vlado se sentara para redigir um depoimento e do papel picado espalhado pelo chão, que, na versão militar oficial, eram os restos de uma confissão que ele assinara e, a seguir, rasgara. Foi o que fez o perito, ressalvando sua responsabilidade. Cumpriu à risca as instruções do colega. Rizzo hoje afirma: "O laudo de suicídio, você pega, o perito escreve seis ou sete páginas. Tem de escrever, tem que detalhar tudo direito".

Rizzo, contudo, diz não saber como se deu a morte, o golpe fatal. De acordo com a sua narração, ali tinha de tudo – Polícia Civil, Polícia Militar, Exército. Um não queria ficar sabendo quem era o outro, nem o que estava fazendo ali. Ninguém ficava perguntando o que tinha acontecido. Estrangulamento é uma hipótese, a julgar pelos dois sulcos no pescoço de Vlado, visíveis nas ampliações das fotos da necrópsia do Instituto Médico Legal que Fon reproduziu em sua reportagem na revista *Veja*. São dois sulcos em posições nitidamente diferentes. Um, em diagonal (de sob o queixo para a nuca), seria a marca natural vincada pelo peso de um corpo que se solta. O outro, acompanhando o contorno do pescoço, como um colarinho, poderia ter como explicação o estrangulamento por alguém que se colocara por trás de Vlado.

Como morreu Vladimir Herzog? É provável que nenhum militar ou policial que atuou nos organismos de repressão e tortura tenha a coragem de contar um dia. Ainda que o momento da morte permaneça obscuro e tampouco se saiba o papel desempenhado por cada um, a versão oficial de suicídio jamais se sustentou. E foi cabalmente destruída em 1978, na sentença do juiz federal Márcio José de Moraes, que declarou a União responsável pela morte de Vlado, no processo movido pela viúva, Clarice Herzog, e seus filhos, Ivo e André.

A sentença diz: "O exame dos autos gera a inabalável conclusão de que Vladimir Herzog não se suicidou. A versão oficial, segundo a qual ele ceifara a própria vida, é inverossímil e mal encobre a farsa que se montou no DOI-Codi do II Exército". Depois de se referir novamente à "pilhéria amarga da versão oficial", o juiz foi contundente: "Já não se pode duvidar de que é rigorosamente mentirosa a versão oficial. Vladimir Herzog não se suicidou. Morreu em decorrência das torturas a que foi submetido e que não pôde suportar". Um culto ecumênico, rezado em São Paulo alguns dias depois em memória de Vlado, foi um endosso espiritual daquilo que as provas materiais forjadas não conseguiram esconder. Um suicida não mereceria de sacerdotes cristãos e judeus uma homenagem como aquela. No início do ano seguinte, foi a vez do operário Manoel Fiel Filho, preso ilegalmente e assassinado pelo mesmo DOI-Codi. Assim como Clarice – a viúva de Vlado –, Tereza, casada com Manoel, venceu na Justiça uma ação contra o Estado.

Uma carreira, muita experiência e a trombada de uma demissão pelo caminho[154]

O autor deste livro, Fernando Pacheco Jordão, milita no jornalismo desde 1957. *Foi redator e locutor de radiojornal na antiga Organização Victor Costa, que abrangia as rádios Nacional, Excelsior e Cultura; passou depois para a rádio Difusora, onde foi secretário dos radiojornais e locutor.* Quando Vladimir Herzog foi assassinado no quartel do II Exército, em 25 de outubro de 1975, Jordão era diretor cultural do Sindicato dos Jornalistas Profissionais no Estado de São Paulo e trabalhava na TV Globo como diretor de Reportagens Especiais (*Globo Repórter*) em São Paulo, cargo do qual foi demitido em maio de 1979, coincidindo com o lançamento da 1ª edição deste livro. O motivo imediato, invocado pela Globo, foi a ativa atuação de Jordão como membro do comando de uma greve dos jornalistas. "Mas claro que o livro pesou também na demissão", admitiu o então diretor de RH, ao lhe entregar a carta de dispensa. "Os generais devem ter estranhado com o dr. Roberto [Marinho] que a Globo mantivesse num cargo de direção um jornalista que escreve um livro desses."

Além da TV Globo, Jordão atuou nos seguintes veículos: *O Estado de S. Paulo,* TV Excelsior, BBC de Londres – nos três junto com Herzog, seu amigo pessoal por quase 20 anos; TV Cultura de São Paulo, também com Vlado, *onde produziu programas didáticos e documentários e dirigiu um teleteatro premiado em festival interno; criou em seguida o jornalismo na emissora, com o programa diário Hora da Notícia*; e, mais recentemente, *IstoÉ, Veja* e assessoria de imprensa nas campanhas

---

[154] Com informações do Instituto Vladimir Herzog e de Ivo Herzog acrescentadas, em itálico, pelo editor.

eleitorais dos governadores Mário Covas e Geraldo Alckmin em São Paulo; sócio-diretor da FPJ (Fato, Pesquisa e Jornalismo).

Em 2009, foi criado pelo Instituto Vladimir Herzog o Prêmio Jovem Jornalista Fernando Pacheco Jordão, "com o objetivo de oferecer aos estudantes de Jornalismo a oportunidade de desenvolverem um trabalho jornalístico prático e reflexivo desde o projeto de pauta até a realização final de uma reportagem".

Nascido em 1937, Fernando Pacheco Jordão morreu em 2017. Seu corpo foi velado na sala de reuniões do Conselho da Fundação Padre Anchieta, entidade mantenedora da TV Cultura e das rádios Cultura AM e FM.

Um marco duplo: da resistência ao terror da ditadura e da impunidade dos crimes do regime

O caso Herzog sob a ditadura

A chegada ao poder da extrema direita brasileira em 2018, conduzida por Jair Bolsonaro, tornou dramaticamente obrigatório o reexame do processo político que se seguiu aos assassinatos de Vladimir Herzog e Manoel Fiel Filho, mais de quarenta anos antes. A reação à versão oficial da ditadura de que Herzog se suicidara foi um marco na luta pela redemocratização do país, ou um episódio que despertou grande mobilização pública "decisiva para impedir o endurecimento do regime militar".[1]

Tal episódio resultou no início da retração dos órgãos de repressão da ditadura, que operavam dentro da estrutura do Estado brasileiro sob diretrizes emanadas dos mais altos comandos, em primeiro lugar de cada um dos ditadores que se revezaram entre 1964 e 1985. Pela mesma razão – a ligação hierárquica indissolúvel entre cúpula e bases do regime –, os casos de Herzog e Fiel Filho foram, ao mesmo tempo, marcos da impunidade. Ninguém, passados 46 anos, foi punido por esses crimes nem por centenas de crimes idênticos e milhares de crimes semelhantes – "desaparecimentos", sequestros, torturas,

---

[1] André Herzog, "Anistia não é lei do silêncio", em Janaína Teles (Org.), *Mortos e desaparecidos políticos: reparação ou impunidade*, São Paulo: Humanitas/FFLCH/USP, 2000, p. 70.

estupros – praticados desde 1964 e previstos nas próprias leis que, formalmente, vigoravam durante a ditadura.²

Nas palavras do historiador Marcos Napolitano, "os parâmetros da democracia brasileira pós-ditadura são, em grande parte, forjados e limitados pelas políticas do regime militar sancionadas pelos seus beneficiários civis no processo de transição política".³

Essa dupla sinalização – resistência ao terror e impunidade dos crimes – deve ser considerada quando se procura entender o que aconteceu nas décadas seguintes, até a volta da extrema direita ao poder, em 2018 – sem os instrumentos de que dispôs após 1964 –, chegando aos dias atuais.

O que se pretende aqui é algo muitíssimo mais modesto do que "reescrever" a história do período. É seguir a trajetória do caso Herzog além das datas das sucessivas edições do *Dossiê Herzog*, de Fernando Pacheco Jordão, da primeira, em 1979, até a sexta, em 2005, e procurar entender, pelo ângulo da sobrevivência de um Estado tutelado pelas corporações militares, por que o país ainda não resolveu algumas questões básicas de seu desenvolvimento democrático, almejado por setores ponderáveis da sociedade, mas não indiscutivelmente majoritários.

O lado mais sombrio desta recapitulação tem registros que remontam ao momento do golpe de 1964.⁴ Entre abril e agosto daquele ano houve sete assassinatos de presos políticos dados como "suicídios".⁵ Em 1975, Herzog foi o 38º "suicida" do regime e o

---

² O crime de tortura só foi tipificado em 1997, como se verá adiante.

³ Marcos Napolitano, "Recordar é vencer: as dinâmicas e vicissitudes da construção da memória sobre o regime militar brasileiro", [s.l], *Antíteses*, v. 8, n. 15, p. 9-44, nov. 2015. Disponível em <https://bit.ly/2Yi7iHf>, acesso em 5 ago. 2021.

⁴ Milhares de prisões foram feitas ainda no dia 1º. Houve mortes em confrontos nas ruas. Em 2 de abril, o militante comunista de Pernambuco Gregório Bezerra foi torturado em praça pública, relembrou o jornalista Fabio Victor na edição de março de 2019 da revista *piauí* ("História, volver. O 31 de março, o golpe militar e a nostalgia da direita", versão digital).

⁵ Nilmário Miranda e Carlos Tibúrcio, *Dos filhos deste solo. Mortos e desaparecidos políticos durante a ditadura militar: a responsabilidade do Estado*, 2ª edição, São Paulo: Editora Fundação Perseu Abramo, 2008, p. 35.

18º a "se enforcar".⁶ A iniciativa da agressão foi sempre dos responsáveis pelo golpe – em si mesmo uma incomensurável violência institucional –, ainda que houvesse, entre os que foram derrotados em 1964, retórica ou pretensões de uso da força para alcançar seus objetivos.

Escreveu a jornalista e cientista política Glenda Mezarobba, ex-consultora da Comissão Nacional da Verdade (CNV) e conselheira do Instituto Vladimir Herzog: "A partir de então [logo após o golpe de Estado], mandatos eletivos foram cassados, direitos políticos de centenas de pessoas foram suspensos, 10 mil servidores públicos foram afastados de seus cargos e 5 mil investigações, envolvendo mais de 40 mil pessoas, abertas. Disseminada, a perseguição política levou o governo a converter navios em prisões".⁷

Caça ao Partido Comunista

A ofensiva repressiva específica da qual resultou a morte de Herzog começou em 1972, quando Célio Guedes, militante ligado ao Comitê Central do Partido Comunista Brasileiro (PCB), foi morto sob tortura no Cenimar, no Rio de Janeiro – a versão oficial da Marinha foi de que ele havia se suicidado. Prosseguiu em 1973, quando foi assassinado João Massena Melo, integrante da direção do partido. Seu corpo foi jogado em um rio e ele entrou para a categoria dos "desaparecidos". Em 1974 David Capistrano da Costa, igualmente integrante do Comitê Central do PCB, teve o mesmo destino, assim como Luís Inácio Maranhão Filho e Walter de Souza Ribeiro. Em 1975 foram mortos Elson Costa, Hiran de Lima Pereira (ambos em

---

6   Elio Gaspari, *A ditadura encurralada*, São Paulo: Companhia das Letras, 2004, p. 176.

7   Glenda Mezarobba, *O preço do esquecimento: as reparações pagas às vítimas do regime militar (uma comparação entre Brasil, Argentina e Chile)*, tese de doutorado, USP, 2008, p. 106. Citado em *Violência de Estado e impunidade: relatório sobre recomendação da CNV a respeito da Lei de Anistia*, Glenda Mezarobba, São Paulo: Núcleo Monitora CNV; Instituto Vladimir Herzog, Friedrich Ebert Stiftung, agosto de 2021.

janeiro), Jayme Amorim Miranda (fevereiro), Nestor Vera (abril), Itair José Veloso (maio), José Montenegro de Lima (setembro) e Orlando Bonfim (outubro). Todos eliminados clandestinamente por DOI-Codis, sem nenhuma repercussão.

A ditadura perdia terreno, devido aos fracassos na economia e nas urnas (e estava dividida), mas queria continuar e tinha força para tanto. Havia basicamente dois modos de fazê-lo: sustentar o terrorismo de Estado ou recuar gradualmente dele, sem abrir mão dos instrumentos de arbítrio. Os dois desígnios eram encarnados respectivamente por Silvio Frota, ministro do Exército, e Ernesto Geisel, general-presidente.

A perseguição a oposicionistas se intensificara em São Paulo ainda antes das eleições parlamentares de 1974, quando foram presos cerca de quarenta líderes da Oposição Sindical Metalúrgica ligados ao PCB e a outras organizações clandestinas. Em janeiro de 1975, Alcídio Boano, presidente do Sindicato dos Condutores de São Paulo e militante do PCB, "foi preso com 15 dirigentes do sindicato e 40 membros da categoria, sendo torturado durante 14 dias no DOI-Codi".[8]

Em agosto, José Ferreira de Almeida, tenente da reserva, e José Maximino de Andrade Netto, coronel reformado, ambos da PM-SP, foram mortos. A única repercussão registrada foi a do governador de São Paulo, Paulo Egydio Martins, que exigiu a interrupção de interrogatórios de integrantes da Polícia Militar – haviam sido presos 63, acusados de pertencer ao PCB – em quartéis da repressão militar. Ele aceitaria que fossem interrogados em unidades da corporação paulista.

Houve muita repressão além da que resultou nessas mortes. Centenas de pessoas foram presas e torturadas. Desde o início de setembro, jornalistas, como relata com precisão Fernando Pacheco Jordão, tornaram-se um alvo destacado.

---

[8] Relatório Final da Comissão Nacional da Verdade, v. II, disponível em <https://bit.ly/3Bh1XhW>. Depoimento completo de Boano ao Museu da Pessoa em <https://bit.ly/3Bj80Ti>, acesso em 5 ago. 2021.

Protesto inédito fruto de uma convergência de processos sociais

Impõe-se perguntar por que o assassinato de Herzog provocou reação vigorosa dos jornalistas e protestos do que viria a se chamar, nos anos seguintes, sociedade civil. Diferentemente do que ocorrera em outros casos, como o do engenheiro e ex-deputado federal Rubens Paiva, em 1971 (familiares seus foram presos na mesma operação que o matou); o do jornalista Luiz Eduardo da Rocha Merlino, no mesmo ano, cujo assassinato foi respondido com uma missa de trigésimo dia na catedral da Sé assistida por centenas de jornalistas;[9] e o do estudante da USP Alexandre Vannucchi Leme, em 1973, objeto, este último, de missa celebrada na mesma catedral por dom Paulo Evaristo Arns para três mil pessoas.

A resposta ao assassinato de Herzog e à versão fraudulenta do "suicídio" representou uma mudança de qualidade na natureza da resistência ao terror do regime. Há várias linhas possíveis de reconstituição dessa trajetória política. Uma das mais fecundas é apontada pelo historiador Mário Sérgio de Moraes.[10] Em síntese, ele escreve: "No Brasil, a partir da primeira metade dos anos 70, surgiram choques entre o Estado autoritário, porta-voz da Doutrina de Segurança Nacional, e os grupos da sociedade civil que, aos poucos, se alinharam no discurso dos Direitos Humanos".

Três vertentes convergiram naqueles anos: movimentos sociais da periferia da cidade de São Paulo, sob o abrigo da Igreja Católica, dirigida pelo cardeal Paulo Evaristo Arns e pelo bispo da Zona Leste dom Angélico Sândalo Bernardino; ação de entidades representativas,

---

[9] Janaína de Almeida Teles, "Os familiares de mortos e desaparecidos políticos e a luta por 'verdade e justiça' no Brasil", capítulo do livro de Edson Teles e Vladimir Safatle (Orgs.) *O que resta da ditadura – a exceção brasileira*, São Paulo: Boitempo, 2010, versão digital.

[10] *O ocaso da ditadura*, São Paulo: Barcarolla, 2006, capítulo 3, "As redes democráticas", *passim*. Moraes remete ao trabalho de Eder Sader intitulado *Quando novos personagens entraram em cena: experiências, falas e lutas dos trabalhadores da Grande São Paulo (1970/80)*, Rio de Janeiro: Paz e Terra, 1988, e a entrevistas que fez no curso da pesquisa para seu livro. Uma testemunha exponencial é Sérgio Gomes da Silva.

como a Ordem dos Advogados do Brasil (OAB), a Associação Brasileira de Imprensa (ABI) e o partido de oposição consentida, o Movimento Democrático Brasileiro (MDB); "e, principalmente, o aríete social da reação à morte do jornalista: a classe média intelectualizada com o discurso voltado para os Direitos" – diz, ainda, Moraes.

Papel estratégico teve a criação, em 1972, sob os auspícios de dom Paulo Evaristo, da Comissão de Justiça e Paz de São Paulo, cujos primeiros integrantes se destacarão na resistência ao arbítrio. Sérgio Gomes da Silva relata que no mesmo ano estudantes de Comunicação realizaram em Goiânia uma conferência nacional – marcada pela presença de espiões do Cenimar e de outros órgãos de informação e repressão –, e em São Paulo teve início a reconstrução de entidades e da imprensa estudantil, bem como a criação de cineclubes, esforços para recuperar a normalidade da vida universitária.[11]

Ditadura derrotada nas eleições de 1974

Geralmente negligenciada é a importância da "anticandidatura" de Ulysses Guimarães e Barbosa Lima Sobrinho contra Ernesto Geisel e Adalberto Pereira dos Santos nas eleições indiretas de janeiro de 1974. Mencione-se um aspecto da pregação oposicionista desenvolvida nacionalmente em 1973: "[...] cresce 3.500% o espaço dedicado à oposição por jornais e revistas".[12] Essa exposição pública da liderança oposicionista – além do aumento do número de diretórios municipais do MDB de menos de 800 para 3.000[13] – foi um dos fatores que levaram à categórica vitória oposicionista nas eleições parlamentares de novembro de 1974.

O MDB ganhou em 16 estados (havia 22 à época), o que inclui todos os do Sudeste e os do Sul. Para ficar especificamente na cidade de São Paulo, o candidato oposicionista Orestes Quércia teve cinco votos

---

[11] Entrevista a Mauro Malin em 8 de agosto de 2021.

[12] Luiz Gutenberg, *Moisés, codinome Ulysses Guimarães: uma biografia*, São Paulo: Companhia das Letras, 1994, p. 131.

[13] *Ibidem*, p. 140.

para cada voto dado ao situacionista Carvalho Pinto, ex-governador – 4,6 milhões contra 1,6 milhão no estado. O número de deputados federais e estaduais do partido aumentou notavelmente.

Mais diretamente ligada à maneira como os jornalistas responderiam à versão falsa e cínica do "suicídio" de Herzog está a criação do Movimento de Fortalecimento do Sindicato (dos jornalistas), "organizado em meados de 1974 para disputar a eleição da diretoria do Sindicato dos Jornalistas Profissionais do Estado de São Paulo".[14]

A natureza violenta do regime

Desde o golpe de 1964 a diretoria do sindicato vinha sendo ocupada por *pelegos*, dirigentes sindicais subservientes ao governo ditatorial. Foi a eleição da chapa liderada por Audálio Dantas, em maio de 1975, que permitiu a estruturação de um movimento de resistência e defesa dos jornalistas sequestrados pela repressão. Voltemos, agora, à tese que aqui nos orienta: a de que o regime jamais deixou de reagir autoritariamente aos esforços em favor da democracia e de oposição a suas políticas.

Num sobrevoo, aponte-se o fechamento dos partidos políticos, em 1965, em resposta à eleição de governadores oposicionistas no

---

[14] Hamilton Octavio de Souza, comunicação dirigida a Mauro Malin em junho de 2021 por intermédio de Vicente Alessi Filho. Souza relata, a respeito da atuação da nova diretoria do sindicato: "Iniciamos contatos com outros sindicatos e fizemos várias reuniões intersindicais com padeiros, marceneiros, coureiros, metalúrgicos (reuniões proibidas pela ditadura), até que o delegado Sérgio Paranhos Fleury convocou dois integrantes dessa articulação (Vasco Oscar Nunes e Antônio Carlos Felix Nunes) e 'mandou' pararmos com as reuniões sob pena de prisão de todo mundo. Enfim, iniciamos uma gestão restauradora do SJPESP que incomodava o regime. Tanto é que fomos chamados ao II Exército para ouvir advertência do general Ednardo D'Ávila Melo para 'baixarmos a bola' e atuarmos exclusivamente nas questões trabalhistas da categoria". Vê-se aí a criação, mencionada por Mário Sérgio de Moraes, de uma rede de movimentos sociais. Sérgio Fleury foi contumaz torturador e assassino de presos políticos e de presos comuns; chegou a enfrentar a Justiça por iniciativa do então procurador Hélio Bicudo na primeira metade da década de 1970, quando Bicudo combateu o esquadrão da morte da polícia paulista. Fleury morreu em 1979.

então estado da Guanabara (Negrão de Lima) e em Minas Gerais (Israel Pinheiro). A outorga de uma Constituição calcada na ideologia da Segurança Nacional, em 1967. A proibição, em 1968, da Frente Ampla, criada dois anos antes. O AI-5, em 13 de dezembro de 1968, considerado um "golpe dentro do golpe", para atalhar o crescimento de protestos de setores da classe média e de trabalhadores. Subproduto do AI-5, é adotada a "Emenda Constitucional" de 1969.

Ação e reação, o tempo todo. Se jornais importantes se afastam da ideologia do regime, ainda que moderadamente, a punição é a censura prévia, que se estende a todos, especialmente aos da imprensa alternativa, como *Opinião*, criado em 1972. Censura que procura sufocar todo tipo de manifestação artística no país, frequentemente crítica da situação política e social.

Houve denúncias importantes no exterior. Ainda em 1972, a Anistia Internacional divulgou os nomes de 472 torturadores e de 1.081 torturados.[15] O governo brasileiro "respondeu com a proibição de qualquer divulgação a respeito".[16] Gesto político expressivo foi a retirada do MDB, em janeiro desse ano, do Conselho de Defesa dos Direitos da Pessoa Humana, "alegando que ali não se apurava nenhuma das denúncias apresentadas".[17]

Reação a cada ato de resistência

A cronologia cerrada do caso Herzog esboçada a seguir ilustra um processo que, desde então, jamais perdeu sua dinâmica. Os fatos foram expostos por Fernando Pacheco Jordão de modo definitivo, mas cabe chamar a atenção para a quase simultaneidade da intervenção autoritária contra a resistência, a denúncia, o protesto. Ação e reação.

---

[15] Vide <https://bit.ly/3iFShq0>, acesso em 30 jul. 2021.

[16] Janaína de Almeida Teles, "Os familiares de mortos e desaparecidos políticos e a luta por 'verdade e justiça' no Brasil", em *O que resta da ditadura – a exceção brasileira, op. cit.*

[17] *Ibidem.*

A rigor, pode-se dizer que a reação, no caso Herzog, precedeu a ação: José Mindlin, secretário de Cultura do Estado de São Paulo, responsável pela nomeação de Herzog para dirigir o jornalismo da TV Cultura, fora dos poucos empresários paulistas que se haviam recusado, anos antes, a contribuir para o financiamento da Operação Bandeirantes (Oban).[18]

Uma campanha difamatória contra Herzog e seus subordinados na TV Cultura foi desencadeada na imprensa e na Assembleia Legislativa de São Paulo, por serviçais e partidários do regime, logo após sua nomeação. Décadas depois se estaria diante de *fake news* e do "gabinete do ódio" instalado no Palácio do Planalto.

Não se conhece a hora exata em que Vladimir Herzog foi morto, na tarde de 25 de outubro de 1975, mas sabe-se que imediatamente os prisioneiros reunidos no andar em que ele havia sido torturado foram evacuados para a montagem da farsa do "suicídio". Logo uma foto desse cenário foi feita e três peritos e dois médicos legistas produziram atestados do "suicídio". No mesmo dia, um sábado.[19]

Velório, enterro, ato na catedral: sob pressão

No domingo, o velório de Herzog foi acompanhado por agentes da repressão que proibiram qualquer tipo de manifestação. Na segunda-feira, dia 27, a formação de uma extensa caravana de carros até o local do sepultamento teve como contrapartida a presença

---

[18] Vide documentário *Cidadão Boilesen*, de Chaim Litewski, 2009, disponível na internet. Nele informa-se que Antônio Ermírio de Moraes foi outro que se recusou a contribuir para o financiamento da repressão. No já citado *O que resta da ditadura – a exceção brasileira*, Paulo Eduardo Arantes escreve que o então ministro Delfim Netto obteve em média 110 mil dólares *per capita* durante um almoço de banqueiros destinado a recolher fundos para a Oban (capítulo "1964, o ano que não terminou").

[19] Em entrevista dada ao Museu da Pessoa 44 anos depois, Clarice expressou seu inconformismo: "Ninguém se enforca com os pés no chão. Eu briguei muito por isso, mas não acontece, ninguém responde" (disponível em <https://bit.ly/3izBN2Q>, acesso em 3 set. 2021).

intimidatória, no cemitério, de agentes que novamente pretendiam impor o silêncio.

Clarice se jogou sobre o caixão para impedir que o corpo fosse sepultado na ausência de sua sogra, Zora, que ainda não havia chegado. Os responsáveis da comunidade judaica pelo ritual do enterro haviam cedido à pressão do regime para acelerar a cerimônia. Ivo Herzog diz que ali nasceu a Clarice que entraria para a História do Brasil.[20]

O rabino Henry Sobel, que na sexta-feira seguinte participaria, com o cardeal dom Paulo Evaristo Arns e o pastor Jaime Wright, de um culto ecumênico na Catedral da Sé, impediu que Vlado fosse enterrado em área reservada, pela tradição judaica, aos suicidas.[21] O comparecimento forçado de quatro jornalistas tirados da prisão pode ser interpretado como duplo "recado": estão vivos; mas seguirão presos, sujeitos ao terror.

Mobilizado o sindicato, com a presença de jornalistas e pessoas do mundo artístico e intelectual, no mesmo dia a diretoria da entidade foi convocada ao quartel-general do então II Exército, no Ibirapuera, "antes da assembleia da noite" – clara intenção de aterrorizar o comando da categoria.

A semana foi pontilhada de ameaças. Como relatou Fernando Pacheco Jordão no *Dossiê Herzog*, o *Jornal da Tarde* do dia seguinte, 28 de outubro, noticiou tanto a mobilização do sindicato como ameaças dos organismos ditos de segurança, sob o título "Todos os meios contra a subversão. À escalada da subversão corresponderá a repressão, dizem fontes oficiais".

Tentou-se dissuadir o próprio cardeal de comandar o ato ecumênico na catedral da Sé. O representante do Ministério do Trabalho em São Paulo, Aloísio Simões de Campos, ligado aos órgãos de repressão,

---

[20] Depoimento a Mauro Malin em 17 de setembro de 2021.

[21] O papel de Sobel nesse evento é considerado, por Alberto Kleinas, ponto de apoio de toda a argumentação contestadora da versão do suicídio. Kleinas detalha a participação do rabino na dissertação de mestrado *A morte de Vladimir Herzog e a luta contra a ditadura: a desconstrução do suicídio*, defendida na Universidade Federal de São Carlos, 2012, disponível em <https://bit.ly/3FnzRUM>, acesso em 17 set. 2021.

ameaçou o sindicato. O secretário estadual de Segurança Pública, coronel Antônio Erasmo Dias, declarou que o Partido Comunista queria transformar "inocentes úteis em pavio de dinamite". No dia 31, o comparecimento foi dificultado pela montagem de 385 barreiras policiais na cidade.

A catedral foi ostensivamente cercada por agentes armados e falsos fotógrafos e cinegrafistas que "ficharam" extraoficialmente participantes, estimados em 8 mil: a maior manifestação de massa contra a ditadura desde as passeatas de 1968. No Rio de Janeiro, o cardeal dom Eugênio Salles proibiu a realização de uma missa, mas a ABI fez observar em assembleia dez minutos de silêncio em homenagem a Herzog.

IPM-farsa esconde responsabilidades

No dia 29, quarta-feira, o SNI (Serviço Nacional de Informações) distribuíra um comunicado que falava em "suicídio". Geisel, pressionado pela repercussão do episódio, ordenou a instauração de um IPM (Inquérito Policial Militar). Contudo, o inquérito teve oficialmente a finalidade de "apurar as circunstâncias em que se deu o *suicídio* do jornalista". A conclusão será insultuosamente levada a público em 19 de dezembro: suicídio. Um juiz da auditoria militar à qual foi atribuído o inquérito mandará arquivar o IPM em março. Resultado prático da farsa: isentou de culpa os assassinos e outros envolvidos no caso.

Jornalistas da diretoria do sindicato, auxiliados por advogados, dissecaram o conteúdo do inquérito e apontaram suas inconsistências. Esse documento seria logo transformado no manifesto "Em nome da verdade", que obteria 467 assinaturas até sua primeira publicação, no número de janeiro de 1976 do jornal *Unidade* do Sindicato dos Jornalistas.

O DOI-Codi mata Fiel Filho. Geisel vê afronta

A divulgação na imprensa da revolta contra o assassinato do jornalista não impediu novo assassinato praticado pela repressão, o da militante comunista Neide Alves dos Santos, em 7 de janeiro. Um laudo falso pretendia que ela havia se suicidado pondo fogo no próprio corpo. A morte não foi noticiada em nenhum jornal.[22] No dia 17 de janeiro foi morto o operário Manoel Fiel Filho. Seu assassinato foi mais uma vez apresentado oficialmente como "suicídio". Houve manifestações, porém muito discretas: Fiel Filho não tinha a proeminência e a cobertura social de Herzog.

Geisel, contrariado com o que reputava ser insubordinação, demitirá o comandante do II Exército, Ednardo D'Ávila Melo. Essa demissão representou uma derrota do ferrabrás da linha-dura, o general Sílvio Frota, ministro do Exército, candidato à sucessão de Geisel, mas Ednardo não foi punido, assim como nenhuma outra pessoa situada na linha operacional que ia do presidente da República aos perpetradores diretos de crimes. Mais uma vez, no caso de Fiel Filho, a resposta do Exército foi a realização de um IPM-farsa.

O manifesto "Em nome da verdade" recebeu assinaturas de jornalistas de vários estados e chegou a 1.004 signatários,[23] e assim foi publicado em fevereiro como matéria paga, mas com destaque, no jornal *O Estado de S. Paulo*. Não obteve qualquer tipo de resposta. A repressão violenta continuou em vários estados. No Rio de Janeiro foram sequestradas e torturadas várias pessoas, entre elas o jornalista Maurício Azêdo.

Em março e abril de 1976 foram cassados os mandatos de três deputados do MDB: Amauri Müller e Nadir Rosseti, eleitos pelo Rio Grande do Sul, e Lisâneas Maciel, da bancada fluminense. Em agosto

---

[22] Em 2020, o portal *Poder 360* noticiaria que o Ministério Público Federal de São Paulo denunciou pela morte de Neide um ex-agente da ditadura, o então major Audir Santos Maciel, que substituiu, entre 1974 e 1976, o então major Carlos Alberto Brilhante Ustra na chefia do DOI-Codi de São Paulo, e dois médicos legistas, Harry Shibata e Pérsio José Ribeiro Carneiro. Segundo a notícia, o enterro da militante foi realizado no dia 8 sob vigilância de agentes da repressão e sem possibilidade de abertura do caixão.

[23] Dois outros jornalistas, como se assinalou anteriormente neste livro, tiveram suas assinaturas publicadas apenas no jornal *Unidade*, do Sindicato dos Jornalistas.

uma bomba destruiu parte de um andar da sede da ABI, no Rio de Janeiro. Outra foi desativada na sede da OAB, também na antiga capital federal. As ações foram assumidas por entidades anticomunistas de fachada e consideradas atos de reação à demissão do general Ednardo.

Processo contra a União

Iniciativa coroada de êxito tomaram em abril de 1976 Clarice, a viúva de Herzog, e filhos: uma ação cível em que se responsabilizava a União pela prisão arbitrária, tortura e morte de Vlado. Ela tentara inutilmente, com seus advogados, interferir no curso do IPM, como relata Fernando Pacheco Jordão.

A indignação de Clarice captou a percepção de que era necessário combater a versão falsa do suicídio porque havia gente disposta a acreditar nela. Na já mencionada entrevista ao Museu da Pessoa, Clarice explicou: "Eu lembro que um amigo do meu pai o encontrou e falou: 'Mas o seu genro está louco? Tem filhos, tem tudo e se mata?' Muitos que não acompanhavam o que acontecia nesse país achavam que ele tinha se matado mesmo".

Ela percebeu quão arriscado seria ficar na defensiva. Em entrevista ao jornalista Paulo Totti, em 2011, Clarice relatou que "ouvia ameaças sempre que o telefone tocava: 'Judia fdp', 'comunista', 'matamos um e vamos matar o resto'. Em sua porta havia sempre, dia e noite, um carro da polícia a bisbilhotar, intimidar".[24]

O processo se desenrolou na 7ª Vara Federal de São Paulo em 1978. O juiz João Gomes Martins Filho garantiu às testemunhas o direito de relatar torturas e outras violências sofridas. Procuradores tentaram obstaculizar os depoimentos e foram rechaçados pelo juiz. Mas ele não conseguiu proferir a sentença: a Justiça o impediu de fazê-lo, e dias depois ele foi aposentado compulsoriamente por atingir a idade de 70 anos.

---

[24] Paulo Totti, "Quem é essa mulher, 36 anos depois", jornal *Valor Econômico*, 30 set. 2011.

A ação foi transferida para outro juiz, Márcio José de Moraes, que em 27 de outubro de 1978 declarou a União culpada pela tortura e morte de Herzog e determinou o envio do processo à Procuradoria Geral da Justiça Militar para que esta providenciasse, por meio de ação criminal, a apuração de todos os casos de tortura revelados durante o processo.[25] A reação veio sob a forma de recurso de apelação interposto pela União.

A revista *Veja*, na época, publicou texto em que descrevia a sentença como "marco transformador da Justiça brasileira". Muitas décadas depois, o já aposentado desembargador Márcio José de Moraes dirá: "Eu creio que houve um impacto nas instituições. Tanto que a sentença apressou, de certa forma, a redemocratização. Mas ela não desceu sua influência às classes menos favorecidas. Porque desde então, por exemplo em matéria prisional, ela não teve praticamente qualquer influência: a tortura continua sendo feita em nossas prisões diuturnamente, desde lá até aqui. Isso é uma coisa que me incomoda muito".[26]

O clima repressivo não havia sido substancialmente abalado: perguntado por jornalistas se tinha filhos, o juiz, para preservar a família, disse que não. Mas tinha duas filhas.

"A União interpôs recurso de apelação contra a decisão em novembro de 1978. Em 1983, o Tribunal Federal de Recursos declarou obrigação da União indenizar os danos decorrentes da morte de Herzog, apontando que essa deveria ser reclamada por meio de ação de indenização. A decisão motivou novo recurso por parte da União, que foi negado pelo Tribunal Regional Federal da 3ª Região em maio de 1994. A decisão se tornou definitiva em setembro de 1995".[27]

---

[25] A sentença do juiz Márcio José de Moraes pode ser lida em <https://bit.ly/3ljbi3s>.

[26] Entrevista de Márcio José de Moraes e Mário Sérgio de Moraes a Mauro Malin em 11 de janeiro de 2021.

[27] Vide <https://bit.ly/2WPGIoA>, acesso em 23 ago. 2021.

Zuzu Angel é assassinada

A estilista Zuzu Angel, que denunciava internacionalmente o "desaparecimento" de seu filho Stuart Edgar Angel Jones, foi morta em abril de 1976 no que teria sido um acidente de automóvel. Em agosto, Juscelino Kubitschek e seu motorista morreram em desastre automobilístico, e multidões foram às ruas no Rio de Janeiro e em Brasília se despedir do ex-presidente.

Em setembro as forças terroristas do regime sinalizaram outra vez sua presença: o bispo de Nova Iguaçu, dom Adriano Hipólito, foi sequestrado, espancado e deixado nu, coberto de tinta vermelha, numa estrada. Seu carro foi explodido em frente à sede da Conferência Nacional dos Bispos do Brasil (CNBB), no Rio de Janeiro. O secretário-geral da entidade, dom Ivo Lorscheiter, disse em resposta que a Igreja Católica não se atemorizaria.

Na mesma cidade e no mesmo dia 28 uma bomba potente explodiu no jardim da casa do empresário Roberto Marinho, proprietário do grupo Globo de comunicação. A explosão, perto da janela do quarto onde dormia Marinho, jogou-o ao chão. Um funcionário ficou ferido.

Na data da morte de Herzog, 25 de outubro, uma placa foi colocada em sua sepultura, durante um ritual judaico tradicional, com uma frase que Vlado escrevera e é citada mais de uma vez neste livro: "Quando perdemos a capacidade de nos indignarmos com as atrocidades praticadas contra outros, perdemos também o direito de nos considerarmos seres humanos civilizados".

O sindicato relembrou a publicação do manifesto "Em nome da verdade" e argumentou que, com uma exceção – Frederico Pessoa da Silva –, os jornalistas presos (e torturados) em setembro e outubro do ano anterior haviam sido considerados inocentes pela Justiça Militar.

Dirigentes do Partido Comunista do Brasil (PC do B) foram mortos no que ficou conhecido como Chacina da Lapa, em dezembro. Os que sobreviveram foram presos e torturados. O DOI-Codi de São Paulo já estava subordinado ao comando do substituto do general Ednardo, o general Dilermando Gomes Monteiro.

À sombra de 1964

Uma cronologia mais espaçada, tendo como eixo o caso Herzog e atenta a diferentes manifestações relevantes que trouxeram à tona tendências sociais amplas e profundas, indica como o processo de ação e reação se perpetua até o momento em que se escreve o presente texto – quando a presença dos herdeiros do golpe de 1964 se tornou triunfo político e ameaça destruir a moldura institucional e as políticas públicas erigidas na vigência de um regime civil.

Em fevereiro de 1977 a CNBB preconizou que "é dever do Estado respeitar, defender e promover os direitos das pessoas, das famílias e das instituições. Toda ação exercida sobre elas pelo Estado deve fundar-se no direito que deriva de sua responsabilidade pelo bem comum".[28]

Em junho, 25 pessoas filiadas ao clandestino Movimento de Emancipação do Proletariado (MEP) foram presas e torturadas pelo DOI-Codi do então I Exército. Uma delas era Ivan Valente, que viria a ser deputado estadual e federal primeiro pelo PT (Partido dos Trabalhadores) e depois pelo PSOL (Partido Socialismo e Liberdade). Ficou preso durante seis meses e foi torturado por dez dias seguidos. Em 1978, foi preso novamente, por cinco meses.[29]

Cassações, Pacote de Abril

Foram cassados, no mesmo mês de fevereiro de 1977, os mandatos de dois vereadores do MDB de Porto Alegre, Glênio Peres e Marcos Klassmann, sob a acusação de serem comunistas.

Em 1º de abril, Geisel usou o AI-5 para fechar o Congresso e decretar medidas – que se tornariam conhecidas como Pacote de Abril – cujo efeito negativo no processo de redemocratização seria duradouro.

---

[28] Vide Alvaro de Oliveira Senra, "CNBB, democracia e participação popular (1977-1989)", Porto Alegre, *Anos 90*, v. 24, n. 46, p. 97-120, dez. 2017, p. 105.

[29] Vide <https://bit.ly/3As4C7j>, acesso em 1 set. 2021.

O regime impôs a eleição indireta para governadores (as eleições seriam diretas, de acordo com a legislação até então vigente); ampliou as bancadas que, na Câmara dos Deputados, representavam estados menos desenvolvidos, nos quais seu partido, a Arena, obtinha melhores resultados; alterou de dois terços para maioria simples a aprovação de emendas constitucionais (a Arena, desde 1974, não tinha número para aprová-las); e, entre outras medidas autoritárias, instituiu eleição indireta para um terço dos senadores – que serão chamados de *biônicos*; os mandatos dos derradeiros senadores eleitos dessa maneira só chegariam ao fim em 1990.

Em complemento, meses depois foi decretada a Lei Falcão, que cerceava a propaganda eleitoral. Ainda assim, o MDB terá resultados expressivos nas eleições subsequentes, as de 1978.

O AI-5 foi novamente usado por Geisel em junho de 1977 para cassar os mandatos dos deputados federais Alencar Furtado, do MDB do Paraná, líder da bancada, e Marcos Tito (MDB-MG).

Em outubro, ao tentar derrubar o general-presidente, o ministro do Exército, Sílvio Frota, foi demitido. Derrotado, aludiu a uma lista que havia enviado ao SNI contendo 97 nomes de "comunistas infiltrados em órgãos governamentais". A lista foi publicada pouco depois no *Jornal do Brasil* e no *O Estado de S. Paulo*. Em dezembro Frota foi homenageado em reunião no Rio de Janeiro da qual participaram dois generais da ativa – um deles, Adir Fiúza de Castro, ex-comandante do DOI-Codi do I Exército.

A vida social, a despeito dos golpes do regime, seguiu uma tendência de reanimação que não mais seria detida, embora reprimida e eventualmente submetida a retrocessos temporários.

A sociedade se mexe

Em maio de 1978, 2 mil operários metalúrgicos de uma empresa do ABC paulista iniciaram uma greve logo acompanhada por 25 mil metalúrgicos de outras empresas. No decorrer do ano o movimento grevista envolveu mais de 3,2 milhões de trabalhadores e obteve reposições salariais.

As greves se repetiram em 1979 com grande amplitude e mobilização de dezenas de milhares de trabalhadores. No ABC paulista consolidou-se a liderança de Luiz Inácio da Silva (Lula). Houve greves ainda em Porto Alegre (bancários) e Belo Horizonte (trabalhadores da construção civil). Em São Paulo, o líder operário católico Santo Dias da Silva foi morto pela Polícia Militar. Um cortejo de 30 mil pessoas acompanhou seu funeral. As pessoas gritavam "O povo não tem medo, abaixo Figueiredo", general-presidente que tomara posse em 15 de março.[30]

Em junho de 1978, oito líderes empresariais – entre dez escolhidos por 5 mil empresários de todo o país numa votação promovida pelo jornal *Gazeta Mercantil* – haviam tornado pública sua preferência pelo regime democrático "para absorver tensões sem transformá-las em um indesejável conflito de classes".[31]

Em julho, a reemergência de movimentos sociais de amplo alcance foi exemplificada pelo lançamento, na escadaria do Teatro Municipal de São Paulo, com a presença de 2 mil pessoas, do Movimento Negro Unificado (MNU), que reanimou lutas seculares contra o racismo abafadas pela ditadura militar, posteriormente desdobradas num ativismo múltiplo sempre antagonizado, nunca contido.

Em 1978 "tiveram início as reuniões do Núcleo de Ação pelos Direitos dos Homossexuais, nome logo substituído por Somos – Grupo de Afirmação da Identidade Homossexual, considerado precursor do movimento LGBTQIA+ brasileiro. Naquele ano, foi lançado o *Lampião da Esquina*, publicação de enorme impacto para a construção dessa comunidade no país".[32]

A luta pela anistia

No mesmo ano foi criado, no Rio de Janeiro, o Comitê Brasileiro pela Anistia, etapa avançada de um processo de âmbito nacional

---

[30] Paulo Markun, *Farol alto sobre as diretas (1969-1984)*, São Paulo: Benvirá, 2014, p. 258.

[31] Vide <https://bit.ly/3uZCU0N>, acesso em 5 ago. 2021.

[32] Renan Quinalha, *Folha de S. Paulo*, 1 ago. 2021.

iniciado imediatamente depois do golpe de 1964. Nas palavras de Glenda Mezarobba: "Em 1967 [...], um manifesto da Frente Ampla, organizada por líderes da oposição como Carlos Lacerda, Juscelino Kubitschek e João Goulart, pedia 'anistia geral, para que se dissipe a atmosfera de guerra civil que existe no país'; em 1972 a tese já constava do programa do MDB e três anos depois a mulher de um general cassado, Therezinha Zerbini, lançava seu Movimento Feminino pela Anistia, que rapidamente conseguiu reunir 20 mil assinaturas em favor da causa".[33]

O jornal *Em Tempo* publicou em junho de 1978 uma lista com os nomes de 233 torturadores, resultado de apuração feita por 35 presos políticos encarcerados e seviciados entre 1969 e 1975.

A resposta de Figueiredo foi a proposição ao Congresso Nacional, em 1979, da Lei da Anistia (6.683, de 28/8/1979), que, repetindo legislações anteriores sobre o tema adotadas desde os primórdios da República, contém a expressão "crimes políticos ou conexos com estes". A "conexão" será interpretada como extensão de perdão para sequestros, torturas, estupros, assassinatos, mutilações, desaparecimento de corpos e outros crimes previstos em leis vigentes à época em que foram cometidos (com exceção, nominalmente, da tortura, à qual aludia, como "lesão corporal de natureza grave", o Código Penal) crimes jamais submetidos a julgamento e, portanto, insuscetíveis de anistia.

Essa lei, cuja aprovação legislativa não contou com os votos da oposição, o MDB, transformou-se em obstáculo até aqui incontornável na busca da verdade e consequente apuração de responsabilidades e punição de culpados.[34] Relato abrangente e metódico dos processos que resultaram nas leis de Anistia (1979) e dos Desaparecidos (1995), especificamente entre 1964 e 2006, quando foi publicado, e de seus desdobramentos, está no livro de Glenda Mezarobba *Um acerto de*

---

[33] Glenda Mezarobba, *O preço do esquecimento: as reparações pagas às vítimas do regime militar (uma comparação entre Brasil, Argentina e Chile)*, op. cit., p. 329.

[34] Paulo Markun, *Farol alto sobre as diretas (1969-1984)*, op. cit., p. 273. Um deputado da Arena, Djalma Marinho, apresentou substitutivo encampado pelo MDB, derrotado por 206 votos contra 201.

contas com o futuro. A anistia e suas consequências: um estudo do caso brasileiro, mencionado anteriormente.

Abaixo a "legítima defesa da honra"

A discussão da posição da mulher na sociedade brasileira ganhou impulso na primeira metade da década de 1970.

O tema seria alvo de vigoroso questionamento nos dois julgamentos do empresário Raul Fernando do Amaral Street, Doca Street, assassino de sua companheira Ângela Diniz. No primeiro julgamento, em 1979, em Cabo Frio, Rio de Janeiro, o júri aceitou a tese da "legítima defesa da honra" e a pena foi de 24 meses com direito a *sursis*. Mulheres se mobilizaram para pressionar o mesmo tribunal no segundo julgamento, em 1981, quando a pena foi fixada em 15 anos de prisão.

O processo teve grande repercussão na mídia. Marco de um impulso que, embora submetido a idas e vindas e embaraçado por raízes profundas de subalternização e perseguição da mulher, se tornaria irreversível.

Prêmio Jornalístico Vladimir Herzog

A primeira edição deste *Dossiê Herzog* – uma das mais importantes denúncias da natureza terrorista do regime ditatorial – foi lançada pela editora Global, de São Paulo, em 10 de maio de 1979. O autor e sua família foram alvo de ameaças e viajaram para a Inglaterra, onde passaram uma temporada.

Uma entre muitas iniciativas que homenageiam a memória de Vladimir Herzog foi criada ainda em 1979: o Prêmio Jornalístico Vladimir Herzog de Direitos Humanos e Anistia, que é hoje o mais antigo de sua categoria. Segundo a jornalista Ana Luisa Zaniboni Gomes, sua criação "foi uma das resoluções aprovadas no Congresso Brasileiro de Anistia realizado em Belo Horizonte, em 1978, articulado e promovido pelo CBA – Comitê Brasileiro de Anistia. Foi de Perseu Abramo, à época diretor do Sindicato dos Jornalistas Profissionais no

Estado de São Paulo e representante da entidade no Congresso, a ideia de dar o nome de Vladimir Herzog ao prêmio que ali surgia".[35] Em 41 anos de existência, até 2020 foram contempladas 782 produções, envolvendo milhares de profissionais de imprensa de todo o país.

Em dezembro de 1980 o juiz Jorge Flaquer Scartezzini, da 5ª Vara Federal de São Paulo, seguiu a trilha do juiz Márcio José de Moraes e responsabilizou a União pela morte de Manoel Fiel Filho. A viúva do operário, Teresa de Lourdes Martins Fiel, levaria dez anos para receber uma indenização.[36]

Mais uma vez, bombas: morte na OAB

Em resposta aos avanços conquistados nos últimos anos da década de 1970 pela resistência ao autoritarismo, setores do regime ligados ao terrorismo de Estado realizaram atentados gravíssimos em 27 de agosto de 1980: integrantes do Centro de Informações do Exército (CIEx) enviaram cartas-bomba que mataram a secretária da OAB Lyda Monteiro da Silva (ela abriu a correspondência destinada ao presidente do Conselho Federal da entidade, Eduardo Seabra Fagundes), feriram um assessor do vereador Antônio Carlos de Carvalho, na Câmara Municipal do Rio de Janeiro (chamado José Ribamar, perdeu um braço e a visão de um olho) e destruíram a sede do jornal *Tribuna Operária*. Dez mil pessoas acompanharam o cortejo fúnebre de Lyda Monteiro da Silva do Centro do Rio de Janeiro até o cemitério de São João Batista.

Em 2015 a Comissão Estadual da Verdade do Rio de Janeiro chegará aos nomes dos três responsáveis pela carta-bomba que matou Lyda: "Com base em depoimentos de testemunhas, fotos e retratos falados, a comissão identificou a participação do sargento Magno Cantarino Motta, codinome Guarany, que entregou a bomba pessoalmente na sede da OAB; do sargento Guilherme Pereira do Rosário,

---

[35] Ver <https://premiovladimirherzog.org/o-premio/>. A premiação é realizada anualmente no mês de outubro.

[36] Ver <https://bit.ly/3O28Ndz>, acesso em 5 ago. 2021.

que confeccionou o artefato; e do coronel Freddie Perdigão Pereira, que coordenou a ação".[37]

Guilherme Pereira do Rosário morreria ao explodir em seu colo por acidente, no dia 30 de abril de 1981, uma das bombas destinadas a transformar em carnificina uma comemoração do Primeiro de Maio no Riocentro, no Rio de Janeiro. Seu comparsa na empreitada, o capitão Wilson Dias Machado, que dirigia um automóvel Puma, ficou gravemente ferido. O Exército instaurou mais um IPM-farsa que não apontou responsáveis pelo atentado. O general Golbery do Couto e Silva, um dos mais engajados conspiradores de 1964, criador do SNI e àquela altura chefe da Casa Civil de Figueiredo, pediu demissão.

Derrotas e vitórias de Clarice, Ivo, André e tantos mais em busca da verdade

Esboçado o contexto político que antecedeu e sucedeu os protestos contra o assassinato de Vladimir Herzog, sigamos agora a trilha específica dos esforços feitos principalmente por sua viúva, Clarice, e seus filhos, Ivo e André, no início ainda crianças, em busca da verdade.[38]

Eles não agiram isoladamente. Foram antecedidos, acompanhados e sucedidos por outros cidadãos indignados, que lutaram tenazmente, ao longo dos anos, para remover a carcaça de silêncio que envolve os crimes do regime de 1964.

Embora tenham sofrido sistemática oposição da ditadura militar e de seus sucessores militares e civis, essas ações plantaram sementes que influenciaram todo o movimento de defesa dos direitos humanos no país e fora dele.

A busca da verdade, considerada internacionalmente requisito para o estabelecimento de um regime democrático, foi sistematicamente barrada nos planos político, jurídico e administrativo. Parentes

---

[37] Vide <https://bit.ly/3Bpinow>, acesso em 28 ago. 2021.

[38] Houve um momento em que Zora Herzog, mãe de Vlado, juntou-se à nora e aos netos numa ação judicial, a que foi interposta junto à Corte Interamericana de Direitos Humanos em 2009 e tramitou até 2018, como se verá adiante.

de pessoas mortas, "desaparecidas", torturadas, punidas por delito de consciência passaram anos, décadas enfrentando a máquina da impunidade, truculenta ou desaforada.

Como acontecera durante a ditadura, após a transição tutelada houve dupla preocupação de adeptos e beneficiários do regime militar: 1) evitar o desvendamento de sua ideologia baseada na "segurança nacional" e apresentada como "democrática" – ideologia que, no plano socioeconômico, recobre aberrantes desigualdades e preserva a dominação dos grupos enquistados no topo da pirâmide de renda; e 2) proteger interesses corporativos das forças de repressão e de grupos ou indivíduos que as integraram ou com elas se haviam acumpliciado, ativa ou passivamente.

Governos eleitos depois da promulgação da Constituição de 1988 cederam diante da reação dos chefes militares e de esquivas do Poder Judiciário. Dois cientistas políticos, três historiadores e o filho mais velho de Vladimir Herzog balizam o que ocorreu.

Glenda Mezarobba (2006): o fato de no Brasil nunca terem ocorrido julgamentos de crimes contra a humanidade dificultou "a deslegitimação do regime militar, [...] o descrédito da ideologia que deu sustentação àquele regime e [...] o reconhecimento de que o novo governo pudesse não representar a continuidade". Da mesma forma, não houve "um inequívoco estabelecimento dos excessos do passado, o que certamente teria ajudado na construção do legado político do regime militar e da memória do período".[39]

Jorge Zaverucha (2010): "Em síntese, os militares brasileiros continuam a exercer influência política e detêm prerrogativas incompatíveis com um regime democrático".[40]

Maria Celina D'Araujo (2012): "Nossa hipótese é que a existência de um grau de autonomia militar antes, durante e depois da ditadura, associada aos baixos níveis de respeito aos direitos humanos

---

[39] Glenda Mezarobba, *Um acerto de contas com o futuro. A anistia e suas consequências: um estudo do caso brasileiro*, op. cit., p. 153.

[40] Jorge Zaverucha, capítulo "Relações civil-militares: o legado autoritário da Constituição brasileira de 1988", no livro *O que resta da ditadura – a exceção brasileira*, op. cit.

na sociedade brasileira e ao baixo interesse do Congresso e do governo em geral pelo tema das Forças Armadas, garantiram espaços para que a corporação militar atuasse como *veto player* sempre que se tentou rediscutir ou rever a Lei de Anistia de 1979 ou algumas prerrogativas da corporação".[41]

Maria Celina relembra que "a ditadura recebeu amplo apoio social", e que a (suposta) ação militar no combate à violência "também é vista pela sociedade de maneira bastante positiva. Em meio a isso, a cultura de direitos humanos ainda é precária,[42] e os valores éticos na política e na economia nos colocam num patamar vergonhoso nos *rankings* internacionais".[43]

Daniel Aarão Reis (2014): A posse de José Sarney, em 1985, explicitou "a importância decisiva da migração política dos ex-adeptos da ditadura militar para posições favoráveis à restauração democrática". O autor menciona ainda o "beneplácito" solicitado aos ministros militares já escolhidos por Tancredo Neves, depois de sua eleição no Colégio Eleitoral, em 25 de janeiro.[44]

---

[41] Maria Celina D'Araujo, "O estável poder de veto das Forças Armadas sobre o tema da anistia política no Brasil", Belo Horizonte, *Varia Historia*, v. 28, n. 48, p. 573-597, jul.-dez. 2012. A autora cita pesquisa feita em 2010 pelo Núcleo de Estudos da Violência da USP segundo a qual cerca de metade da população de 11 capitais do Brasil concordava, totalmente ou em parte, com o uso da tortura por parte da polícia como método para obter confissões de suspeitos. O dado contrasta com o de 1999, quando 71% da população discordavam total ou parcialmente desse método.

[42] Escreve Marcos Napolitano, no artigo "Recordar é vencer: as dinâmicas e vicissitudes da construção da memória sobre o regime militar brasileiro", *op. cit.*: "Em minha opinião, a expressiva aceitação social de uma perspectiva de direita conservadora no que se refere à questão dos direitos humanos está diretamente relacionada à audiência dos programas policiais da mídia radiofônica e televisual". Não é a única causa, talvez não seja a principal, porque as duas partes da equação interagem, mas é uma das vertentes.

[43] Maria Celina D'Araujo, "O estável poder de veto das Forças Armadas sobre o tema da anistia política no Brasil", *op. cit.*

[44] Daniel Aarão Reis, *Ditadura e democracia no Brasil. Do golpe de 1964 à Constituição de 1988*, Rio de Janeiro: Zahar, 2014, p. 146-147.

Marcos Napolitano (2015): "Quando o Estado, em nome da defesa da ordem, passa por cima não apenas da legalidade, dos direitos fundamentais do homem ou mesmo das convenções de guerra no que tange ao tratamento de prisioneiros, fatalmente essa violência gerará um legado problemático nos processos de transição política e pacificação social".[45]

Ivo Herzog (2020): "Houve a famosa transição lenta e gradual, quando muitos acordos foram feitos. Em função disso, nunca se passou a limpo a verdadeira história daquele período. E vários governos democraticamente eleitos não quiseram mexer nesse passado. [...] Eu também acho que tem que se virar [a página da História], mas primeiro a gente precisa escrever essa página".[46]

Arquivos sonegados

Realizaram-se em 1982 eleições diretas para os governos dos estados. A oposição fora fragmentada em 1979 por imposição do regime. O PMDB (Partido do Movimento Democrático Brasileiro), sucessor do MDB, foi vitorioso em nove estados, entre eles dois dos mais importantes, São Paulo e Minas Gerais (ganhou, ainda, no Paraná), e o PDT (Partido Democrático Trabalhista), igualmente oposicionista, no Rio de Janeiro.

Esse processo eleitoral teve projeção na questão dos arquivos das polícias políticas estaduais. Em São Paulo o governador José Maria Marin, que fora eleito vice na chapa de Paulo Maluf nas eleições indiretas de 1978, transferiu, nos últimos dias de seu mandato, os arquivos do Deops para a Polícia Federal, de tal maneira que o novo governador, Franco Montoro, não pudesse franqueá-los a pesquisadores e demais interessados. A mesma manobra foi realizada no Rio Grande do Sul.

---

[45] Do artigo "Recordar é vencer: as dinâmicas e vicissitudes da construção da memória sobre o regime militar brasileiro", *op. cit.*

[46] Entrevista ao site *Réu Brasil* (disponível em <https://bit.ly/2WVep89>, acesso em 4 set. 2021).

Essa situação seria revertida após a posse, em 1990, do presidente da República Fernando Collor de Mello, eleito diretamente. Collor determinou que os arquivos fossem devolvidos aos estados. Ele foi o responsável pela extinção do SNI e dos DOI-Codis. Em Minas Gerais, onde em 1982 foi eleito Tancredo Neves, os arquivos foram escondidos e só viriam à tona devido aos trabalhos de uma CPI da Assembleia Legislativa em 1997.[47]

Lei de Segurança Nacional

Uma nova Lei de Segurança Nacional foi adotada pela ditadura em 1983 e vigorou até setembro de 2021, quando o presidente Jair Bolsonaro não vetou sua revogação pelo Senado.[48] Segundo a Agência Senado, "desde a apresentação do projeto, em 1991, foram 30 anos até a aprovação pela Câmara dos Deputados, em maio de 2021, e depois pelo Senado".

Em 1985, quando houve eleições diretas para prefeitos de capitais e de outras cidades que haviam sido consideradas "áreas de segurança nacional", o que havia impedido a eleição direta dos prefeitos, foi lançado o livro homônimo resultante do trabalho do movimento Brasil Nunca Mais, um esforço liderado pelo cardeal dom Paulo Evaristo Arns e pelo pastor Jaime Wright que preservou da destruição milhares de documentos comprovadores de violências contra os direitos humanos praticadas sob a ditadura.

A arquidiocese católica de São Paulo elaborou uma lista com os nomes de 444 torturadores, divulgada em novembro de 1985. "Com a lista", escreveu Glenda Mezarobba, "descobriu-se que diversos torturadores ocupavam cargos de destaque em diversas esferas de poder"[49]

---

[47] Vide <https://bit.ly/3oLIcfc>, acesso em 29 ago. 2021.

[48] Bolsonaro vetou dispositivos que incluíam na legislação crimes contra o Estado Democrático de Direito. Os vetos estavam sujeitos a exame no Congresso quando este texto foi concluído.

[49] Glenda Mezarobba, *Um acerto de contas com o futuro. A anistia e suas consequências: um estudo do caso brasileiro*, op. cit., p. 73.

– entre eles o coronel Carlos Alberto Brilhante Ustra. Ele era adido militar da embaixada do Brasil em Montevidéu. O presidente José Sarney determinou sua transferência, mas a ordem não foi cumprida. Ele "permaneceu no cargo, ao que parece por decisão do ministro do Exército, Leônidas Pires Gonçalves, que alegou: 'Aqueles que atuaram patrioticamente contra os subversivos e terroristas, perdoados pela anistia, merecem o respeito de nossa instituição, pelo êxito alcançado, muitas vezes com o risco da própria vida'".[50] Leônidas havia comandado o DOI-Codi do então I Exército, no Rio de Janeiro.

A divulgação da lista dos 444 torturadores "chocou a sociedade", escreveu a mesma autora, "mas não despertou nenhuma reação em grande escala pelo fim da impunidade dos violadores de direitos humanos".[51]

Em abril de 1987, a 2ª Turma do Tribunal Federal de Recursos (posteriormente Superior Tribunal de Justiça – STJ) decidiu que a União havia sido responsável pela morte, no DOI-Codi de São Paulo, de Manuel Fiel Filho, como sentenciado em 1980 pelo juiz Jorge Flaquer Scartezzini.[52]

Constituição, Forças Armadas e segurança pública

Em outubro de 1988 encerraram-se os trabalhos da Assembleia Nacional Constituinte. A Carta então aprovada é uma demonstração institucional do hibridismo da transição política brasileira. Assegura direitos políticos e sociais de modo inédito na História do país, mas contém igualmente dispositivos que tornam a democracia conquistada um regime tutelado pelas corporações armadas.

Em defesa do caráter avançado da Constituição, escreveu a então procuradora do estado de São Paulo Flávia Piovesan que ela elege a dignidade humana "como um valor essencial que lhe doa unidade

---

[50] *Ibidem*, p. 73.

[51] *Ibidem*, p. 147.

[52] Alexandre Marino, *Jornal do Brasil*, "TFR responsabiliza União pela morte de Manuel", 8 abr. 1987.

de sentido. Isto é, o valor da dignidade humana informa a ordem constitucional de 1988 [...]".[53]

Aspecto crucial, entretanto, é que a política de segurança pública foi mantida nos moldes criados ou reforçados pela ditadura, o que permitiu às polícias e às Forças Armadas, insista-se neste aspecto, agir contra o "inimigo interno" e não em defesa dos direitos da pessoa humana.

Daniel Aarão Reis escreveu: "[...] um Estado dentro do Estado, as Forças Armadas, com seus próprios tribunais,[54] escolas e academias, e suas hierarquias solidárias e impenetráveis, os militares não se consideram nem são considerados funcionários públicos uniformizados, mas anjos tutelares da República. Em grande medida, tais vitórias, como se viu, também se inscreveram na Constituição. A eles têm se curvado, humildes e reverentes, sucessivos governos democraticamente eleitos".[55]

Houve tentativas de consagrar, no texto constitucional, alterações da Lei de Anistia. Relatou Glenda Mezarobba que o general Oswaldo Pereira Gomes, assessor especial, jurídico e político do ministro Leônidas, "participou do *lobby* das Forças Armadas e diz que a orientação era clara: 'Eu estava lá para não deixar emendar a Lei da Anistia'".[56]

Lula, deputado federal constituinte, explicou que o PT não votaria a favor da nova Carta "porque entende que, mesmo havendo avanços, a essência do poder, a essência da propriedade privada, a essência do poder dos militares continua intacta nesta Constituição".[57]

---

[53] Flávia Piovesan, no artigo "A proteção dos direitos humanos no sistema constitucional brasileiro", *Revista da Procuradoria-Geral do Estado de São Paulo*, jan.-dez. 1999 (disponível em <https://bit.ly/3iCBmEU>, acesso em 10 set. 2021).

[54] Uma lei de 1996 (n.º 9.299) transferiu da Justiça Militar para a Justiça Comum o julgamento de policiais militares acusados por crimes dolosos contra a vida de civis. Essa lei não se aplica às Forças Armadas.

[55] Daniel Aarão Reis, *Ditadura e democracia no Brasil. Do golpe de 1964 à Constituição de 1988*, op. cit., p. 170.

[56] Glenda Mezarobba, *Um acerto de contas com o futuro. A anistia e suas consequências: um estudo do caso brasileiro*, op. cit., p. 124.

[57] Ver <https://bit.ly/3Aevdod>, acesso em 30 ago. 2021.

Uma reportagem da *Folha de S. Paulo* mostraria, em 2021, que 52 inquéritos envolvendo oficiais-generais das três Forças haviam sido arquivados entre 2010 e 2020. A reportagem listou "20 casos com crimes militares e suspeitas identificáveis", todos arquivados. Vários deles referentes a fraudes e irregularidades.[58]

Em novembro de 1988 uma greve de operários da siderúrgica de Volta Redonda, no Estado do Rio de Janeiro, foi reprimida mediante cerco e invasão pela guarnição local do Exército. Três operários foram mortos por militares.

Considera-se que uma consequência imediata foi a eleição de Luiza Erundina, do PT, dias depois, para a prefeitura de São Paulo, após uma campanha eleitoral que vinha sendo liderada, mostravam pesquisas, pelo candidato do PDS (Partido Democrático Social), Paulo Maluf, que fizera sua carreira como destacado beneficiário da ditadura.

A vala clandestina de Perus

Foi instalada em outubro 1990, na Câmara Municipal de São Paulo, sob a presidência do vereador Júlio César Caligiuri Filho, do PDT, uma CPI para investigar "a origem e a responsabilidade pelas ossadas encontradas em uma vala no Cemitério Dom Bosco, em Perus, e a utilização dos demais cemitérios de São Paulo para ocultamento de corpos das vítimas da repressão no país".[59]

A denúncia inicial partiu do repórter Caco Barcellos, na pesquisa para o livro *Rota 66: A história da polícia que mata*. Rota é a sigla das Rondas Ostensivas Tobias de Aguiar, o 1º Batalhão de policiamento de choque da PM paulista. O livro só seria publicado em 1992, mas a denúncia fora feita antes, quando Barcellos preparava uma série de reportagens sobre o tema para a TV Globo.

---

[58] Vinicius Sassine, "Casos de generais sem investigação e punição dobram na Justiça Militar", *Folha de S. Paulo*, 18 jul. 2021.

[59] Camilo Vannuchi e Lucas Paolo Vilalta (Orgs.), *Vala de Perus: um crime não encerrado da ditadura militar*, Salto, SP: FoxTablet/Instituto Vladimir Herzog, 2021, p. 64.

Em maio de 1991 a vereadora Tereza Lajolo, do PT, apresentou seu relatório. Entre os 29 itens de sua Conclusão lê-se que "a ocorrência de prisões irregulares, sequestros, cativeiros clandestinos, interrogatórios com uso de tortura e acusações sem direito de defesa, insistentemente denunciadas nesta CPI, exigem apuração pela Justiça".[60]

O algoz confesso de Herzog

Em entrevista à revista *IstoÉ Senhor* publicada em março de 1992 o policial Pedro Antônio Mira Grancieri, vulgo "Pedro Marinheiro" ou "Capitão Ramiro", confessou ter sido o torturador responsável pela morte do jornalista. Eis suas palavras, tais como reproduzidas na revista: "Ninguém está mais forte e diretamente envolvido na morte de Herzog do que eu".

O então deputado federal Hélio Bicudo (PT-SP) solicitou ao Ministério Público de São Paulo que investigasse a participação de Grancieri na morte de Vlado. Em maio, o Ministério Público de São Paulo pediu abertura de inquérito. Em julho, Grancieri interpôs um pedido de *habeas corpus*, concedido em outubro pelo Tribunal de Justiça paulista, que encerrou a investigação sob a alegação de que fazia cumprir a Lei de Anistia.

Em janeiro de 1993 o procurador-geral de São Paulo apelou da decisão, recurso que seria negado em agosto do mesmo ano pelo Superior Tribunal de Justiça (STJ). Em outubro de 1994 o Tribunal de Justiça de São Paulo determinou o arquivamento do inquérito policial, por considerar que os crimes descritos teriam sido objeto de anistia.

Na Câmara Municipal de São Paulo o vereador Júlio César pediu que fossem encaminhados a diferentes autoridades e instituições pedidos de informação sobre a permanência de Grancieri em cargo da administração paulista, mas ele já estava aposentado. O policial se formara em Direito pelas Faculdades Metropolitanas Unidas em

---

[60] *Ibidem*, p. 98.

1983 e, no mesmo ano, fora aprovado num concurso para delegado, exercendo a função por seis anos, antes de se aposentar.[61]

Ainda em 1992 o Brasil assinou a Convenção Americana de Direitos Humanos, mas, como em relação a outros instrumentos jurídicos internacionais, as decisões baseadas nessa convenção jamais ultrapassaram a barreira constituída pelo entendimento, professado pelos tribunais superiores do país, de que o direito internacional não prevalece sobre as leis e a jurisprudência internas. Não é, entretanto, o que dispõe a Constituição de 1988.[62]

Direito ao sepultamento

Em 1993 o Tribunal Federal Regional de Brasília, em processo relativo aos mortos e desaparecidos da Guerrilha do Araguaia iniciado onze anos antes, reconheceu o direito "subjetivo público do indivíduo de sepultar e homenagear seus mortos, segundo sua crença religiosa".[63]

Em 1995 chegou à Presidência da República Fernando Henrique Cardoso, que havia sido perseguido pela ditadura. Com a aprovação da Lei n.º 9.140, de dezembro desse ano, o Estado brasileiro pela primeira vez reconheceu mortes e desaparecimentos de acusados de crimes políticos ocorridos entre 1961 e 1979. Criou-se em seguida a Comissão Especial sobre Mortos e Desaparecidos Políticos (CEMDP). Em 2002, ainda no governo de FHC, nova lei estendeu o período até a data da promulgação da Carta de 1988.

---

[61] Mariana Joffily, "No centro da engrenagem. Os interrogatórios na Operação Bandeirante e no DOI de São Paulo (1969-1975)", tese de doutorado em História pela USP, 2008, versão digital.

[62] Eis o que escreve Flávia Piovesan no artigo "A proteção dos direitos humanos no sistema constitucional brasileiro", *op. cit.*: "Ao fim da extensa Declaração de Direitos enunciada pelo artigo 5º, a Carta de 1988 estabelece que os direitos e garantias expressos na Constituição 'não excluem outros decorrentes do regime e dos princípios por ela adotados, ou dos tratados internacionais em que a República Federativa do Brasil seja parte'".

[63] Janaína de Almeida Teles, *O que resta da ditadura – a exceção brasileira, op. cit.*

Em 2004, "os critérios para reconhecimento das vítimas da ditadura civil-militar foram ampliados e dezenas de pessoas vitimadas por agentes públicos em manifestações públicas, conflitos armados ou que praticaram suicídio na iminência de serem presas ou em decorrência de sequelas psicológicas resultantes de atos de tortura foram reconhecidas".[64]

Só em 2007 se encerraram as possibilidades da União de recorrer e interpor embargos à ação cominatória (para imposição de pena) proposta por 22 familiares de desaparecidos da Guerrilha do Araguaia em 1982.[65]

Primeiro reconhecimento oficial dos crimes

Em 2007, no segundo mandato do presidente Lula, seria publicado pela CEMDP, em cumprimento de um dispositivo da lei de 1995, o relatório "Direito à Memória e à Verdade", que continha pequenas biografias, "incluindo as circunstâncias das mortes e dos desaparecimentos e o desmonte das falsas versões apresentadas pela ditadura civil-militar sobre os 475 casos analisados em seus onze anos de funcionamento".[66] Escreveu Maria Celina D'Araujo que esse seria o "primeiro documento oficial do governo federal a declarar publicamente que a ditadura foi responsável por atos como decapitação, esquartejamento, estupro, tortura de modo geral, ocultação de cadáveres e execução".[67]

Ainda em 1995 foi publicado o *Dossiê dos mortos e desaparecidos políticos a partir de 1964*,[68] resultado do trabalho conjunto da

---

[64] Informação publicada no site do Ministério da Mulher, da Família e dos Direitos Humanos (disponível em <www.gov.br/mdh>, acesso em 30 ago. 2021).

[65] Janaína de Almeida Teles, *O que resta da ditadura – a exceção brasileira*, op. cit.

[66] Caroline Silveira Bauer, *Brasil e Argentina: ditaduras, desaparecimentos e políticas de memória*, Porto Alegre: Medianiz; Anpurs, 2014, 2. ed., versão digital.

[67] Maria Celina D'Araujo, "O estável poder de veto das Forças Armadas sobre o tema da anistia política no Brasil", *op. cit.*

[68] *Dossiê dos mortos e desaparecidos políticos a partir de 1964*, Recife: Companhia Editora de Pernambuco, 1995. O livro foi reeditado em 1996 pela Imprensa Oficial do Estado de São Paulo.

Comissão de Familiares de Mortos e Desaparecidos Políticos, do Instituto de Estudos da Violência do Estado do Rio de Janeiro, do Grupo Tortura Nunca Mais (RJ) e do Grupo Tortura Nunca Mais (PE), com prefácio do cardeal Paulo Evaristo Arns e apresentação do governador de Pernambuco, Miguel Arraes.

Com base na lei de 1995, Clarice Herzog solicitou o reconhecimento de que seu marido havia sido torturado e assassinado no DOI-Codi de São Paulo. "Em 1996, a Comissão Especial sobre Mortos e Desaparecidos Políticos reconheceu oficialmente que ele [Herzog] foi assassinado e concedeu uma indenização à sua família, que não a aceitou, por julgar que o Estado brasileiro não deveria encerrar o caso dessa forma. Eles queriam que as investigações continuassem. O atestado de óbito, porém, só foi retificado mais de 15 anos depois", em 2013.[69]

Em junho de 1999 foi criado pelo presidente FHC o Ministério da Defesa, ocupado por um civil. Houve descontentamento. Em 31 de março do ano seguinte, "o Exército divulgou um informe afirmando que em 1964 ocorrera um ato de 'coragem moral' para 'restaurar a democracia'. O documento provocou mal-estar no governo",[70] mas não houve reação.

Uma lei que define e pune o crime de tortura foi aprovada em 1997 – a Lei n.º 9.455, modificada em 2003.[71] Até então a tortura figurava no Código Penal como "circunstância qualificadora", ou seja, propiciadora de um agravamento da pena.

Em dezembro de 2002, a quatro dias do final de seu segundo mandato, FHC alterou, por meio de Medida Provisória, os prazos de sigilo de documentos oficiais, contrariando tanto a Carta de 1988 como a Lei de Arquivos de 1991, que estabelecia limites para o sigilo da informação. O decreto entraria em vigor já durante o mandato de

---

[69] Vide <https://bit.ly/3ahNh6c>, acesso em 29 ago. 2021.

[70] Fabio Victor, "História, volver. O 31 de março, o golpe militar e a nostalgia da direita", *op. cit.*

[71] Quando se previu aumento da pena "se o crime é cometido contra criança, gestante, portador de deficiência, adolescente ou maior de 60 anos".

seu sucessor, Luiz Inácio Lula da Silva, nos primeiros dias de 2003. Contrariando expectativas, Lula o ratificou e manteve os prazos de sigilo nele estipulados.[72]

Em 2021 a Lei de Acesso à Informação (LAI), aprovada em novembro de 2011, seria usada para garantir sigilo de 100 anos aos dados do processo no qual o general Eduardo Pazuello, ex-ministro da Saúde, foi absolvido em julgamento administrativo do Exército por ter participado de ato político promovido pelo presidente Jair Bolsonaro. Bolsonaro impôs sigilo de cem anos à divulgação dos registros de acesso de seus filhos ao Palácio do Planalto.

Provocação com fotos de um padre canadense

Momento de extrema tensão cujos contornos permanecem imprecisos ocorreu em 17 de outubro de 2004, quando fotos apresentadas como de Vladimir Herzog no cárcere, nu, com as mãos cobrindo o rosto, foram publicadas pelo *Correio Braziliense* sob o título "Herzog, humilhação antes do assassinato". A reportagem "exclusiva" veio a se revelar uma provocação. Num primeiro momento, a própria Clarice foi iludida.

As fotos tinham sido feitas durante detenção irregular do padre canadense Leopoldo D'Astous em 1973. Divulgadas em 1982 num panfleto ofensivo ao padre, em Brasília, estavam entre documentos secretos do Comando Militar do Planalto e foram entregues à Comissão de Direitos Humanos da Câmara dos Deputados pelo cabo reformado do Exército José Alves Firmino em 1997. Firmino disse ter espionado para o Exército até 1995.[73] Ainda em 1997 o padre voltou do Brasil para o Canadá.

---

[72] Caroline Silveira Bauer, *Brasil e Argentina: ditaduras, desaparecimentos e políticas de memória*, op. cit.

[73] Glenda Mezarobba cita entrevista de Firmino na qual ele "confirmou a existência de documentos do regime militar, 'que podem elucidar todas as mortes desde o Araguaia', em um arquivo subterrâneo do Pavilhão 31 de Março, no Setor Militar Urbano, sede do Comando Geral do Exército, em Brasília". Vide *Um acerto de*

Em poucos dias Clarice se deu conta de que as fotos não eram de Vlado. A divulgação das imagens – que explicitavam a perseguição das autoridades da ditadura contra setores da Igreja Católica – desencadeou protestos de entidades de defesa dos direitos humanos, entre as quais o Grupo Tortura Nunca Mais.

O episódio reacendeu a discussão, em curso desde o início da redemocratização, sobre a abertura dos arquivos da ditadura. No final de 2005 a documentação do antigo SNI, das igualmente extintas Comissões Gerais de Investigação (CGIs) e do antigo Conselho de Segurança Nacional foi transferida para o Arquivo Nacional, à época subordinado à Casa Civil da Presidência da República.

A resposta da força terrestre aos protestos contra a divulgação das fotos do padre canadense foi a publicação de uma nota do Centro de Comunicação Social do Exército (Cecomsex) no *Correio Braziliense*, na qual se lia, entre outras manifestações afrontosas, que "o movimento de 1964, fruto do clamor popular, criou, sem dúvidas, condições para a construção de um novo Brasil, em ambiente de paz e segurança".

Cai o ministro, fica o general

O presidente Lula exigiu do ministro da Defesa, José Viegas, e do comandante do Exército, general Francisco Albuquerque, uma retificação que foi publicada, mas não contentou nem o presidente nem o ministro. Viegas solicitou nova retificação, não foi atendido, e pediu demissão do cargo.

"Albuquerque protagonizou outro momento delicado durante o governo Lula", escreveu Fabio Victor, "quando, em 2006, seu último ano como comandante do Exército, fez uma ordem do dia com apologia ao dia do golpe: 'O 31 de Março [...] É memória, dignificado à época pelo incontestável apoio popular'".[74]

---

contas com o futuro. A anistia e suas consequências: um estudo do caso brasileiro, op. cit., p. 181.

[74] Revista *piauí*, março de 2019, *op. cit.*

Na recapitulação da historiadora Caroline Silveira Bauer, o general escreveu que a "Revolução" ajudara a "alicerçar, em cada brasileiro, a convicção perene de que preservar a democracia é um dever nacional". O ministro da Defesa, Waldir Pires, não puniu nem repreendeu o comandante do Exército.[75]

A Justiça tardou 39 anos

Em 2005 chegou a termo um longuíssimo processo judicial cujo marco inicial foi o assassinato do ex-sargento Manoel Raymundo Soares, em Porto Alegre, no ano de 1966. Seu corpo foi encontrado num rio com as mãos amarradas. No mesmo ano, o promotor de Justiça Paulo Cláudio Tovo iniciou uma investigação da qual resultou uma CPI na Assembleia Legislativa do Rio Grande do Sul. O episódio é ilustrativo de uma das modalidades de negação de justiça decorrente da resistência criada pela herança da ditadura.

Em 1973 a viúva de Manoel, Elizabeth Challup Soares, requereu judicialmente a responsabilização da União, do Estado do Rio Grande do Sul e dos agentes públicos responsáveis pela morte do marido. Em 2000, o juiz federal Cândido Alfredo Silva Leal Júnior proferiu sentença favorável à viúva. A União interpôs recurso, e em 2005 um acórdão do Tribunal Regional Federal da 4ª Região confirmou a sentença favorável a Elizabeth. Ela teria direito a uma indenização, mas quando morreu, em 2009, o pagamento ainda não havia sido feito.[76]

---

[75] Caroline Silveira Bauer, *Brasil e Argentina: ditaduras, desaparecimentos e políticas de memória*, op. cit.

[76] Janaína de Almeida Teles menciona, no livro *O que resta da ditadura – a exceção brasileira*, op. cit., casos que se arrastaram na Justiça devido à interposição de recursos da União: os de Raul Amaro Nin Ferreira, Ruy Frazão Soares, Luiz Eurico Tejera Lisbôa, Mário Alves de Souza Vieira, Lincoln Bicalho Roque, Hélio Navarro Magalhães, Pedro Alexandrino de Oliveira Filho, Fernando Augusto de Santa Cruz Oliveira (objeto da insinuação, pelo presidente da República Jair Bolsonaro, em 2019, de que teria sido morto por seus próprios companheiros; Fernando era pai do então presidente da OAB Nacional, Felipe Santa Cruz), Honestino Monteiro

A própria norma da indenização como reparação, na modalidade em que foi praticada, é questionada por estudiosos. Glenda Mezarobba escreveu que "ao relacionar os benefícios a serem concedidos a rendimentos não percebidos, em vez de aos crimes sofridos, o Estado brasileiro falhou na busca do reconhecimento de indivíduos como cidadãos com os mesmos direitos. Agindo assim, acabou identificando desigualmente não apenas o significado e o valor das pessoas, mas também seus direitos". Argumenta a autora, ainda, que "o esforço reparatório brasileiro sugere que as perdas profissionais constituem prejuízo maior do que o suplício da tortura levado à extrema consequência. Em uma preocupante inversão de valores, direitos outros, que obviamente também merecem plena consideração, aparecem antes do direito à vida, à liberdade e à segurança pessoal".[77]

Ainda em 2005 o "Comitê de Direitos Humanos da ONU fez uma recomendação pública para que o país tornasse disponíveis todos os documentos relativos ao abuso de direitos humanos, nos quais estariam incluídos os documentos da ditadura civil-militar".[78]

Requisição não acatada de arquivos militares

Dilma Rousseff, à época chefe da Casa Civil, solicitou em 2007 aos comandantes militares os arquivos dos serviços de inteligência das Forças Armadas – Cenimar, Cisa e CIEx. Recebeu, porém, a informação de que haviam sido destruídos. Uma investigação foi aberta, mas não se conhecem resultados.[79] No mesmo ano, a CEMDP destacou o Brasil como único país do Cone Sul que não trilhou procedimentos penais para examinar violações de direitos humanos, e o advogado

---

Guimarães, Fernando Augusto Fonseca, Flávio de Carvalho Molina e Francisco Tenório Cerqueira Júnior (desaparecido na Argentina em 1976).

[77] Glenda Mezarobba, *O preço do esquecimento: as reparações pagas às vítimas do regime militar (uma comparação entre Brasil, Argentina e Chile)*, op. cit., p. 320-321.

[78] Caroline Silveira Bauer, *Brasil e Argentina: ditaduras, desaparecimentos e políticas de memória*, op. cit.

[79] *Ibidem.*

Fábio Konder Comparato solicitou ao Ministério Público Federal que investigasse crimes e abusos.

Em março de 2008 procuradores solicitaram que o procedimento fosse encaminhado a um membro do órgão com atribuições penais. Em setembro, um procurador solicitou ao Tribunal Federal o arquivamento do inquérito. Reconheceu que o assassinato de Herzog reunia atributos dos crimes contra a humanidade, mas considerou que não havia no Brasil tipificação penal que assim o caracterizasse. Uma juíza federal aceitou os argumentos e, em janeiro de 2009, arquivou o processo.

Comandantes do DOI-Codi de São Paulo

Em maio de 2008 procuradores do Ministério Público Federal (MPF)[80] ajuizaram Ação Civil Pública contra a União e contra os militares da reserva Carlos Alberto Brilhante Ustra e Audir Santos Maciel, ambos ex-comandantes do DOI-Codi paulista, pelo desaparecimento de 64 pessoas naquela dependência militar.

Em outubro a Advocacia Geral da União, comandada por José Antônio Dias Toffoli (que seria nomeado no ano seguinte para o STF), emitiu parecer em outro processo contra Ustra e Maciel, argumentando que eles haviam sido perdoados pela Lei de Anistia. Em novembro, um procurador deu parecer contra a instauração de ação penal, sob o argumento de que os crimes estavam prescritos. Dois anos depois, a 8ª Vara Federal de São Paulo julgou a ação improcedente. O MPF apresentou recurso. Em 2010 um juiz voltaria a julgar a ação improcedente. A barreira da impunidade continuava inexpugnável.

Ainda em 2008 o juiz Gustavo Santini Teodoro, da 23ª Vara Cível de São Paulo, emitiu decisão inédita que declarava haver "relação jurídica de responsabilidade civil, nascida da prática de ato ilícito, gerador de danos morais", entre os autores da ação – familiares de César Augusto Teles, Maria Amélia de Almeida Teles e Criméia Alice

---

[80] Eugênia Fávero, Marlon Weichert, Adriana da Silva Fernandes, Luciana da Costa Pinto, Sérgio Suiama e Luiz Fernando Gaspar Costa.

Schmidt de Almeida, torturados no DOI-Codi de São Paulo – e o réu Carlos Alberto Brilhante Ustra.[81] Em 2012 a 1ª Câmara do Tribunal de Justiça de São Paulo confirmou a sentença da primeira instância.

Também em 2012 Ustra foi condenado pela tortura e assassinato, em julho de 1971, do jornalista Luiz Eduardo da Rocha Merlino. A condenação determinava o pagamento de R$ 100 mil por danos morais para Ângela Mendes de Almeida, viúva de Merlino, e para Regina Maria Merlino Dias de Almeida, irmã do jornalista. Ustra recorreu, morreu em 2015, e em 2018 o TJ-SP entendeu, com base na Lei de Anistia de 1979, que o pedido de indenização feito pela família Merlino estava prescrito.

Militares defendem o golpe; governo silencia

No mesmo ano de 2008 foi realizada no Ministério da Justiça uma audiência pública sobre o tema da anistia, denominada "Limites e possibilidades para a responsabilização jurídica dos agentes violadores de direitos humanos durante o Estado de Exceção no Brasil", sem a presença de representantes das Forças Armadas.

Segundo Maria Celina D'Araujo, foi quando, "pela primeira vez, o Estado brasileiro discutiu a possibilidade de processar judicialmente os agentes públicos que cometeram crimes contra os direitos humanos durante a ditadura. [...] Em reação à realização desta Audiência Pública, considerada uma afronta por vários setores militares, os clubes Militar, Naval e Aeronáutico decidiram realizar, no Rio de Janeiro, um seminário intitulado 'Lei da Anistia: alcances e consequências'. Nos pronunciamentos dos palestrantes foi feita a defesa do golpe de 1964, justificada a 'guerra suja' contra a oposição durante a ditadura, e relembrado que a anistia foi feita em nome da pacificação, o que permitiu que muitos 'ex-terroristas' tivessem chegado ao poder.

A imprensa noticiou frases agressivas pronunciadas no evento contra o então ministro da Justiça [Tarso Genro], evidenciando as

---

[81] Edson Teles, *O abismo na história: ensaios sobre o Brasil em tempos de Comissão da Verdade*, São Paulo: Alameda, 2018, p. 76.

tensões do momento. Entre elas, a do deputado Jair Bolsonaro, de que 'o erro foi torturar e não matar'.

[...]

Com a intervenção do ministro da Defesa, Nelson Jobim, o assunto começou a ser encerrado de forma a não descontentar, e a não punir, os militares. [...] Ou seja, em nome da pacificação nas relações do governo com as Forças Armadas o ministro, em nome do presidente, endossou a indisciplina ou a ignorou.

No dia seguinte, durante reunião da Coordenação Política, realizada no Palácio do Planalto, o presidente Lula orientou os ministros Tarso Genro e Paulo Vannuchi [Direitos Humanos] a não mais debaterem em público o tema da punição dos militares que praticaram a tortura durante a ditadura, e a não declararem publicamente seu posicionamento acerca da revisão da Lei da Anistia. Mais uma vez, as Forças Armadas saíam vencedoras: o presidente da República vetou o debate".[82]

Comandantes reagem ao III Plano Nacional de Direitos Humanos

Em 2009 foi divulgado o III Plano Nacional de Direitos Humanos, que previa a criação de uma Comissão Nacional da Verdade. Caroline Silveira Bauer encontrou no discurso do presidente Lula quando o Plano foi lançado indicações de uma contemporização com a resistência dos militares. Lula propôs que os desaparecidos fossem elevados à categoria de heróis, "título rechaçado pela maioria dos sobreviventes e pelos familiares de mortos e desaparecidos políticos", que desejavam "o esclarecimento das circunstâncias dos crimes dos quais seus filhos foram vítimas".

O presidente, escreveu ainda a historiadora, defendeu que as coisas fossem encaminhadas no tempo certo, como ele mesmo fizera no movimento sindical, sem precipitações, ao passo que "o tempo dos familiares de mortos e desaparecidos é outro: são poucas as

---

[82] Maria Celina D'Araujo, "O estável poder de veto das Forças Armadas sobre o tema da anistia política no Brasil", *op. cit.*

mães brasileiras que ainda estão vivas, e a passagem do tempo para os familiares e o entorno social das vítimas é crucial, no sentido da implacabilidade, ao impedir que as gerações mais antigas garantam o direito à justiça e à verdade". A lógica de Lula, segundo Bauer, era a da protelação: "[...] tenta utilizar o tempo como um aliado para que as demandas em relação aos desaparecidos cessem, com a morte dos direta e indiretamente implicados".[83]

Mesmo assim, prossegue, a reação dos militares ao lançamento do plano foi imediata. Os comandantes do Exército, general Enzo Martins Peri, e da Aeronáutica, brigadeiro Juniti Saito, ameaçaram pedir demissão[84] caso os seguintes trechos não fossem revogados por Lula: "Reconhecimento da memória e da verdade como Direito Humano da cidadania e dever do Estado", com o objetivo de "promover a apuração e o esclarecimento público das violações dos direitos humanos praticadas no contexto da repressão política ocorrida no Brasil [...]"; "incentivar iniciativas de preservação da memória histórica e a construção pública da verdade sobre períodos autoritários"; modernização da legislação para "suprimir do ordenamento jurídico brasileiro eventuais normas remanescentes de períodos de exceção que afrontem os compromissos internacionais e os preceitos constitucionais sobre direitos humanos".[85]

Major Curió do Araguaia

Ainda em 2009 uma reportagem de Leonencio Nossa publicada no jornal *O Estado de S. Paulo* em 21 de junho trouxe informações dos

---

[83] Caroline Silveira Bauer, *Brasil e Argentina: ditaduras, desaparecimentos e políticas de memória*, op. cit.

[84] Caroline Silveira Bauer, *Brasil e Argentina: ditaduras, desaparecimentos e políticas de memória*, op. cit. Maria Celina D'Araujo, no artigo "O estável poder de veto das Forças Armadas sobre o tema da anistia política no Brasil", *op. cit.*, escreveu que o ministro da Defesa Nelson Jobim "solidariamente os acompanhou nessa posição. O presidente da República [Lula], mais uma vez, acatou a demanda dos militares, e o assunto foi postergado".

[85] Vide <https://bit.ly/3DmzVlQ>, acesso em 16 set. 2021.

arquivos do ex-major Sebastião Curió Rodrigues de Moura, um dos principais perpetradores da repressão à Guerrilha do Araguaia.[86] "Os documentos contidos nesses arquivos", escreveu Janaína de Almeida Teles, "informam que 41 guerrilheiros foram executados depois de presos – o que representa mais de 60% do total de combatentes – e fornecem dados sobre os momentos finais das vidas de 16 deles, sobre os quais não se tinha nenhuma informação. Agora há a confirmação de um oficial militar comprovando as execuções".[87]

Em 2009 a Secretaria Especial de Direitos Humanos e a CEMDP confirmaram a identificação dos restos mortais do guerrilheiro Bergson Gurjão Farias. Em reação indireta, o ministro da Defesa, Nelson Jobim, declarou à Comissão de Direitos Humanos da Câmara: "Não aceito revisionismo de um grande acordo político feito no país em 1979, que resultou na anistia [...]. Não haverá juízo de valor sobre a conduta dos militares na guerrilha". Janaína de Almeida Teles comentou que a expressão "juízo de valor" era uma forma astuciosa de afastar a cobrança de justiça "sobre a tortura, os sequestros, os assassinatos, os crimes de violação de corpos (cabeças de guerrilheiros foram cortadas e mãos decepadas) e a ocultação de cadáveres".[88]

No mesmo ano de 2009 foi criado o Instituto Vladimir Herzog e entrou na internet o projeto Memórias Reveladas, que abriu para consulta pública "os arquivos sobre o período entre as décadas de 1960 e 1980 e das lutas de resistência à ditadura militar, quando imperaram no País censura, violação dos direitos políticos, prisões, torturas e mortes. Trata-se de fazer valer o direito à verdade e à memória".[89]

---

[86] Leoncio Nossa produziu um conjunto de reportagens ampliadas posteriormente no livro *Mata! O major Curió e as guerrilhas do Araguaia*, Rio de Janeiro: Companhia das Letras, 2012.

[87] Janaína de Almeida Teles, "Os familiares de mortos e desaparecidos políticos e a luta por 'verdade e justiça' no Brasil", em *O que resta da ditadura – a exceção brasileira, op. cit.*

[88] *Ibidem.*

[89] Vide <https://bit.ly/3FHEadG>, acesso em 7 set. 2021.

O "maior engano" da história do STF

Em outubro de 2008 o Conselho Federal da OAB interpôs no STF uma ADPF (Arguição de Descumprimento de Preceito Fundamental) cujo objetivo era considerar a Lei de Anistia de 1979 incompatível com a Constituição de 1988. A decisão do plenário saiu em abril de 2010, quando, por sete votos a dois, a pretensão da OAB foi rejeitada, em consonância com a opinião do relator, ministro Eros Grau. Grau considerou a Lei de Anistia de 1979 fruto de um grande acordo nacional – o que, como se viu anteriormente, não se sustenta nos fatos – e, tecnicamente, argumentou que modificá-la não caberia ao Poder Judiciário, por intermédio do STF, mas ao Legislativo. Em seu voto, ele, que fora preso e torturado em 1972 em São Paulo sob a acusação de pertencer ao PCB, condenou veementemente, como os demais juízes, a prática da tortura.

Os dois ministros que deferiram em parte a ação da OAB foram Ricardo Lewandowski e Carlos Ayres Britto, "por entender que a anistia não se aplica para crimes comuns, como a tortura e o homicídio".[90] Britto repeliu o entendimento de que a lei de 1979 se aplicaria a crimes comuns de agentes da ditadura: "Quem redigiu essa lei não teve coragem – digamos assim – de assumir essa propalada intenção de anistiar torturadores, estupradores, assassinos frios de prisioneiros já rendidos; pessoas que jogavam de um avião em pleno voo as suas vítimas; pessoas que ligavam fios desencapados a tomadas elétricas e os prendiam à genitália feminina; pessoas que estupravam mulheres na presença dos pais, dos namorados, dos maridos".

A decisão do STF, na qual se basearam todas as instâncias desde então acionadas no país em casos de crimes contra a humanidade cometidos durante a ditadura, é considerada catastrófica por muitos estudiosos da questão dos direitos humanos no Brasil. Márcio José de Moraes, então desembargador do Tribunal Regional Federal da 3ª Região, opinou em 2014 que o Supremo "cometeu o maior engano

---

[90] Consultor Jurídico, "Supremo afasta revisão da Lei de Anistia" (disponível em <https://bit.ly/3abZWaO>, acesso em 28 ago. 2021).

de sua história", e concitou: "Que o STF reveja sua posição e tire essa nódoa de sua história e da sociedade".[91]

No mesmo ano de 2010 a Corte Interamericana de Direitos Humanos responsabilizou o Estado brasileiro pelo desaparecimento de participantes da Guerrilha do Araguaia. E a então chefe da Casa Civil, Dilma Rousseff, deu início ao processo de constituição da Comissão Nacional da Verdade (CNV).

Nova certidão de óbito de Vlado

Em setembro de 2012 o juiz Mário Martins Bonilha Filho, da 2ª Vara de Registros Públicos de São Paulo, determinou que passasse a constar da certidão de óbito de Vladimir Herzog que sua morte "decorreu de lesões e maus-tratos sofridos em dependência do II Exército". Em março de 2013, a família Herzog recebeu o novo atestado. Foi uma consequência remota da sentença proferida 35 anos antes contra a União pelo juiz Márcio José de Moraes.

Em 2012 um processo do Ministério Público Federal pediu a abertura de investigação contra o coronel da reserva Sebastião Curió por desaparecimentos de opositores no Araguaia. Meses depois, a Justiça Federal suspendeu a abertura do processo, colocando sua legalidade em dúvida devido à interpretação do STF sobre a Lei de Anistia.[92]

Referindo-se ao que se passava em 2012, Maria Celina D'Araujo escreveu: "Apesar das posições que o governo [Dilma] tem adotado no sentido de atender a demandas de familiares que querem levar torturadores a julgamentos, os militares têm sido os vencedores. A Justiça e a chantagem corporativa ficaram do lado da posição que entende anistia como amnésia e como perdão. Grande parte da sociedade brasileira também endossa essa opinião".[93]

---

[91] Edson Sardinha, *Congresso em Foco*, 31 out. 2014 (disponível em <https://bit.ly/3aaLGiz>, acesso em 1 set. 2021).

[92] Vide Edson Teles, *O abismo na história: ensaios sobre o Brasil em tempos de Comissão da Verdade*, *op. cit.*, p. 51 e 71.

[93] Maria Celina D'Araujo, "O estável poder de veto das Forças Armadas sobre o tema da anistia política no Brasil", *op. cit.*

A visão expressa pela historiadora sobre as inclinações de parte ponderável da sociedade brasileira deve ser enfatizada, porque explica não só muito do que aconteceu desde 1964, mas igualmente daquilo que viria a suceder de 2013 em diante. Entretanto, estava viva igualmente a memória do crime praticado contra Herzog: na Câmara dos Vereadores de São Paulo, a versão local da CNV foi denominada Comissão Municipal da Verdade Vladimir Herzog, teve quatro etapas e funcionou de maio de 2012 a dezembro de 2016.

Em 2013 foi criado o Comitê Nacional de Prevenção e Combate à Tortura. Três anos depois a Pastoral Carcerária, órgão da Igreja Católica, retirou-se do Comitê. Ele teria, segundo carta da Pastoral, se transformado "em mais um aparelho burocrático", implicando o "afastamento dos movimentos populares e das diversas organizações que atuam na linha de frente contra a tortura e outras formas de violência estatal".[94]

Nova homenagem ao jornalista assassinado foi a criação em 2013, pela Câmara Municipal de São Paulo, da Praça Vladimir Herzog, em terreno contíguo à sede da instituição, inaugurada em 2015.

Comandante do Exército cerceia informações

No início de 2014, quando a CNV estava no último ano de suas atividades, sua direção enviou ao ministro da Defesa, Celso Amorim, um pedido de informações às Forças Armadas. Em agosto o repórter Chico Otavio revelou no jornal *O Globo*[95] que o procurador Sérgio Suiama, da Procuradoria da República no Rio de Janeiro, recebera em fevereiro cópia de ofício do comandante do Exército, general Enzo Peri, dirigido a todas as organizações militares do país, "proibindo qualquer colaboração para apurar crimes da ditadura", como escreveria, no mesmo dia da publicação da reportagem, o jornalista Luiz Cláudio Cunha,[96] em artigo on-line.[97]

---

[94] Edson Teles, *O abismo na história: ensaios sobre o Brasil em tempos de Comissão da Verdade*, op. cit., p. 73n.

[95] *O Globo*, "Anos de chumbo: comandante impõe silêncio ao Exército", 22 ago. 2014.

[96] Um dos signatários do manifesto "Em nome da verdade", de 1976.

[97] Vide <https://bit.ly/2YnTjzE>, acesso em 2 set. 2021.

Só o gabinete do comandante do Exército poderia responder a qualquer pedido ou requisição de documentos feitos pelo "Poder Executivo (federal, estadual e municipal), Poder Legislativo (federal, estadual ou municipal), Ministério Público, Defensoria Pública e missivistas que tenham relação com o período de 1964 a 1985". Escreveu Cunha: "Quatro meses depois a CNV recebeu um insolente, imprestável conjunto de 455 páginas de relatórios das Forças Armadas que não investigam, não relatam e não respondem às perguntas objetivas e documentadas" da Comissão. Seus seis integrantes assinaram nota que classificava o material como "deplorável, lamentável".

O Exército, escreveu o jornalista, "sonegou em seu relatório a constatação de que a guerrilheira Dilma é uma das torturadas no DOI-Codi da rua Tutoia, onde o Exército jura não ter havido tortura".

Miriam Leitão é torturada

Dias antes Cunha publicara, no *Observatório da Imprensa*, depoimento da jornalista Miriam Leitão sobre sua prisão e tortura em dezembro de 1972, no Espírito Santo, onde era militante do PC do B no movimento estudantil.[98] O chefe da equipe de torturadores era o tenente-coronel Paulo Malhães, vulgo "Pablo", na época agente do Centro de Informações do Exército (CIEx). Malhães havia dado ao repórter Chico Otavio, do jornal *O Globo*, dois anos antes, entrevista na qual contava ter usado em sessões de tortura uma cobra, por ele apelidada de Miriam.

A jornalista resolveu dar entrevista a Luiz Cláudio Cunha depois da divulgação dos relatórios produzidos a pedido da CNV, nos quais militares negavam a ocorrência de "desvios de função" nas suas unidades durante a ditadura. Segundo Edson Teles, o conteúdo é "infame, pois consta do relatório da Marinha que os presos teriam sido bem tratados, de modo 'bastante aceitável'".[99]

---

[98] Vide <https://bit.ly/3iz7lWf>, acesso em 30 ago. 2021.

[99] Edson Teles, *O abismo na história: ensaios sobre o Brasil em tempos de Comissão da Verdade, op. cit.*, p. 68.

Relatório da CNV é divulgado

Em dezembro de 2014, em seu relatório final, a CNV reafirmou que Vladimir Herzog havia sido detido ilegalmente, torturado e morto por agentes do DOI-Codi de São Paulo. O relatório informa que a operação contra o PCB esteve a cargo do então major Audir Santos Maciel, vulgo "dr. Silva". A ofensiva consistiu em prender e executar membro do Comitê Central do PCB sem deixar pistas. Os assassinatos ocorreram em chácaras clandestinas para facilitar a ocultação dos cadáveres. Nas operações foram presas, em São Paulo, 679 pessoas.

Uma das mais importantes conclusões do documento foi a de que as violações de direitos humanos pela ditadura decorreram de decisões que envolveram a cúpula dos sucessivos governos do período. Havia uma linha de comando que ia do general-presidente ao menos graduado dos torturadores. A CNV listou 434 mortos e desaparecidos políticos durante a ditadura e apontou 377 agentes como responsáveis pelos crimes, começando pelo topo da pirâmide de comando, os generais-presidentes e os ministros militares. As Forças Armadas não aceitaram o documento. Pretextaram que deveriam ter sido apurados, além disso, crimes cometidos por militantes de esquerda.

Terror ditatorial sobreviveu na repressão policial

Em março de 2015 foi divulgado o relatório da Comissão da Verdade Rubens Paiva, da Assembleia Legislativa de São Paulo. Avalia Edson Teles: "Uma característica forte desse documento é a relação feita entre a repressão e a violência do período ditatorial e a repetição de certa estrutura autoritária na democracia. Os mecanismos de repressão policial, de acobertamento dessas ações por parte de outras instituições e a presença de um discurso legitimador da violência do Estado são identificados como estruturas que permanecem na democracia, tendo como alvo a população pobre da periferia".[100] O

---

[100] Edson Teles, *O abismo na história: ensaios sobre o Brasil em tempos de Comissão da Verdade*, op. cit., p. 55.

documento constatou que o Estado brasileiro não abriu plenamente seus arquivos e que as informações das Forças Armadas continuavam sonegadas ao debate público.[101]

Exaltação do torturador Ustra

Durante a votação que resultou na destituição da presidente Dilma, em 2016, o então deputado federal Jair Bolsonaro declarou: "[...] Perderam em 64, perderam agora em 2016. Pela família e pela inocência das crianças em sala de aula, que o PT nunca teve [*sic*]. Contra o comunismo, pela nossa liberdade, contra o Foro de São Paulo, pela memória do coronel Carlos Alberto Brilhante Ustra, o pavor de Dilma Rousseff. Pelo Exército de Caxias, pelas nossas Forças Armadas, por um Brasil acima de tudo e por Deus acima de todos, o meu voto é sim".[102]

Meticulosamente, o futuro presidente da República vinculou o golpe de 1964 ao "combate ao comunismo" (especificado no Foro de São Paulo, organização criada em 1990 para reunir partidos de esquerda da América Latina e do Caribe), ao papel dos militares – aí se inclui o ultrajante elogio a Ustra – e à religião. Em 2017, reportou Fabio Victor, pesquisa do Datafolha mostrou que "as Forças Armadas eram a instituição na qual a população tinha mais confiança".[103]

Em 2019, entrevistado na televisão pelo jornalista Pedro Bial, o general Hamilton Mourão, vice de Bolsonaro, isentou Ustra de responsabilidade por torturas.[104] No ano seguinte, declarou ao portal de notícias alemão *Deutsche Welle* que "Ustra era um homem de honra que respeitava os direitos humanos de seus subordinados".[105]

---

[101] Íntegra do documento em <https://bit.ly/3FIsHuA>, acesso em 30 ago. 2021.

[102] Reproduzido de <https://bit.ly/3lcXpng>, acesso em 30 ago. 2021.

[103] Fabio Victor, "História, volver. O 31 de março, o golpe militar e a nostalgia da direita", *op. cit.*

[104] Vide <https://bit.ly/3uSX9gi>, acesso em 9 set. 2021.

[105] *O Globo*, 9 out. 2020.

Corte Interamericana de Direitos Humanos

Em 2009, a Comissão Interamericana de Direitos Humanos recebeu petição contra a República Federativa do Brasil, assinada por Clarice Herzog, Zora Herzog, Ivo Herzog e André Herzog e encaminhada por uma série de entidades, à frente das quais estava o Centro pela Justiça e pelo Direito Internacional (Cejil/Brasil), por violação de artigos da Declaração Americana sobre os Direitos e Deveres do Homem e da Convenção Interamericana para Prevenir e Punir a Tortura.

Os trâmites foram: admissibilidade (2012), mérito (2015) e submissão à Corte Interamericana de Direitos Humanos (2016). Na sentença da Corte, dada em 2018, lê-se, entre outras disposições, que o Estado brasileiro deve:

"[...] reiniciar, com a devida diligência, a investigação e o processo penal cabíveis, pelos fatos ocorridos em 25 de outubro de 1975, para identificar, processar e, caso seja pertinente, punir os responsáveis pela tortura e morte de Vladimir Herzog, em atenção ao caráter de crime contra a humanidade desses fatos e às respectivas consequências jurídicas para o Direito Internacional."

"[...] adotar as medidas mais idôneas, conforme suas instituições, para que se reconheça, sem exceção,[106] a imprescritibilidade das ações emergentes de crimes contra a humanidade e internacionais, em atenção à presente sentença e às normas internacionais na matéria, em conformidade com o disposto na presente sentença."

"[...] realizar um ato público de reconhecimento de responsabilidade internacional pelos fatos do presente caso, em desagravo à memória de Vladimir Herzog e à falta de investigação, julgamento e punição dos responsáveis por sua tortura e morte. Esse ato deverá ser realizado de acordo com o disposto na sentença."[107]

---

[106] O que significa que a sentença se aplica a todos os casos semelhantes, não apenas ao de Herzog.

[107] Vide <https://bit.ly/2WPGIoA>, acesso em 10 set. 2021. Considerados crimes contra a humanidade, fica vedada a aplicação a eles da Lei de Anistia de 1979 e de outras formas de exclusão de responsabilidades. A sentença da

Na mesma semana em que foi conhecida a sentença, o então candidato a presidente da República Jair Bolsonaro disse, sobre a morte de Herzog: "Lamento a morte dele, em que circunstância, se foi suicídio ou morreu torturado". E, em apoio à versão falsa do Exército, completou: "Suicídio acontece, pessoal pratica suicídio".[108]

Denúncia do Ministério Público Federal

Em março de 2020 o MPF denunciou pelo assassinato de Vladimir Herzog "o então chefe de comando da 2ª Seção do Estado-Maior do II Exército, José Barros Paes, o comandante do DOI-Codi à época, Audir Santos Maciel, e o ex-agente da unidade Altair Casadei. Também devem responder pelos crimes os médicos legistas Harry Shibata e Arildo de Toledo, além do promotor de Justiça Militar aposentado Durval Moura Araújo. O crime teve a participação de outros agentes da repressão que, por já terem falecido ou não terem sido identificados ao longo das investigações, foram excluídos da acusação".[109] A denúncia resultou de inquérito instaurado pelo MPF após conhecimento da sentença da Corte Interamericana de Direitos Humanos.

Em maio seguinte a denúncia foi rejeitada pelo juiz Alessandro Diaferia, da 1ª Vara Criminal de São Paulo, com base na decisão do STF de 2010 relativa à compatibilidade da Lei de Anistia com a Constituição de 1988. Em fevereiro de 2018, a então procuradora geral da República Raquel Dodge pediu ao STF que reavaliasse sua posição diante de ação pela reabertura do caso Rubens Paiva.[110] Em setembro de 2021 o caso ainda não havia sido analisado pelo plenário da Corte.

Corte Interamericana de Direitos Humanos está disponível em <https://bit.ly/3ForgRx>.

[108] Vide <https://bit.ly/3mtM5CB>, acesso em 15 set. 2021.

[109] Trecho de comunicado da Assessoria de Comunicação do Ministério Público Federal em São Paulo (disponível em <https://bit.ly/2ZSvBw6>, acesso em 16 set. 2021).

[110] Em 17 de janeiro de 2021 a *Folha de S. Paulo* publicou reportagem de Felipe Bächtold sob o título "Morte de Rubens Paiva faz 50 anos com punição ainda

Em agosto de 2019 o Tribunal Regional Federal (TFR) da 2ª Região (Rio de Janeiro) aceitou denúncia de estupro na Casa da Morte de Petrópolis – aparelho clandestino do Centro de Informações do Exército (CIEx) – formulada por Inês Etienne Romeu (falecida em 2015) contra o sargento reformado Antônio Waneir Pinheiro de Lima, vulgo "Camarão". Foi o "primeiro processo criminal de estupro aberto contra militares por crimes cometidos durante a ditadura".[111] O processo ainda não tinha sido concluído até setembro de 2021.

Comissão de Anistia no governo Bolsonaro

Nos primeiros dias do governo de Jair Bolsonaro, em 2019, a Comissão de Anistia foi transferida do Ministério da Justiça para o Ministério da Mulher, da Família e dos Direitos Humanos, sob o comando de Damares Alves. Em junho de 2020, Damares anulou uma declaração de anistia que beneficiava cerca de 300 ex-cabos da Aeronáutica punidos em 1964, aos quais – ou a seus sucessores – o governo pagaria indenizações. Em maio de 2021 o Superior Tribunal de Justiça anularia a decisão de Damares.

Em fevereiro de 2019 foi lançada a Comissão de Defesa dos Direitos Humanos Dom Paulo Evaristo Arns, ou Comissão Arns, uma de muitas iniciativas que responderam à retórica autoritária e às propostas e ações do novo presidente da República. Entre suas muitas atividades[112] a comissão enviaria, em agosto de 2021, cartas a deputados federais "solicitando a aprovação do projeto de lei n.º 389/2019, sob relatoria da deputada Erika Kokay (PT-DF), que visa sustar os efeitos de decretos que alteram as estruturas do Ministério da Mulher, da Família e dos Direitos Humanos, e a composição e o funcionamento do Comitê Nacional de Prevenção e Combate à Tortura (CNPCT)".

---

sob discussão na Justiça". Nela se informava que em 2014 o STF havia travado, usando a Lei de Anistia como argumento, a tramitação de ação penal aberta na Justiça Federal do Rio de Janeiro contra cinco pessoas acusadas pelo crime.

[111] *El País* (disponível em <https://bit.ly/3mxwsdi>, acesso em 15 set. 2021).

[112] Vide <http://comissaoarns.org>, acesso em 1 set. 2021.

Sentença criminal contra ex-agente da ditadura

No dia 6 de maio de 2021 foi lavrada pelo juiz federal Silvio César Arouck Gemaque, da 9ª Vara Criminal Federal de São Paulo, sob o arcabouço jurídico de crimes contra a humanidade, a primeira sentença criminal contra um ex-agente da ditadura, Carlos Alberto Augusto, vulgo "Carlinhos Metralha" ou "Carteira Preta". Ele foi condenado a 2 anos e 11 meses pelo sequestro de Edgar de Aquino Duarte. Edgar ficara preso em São Paulo por pelo menos dois anos e "desaparecera" em 1973.[113]

Carlos Alberto Augusto trabalhava sob o comando do delegado Sérgio Paranhos Fleury. No mesmo processo, iniciado pelo Ministério Público de São Paulo em 2012, o procurador Andrey Mendonça incluiu Carlos Alberto Brilhante Ustra e Alcides Singillo, delegado aposentado da Polícia Civil de São Paulo que trabalhou no Deops, mas eles morreram, respectivamente, em 2015 e em 2019.

Carlos Alberto Augusto pôde responder ao processo em liberdade. Em 2013, ele ainda atuava na Polícia Civil de São Paulo e fora nomeado delegado de 2ª classe de Itatiba, cidade do interior. A nomeação foi objeto de protestos de ex-presos políticos. Na ocasião, ele foi alvo de um "escracho", manifestação pública de protesto.

Todos os governadores paulistas desde 1983, quando assumiu Franco Montoro, do PMDB, eleito diretamente, mantiveram Augusto nos quadros da polícia paulista. Em 2012, quando foi apresentada a denúncia que resultou em sua condenação, o governador era Geraldo Alckmin, do PSDB.

Acusado de tortura elogiado por ex-comandante do Exército

A leniência, a vista grossa ou mesmo a defesa de acusados de crimes durante a ditadura perdurou imperturbada ao longo dos governos civis eleitos pelo voto direto. Em fevereiro de 2021, pouco após o lançamento do livro *General Villas Bôas: conversa com o comandante*,

---

[113] *El País* (disponível em <https://bit.ly/3uKssKp>, acesso em 5 set. 2021).

organizado por Celso Castro,[114] veio à tona que o depoimento do ex-comandante do Exército (governos Dilma e Michel Temer) continha elogios a Rubens Bizerril, coronel da reserva apontado no Relatório Final da CNV como um dos envolvidos na tortura e execução de um estudante secundarista em Goiás.[115] O elogiado era major quando foi morto no 10º Batalhão de Caçadores de Goiás – com a participação de Bizerril – Ismael Silva de Jesus, de 19 anos, estudante acusado de pertencer ao PCB.[116]

Lei de Anistia, a muralha

O entendimento de que a Lei de Anistia protege acusados de crimes contra a humanidade é acolhido também fora do campo da extrema direita e da direita. Em abril de 2021 o ex-ministro da Defesa Raul Jungmann (governo Temer) declarou: "Tivemos um processo de anistia que foi negociado. Houve a Lei de Anistia no Congresso e, depois, sua validação no Judiciário.

Sob o aspecto político, democrático, está resolvido. Mas claro que há demandas de lado a lado. Qualquer ação que queira celebrar [a ditadura] ou busque revisar o que foi estabelecido deve ser desestimulada. Isso, claro, não significa interditar o debate, estudos, a democracia é dissenso, não consenso.

Isso é fruto das condições da transição democrática aqui, que foi diferente da do Chile e da Argentina. Não queremos que esse passado volte".[117]

Não querer que "o passado volte" transforma-se em impedir que ele seja superado. A ditadura, assim, não passa nunca.

---

[114] Rio de Janeiro: FGV Editora, 2021.

[115] Marcelo Rocha, "General Villas Bôas se refere a coronel acusado de crimes na ditadura como 'excelente instrutor'", *Folha de S. Paulo*, 19 fev. 2021.

[116] Vide <http://memoriasdaditadura.org.br/memorial/ismael-silva-de-jesus/>, acesso em 8 set. 2021.

[117] Igor Gielow, "Militares disseram não a Bolsonaro e sim à democracia, diz Jungmann", *Folha de S. Paulo*, 2 abr. 2021.

Sugerir que existem dois "lados" equiparáveis faz parte da retórica adotada nos "anos de chumbo" pelos militares e seus apoiadores e beneficiários civis. É uma armadilha que foi montada, tal como se apresenta hoje, em 1979, primeiro dos seis anos de poder do general-presidente Figueiredo.

A memória abre brechas na muralha

As vitórias que marcam os 46 anos decorridos desde o assassinato de Vladimir Herzog foram muito significativas, porque são vitórias da verdade contra o embuste, da luz contra as trevas, da honestidade contra a fraude.

Vitórias podem surgir, de forma inusitada, do seio de derrotas. Glenda Mezarobba usou em artigo publicado no portal *Poder 360* o argumento de que o presidente Jair Bolsonaro prestou involuntariamente um serviço à democracia ao "exaltar a violência, enaltecer torturadores e reiteradamente demonstrar, de todas as formas, seu desprezo pela vida humana", porque confirmou um traço essencial da ditadura sempre negado pelos que a comandaram. "Ao romper com o esforço de desmemória, desmonta também a lógica do silenciamento".[118]

Vlado foi assassinado, uma derrota sem volta, mas a memória da indignação e dos protestos que o crime suscitou nunca foi domada nem aplastada. Ganharam seu nome escolas, ruas em muitas cidades Brasil afora, uma praça em São Paulo, um importante prêmio de jornalismo.

A publicação desta sétima edição do livro *Dossiê Herzog: prisão tortura e morte no Brasil*, de Fernando Pacheco Jordão, em meio a uma conjuntura adversa, quando financiamentos para projetos do Instituto Vladimir Herzog – e de outras instituições – foram cortados, representa mais um momento de triunfo no plano das ideias e das ações que as concretizam.

Em outubro de 2019, quando o clima político já estava envenenado, após uma campanha eleitoral facinorosa e dez meses de um

---

[118] "A responsabilização criminal de um agente da ditadura, escreve Glenda Mezarobba", (disponível em <https://bit.ly/3iFeh4u>, acesso em 11 set. 2021).

governo inimigo da democracia, uma multidão de visitantes, muitos deles jovens, percorreu as instalações da Ocupação Vladimir Herzog, realizada na Avenida Paulista, local que é símbolo de São Paulo, pelo Instituto Itaú Cultural, em parceria com o Instituto Vladimir Herzog.

O público foi convidado a "conhecer a trajetória jornalística do homenageado e suas realizações no campo do audiovisual, reunindo fotografias, reportagens, publicações, cartas, objetos pessoais, além de vídeos que incluem depoimentos de familiares, colegas e amigos", como se lê na página eletrônica de apresentação do projeto (<https://bit.ly/3iKjEiK>).

Vlado, 46 anos depois de sua vida ter sido arrancada por esbirros da ditadura, dialoga conosco.

Mauro Malin

Vladimir Herzog, trajetória de talento e empenho profissional

Vladimir Herzog, nomeado originalmente como Vlado Herzog, nasceu em Osijek (ex-Iugoslávia, atual Croácia) em 27 de junho de 1937, filho de Zigmund e Zora Herzog. Seu pai possuía uma loja de porcelanas em Banja Luka, localidade em que a família residiu até agosto de 1941, quando o exército nazista ocupou a cidade, e a população judia foi privada de casas e bens.

Com a ocupação nazista, os Herzog partem, então, em direção à Itália: primeiro, instalam-se em Fonzaso, até o final de 1943; depois, deslocam-se para Fermo; por último, fixam-se em Magliano di Tenna, até a chegada dos aliados no segundo semestre de 1944. Permanecem, então, quase dois anos num campo de refugiados em Bari, para, em fins de 1946, abandonarem definitivamente a Europa pelo Brasil. A chegada ao Rio de Janeiro se dá em 24 de dezembro.

Entre 1949 e 1952, Vladimir Herzog faz os estudos ginasiais no Colégio Estadual Presidente Roosevelt, em São Paulo. Ingressa, em seguida, no Curso Científico, mas desiste. Emprega-se por um curto intervalo na Fotóptica, mas não se adapta ao serviço que lhe atribuem. Acaba arranjando trabalho em meio período no Banco Artur Scatena, ao mesmo tempo que inicia estudos de teatro no Instituto Cultural Ítalo-Brasileiro. Já estamos em 1955, e, neste ano e no seguinte, quando retomará a educação formal no Curso Clássico do Colégio Estadual de São Paulo, Herzog se associa a dois grupos de teatro amadores, Muse Italiche e I Guitti ("os mambembes, os saltimbancos"), e atua em encenações de peças italianas. No segundo deles, divide ensaios e apresentações com a atriz Lélia Abramo.

A conclusão do Curso Clássico o levará à Faculdade de Filosofia na Universidade de São Paulo. É na USP, anos mais tarde, que Vladimir

Herzog conhecerá a futura esposa, Clarice Ribeiro Chaves. Em 1959, é admitido como repórter em *O Estado de S. Paulo*. Entre as coberturas e matérias importantes de que participa estão a inauguração de Brasília, em abril de 1960, a visita de Jean-Paul Sartre ao Brasil, em setembro do mesmo ano, e a posse de Jânio Quadros, em fevereiro de 1961. A viagem para cobrir o Festival de Mar del Plata, de 1962, será, provavelmente, o impulso que faltava para direcioná-lo à crítica de cinema e ao jornalismo cultural.

O envolvimento mais consequente com a esfera cinematográfica, aliás, acontece nesse mesmo início da década de 1960, sobretudo pela aproximação com a Cinemateca Brasileira. Ao estabelecer contato e convívio com colaboradores e frequentadores dessa instituição – Rudá de Andrade, Paulo Emílio Salles Gomes, Jean-Claude Bernardet, Maurice Capovilla, Lucila Ribeiro, Roberto Santos etc. –, Herzog passa a contribuir diretamente para a execução de atividades voltadas à difusão cinematográfica – apoio a cineclubes, organização de mostras e cursos etc. Torna-se, assim, mesmo de forma não oficial, uma peça de importância dentro da casa. É nessa condição que será enviado, no final de 1962, junto com Lucila Ribeiro, para o Seminário Arne Sucksdorff, no Rio de Janeiro e, pouco depois, em julho de 1963, ao lado de Maurice Capovilla, para um estágio no Instituto de Cinematografia da Universidad del Litoral, em Santa Fé, na Argentina. Da primeira experiência resultará a produção de sua primeira e única obra cinematográfica – o documentário em curta-metragem *Marimbás*; da segunda, uma longa amizade com o cineasta argentino Fernando Birri. Nesse mesmo ano de 1963, Vladimir Herzog também terá uma breve e pouco documentada passagem pela TV Excelsior, a convite de Fernando Pacheco Jordão.

Em 15 de fevereiro de 1964, casa-se com Clarice. Após o golpe militar de abril e devido à mudança de atmosfera dele decorrente, deixa *O Estado de S. Paulo*. Entre 1964 e 1965, Herzog está comprometido com o grupo de cineastas que se formou ao redor de Thomaz Farkas, um fotógrafo que decidiu financiar a filmagem de documentários brasileiros. Nesse período, é posta em marcha a realização simultânea de quatro filmes: *Subterrâneos do futebol*, *Memórias do cangaço*, *Nossa escola de samba* e *Viramundo*, dirigidos por Maurice Capovilla, Paulo Gil Soares, Manuel Horácio Gimenez e Geraldo Sarno, respectivamente. Vladimir Herzog colabora diretamente em duas dessas obras: em *Subterrâneos do futebol*, na condição de chefe de produção, e em *Viramundo*, na captação do som direto.

Em 1965, no entanto, Vladimir Herzog permanece desempregado e resolve viajar ao Chile na tentativa de alavancar um projeto de documentário sobre o método de alfabetização de Paulo Freire. Esse plano fracassa, mas logo em seguida surge a oportunidade de um emprego no Serviço Brasileiro da Rádio BBC de Londres, onde já estavam Nemércio Nogueira e Fernando Pacheco Jordão. Herzog parte em julho, e, até 1968, quando vence o seu contrato na BBC, divide seu tempo com o trabalho na BBC e na Divisão Latino-Americana do Central Office of Information do governo britânico com a escrita e o envio de matérias sobre temas londrinos para a revista *Visão*, com esforços para a divulgação do cinema brasileiro na Europa (incluindo participações em festivais) e com passeios e excursões pela Grã-Bretanha e pelo continente. No âmbito das suas ações para promover o cinema brasileiro, se sobressaem a ida ao Festival de Florença, em fevereiro de 1966, onde apresenta, junto com Sérgio Muniz, a conferência "Il documentario sociale brasiliano: sue origini e sue tendenze"; e a presença no Festival de Mannheim, em outubro de 1966, onde fez exibir para o público *Viramundo*, de Geraldo Sarno. Na esfera pessoal, a temporada de Londres compreendeu o nascimento de seus dois filhos – Ivo, em agosto de 1966, e André, em abril de 1968 – e, entre as não poucas excursões de férias, lhe rendeu uma viagem de um mês com Clarice pela Bélgica, Alemanha, França, Suíça, Itália e Iugoslávia, na qual, além das visitas a lugares turísticos, reviu localidades em que passara a infância – Magliano di Tenna, Fermo e Fonzaso, na Itália; Banja Luka e Osijek, na Iugoslávia. É ainda na etapa final desse período londrino que Vladimir Herzog conseguirá realizar um curso de produção televisiva na própria BBC, fato que o predisporá ao trabalho no jornalismo televisivo (em especial, em TVs educativas) e viabilizará o seu ingresso tardio na TV Cultura, em 1973.

Em janeiro de 1969, na esteira da promulgação do AI-5, Vladimir Herzog regressa ao Brasil e, ao contrário de suas expectativas profissionais de atuar na área de televisão educativa, só obtém uma posição na agência de publicidade J. Walter Thompson, produzindo comerciais televisivos. Permanece no emprego durante um ano, até que é chamado para trabalhar na revista *Visão*, onde assume em pouco tempo o cargo de editor de Cultura. Ladeado por colegas e colaboradores de peso, como Zuenir Ventura, Herzog produzirá, até o início de 1975, grandes matérias sobre teatro, cinema, educação e televisão, das quais a mais emblemática é "A crise da cultura brasileira", em que ele e Zuenir empreendem um balanço do cenário cultural brasileiro pós-1964 e propõem o conceito de "vazio cultural".

Em 1970, Herzog tem uma passagem rápida pela TV Universitária da Universidade Federal de Pernambuco, mas, aparentemente, desiste do projeto por não encontrar à disposição uma estrutura de trabalho adequada. Entre 1970 e 1971, convidado por Perseu Abramo, leciona no curso de jornalismo da Faap (Fundação Armando Álvares Penteado) em conjunto com outros jornalistas, como Marco Antonio Rocha e Rodolfo Konder. O grupo, no entanto, é dissolvido em função do ambiente político hostil.

A previamente cobiçada vaga na TV Cultura será obtida em 1973, quando Vladimir Herzog é convocado por Fernando Pacheco Jordão para coordenar a redação do jornal *Hora da Notícia*. Capitaneado por Jordão e amparado por profissionais de qualidade como o cineasta João Batista de Andrade, Herzog dá ao telejornal uma faceta diferenciada em relação ao jornalismo televisivo vigente, procurando fugir à simples veiculação de propagandas do governo militar, ao abordar temas não tratados por outras emissoras e imprimir uma ótica que privilegiava a busca pela verdade social dos fatos. Com a demissão de Fernando Pacheco Jordão, Herzog também deixa o cargo, no final de 1974.

Ao abandonar a *Visão*, no princípio de 1975, Vladimir Herzog se vê novamente desempregado. Nesse instante de sua vida, parece estar às voltas com dois projetos cinematográficos: a preparação de um documentário televisivo sobre Antônio Conselheiro, pretexto que o leva a visitar a região de Canudos, na Bahia, em fevereiro, de onde traz mais de duas centenas de fotografias; e, a pedido de João Batista de Andrade, a escrita de um roteiro para a adaptação do romance *Doramundo*, de

Geraldo Ferraz, que o conduz a Paranapiacaba, em São Paulo, a fim de realizar levantamento de dados. Nesse meio tempo, tem uma passagem relâmpago pelo jornal *Opinião* e viaja com Clarice aos Estados Unidos.

O cinema ficará para depois, contudo. Em agosto, é convidado a ministrar uma disciplina na Escola de Comunicação e Artes da USP. E, em setembro, é contratado para dirigir o departamento de Jornalismo da TV Cultura. Vladimir Herzog retorna à TV Cultura cheio de planos para reestruturar os programas jornalísticos do canal educativo, mas a perseguição ideológica por parte de alinhados ao governo militar tem início mal ele coloca novamente os pés na emissora. Acusam a TV Cultura de estar tomada por comunistas. Na sequência de uma série de prisões de jornalistas, Herzog é intimado a depor no DOI-Codi, órgão de inteligência e repressão do Exército. Apresenta-se voluntariamente na manhã de 25 de outubro de 1975. Lá, antes do dia terminar, será torturado e assassinado.

Instituto Vladimir Herzog

Ação constante em defesa dos direitos humanos

*Quando perdemos a capacidade de nos indignarmos
com as atrocidades praticadas contra outros, perdemos também
o direito de nos considerarmos seres humanos civilizados.*
Vladimir Herzog

Celebrar a vida de Vladimir Herzog e conceber ações para fortalecer os valores da democracia, dos direitos humanos e da liberdade de expressão. Foi com este objetivo que, em 2009, familiares e amigos do jornalista, assassinado pela ditadura militar que aterrorizou o Brasil entre 1964 e 1985, criaram o Instituto Vladimir Herzog (IVH) – uma organização não governamental com sede em São Paulo que, atualmente, desenvolve atividades em todo o país.

A inspiração era óbvia: a trajetória pessoal e profissional de um personagem que se tornou um símbolo na luta pela redemocratização. Vladimir Herzog foi um dos mais admirados jornalistas de sua geração.

No entanto, esse caminho brilhante foi interrompido: Herzog foi torturado até a morte após se apresentar às forças de repressão da ditadura voluntariamente para responder a um interrogatório.

Imediatamente, começava a busca incessante pela verdade do que havia acontecido no dia 25 de outubro de 1975 no prédio do Destacamento de Operações de Informações do Centro de Operações de Defesa Interna, o DOI-Codi, de São Paulo.

Clarice Herzog, viúva do jornalista, liderou a luta pela verdade e pela justiça de forma incansável e incrivelmente corajosa. Era a primeira vez, naquele período de forte censura e repressão, que se ousava contestar publicamente a versão oficial de suicídio e reclamar a completa elucidação dos fatos. Em 1978, o juiz federal Márcio José de Moraes declarou a União culpada pela morte de Herzog. Outra grande vitória veio em março de 2013, quando o atestado de óbito de Herzog, que antes indicava como causa da morte o suicídio, foi retificado.

A defesa irrestrita da democracia, que marcou a história de Herzog, e a luta por justiça, que pautou a vida de Clarice, são os grandes compromissos que o IVH tem com a sociedade brasileira. Lutamos por um país mais justo, menos desigual e, essencialmente, mais democrático. Para isso, nossas ações são estruturadas em três eixos de atuação: Educação em Direitos Humanos; Jornalismo e Liberdade de Expressão; e Memória, Verdade e Justiça.

Com a área de Educação em Direitos Humanos, almejamos transformar a sociedade e, para isso, desenvolvemos projetos de formação, desde a infância, em valores dos direitos humanos e da cidadania. Assim, buscamos promover uma cultura de respeito à diversidade, de diálogo e de dignidade humana.

Nesta frente, destaque para o projeto "Resistir é Preciso!", criado em 2014 em parceria com a Secretaria de Direitos Humanos e Cidadania da cidade de São Paulo e que visa à formação de educadores para construir uma cultura de educação em direitos humanos em todo o ambiente escolar em diferentes cidades do Brasil.

Também nessa área merece ênfase a "Usina de Valores", iniciativa criada em 2018 para disseminar e disputar valores que promovam uma cultura de direitos humanos capaz de sensibilizar e engajar pessoas na construção de uma sociedade democrática, justa e não violenta.

Entendemos os direitos humanos como uma conquista da humanidade e, ao mesmo tempo, um objetivo a alcançar. E essa é uma luta permanente e sistemática de todos, em que a educação tem um papel essencial por sua capacidade de formação de valores e de construção de uma nova cultura, pautada pelo respeito e pela valorização da dignidade humana em toda a sociedade. Por isso, nossos projetos nesta área promovem vivências e trocas sobre convívio e temas sociais para que os envolvidos dialoguem e tomem atitudes de forma autônoma.

Na frente de Jornalismo e Liberdade de Expressão, valorizamos o jornalismo comprometido com o interesse público, que investiga e denuncia retrocessos na cidadania e violações de direitos. Além disso, contribuímos para a formação dos estudantes de escolas de comunicação e atuamos para garantir o direito à liberdade de expressão para jornalistas, comunicadores e todos os cidadãos.

Sem uma imprensa comprometida com o interesse público e livre, o regime democrático não prospera. Por isso, entendemos o jornalismo como um instrumento fundamental para a sociedade. O Brasil é, atualmente, um dos lugares mais violentos da América Latina para a prática do jornalismo e da comunicação, e sabemos que atuar para transformar esta triste realidade deve ser uma prioridade.

Nesta frente, somos uma das entidades que participam diretamente da realização do Prêmio Jornalístico Vladimir Herzog de Anistia e Direitos Humanos, atualmente a mais tradicional honraria do jornalismo brasileiro, que, ano após ano, desde 1979, homenageia as melhores produções jornalísticas voltadas à defesa dos direitos humanos e à promoção da cidadania.

Outro prêmio desenvolvido pelo IVH é o Prêmio Jovem Jornalista Fernando Pacheco Jordão, que desde 2009 se propõe a contribuir para a formação de estudantes de Jornalismo de todo o país.

Ainda nesta área, o projeto "Resistir é Preciso!" resgata fragmentos da história da ditadura militar no Brasil, a partir das publicações de jornalistas, escritores e ativistas políticos que resistiram e lutaram pela democracia.

A partir desta frente, também ajudamos a manter e revitalizar a Praça Vladimir Herzog, no centro da cidade de São Paulo. Trata-se de um espaço de convivência dos moradores e trabalhadores da região, que abriga instalações artísticas e homenageia as vítimas da ditadura militar.

Mais recentemente, criamos a Rede Nacional de Proteção de Jornalistas e Comunicadores, aglutinando organizações e coletivos de mídia de todo o país para conceber e implementar estratégias e ferramentas de proteção a profissionais da imprensa.

Mas muito além da segurança pessoal dos profissionais, nossa luta visa a fortalecer a instituição da liberdade de expressão – valor fundamental e indispensável para o exercício da democracia – e a assegurar o direito de todos os cidadãos ao acesso a informações que lhes permitam formar seus próprios juízos a respeito dos assuntos de interesse público na vida nacional.

Com o eixo de Memória, Verdade e Justiça, procuramos fazer com que a história do país seja amplamente conhecida, principalmente pelos jovens, para que possamos compreender os reflexos da ditadura nos dias de hoje e, assim, fortalecer a participação popular na definição dos rumos do país.

Para garantir nossos objetivos, jogamos luz sobre os trabalhos de artistas e jornalistas ocultados por meio da sistemática censura imposta durante o regime militar. Além disso, atuamos para garantir a justiça às vítimas das violações de direitos humanos que aconteceram e, lamentavelmente, ainda acontecem em todo o país, especialmente aquelas perpetradas por agentes do Estado.

Foi a partir desta área que desenvolvemos o maior acervo digital sobre a ditadura militar no Brasil – o portal *Memórias da Ditadura*, criado para divulgar a história do período entre 1964 e 1985, especialmente ao público jovem, que não viveu essa época.

Mais recentemente, lançamos um núcleo de monitoramento e *advocacy* – o *Monitora CNV*, que busca sensibilizar a sociedade civil e o poder público para a efetivação e respeito às recomendações da Comissão Nacional da Verdade como ação fundamental no enfrentamento da cultura de impunidade e violência que assola historicamente o país.

Ainda nesta área, temos o projeto *Territórios da Memória*, que busca conhecer as histórias esquecidas e ignoradas de diversos territórios da cidade de São Paulo.

Com o passar do tempo nos tornamos uma referência nesta luta e trabalhamos incessantemente para recuperar os fatos ocorridos durante a ditadura militar.

Além desses projetos, desde 2009 promovemos uma grande quantidade de exposições, mostras de cinema, concertos musicais, participamos de palestras, seminários e cursos, produzimos livros, filmes, e buscamos incidir nacional e internacionalmente contra os sistemáticos ataques aos direitos humanos, à democracia e à liberdade de expressão.

Nas diferentes áreas e nas diversas iniciativas, nossa atuação parte do reconhecimento de que o Brasil vive um momento de aumento crescente de discursos e práticas de ódio, naturalizando cada vez mais as violências sociais já existentes. As causas são complexas e historicamente estudadas, mas podemos afirmar que o país não promoveu os devidos processos de elaboração coletiva de momentos históricos de grande violência social, em particular o genocídio da população indígena, a escravidão e os regimes ditatoriais.

Ao ignorar essas questões e sem promover uma efetiva reparação social e política, o país hoje se depara com uma crescente cultura de violência e discriminação, que viola os direitos fundamentais e os acordos internacionais de direitos humanos dos quais é signatário.

É justamente aí que repousa o trabalho do IVH e de seus parceiros para honrar os valores de Vlado e a trajetória de Clarice, e sermos a expressão do sonho e da luta pela construção de um novo paradigma para o nosso país, a ser erguido sobre os princípios elementares da dignidade humana.

A grandeza desta história nos inspira. A confiança no ser humano e em seu potencial nos move. E a nossa dedicação, somada ao reconhecimento da sociedade, nos impulsiona a fazer cada vez mais.

Rogerio Sottili, diretor executivo do IVH
julho 2021

Bibliografia selecionada

Contém apenas livros especificamente dedicados ao Caso Herzog. Muitos outros abordam o tema, de que é exemplo A *Ditadura Encurralada*, de Elio Gaspari, assim como inumeráveis trabalhos acadêmicos, entre os quais dissertações de mestrado e teses de doutorado, relatórios de comissões de verdade e memória nas esferas federal, estadual e municipal.

ALMEIDA FILHO, Hamilton. *A Sangue-Quente. A morte do jornalista Vladimir Herzog*. São Paulo: Editora Alfa-Omega, 1978.

Caso Herzog: a sentença, íntegra do processo movido por Clarice, Ivo e André Herzog contra a União. Rio de Janeiro: Salamandra, 1978.

DANTAS, Audálio. *As duas guerras de Vlado Herzog*. Rio de Janeiro: Civilização Brasileira, 2012.

LANDAU, Trudi. *Vlado Herzog: o que faltava contar*. Petrópolis: Vozes, 1986.

MORAES, Mário Sérgio de. *O caso da ditadura: Caso Herzog*. São Paulo: Editora Barcarolla, 2006.

MARKUN, Paulo. *Meu querido Vlado*. Rio de Janeiro: Objetiva, 2005.

MARKUN, Paulo (org.). *Vlado. Retrato da morte de um homem e de uma época*. Com a participação de Clarice Herzog, Luiz Weiss, Rodolfo Konder, Marco Antonio Rocha, Fernando Moraes, Eric Nepomuceno, Eduardo Galeano, Anthony de Christo, Fernando Rios, Audálio Dantas, Mino Carta, Antonio Alberto Prado, Sarita D'Ávila Melo, Paulo Egydio Martins, Cardeal Paulo Evaristo Arns, João Gomes Martins, Dilea Frate, George Duque Estrada. São Paulo: Círculo do Livro, S/D.

PEROSA, Lilian M. F. de Lima. *Cidadania proibida: o caso Herzog através da imprensa*. São Paulo: Imprensa Oficial do Estado; Sindicato dos Jornalistas Profissionais no Estado de São Paulo, 2001.